디지털 세계 이야기
──────── 정책과 법

디지털 세계 이야기
정책과 법

임규철 지음

동국대학교출판부

머리말

현 사회는 디지털을 중심으로 돌아가고 있다. 국가의 운영 또한 디지털 기반으로 돌아가고 있다. 디지털 기술의 활용이 높아지면서 개인의 업무 효율성이 높아지고 사회 혹은 국정 참여의 기회가 많아졌지만 우리가 한 번도 가보지 못한 길이기에 데이터 소유권의 문제, 감시 사회의 등장, 대화 비밀녹음의 수월, 전자상거래 경우 다수의 착오 등 그 부작용의 범위도 동시에 넓어지고 있다. 관련 법제 또한 아날로그를 전제로 한 내용이 다수이기에 디지털 사회에 맞는 전환이 빠르게 일어날 필요가 있다.

『디지털 세계 이야기(정책과 법)』은 디지털 세계에서도 디지털과 관련된 정책과 법은 그 세계의 성공적 안착을 위해 필수적인 전제조건이라는 것을 기반으로 해서 논란이 될 수 있는 내용들을 강의용으로 서술을 했다. 가능하다면 그 대안책도 제시하고자 했다. 그 구성순서는 이해의 편의를 위해 「장-절-I-1-(1)」 형식을 취했다.

제1장 제1절의 디지털 사회에서는 그 디지털 사회의 특징과 Plattform 경제, 자율 규제의 확대 필요성, metaverse 및 NFT, 제2절 4차산업혁명과 디지털 사회, 제3절 디지털 사회 vs 감시 사회('DPI' 등), 제4절 STEM 및 CORE 교육 강화의 필요성을 서술했다. 제2장의 디지털 사회의 법과 정책에서는 다양하게 제1절 탈시간화 및 탈공간화 등, 제2절 법 인격 확장 필요성, 제3절 sand box 운영, 제4절 확률형 아이템과 P2E, 제5절 수술실 내 CCTV, 제6절 통신자료와 수사기관, 제7절 비밀녹음, 제8절 인공지능 검색엔진과 표현의 자유, 제9절 전자상거래 시 의사표시의 착오, 제10절 웹툰(Webtoon), 제11절 cookie와 기기 고유 ID, 제12절 네트워크 범죄를 다루고 있

다. 제3장의 디지털 공공행정 및 spam 제도에서는 제1절 디지털 사회와 공공행정, 제2절 spam 제도를 살펴보았다. 제4장의 디지털 사회의 윤리에서는 제1절 아날로그 윤리와 디지털 윤리, 제2절 Netiquette과 '윤리강령', 제3절 인공지능 윤리, 제4절 법조인 윤리, 제5절 법관의 SNS 사용 시 법관윤리를 서술했다. 제5장의 디지털 광고에서는 제1절 Ad-Block software, 제2절 선탑재 기본 앱 최소화, 제3절 플로팅 광고, 제4절 변호사의 디지털 광고와 AI 변호사를 살펴보았다. 제6장의 디지털 사회와 전자상거래에서는 전자상거래법 및 약관법을 중심으로 소비자의 권리는 무엇인가를 법 내용 중심으로 서술을 하고 있다. 제7장에서는 정보통신망법상 사이버 명예훼손을, 제8장에서는 사이버 음란물에 대한 중요한 법적 내용에 대해 서술을 했다. 제9장의 디지털 사회와 개인정보에서는 개인정보보호법을, 제10장의 디지털 사회와 정보공개법에서는 공공기관의 정보공개에 관한 법률을, 제11장의 디지털 사회와 디지털 저작권에서는 저작권법을(상당 부분 "인터넷 정책과 법"/2005 일치), 제12장의 디지털 공유경제에서는 제1절 디지털 기술을 통한 공유경제, 제2절 차량공유와 승차공유, 제3절 공유숙박, 제4절 전동킥보드의 규제 내용에 대해 살펴보았다. 제13장은 인공지능, 제14장은 드론, 제15장은 자율주행자동차, 제16장은 판례를 포함해 사이버 보안과 디지털 포렌식에 대해 서술을 했다.

본 책은 강의용이기에 주석과 참고문헌 등이 없어 학문성이 떨어지는 점을 알고 있기에 내용의 정확성을 위한 지속적인 개선 작업을 할 예정이다. 상업성이 적은 책을 출간해 준 동국대학교 출판문화원에 깊은 감사를 드린다.

2022년 8월 목멱산 연구실에서
임 규 철 씀

차 례

머리말   5

| 제1장 | 디지털 사회

제1절 디지털 사회의 특징   19
  I. 디지털 기술의 활용 확대   19
  II. Plattform 경제   21
  III. 자율규제의 확대   23
  IV. metaverse 활성화와 NFT 확대   25

제2절 디지털 사회와 4차산업혁명   29
  I. 주요 영역   29
  II. 상호작용 및 성공의 전제조건   30

제3절 디지털 사회 vs 감시사회('DPI' 등)   31
  I. 감시 회피의 본능   31
  II. 감시의 주체와 방법   31

제4절 STEM 및 CORE 교육 강화   34
  I. 배움의 방향   34
  II. STEM 및 CORE 교육   35

| 제2장 | 디지털 사회의 법과 정책

제1절 탈시간화 및 탈공간화 등   39
  I. 탈(脫)의 시대   39
  II. 발전의 방향과 부작용   39

제2절 법인격 확장 필요성   41
  I. 인간 중심적 법제   41
  II. 탈인간 중심적 흐름의 등장   41

제3절 sand box 운영   43
  I. 규제정책의 일반론   43

| 제2장 |
**디지털 사회의
법과 정책**

    II. '규제 sand box'   44
제4절 확률형 아이템과 P2E   46
    I. 확률형 아이템   46
    II. P2E   46
제5절 수술실 내 CCTV 운영   49
    I. 규정   49
    II. 수술실 내 CCTV 설치와 운영   50
제6절 통신자료와 수사기관   53
    I. 통신자료의 범위   53
    II. 수사기관으로의 제공   54
제7절 비밀녹음   56
    I. 대화의 내용   56
    II. 비밀녹음과 주거침입죄   58
제8절 AI 검색엔진과 표현의 자유   60
    I. 검색엔진 결과 vs 표현의 자유   60
    II. 미국   61
제9절 전자상거래 시 착오   63
    I. 착오의 종류   63
    II. 해결 방향   64
제10절 Webtoon   66
    I. 제작단계의 다층화와 다변화   66
    II. 법제 통합의 필요성   67
제11절 cookie와 기기 ID   68
    I. 사업자의 정보수집   68
    II. 이용자 인식 전환의 필요성   70
제12절 디지털 범죄   71
    I. 개념, 종류 및 특징, 대응   71
    II. 스포츠토토 vs 부가가치세   73
    III. VR   73
    IV. 퇴사 시 문서 파기 등   74

| 제3장 |
**디지털
공공행정과
spam**

제1절 디지털 사회와 공공행정   79
    I. 행정정보와 공간정보 DB   79
    II. 전자소송   80
    III. 형사상 미출력 파일의 문서성   84

IV. 서명날인 및 기명날인과 전자서명 86
제2절 spam 제도 89
  I. 개념과 특징 89
  II. 규제정책 90
  III. 정보통신망법 91
  IV. 소비자보호법 97
  V. 미국과 유럽연합(독일) 98

| 제4장 |
디지털 사회의 윤리

제1절 아날로그와 디지털 윤리 103
  I. 개념 및 종류, 주요 방향 103
  II. 디지털 윤리의 필요성 104
제2절 Netiquette과 '윤리강령' 106
제3절 인공지능 윤리 108
  I. 국내의 인공지능 윤리 108
  II. 해외의 인공지능 윤리 110
제4절 법조인 윤리 113
  I. 법조윤리(변호사) 113
  II. 성실의무, 품위유지와 공익활동의무 113
  III. 비밀유지, 등록의무, 진실의무 114
  IV. 수임과 관련된 의무 115
  V. 변호사의 광고 115
  VI. 변호사의 업무 118
  VII. 선관주의 119
  VIII. 사무직원과 법무법인 119
  VIV. 법관의 SNS 사용 시 법관윤리 120

| 제5장 |
디지털 광고

제1절 Ad-Block software 125
  I. 광고의 시대 125
  II. 광고의 제한 125
제2절 선탑재 기본 앱 최소화 129
  I. 선탑재 기본 앱 129
  II. 최소화 130
제3절 플로팅(floating) 광고 131
  I. 개념 131

	II. 제한	131
	제4절 변호사의 디지털 광고와 AI 변호사	133
	I. 변호사 광고	133
	II. 변호사 소개 vs 광고 플랫폼	134
	III. AI 변호사	137
제6장 **디지털 사회와** **전자상거래**	**제1절** 디지털 사회와 소비자운동	141
	I. 개념과 역사	141
	II. 입법 및 절독운동 등 역량강화	142
	III. 사례	144
	제2절 디지털 사회와 전자상거래	147
	I. 개념과 종류, 적용 법	147
	II. 금지행위 등	148
	III. 플랫폼 사업자의 의무	150
	IV. 보호정책	151
	V. 약관의 규제에 관한 법률	154
	VI. 표시·광고의 공정화에 관한 법률	155
	VII. item, game money, account	159
	VIII. 카드(card)	162
	VIV. 공동인증서와 전자서명	164
	X. 착오송금 반환제도	166
	제3절 다양한 분쟁해결제도	168
	I. ADR	168
	II. 집단분쟁조정제도	169
	III. 집단소송	170
	IV. 단체소송	172
제7장 **사이버** **명예훼손에 대한** **관리**	**제1절** 제정 배경	175
	제2절 범죄의 구성요건	177
	I. 비방의 목적	177
	II. 사실의 적시	178
	III. 공연성	179
	IV. 명예	180
	V. 공익성과 진실성	180

제3절	사업자 주의의무, 임시조치	182
Ⅰ. 사업자(OSP)의 주의의무	182
Ⅱ. 임시조치(정보통신망법)	183

| 제8장 |
사이버 음란물에 대한 관리

| 제1절 | 개념과 판단기준, 특징 | 191 |
Ⅰ. 개념과 판단기준 | 191
Ⅱ. 특징 | 192
| 제2절 | 음란물 차단 정책 | 195 |
Ⅰ. greeneyenet 등 | 195
Ⅱ. filtering 제도 | 196
Ⅲ. key word 제도 | 197
Ⅳ. real doll과 섹스 로봇 | 198
Ⅴ. 아동 및 청소년이용음란물 | 199
Ⅵ. 신분비공개수사와 신분위장수사 | 201

| 제9장 |
디지털 사회와 개인정보

| 제1절 | 개인정보 보호와 활용 | 205 |
Ⅰ. 개인정보법제의 일반법 | 205
Ⅱ. 주요 개념 | 206
Ⅲ. 적용대상자 | 209
Ⅳ. 적용배제(제58조와 제58조의2) | 211
Ⅴ. 수집, 이용, 제공, 파기 등 처리 | 213
Ⅵ. 정보주체 이외로부터 수집 | 216
| 제2절 | 안전성 조치 | 217 |
Ⅰ. 사전 예방 | 217
Ⅱ. 개인정보처리방침 | 219
Ⅲ. 개인정보보호책임자(CPO) | 220
Ⅳ. 유출 시 통지 등 | 220
Ⅴ. 개인정보파일 등록제도 | 221
Ⅵ. 개인정보영향평가 | 222
Ⅶ. 민감정보 및 고유식별정보 | 223
Ⅷ. 영상정보처리기기 | 224
| 제3절 | 가명정보 처리의 특례 | 226 |
| 제4절 | 정보주체의 권리 | 228 |
Ⅰ. 열람, 정정·삭제권, 처리정지권 | 228

II. 집단분쟁조정과 단체소송　　　　　　231
제5절 개인정보보호위원회　　　　　　233
　I. 규정　　　　　　233
　II. 독립성 보장　　　　　　234

| 제10장 |
디지털 사회와 정보공개법

제1절 공공기관의 정보공개제도　　　　　　237
제2절 정보공개법의 적용범위　　　　　　240
　I. 제4조 제1항(일반법)　　　　　　240
　II. 제2항(정보공개조례)　　　　　　241
　III. 제3항(적용배제)　　　　　　241
제3절 청구절차　　　　　　243
　I. 공개청구와 접수　　　　　　243
　II. 공개 여부 결정　　　　　　243
　III. 정보공개 여부 결정의 통지　　　　　　245
　IV. 정보공개 방법 및 비용부담　　　　　　246
　V. 정보공개심의회　　　　　　248
제4절 비공개대상정보(제9조 제1항)　　　　　　249
　I. 제1호(법률, 위임명령 등)　　　　　　249
　II. 제2호(국가안전보장 등)　　　　　　250
　III. 제3호(생명·신체, 재산 보호)　　　　　　251
　IV. 제4호(재판, 수사, 공소제기 등)　　　　　　252
　V. 제5호(감사·내부검토 과정 등)　　　　　　253
　VI. 제6호(성명 등 사생활의 비밀)　　　　　　254
　VII. 제7호(경영상, 영업상 비밀)　　　　　　255
　VIII. 제8호(이익 및 불이익 정보)　　　　　　256

| 제11장 |
디지털 사회와 디지털 저작권

제1절 정보의 공유　　　　　　259
제2절 저작권법의 흐름　　　　　　261
　I. 친고죄 제한 시도　　　　　　261
　II. 저작권의 산업재산권화　　　　　　261
　III. 불법수익물의 몰수와 추징　　　　　　262
　IV. 저작권 파파라치 제도　　　　　　263
　V. 부정경쟁방지법　　　　　　263
　VI. 손해배상과 법정손해배상제도　　　　　　264

　　　　VII. 포괄적 공정이용(제35조의3) ... 266
　제3절　저작권의 보호 ... 267
　　　　I. 저작물 보호의 시기와 방법 ... 267
　　　　II. 저작자의 저작물 ... 267
　제4절　저작권의 제한 ... 280
　　　　I. 개별적 및 포괄적 공정이용 ... 280
　　　　II. 제30조(사적 이용 복제) ... 285
　　　　III. 제29조 등(공연 및 방송 등) ... 289
　　　　IV. 제25조(교육목적 등 이용) ... 290
　　　　V. 제35조의5(공정한 이용) ... 292
　　　　VI. 그 외 사례 ... 293
　　　　VII. 자율규제(계약과 CCL) ... 296
　제5절　비친고죄(제140조) ... 299
　제6절　음란물의 저작물성 ... 301
　제7절　사업자의 책임 제한 ... 302
　　　　I. 제102조(자발적 조치) ... 302
　　　　II. 제103조-제103조의3(타의적 조치) ... 304
　　　　III. 제104조(특수한 유형) ... 307
　　　　IV. 판례 ... 308
　　　　V. 기술적 보호조치 무력화 금지 등 ... 310

제12장 디지털 공유경제

　제1절　디지털 기술과 공유경제 ... 315
　　　　I. 개념과 가치 ... 315
　　　　II. 특징과 종류 ... 315
　　　　III. 효과 ... 317
　　　　IV. 구독경제로의 전환 가능성 ... 317
　제2절　승차공유와 차량공유 ... 320
　　　　I. 자가용 자동차의 노선운행 금지 ... 320
　　　　II. rent car 사업의 제한 ... 321
　　　　III. 자가용 자동차의 유상운송 금지 ... 322
　　　　IV. 한정면허를 이용한 차량공유 ... 324
　제3절　공유숙박 ... 326
　　　　I. 개념과 장단점 ... 326
　　　　II. 숙박업소의 약관법상 사업자 유무 ... 327
　　　　III. 현행 정책과 법 ... 328

　　　　　　　　　Ⅳ. 개선 방향　　　　　　　　　　　　　329
　　　　　　제4절 cloud computing와 개인정보　　　　330
　　　　　　　　　Ⅰ. cloud computing 시대　　　　　　330
　　　　　　　　　Ⅱ. 개선 방향과 법제　　　　　　　　330
　　　　　　제5절 전동킥보드　　　　　　　　　　　334
　　　　　　　　　Ⅰ. 개념 및 법 적용　　　　　　　　334
　　　　　　　　　Ⅱ. 안전성 확보수단　　　　　　　　335
　　　　　　　　　Ⅲ. 운전 시 주의의무 정도(판례)　　339
　　　　　　　　　Ⅳ. 개선 방향　　　　　　　　　　　340

| 제13장 |　**제1절** 개념과 종류　　　　　　　　　　345
| 인공지능 |　**제2절** 현행 제도와 법　　　　　　　　　346
　　　　　　　　　Ⅰ. 국내 법제　　　　　　　　　　　346
　　　　　　　　　Ⅱ. 외국 법제　　　　　　　　　　　347
　　　　　　제3절 개정안 발의와 개선 방향　　　　349
　　　　　　　　　Ⅰ. 개정안 발의　　　　　　　　　　349
　　　　　　　　　Ⅱ. 개선 방향　　　　　　　　　　　350

| 제14장 |　**제1절** 개념　　　　　　　　　　　　　　355
| 드론 |　　**제2절** 드론의 안전사항　　　　　　　　357
　　　　　　　　　Ⅰ. 항공안전법의 규정 차용　　　　　357
　　　　　　　　　Ⅱ. 신고, 변경 및 말소 신고　　　　　357
　　　　　　　　　Ⅲ. 안전성 인증　　　　　　　　　　358
　　　　　　　　　Ⅳ. 조종자 증명　　　　　　　　　　359
　　　　　　　　　Ⅴ. 비행승인　　　　　　　　　　　360
　　　　　　　　　Ⅵ. 조종자 준수사항　　　　　　　　361
　　　　　　　　　Ⅶ. 준용과 특례규정　　　　　　　　362
　　　　　　제3절 개선 방향　　　　　　　　　　　364
　　　　　　　　　Ⅰ. 법제 통폐합, 안전성과 범죄예방　364
　　　　　　　　　Ⅱ. 개인정보의 보호　　　　　　　　364
　　　　　　　　　Ⅲ. 손해배상　　　　　　　　　　　365

제15장
자율주행자동차

제1절 개념과 작동원리 등 ... 369
  Ⅰ. 개념과 구성요소 ... 369
  Ⅱ. 작동원리 ... 370
  Ⅲ. 기술발전 단계에 따른 구분 ... 370
제2절 자동차관리법 ... 376
제3절 자율주행자동차법 ... 380
제4절 포렌식과 증거배제의 법칙 ... 382
  Ⅰ. 제조사 책임 ... 382
  Ⅱ. 운행자 책임 ... 387
제5절 운행자성과 운전자성 ... 391
  Ⅰ. '운전과 운행', '운전자와 운행자' ... 391
  Ⅱ. 운행자의 운행지배와 운행이익 ... 392

제16장
사이버 보안과 포렌식

제1절 사이버 보안 ... 397
  Ⅰ. 역사 ... 397
  Ⅱ. 사이버 보안의 구성요소 ... 398
  Ⅲ. 홈네트워크(월패드 등) 보안 ... 400
제2절 인터넷 공유기와 IP주소 ... 401
  Ⅰ. 개념과 기능 ... 401
  Ⅱ. IP주소(네트워크의 전화번호) ... 401
  Ⅲ. Wi-Fi 비밀번호 공유와 한계 ... 403
제3절 디지털 포렌식(Digital Forensic) ... 407
  Ⅰ. 개념 ... 407
  Ⅱ. 기본원칙 ... 408
  Ⅲ. 증거수집 ... 410
  Ⅳ. 포렌식 도구 ... 412
제4절 포렌식과 증거배제의 법칙 ... 414
  Ⅰ. 적법절차 준수의무 ... 414
  Ⅱ. 범죄혐의와의 객관적 관련성 ... 417
  Ⅲ. 판례 ... 418

제1장 디지털 사회

제1절
디지털 사회의 특징

I. 디지털 기술의 활용 확대

물질적인 측면에서 구성원의 행복을 위해서는 경제발전과 일자리 창출, 공공안전 보장 등이 동시에 이뤄져야 한다. 이들은 자전거 바퀴처럼 서로 밀접하게 연결되어 있다.

디지털 사회에서의 각자는 급격한 디지털 환경 변화에 효율적으로 대처하고, 국가는 법과 정책을 통해 행정의 적극적인 디지털 전환을 이룸으로써 국가 경쟁력을 높일 필요가 있다. 이를 위한 국가의 주요 방향으로는 디지털 전환 생태계 조성, 데이터 활용 촉진, 플랫폼 경제 대응 및 디지털 역기능 대응 등이 중요하다. 다양한 분야의 유기적인 발전(조직자본과 경영능력, 인적 자본, ICT 숙련도, 규제환경 등)과 인재의 양성(과학기술자 양성 및 AI 리터러시 교육 등), 정보보안의 강화와 개인정보의 균형적 활용, 불필요한 규제완화 방향 등 실행력을 갖춘 추진체계를 통한 정부의 지원 역시 중요하다.

디지털 사회는 일반적으로 육체 중심의 농업사회 혹은 상품 제조 중심의 산업사회와 달리 디지털 기술이 중심인 사회를 말한다. 'data, programming 혹은 algorism 사회'라고도 한다. 또 디지털 사회는 디지털화로 이뤄지는 디지털 경제를 중심으로 돌아간다.

디지털 기술은 대부분 무한 반복성, 질적인 변화가 없는 정보의 무한정 복제 및 복구의 용이성, 정보의 가공 및 정보전달의 용이성, 정보유통의 쌍방향성 지향이라는 특징을 가지고 있다. 이러한 디지털 기술의 많은 사용은 개인의 행동과 사회적 행동 외에 사회와 국가 전반에 걸쳐 큰 영향을 미친다. 국가가 전자정부를 지향하는 주요 이유다. 이러한 흐름에 제대로 올라탈 수 있느냐 없느냐는 현대의 국가와 개인에게는 생존 차원으로 인식이 되고 있다. 현재 국내에서는 주민등록표등초본, 백신예방접종증명서, 가족관계증명서, 건강보험자격득실확인서, 성적증명서, 취업 및 학자금 대출 등 '모바일 전자증명서'를 통해 신분 확인 등이 가능하다.

디지털 사회에서도 법률의 위치를 판단해 본다면 법률은 과거와 동일하게 모든 산업의 근간이 된다. 미래에도 동일할 것이다. 어떤 산업이든 균형이 잡힌 지속적인 발전을 위한다면 법과 의도적으로 친해져야 한다. 규제완화를 지향하는 sand box 법을 포함해서 "데이터기본법"과 "지능정보화기본법" 제정을 통해 법과 정책도 디지털 사회의 방향을 지지하고 있고 새로운 활용도 지속적으로 찾아내고 있다.

암호화폐 등 디지털 기술을 이용한 범죄에 있어 방치(자율적 해결) 혹은 특별법보다는 형법으로써 예를 들어 형법상 재물의 개념을 새롭게 설정하는 입법을 하는 방안과 재물과 재산상 이익 모두 재산범죄의 객체로 해석하는 것을 고려할 필요가 있다. 이는 절도죄, 컴퓨터사용사기죄, 횡령죄, 배임죄, 장물죄, 손괴죄는 재물과 재산상 이익 중 어느 한쪽만을 객체로 두는 범죄에 대해 보다 포괄적인 논의가 필요하다는 것을 의미한다. 절도죄에 재물절도죄 외에 이익절도죄를 신설할 것인지, 컴퓨터사용사기죄 객체에 재물을 포함시킬 것인지, 횡령죄 객체에 재산상 이익을 포함시킬 것인지 등에 대한 논의가 필요하다.

독일이 자동차 강국이 된 데는 영국의 자동차 운행법인 '적기법'(Red Flag Law)의 흐름을 미래지향적 입장에서 차단했고 성공했기 때문이다. 영국에서는 그 법을 통해 말보다 느린 자동차가 사람들에게 외면당하는 건 시간상의 문제였다. 이는 현재 '새로운 융합적인 디지털 기술을 채택한 정책의 부작용을 너무 두려워하지 말라'는 의미로 읽히고 있다. 그 부작용에 대한 위험 관리가 대부분 가능하기 때문이다.

II. Plattform 경제

디지털 기술은 디지털 경제의 핵심인 플랫폼 경제를 통해 그 사용이 활성화되곤 한다. 주로 사업자의 독자적 혹은 공유된 특정 플랫폼의 구축과 운영을 통해 현실화 되고 있다. 그래서 디지털 경제사회는 플랫폼 경제사회와 동일한 의미로 볼 수 있다.

데이터를 중심으로 움직이는 디지털 경제영역은 '데이터 처리기술'이 경제를 움직이는 '보이지 않는 손'(가격 및 예측)을 볼 수 있게 하면서 효율성 증가와 자원의 낭비를 막게 해준다. 개인정보보호법도 특정인에 대한 식별 가능성이 없는 데이터(익명정보) 상업적 판매에 대해 허용을 하고 있다.

디지털 사회에서 빅데이터 처리기술의 급속한 발달로 데이터의 수집과 활용은 중요하다. 데이터의 소유를 누구로 정하느냐에 따라 새로운 불평등이 시작될 수 있는 문제이지만 법은 이에 대한 규정이 없다. 힘의 불균형이 무너진 자율규제 성격을 띤 '약관'을 통해 데이터의 사용 범위만을 정하고 있다. 글로벌 플랫폼 사업자들은 데이터 확보를 위해 무료정보와 서비스를 제공해 이용자 정보를 모으고 실시간으로 그 데이터를 분석해 광고주에게 되파는 방식으로 수익을 내고 있다. 그 외에 사업자는 수집한 데이터의 정밀한 분석을 통해 정보주체의 미래의 행동에 대한 예측을 통해 기업의 지속적인 생존을 추구한다. 따라서 정보주체 혹은 사물인터넷(IoT)으로부터 사업자의 이용자에 대한 데이터의 수집 및 이용을 단순하게 경제적 이익으로만 바라볼 수는 없다. 이는 데이터 소유를 규제하는 일은 재화나 용역에 대한 소유 및 점유를 규제하는 것과는 완전히 다르다는 것을 의미한다. 이에 대한 뚜렷하게 설득력 있는 해결책은 나오지 않고 있지만, 어떤 방식이 되든 정부나 플랫폼 사업자 일방이 데이터 생산자인 개인의 참여가 없이 데이터를 소유 및 활용을 하는 것은 문제가 있다. 데이터의 집중은 이의 오남용 가능성이 크고 이용자는 행위의 주체가 아닌 감시를 통한 객체로의 전락이 될 수 있다. 누가 어떻게 데이터를 소유할지 깊고 폭넓은 고민이 필요한 시점이다.

위에서 언급한 것처럼 디지털 경제의 주역은 platform 사업자다. 이 사업은 정보의 수집과 활용을 통해 얻은 정보를 맞춤형 광고의 판매를 통해 이뤄진다. 이를 적극적으로 제한하고자 하는 시도가 유럽연합을 중심으로 일어나고 있다. 디지털 경제에 있어 특정 소수의 플랫폼 사업자의 독과점화(쏠림현상)는 쉽기에 플랫폼 경제의 시스템은 승자독식이나 자연적인 독과점 발생이 수월하다. 또 쉽게 시장진입 장벽이 높아지는 시장이다. 이는 해당 기업의 문어발식 확장을 수월하게 한다. 장기적으로는 소비자의 편의성을 감소시킨다. 이에 따라 플랫폼 경제 시대에 있어 국가는 시장지배적인 사업자의 독점 현상과 경쟁 회피의 속성을 막아야 한다. 이는 시장경제의 효율은 인간의 속성인 탐욕에 의해 나오지만 끝없는 탐욕의 부작용을 막기 위해 '보이는 손'(국가 등)이 해결할 수밖에 없으며, 국가는 경제민주주의의 이름으로 시장을 관리해야 한다는 것을 의미한다(자유민주적 시장경제 질서). 플랫폼 경제에 있어 사후적 규제(ex-post regulation)만으로는 플랫폼 사업자들의 무절제한 경쟁제한적 행위를 신속하고 효과적으로 규제하기 어렵기에 일정 범위 내에서 사전적 규제(ex-ante regulation) 도입이 필요할 수 있다.

> 헌법 제119조 ① 대한민국의 경제질서는 개인과 기업의 경제상의 자유와 창의를 존중함을 기본으로 한다.② 국가는 균형있는 국민경제의 성장 및 안정과 적정한 소득의 분배를 유지하고, 시장의 지배와 경제력의 남용을 방지하며, 경제주체간의 조화를 통한 경제의 민주화를 위하여 경제에 관한 규제와 조정을 할 수 있다.

국내외 관련 규제의 큰 방향을 본다면 디지털 경제는 플랫폼(데이터 포함) 중심으로의 전환이 많이 이뤄지고 있기에 해당 사업자 행위의 오남용을 막기 위한 법을 통한 감독을 통해 이뤄지고 있다. 구체적으로 본다면 국가 혹은 수요자마다 이는 다르겠지만 변하고 있는 시장환경 변화에 따른 오남용에 대한 감독의 방식과 수준 혹은 그 신속한 규제절차의 사전 마련과 준수는 불필요한 논쟁을 줄일 수 있다. 가능하다면 민주적 통제절차를 위해 기존의 행정규칙 성격을 지닌 예규 수준은 벗어날 필요가 있다. EU 경쟁법(Richtlinie 2019/1/EU)과 디지털 시장법(Digital Markets Act, DMA) 및 디지털 서비스법(Digital Service Act, DSA) 제정, 미국 디지털 플랫폼 규제 패키지 제안, 무상급부도 시장범위로의 포섭을 규정한 독일 경쟁제한방지법 제18조 제2a 및 제3a와 제19조a(GWB) 개정 등을 중심으로 외국 법제의 변화도 경쟁의 대상이기에 국내 입법의 경우 적극적인 참조의 대상이다. 미국을 제외한 일반적인 주요 흐름은 '자사우대', '선탑재', '접근 제한을 통한 사업활동 방해', '시장지배에 이르지 않은 사업자에 의한 사업활동 방해', '데이터 처리를 통한 사업활동 방해', '상호 운용성 또는 데이터 이동성 제한을 통한 경쟁방해', '정보제공 제한' 등이 있다. 국내에서는 "온라인 플랫폼 중개거래의 공정화에 관한 법률" 제정 혹은 "전자상거래 등에서의 소비자보호에 관한 법률"의 전부 개정 논의가 있다.

III. 자율규제의 확대

1. 확대 및 제한 영역

사회의 주요 발전 방향 및 주요 문제해결 방식에 있어 사회는 정도의 차이는 있겠지만 과거, 현재 및 미래에도 자율성을 지향한다. 헌법재판소도 이를 지지하고 있다. 디지털 사회라고 예외는 아니다.

디지털 사회에서 발생하는 부작용에 대한 대처에 있어 법 규제는 만능이 아니다. 강제성을 띤 법보다는 상황에 따른 자율규제라는 더 유연한 정책적 실행은 효율적으로 목표의 달성을 위해 필요한 규제 형식이다. 자율규제로만 해결이 안 되는 영역에서는 예를 들어 디지털 콘텐츠의 보호 혹은 정보통신망법이나 전기통신사업법 등의 사이버 음란물 등 불법유해정보의 차단처럼 법으로 강제화 명령을 내리는 영역도 있다. 이는 상황에 따른 각기 다른 대처방식이 필요하다는 것을 말한다. 종합적으로 보면 상황에 따라 법을 통한 규제와 자율규제를 혼용하되 예외가 아니라면 자율규제가 먼저다. 이는 표현의 자유 영역에서 더 잘 적용이 된다. 그러나 허위조작정보처럼 피해에 대한 침해가 구조적이고 비합리적인 차별의 영속화 가능성이 있다면 법적인 제재의 대상이 되어야 한다.

디지털 윤리는 대표적인 자율규제의 영역이다. 예를 들어 youtuber와 BJ의 '생방송'에 있어 선정적이고 자극적이면서 폭력적인 콘텐트가 늘어나고 검증되지 않은 정보가 확산이 되면서 그 피해와 사회적 부작용이 적지 않지만 이를 강제적으로 규제할 방법은 모호하다. 유튜브 채널은 아직 신문법 및 방송법 적용의 대상이 아니다. 콘텐트 제작자의 윤리나 동영상 플랫폼 사업자의 협조에 기댈 수밖에 없는 경우가 많다. 공공장소 등 공개된 장소에서 촬영 시 타인의 동의를 얻지 않은 경우 혹은 동의가 없이 상업적 목적으로 이용되었을 경우 등은 초상권 침해가 된다. 동의가 없다면 모자이크나 실루엣 등으로 처리해 형태를 알아보기 어렵게 만들어야 한다(방송통신위원회 및 한국지능정보사회진흥원(NIA)의 "크리에이터 디지털 윤리 역량 guide book"). 촬영된 영상이 개인을 식별할 수 있는 경우 혹은 동의를 얻었으나 이용이 동의를 벗어난 경우도 문제가 된다. 또 '온라인상 확률형 아이템'도 논란거리다. 게임법 적용의 '온라인상 확률형 아이템'은 게임 속 캐릭터를 꾸미거나 능력을 키우는 데 필요한 장비인 아이템을 돈을 내고 무작위로 받는 것을 의미한다. 이 확률이 복권당첨 확률만큼 낮고, 확률의 조작 및 도박으로 변질이 될 개연성이 크다면 법을 통한 확률형 아이템에 대한 완전한 정보공개도 가능하다. '온라인상 변호사 광고'에 대해서도 논란이 있다.

2. 인증시장과 간편결제 사업

인증시장은 공인인증서 제도가 폐지되고 금융기관이나 공공기관 중심의 공동인증서와 민간인증서 공존의 시대다. 이러한 시대에 보안저하 등 특별한 이유가 없이 공공서비스의 인증시스템 운영에 있어 공공기관의 민간인증 사용을 거부하는 상황은 문제다. 즉, home-tax, 정부24, 국민신문고, 운전면허 갱신, 공립 어린이집 보육료 결제, 대법원의 전자가족관계 등록시스템, 국회 사이트의 본인인증의 경우 등 민간인증서 이용의 제한은 설득력이 떨어진다.

간편결제 사업은 확대되고 있지만 수수료 논란이 있다. 간편결제 사업자의 사용 수수료율은 국내 카드사의 수수료율과 비교하면 상당히 높다. 간편결제 업체는 수수료 자율을 규정한 전자금융거래법의 적용을 받지만, 카드사는 여신금융전문법에 따라 3년마다 수수료에 대해 '적격비용'의 산정 시 정부의 통제(수수료율 인하)를 받기에 시장의 수요와 공급의 원칙에 곧 따라갈 수가 없다. 또 간편결제 사업은 정부의 활성화 정책으로 인해 사실상 금융업임에도 불구하고 금융사에 적용되던 전통적 규제는 받지 않기에 규제가 거의 없다. 사업자는 서로 다를지라도 서비스가 가지는 유사성이 높고 수수료의 적용대상도 동일한 만큼 수수료율의 과도한 차이는 소비자 입장에서 금융업의 신뢰도 유지에 도움이 되지를 않는다. 담합의 예정이 큰 영역이라 규제정책 수립 시 소비자 이용에서 바라볼 필요가 있다.

IV. metaverse 활성화와 NFT 확대

1. metaverse

metaverse 시장(1992년 등장)은 아직 초기이기에 보는 관점이 다르고 개념도 합의돼 있지 않은 상태다. 그래서 미래에 대한 전망이 각각 다르다. 인터넷과 스마트폰의 탄생이 사람들의 생활 양태의 변화를 가져온 것처럼 메타버스 역시 그 수준에 가까운 변화를 가져올 개연성이 크지만 거품일 수도 있다. 뚜렷한 실체가 없고 블록체인을 이용한 탈중앙화도 형식적이기 때문이다. 그 핵심은 개인정보 수집을 통한 활용이기도 하기에 아직 이에 대한 사회적 동의가 불확실하기도 하다.

메타버스는 일반적으로 현실을 모방한 온라인 공간에서 이용자들이 avatar를 이용하여 상호작용하는 방식을 의미한다('확장 가상세계'). 메타버스는 현실세계와 동일하게 또는 변형해서 구현(digital twin)되기에 학교, 회사, 공연장, 공원 등 여러 사람이 모이는 공간을 온라인에 입체적으로 만들고, 사람들이 자신의 avatar를 이용하여 입장해서 사회적 활동을 할 수 있도록 하고 있다. 공연, 신곡 발표 등의 마케팅과 홍보, 부동산과 건설, 정치, 행정, 기업 운영 등 다양한 분야로 메타버스 활용이 확대되고 있다.

메타버스는 가상·증강·혼합현실(VR·AR·MR)과 같은 가상융합기술(eXtended Reality, XR)의 도움을 많이 받고 있다. 초기의 게임과 놀이, 소통 등은 점차 가상융합기술(XR)을 기반으로 하여 제조 및 훈련 등 전문 영역으로 특화 혹은 일상과 업무 영역까지 확산이 이뤄질 것으로 예상이 된다. 현재 avatar를 꾸미고 다른 이용자와 함께 놀이 등 사회관계 활동에 참여할 수 있는 'ZEPETO', 스튜디오 이용자가 콘텐트를 제작하고 수익 창출하는 'ROBLOX', 가상부동산 거래를 할 수 있는 'EARTH 2' 등이 있다.

본인과 다른 사람의 결정에 따라 달라질 수 있는 개방형 구조라는 점, 본인이 참여하지 않더라도 가상세계는 종료되지 않고 지속이 된다는 점, 구성원의 합의나 서비스 제공자의 불가피한 사정이 존재하지 않는 한 가상세계는 처음으로 돌아가지 않는다(reset)는 점 등이 온라인 게임과 메타버스의 주요 차이점이다.

메타버스 세상에서도 성공적인 메타버스 플랫폼 사업자는 소수일 것이다. 그 사업자의 책무는 시간이 흐름에 따라 부작용 방지를 위한 효율성이 있는 수단이기에 넓어질 것이다. 동시에 수집한 개인정보를 활용한 상업화가 광범위하게 발생할 수 있다. 콘텐트 제작과 운영에 있어 차별금지, 품질성능 유지, 부당행위 금지, 불법 유해정보의 유통금지 등이 중심이 될 것이다. 메타버스 공간 역시 다른 사이버 공간과 유사한 불법행위가 발생한다. 메타버스 역시 가상 및 익명성과 개인간 상호관계를 기반으로 하기에 피해자가 느끼는 것과 달리 가해자는 범죄에 대한 죄책감이 현실보다는 적다는 특징이 있다. 프라이버시 및 개인정보 침해, 모욕, 비하, 인신공격, 상표권 및 저작권 등 지식재산권 침해 등이 가능하다(avatar 스토킹, avatar 몰카, avatar 성희롱 등). 현행법상 성범죄 및 모욕죄의 처벌 대상은 사람이기 때문에 avatar

의 행위를 법적으로 처벌할 수 있는 근거가 없다. 메타버스 영역에서의 사이버 인격권 개념의 도입을 주장하는 주요 이유다. 현실과 구분하기 힘들 상황을 가져오는 메타버스 내에서의 성범죄를 중심으로 '연령제한 및 거리두기 기능' 도입도 필요하다. 메타버스 환경에서는 상품이 자연스럽게 노출되기에 그것이 사실을 표현한 것인지 광고인지 명확하게 구분될 수 있도록 할 필요도 있다.

메타버스의 규제정책 수립에 있어 부작용이 있다고 하더라도 일방적인 촘촘한 사전규제부터 만들어서 신산업을 시도조차 하지 못하게 했던 과거의 정책적 실수가 반복되지 않도록 경계해야 한다. 규제에 대한 사회적 합의를 적극적으로 모색해야 한다. 예를 들어 메타버스와 온라인 게임의 관계는 밀접하다. 메타버스 세계에서는 온라인 game user 입장에서는 익숙한 상황들이 많이 발생한다('오래된 미래'). 이에 따라 장차 게임적 요소를 더하는 현상이 강화될 것이다. 게임법에서의 등급분류, 거래규제, 과몰입 규제 등을 그대로 메타버스에 적용하는 것은 부작용이 명백하게 나타나지 않는 상황에서 논란이 된다. 메타버스에서의 블록체인 및 NFT 등 사용에 있어 아이템 거래규제나 규제 위주의 블록체인 규정을 그대로 적용하는 경우도 동일하다.

현실의 사회·경제·문화의 상당 부분이 메타버스와 함께 공존해야 한다면 기술적인 관점으로만 메타버스에 접근해선 문제가 된다. 기술적 발전만큼 사회·문화적 토대 마련을 위한 준비도 필요하다. 이는 관련 기술의 발전에 예술 및 심리학, 법학 중심으로 인문학적 고찰이 필요하다는 것과 상통한다.

2. NFT

NFT는 공동인증서처럼 일종의 디지털 증명서다. NFT는 무한복제가 가능한 디지털 자산에 고유의 번호부여를 통한 고유성 확정과 더 이상의 복제 불가를 통해 희소성의 가치를 부여하기에 digital art 중심으로 재산적 가치의 생성과 거래가 가능하다. 블록체인 기술을 이용하기에 보안성도 뛰어나다. 메타버스 시장에서도 이러한 방법을 통해 재산적 가치를 보존하고 거래를 가능하게 한다면 그 성장은 빠를 것이다.

NFT는 예술품 중심으로 누가 처음에 이것을 만들었고, 누가 보유했으며, 어떤 내용들을 담고 있는지 위·변조 없이 명확하게 기록하려고 만들어진 블록체인 기반의 서비스다. NFT가 주목받게 된 건 해당 기술 개발의 수월성과 시대변화에 따른 영향이다. 젊은 세대들은 NFT의 재미와 재산적 가치 증대에 주목하고 있다('Cobalt' 및 'Opensea' 등). NFT의 활용도 다양해지고 있다. 희소성을 가진 NFT 그림의 거액 판매 및 게임 아이템의 NFT를 통한 판매 등이 대표적이다. 탈중앙화된 블록체인과 Metaverse(Meta+Universe) 그리고 그 안에서 디지털 자산의 가치를 구체화하고 경제활동으로 연결이 가능한 NFT와의 조합은 디지털 생태계의 새로운 현상(block chain-Metaverse-NFT)이다. NFT가 없어도 메타버스가 돌아가고 블록체인이 없어도 Metaverse는 돌아간다. 그러나 그 결합의 효과는 탁월하다. 그러나 검증의 불확실성으로 인해 투자 목적의 NFT 접근은 지양해야 한다.

NFT 시장('Opensea' 등)은 현실 세계에서 예술, 게임산업 외에도 각종 사업(명품 인증, 부동산, 자동차 거래이력 시스템 등) 등으로 그 활용이 확대되고 있다. 트위터 등 social media 사업자들도 NFT를 profile 사진으로 설정하고 이를 거래할 수 있도록 함으로 NFT 시장의 대중화를 시도하고 있다. 특허청도 이를 통해 유사한 경험('영업비밀 원본증명서비스')을 살려 상표권, 특허권, 디자인권, 저작권 및 영업비밀 등 지식재산(IP)으로 보호하고자 한다. 즉, 특허권, 상표권 등에 NFT를 적용해 지식재산 거래를 활성화하거나, 발명·창작과정이 담긴 연구노트 등에 NFT를 부여함으로써 발명이력 등의 고유성을 증명하는 방법이 논의되고 있다('NFT-IP 전문가 협의체').

제2절
디지털 사회와 4차산업혁명

I. 주요 영역

18세기 1차 산업혁명은 증기기관(기차 등)으로 대변되는 운수 제조업에 있어서, 2차는 자동차 산업 등 전기동력 이용에 있어서, 3차는 컴퓨터를 통한 자동화 시스템이, 4차산업혁명은 대체에너지 사업 및 자율주행 자동차 등 기존의 산업영역과 AI를 중심으로 한 'ICT의 융합'을 핵심으로 보고 있다.

'4차산업혁명'은 1970년대 독일의 '인더스트리 4.0' 정책 혹은 2015년 황창규의 'ICT와 산업이 융합하는 새로운 시대'라는 주장에서 언급되다가 2016년 'Klaus Schwab'이 세계경제포럼(WEF)에서 '4차산업혁명'을 얘기하면서 공감대가 넓어졌다. 그는 '물리학 기술, 디지털 기술, 생물학 기술'을 언급하면서 물리학 기술로는 '무인 운송수단, 3차원(D)프린팅, 첨단 로봇공학 및 신소재'를, 디지털 기술로는 '사물인터넷, 블록체인 및 공유경제'를, 생물학 기술로는 '유전공학, 합성생물학, 바이오프린팅'을 핵심적인 과학기술로 판단하고 있다. 일반적으로는 4차산업혁명의 기반 인프라는 IoT, cloud computing, big data 및 5G 등으로 보고 있다.

4차산업혁명은 새로운 개념이라기보다는 최근의 신기술 융합 등을 통한 경향과 더 가깝다. '드론' 혹은 '자율주행자동차'는 상용화됐거나 상용화 단계에 있고, 사물인터넷이나 인공지능 로봇 등은 인터넷과 네트워크를 기반으로 했다는 점에서 3차 산업혁명의 범주에서 크게 벗어나지는 않는다. 이 때문에 4차산업혁명을 두고 '실체가 없고 정치적 용어로 변질이 되었다'는 비판도 타당하다. 그러나 명칭에 상관이 없이 거론되는 기술과 융합 등이 어떤 방향으로든 사회에 큰 변화를 가져올 것이라는 데는 이견이 없다.

II. 상호작용 및 성공의 전제 조건

제4차 산업혁명과 디지털 사회와의 관계는 밀접하다. 융합을 특징으로 하는 클라우드, 인공지능 로봇, 자율주행자동차와 인공지능처럼 4차산업혁명의 중요 영역은 디지털 사회의 기반인 빅데이터 활용을 전제로 돌아가기에 디지털 사회의 부분집합 관계로 볼 수 있다. 이에 제3차산업혁명과의 엄격한 분리는 힘들고 그 분리도 큰 의미를 가지고 있지 않다.

디지털 사회의 주요 특징 중의 하나가 '빠른 속도와 융합'이다. 그 올바른 속도의 방향은 '경험과 지식의 축적'에 달려 있다. 과거의 한국은 지금과 달리 조선왕조실록에서 보듯이 기록의 문화를 가진 국가였다. '축적(stock) 지향의 사회'가 아니라 '흐름(flow) 중심의 사회'라면 문제가 될 수 있다. 그 축적을 힘들게 하는 '자율적인 생태계의 부족 탈출 혹은 지시 및 규제를 통한 관치 산업구조의 개편'이 필요하다. 4차산업혁명에 따른 변화로 일자리가 줄어드는 노동시장에 대한 대비책도 적극적으로 있어야 한다.

제3절

디지털 사회 vs 감시 사회('DPI' 등)

I. 감시 회피의 본능

'감시'는 지시와 복종, 통제와 수용 등의 권력관계에서 작동하는 시선이다. 감시체제는 사회 구성원의 두려움을 바탕으로 작동한다. 권력은 시대를 초월하여 직접적 혹은 간접적 감시를 하고자 하는 본능을 가지고 있다. 이 권력은 디지털 사회에서도 디지털 기기를 통해 더 은밀해지고 그 정확도를 높여가고 있다.

우리는 본능적으로 권력의 이러한 감시 욕구를 최대한 회피하려고 한다. 고도화된 디지털 사회에서의 감시는 산업사회와 비교해서 수월하고 촘촘하며 정확도가 높기에 감시 회피 방법도 다양하다. 역으로 디지털 기기 사용의 능숙함과 감시에 대한 부정적 인식의 파급은 이용자를 통해 아래로부터의 감시도 가능한 시대다.

디지털 사회에서 민주주의에 대한 이해가 높아져 전체주의의 등장은 힘들 것이다. 그러나 다량의 질이 낮은 정보유통이 많아지고 결정유보 현상의 증가와 집단지성의 약화에 따라 구성원의 전체주의적 성향은 강화될 수가 있다.

II. 감시의 주체와 방법

감시의 주체는 국가 외에도 과거와 달리 민간의 개인 및 조직(법인 포함)도 주체가 된다.

감시의 방법은 직접 감시 외에도 간접 감시로 온라인서비스제공자(OSP)의 협조를 통한 감시, 기술적 감시(만인의 만인에 대한 감시, 편집증세, 과도한 정보수집)가 있다. 미국은 금지하고 있는 '입막음 소송'(전략적 봉쇄소송, SLAPP)처럼 일부러 위축효과를 노린 감시가 있다.

'DPI'(Deep Packet Inspection) 기술('Y.2770 표준')은 '네트워크에 대한 검사기술'로 유통되는 트래픽에 대해 관리를 가능하게도 하지만 감시 도구로 활용이 될 수 있다. 공공영역에서는 범죄예방 혹은 집행을 위해 통신감청 외에도 불법적인 트래픽 관리도 수월하다. 민감정보 수집과 활용이 상당히 많고 자유로운 metaverse 시장에서도 사업자의 개인정보 활용이 감시로 나타날 수도 있다. 또 트래픽 관리 차원을 넘어 패킷 내용을 식별해 맞춤형 광고를 내보내거나 이용자의 취향과 구매경향에 대한 분석과 가공도 수월하다. DPI 기술은 특별하게 기술의 변환이 없어도 경쟁 서비스 차단이 가능하다.

'코인 실명제'로 불리는 'travel rule' 제도가 암호화폐를 중심으로 한 가상자산거래 시장에서 시행되고 있다. 가상자산사업자가 고객의 요청에 따라 가상자산 타사업자로 이전의 경우 송수신인 성명, 가상자산 주소를 의무적으로 제공하는 제도로, 금융기관에서도 유사한 제도가 시행되고 있다. 이를 통해 감독기관은 누가 어떤 거래를 했는지 파악이 수월하고, 자금세탁 방지와 불법적인 자금유통 억제의 효과도 있다. 100만원 이상의 가상자산 거래 시 적용토록 하고 있지만, 이는 재량사항이라 그 이하의 액수에도 각 사업자의 판단에 따라 적용이 가능하다.

바이러스 극복을 위해 감시 기구의 일종인 열화상 카메라, 온도 측정기, QR 인증 등을 통해 체온 측정, 출입 등록, 접종 정보 등을 확인하는 절차가 일상화가 되었다. 감시 기술의 핵심적 기능이 '사회적 분류'라고 하더라도 그 활용에 있어 인종, 지역, 장애, 연령, 여성, 동성애자, 다른 종교인 등 사회적 소수자 중심의 인종

주의적이고 성별화된 방식으로의 절차 진행은 법을 통해 적극적으로 막을 필요가 있다. 현실에서는 즉각적으로 이들에 대한 혐오와 공격으로 이어지고 있기 때문이다.

"국가 첨단 전략산업 경쟁력 강화 및 육성에 관한 특별조치법"에 따라 국가 첨단 전략산업으로 분류된 산업인 반도체, 자동차, 배터리, 디스플레이, 철강, 로봇, 바이오 등 12개 업종, 69개 기술 분야의 해당 기업에 근무하는 1급 기술 인력인 기술자들은 정부의 중점 관리의 대상이 된다. 제14조에 따라 전문인력 본인의 동의가 있거나 전략 기술의 해외 유출이 심각하게 우려되는 경우 DB 구축을 포함해서 해당 인력의 출입국 정보를 확인할 수 있다. 그러나 정부가 직접 해당 인력에 대해 본인의 동의 없이 출입국 정보 등을 들여다보는 것은 개인정보보호법에 위배가 된다. 법 개정 추진의 이유다. 핵심기술 보호를 위한 목적이라지만 민간인 통제장치로 작용을 할 수 있기 때문이다. 인재와 핵심기술의 유출 방지라는 취지에는 이해가 가지만, 고급 기술자들의 개인정보를 국가에서 챙기겠다는 것은 곤란하다.

제4절
STEM 및 CORE 교육 강화

I. 배움의 방향

사람들이 정보사회에서 디지털 기술에 쉽게 자괴감을 느끼는 이유는 디지털 기술의 배움에 대한 의지 부족 외에도 해당 기술 발전이 너무 빠르고 사람은 기본적으로 게으른 존재이기 때문이다. 그렇다고 하더라도 빅데이터와 인공지능, 인공지능 로봇으로 시작된 ICT 혁명은 블록체인, 메타버스, NFT와 우주기술 등 디지털 기술이 어떤 기술인지, 사회 전체의 목표에 어떤 도움 혹은 부작용이 있는 기술인지에 대해서 구성원들은 대략적이라도 알아야 한다. 기술 맹신주의가 아니라 해당 기술의 사회 접점에 대한 지식과 정보를 통해 결정을 할 필요가 있기 때문이다. 신이 된 인간, 소위 'Home Deus'까지 갈 필요는 없다.

디지털 기술에 대한 배움의 정도는 개인에 따라 다르다. 성공적인 활용을 위해 디지털 기술에 대해 어느 정도 내용에 대한 인지와 그 활용은 알아야 한다. 디지털 기술은 적극적인 탐구의 대상이기 때문이다. 이를 위해 법에 따른 사업자의 설명의무가 충실하게 이행될 필요가 있다. 예를 들어 첨단기기 혹은 프로그램의 사용에 있어 사업자에 의해 예상할 수 있는 부작용에 대한 설명이 필요하다.

과학 혹은 기술에 대해 종교처럼 절대적이거나 맹목적인 믿음은 의식적으로 절제할 필요가 있다. 과학은 현재의 기준에서 상대적으로 많은 신뢰와 안정을 주는 지식이지만 Copernicus의 '지동설'(地動說)이 그 당시에는 소수의 입장이었던 것처럼 미래 과학에서는 현재 과학은 부정될 영역이 많을 것이기 때문이다. 디지털 기술에 대한 절대적인 신뢰도 마찬가지다. 디지털 기술은 끊임이 없이 진전될 것이고 기술의 중립이라는 것은 오해이기 때문이다. 여기에는 필연적으로 개발자의 편향 및 예측이 가능한 실수가 들어간다. 디지털 기술의 개발자는 절대자가 아니다. 여기에 있어 모두가 획일화된 목표를 향하는 목표지향적 세태 속에서 '결과 외에도 과정도 중요하다'는 것과 '질문이 틀리면 옳은 답이 나올 수 없다'는 방향으로의 사고 전환은 중요하다.

II. STEM 및 CORE 교육

code로 대표되는 디지털 사회에서 AI와의 소통기술은 유일하게 필요한 기술이 아니고 누구나 의무적으로 배워야 하는 기술도 아니다. 올바른 활용을 위해서 디지털 기술에 대한 균형이 잡힌 시각이 중요하기에 교육에 있어 기술 편향적 교육인 'STEM 교육'(과학Science, 기술Technology, 공학Engineering, 수학Mathematics) 외에도 인간적인 특징에 초점을 맞춘 'CORE 교육'(창의성Creativity, 독창성Originality, 책임성Responsibility, 공감성Empathy)은 필요하다. 우리의 가슴을 뛰게 하는 것은 인문학과 사회학이 적극적으로 결합 되는 디지털 기술이기 때문이다. 또 국가는 이용의 불편함을 넘어 불이익을 의미하는 정보격차(digital divide)의 적극적 해소 정책을 펼쳐야 한다. 'digital literacy'(정보를 획득하고 이해할 수 있는 능력) 교육의 강화도 필요하다. 이는 앨빈 토플러의 '21세기 문맹자는 배운 것을 잊고 다시 또 배울 수 없는 사람으로 정의된다'는 주장과 상통한다.

제 2 장

디지털 사회의 법과 정책

제1절
탈시간화 및 탈공간화 등

I. 탈(脫)의 시대

디지털 사회에서는 시간의 차이와 공간적 거리가 사실상 의미가 적어 탈시간화 및 탈공간화가 이뤄진다. 탈민족화 혹은 탈집단화도 가능하다. 이러한 탈중앙화, 탈시간화 및 탈공간화, 탈민족화 혹은 탈집단화 현상은 동시다발적으로 발생할 수도 있겠지만 지역, 국가와 사회마다 변화에 대한 수용의 정도에 따라 다르게 나타나는 것이 일반적이다. 우리나라는 그 압축적인 빠른 변화에 대한 긍정적 수용의 정도가 다른 나라에 비해 높다.

II. 발전의 방향과 부작용

디지털 기술의 발전이 개인 혹은 사회에 미치는 영향을 보면 전자민주주의 시대, 소비자 주권 시대, 디지털 경제 시대와 디지털 콘텐트를 중심으로 하는 디지털 문화산업 시대를 불러올 것이다. 디지털 기기를 통한 투표 등 전자민주주의에 다가서거나 정보공유를 통한 집단지성이 활성화가 되면서 참여 혹은 직접 민주주의의 확대가 가능하다. 또 디지털 공간의 무한적인 확대와 metaverse의 등장은 디지털 시장에서의 주도권이 서비스 공급자에서 소비자로 급격히 이동하는 영역이 많아질 것이다. 이 시대에서는 생산과 소비의 이중적 분리 구도가 완화되면서 공유와 구독경제(소품종 대량 생산에서 다품종 소량 생산)처럼 소비자의 요구에 의한 요구형 생산이 사실상 강제가 되기도 한다. 디지털 시대의 네트워크는 기존의 혈연, 지연, 성별, 학연 등 개인적 관계 중심에서 정보교환의 전문성을 가진 자 혹은 정보유통의 주도적 사회적 역할자 등을 중심으로 하는 사회적 관계가 중심이 되는 영역이 많아질 것이다.

활성화된 정보의 유통 그 와중에 발생하는 대리선거 및 선거조작, 저작권, 상표권 및 특허권 등 지식재산권 침해, 부(富) 혹은 정보의 양극화로 인한 사회적 분열의 확대, 사이버 음란물 및 폭력물 혹은 허위조작정보의 확산, 불법적 용도의 deep fake 및 black consumer 확산 등 부작용이 발생할 수 있다. 너무나 많은 정보의 유통으로 사고의 다양성을 넘어 극단적인 현상이 종종 나타날 수 있다. 가부장적 위계질서 혹은 성별 차별이 줄어들 수 있으면서도 사회적 소수자에 대한 비합리적인 차별도 횡행할 수 있다.

제2절
법인격 확장 필요성

I. 인간 중심적 법제

'국가 내에서 권리와 의무를 수행할 수 있는 것 혹은 자'를 법에서는 '법 인격 혹은 법 인격자'라고 한다(개인과 법인의 권리능력 및 행위능력 등). 근대 대서양 항해 시대 이래로 법인격의 개념이 '개인'에서 '법인'으로 확장되고 있다. 그 주요 이유는 보험제도처럼 위험의 분산을 통한 인간 편익의 증진 때문이다. 현 디지털 사회에서는 법 인격자(주체)로 '개인과 법인' 외에도 비인간적인 존재인 '인공지능'(AI 로봇 포함)에 대해 법적 주체성을 인정해야 한다는 논의가 있다.

18세기 근대 이래로 기존 법의 체계는 인간 중심적이었다. 그 와중에 인간은 자율적이고 자유의지를 지니고 있다는 명제에 대해서도 일반 인문 및 사회학자들과 달리 뇌과학자 혹은 심리학자는 다르게 판단하고 있다. 이들에 따르면 인간은 자유의지를 지닌 존재라기보다는 인간 대부분의 행동은 이미 '결정(DNA)' 혹은 '습관(관행)'의 지배를 받는다는 것이다. 절대적인 진리라고 보기는 힘들지만 상당 부분 인간은 그에 따라 행동하는 것은 맞다.

II. 탈인간 중심적 흐름의 등장

디지털 사회에서는 탈인간 중심적 흐름이 강하게 나타나고 있다. 특히 데이터 분석 영역과 로봇 및 자율주행자동차 영역에서 인공지능 기술은 자율적인 인간 중심적 주체성과 인간 혹은 법인만의 행위 개념으로는 포섭하기가 힘들다. 인간의 의사가 배제된 주요 결정이 가능하기 때문이다. 유럽연합에서는 '로봇 윤리'까지 등장하고 있다. 아직까지는 주요 행위의 결정자는 인간이어야 하다는 의식이 법제로 이어지고 있다.

이러한 일련의 흐름을 보면 디지털 사회에서 법제는 인간 편익보장의 확대도 필요하지만 탈인간중심적인 흐름에 맞춰 관련 법제 도입의 필요성이 크다. 입법자는 관련된 법과 정책의 수립 시 고려를 해야 한다는 것이다. 민사책임의 과실책임이나 형사책임의 원칙 모두 행위 주체인 인간에게 자유의지가 있을 것을 전제로 하는 것도 수정이 필요하다(법인도 예외적으로 포함 가능). 인간의 자유의지에 대한 새로운 정의가 필요한 시기로 새로운 인공지능을 포함한 법인격의 범위를 설정할 필요성이 커지고 있다.

제3절
sand box 운영

I. 규제정책의 일반론

　법률이 규정한 사업자에 대한 규제의 형태는 '정부독점, 지정, 허가, 면허, 인가, 승인, 등록과 신고'의 8가지가 있다. '정부독점'은 광물 등 에너지 산업 혹은 철도산업처럼 공공성이 큰 산업 중심으로 정부가 특정 산업을 독점해 버리는 것이다. '지정'은 특정한 자격을 갖춘 기업 또는 개인에게만 해당 업종을 영위할 수 있도록 하는 행위다. 민간에 대한 가장 강력한 형태이면서 특혜 논란이 항상 있는 규제 방식이다. 금융이나 중고차 시장처럼 '허가와 인가' 영역 역시 국가 및 지방자치단체의 사전 허가를 득해야 해당 업종을 영위할 수 있다. 음식점 영업처럼 '등록과 신고' 역시 해당 업종을 영위하고자 하는 경우 진입장벽으로 작용할 수 있다. 그 외 정책적으로 특정 산업에 있어 대기업 독점을 차단하거나 산업을 보호하는 목적으로 한 진입규제 정책(중소기업간 경쟁품목 지정)이 있다. 이는 타당할 수도 있지만 동시에 3D printer 및 드론처럼 대기업이 우수한 해당 기술을 가지고 있는 상황에서의 진입규제 정책은 외국산 제품이 국내 시장을 점유해 버릴 위험성이 항상 있다.

　구체적으로 보면 '허가'는 법령에 따라 공익을 위하여 일반적으로 금지한 행위를 특정한 경우, 특정인 또는 불특정 다수인에게 금지를 해제해 주는 행정행위를 말한다. '상대적 금지의 해제' 혹은 '경찰권의 해제'라고도 한다. 이는 기속행위와 친하다. 건축허가 및 영업허가, 운전면허, 의사면허, 통금해제 등이 있다. 반면에 '특허'는 법령에 따라 특정인에게 권리, 능력, 법적 지위 등을 독점적으로 특허법을 통해 설정해 주는 행정행위로 재량행위와 친한 성질을 갖는다. 허가 형식이지만 사실상 특허행위인 경우가 있다. 토지수용의 사업인정, 광업허가, 어업허가, 귀화허가, 도로하천점용허가 등이 있다. '인가'는 제3자의 법률행위를 보충하여 그 법적 효력을 완성해주는 행정행위를 말한다. 이는 재량행위와 친한 편이다. 토지거래허가 및 공유수면매립준공인가, 공법인설립인가, 사립대학설립인가, 학교법인 임원에 대한 감독청의 취임승인, (재개발 및 재건축)관리처분계획인가 등이 있다.

'신고'에는 '수리를 요하지 않는 신고'와 '수리를 요하는 신고'(등록, 신고필증 교부)로 구분된다. 양자의 기준은 법에 의한 심사기준에 의해 정해지지만 위험성과 안전성 혹은 전문성 유무에 따라 달라진다. '수리를 요하지 않는 신고'는 사인이 행정청에 일정한 사항을 통지하여 도달되면 법적 효과가 발생하는 신고를 말한다. 판례는 당구장업 신고, 원격평생교육업 신고, (일반적인)건축 신고, 건축주 명의변경 신고 등을 수리를 요하지 않는 신고로 보고 있다. (일반적)건축 신고에 대해 부연하자면 현행 건축법상 신고는 '일반적인 건축 신고'와 '인허가의제의 효과를 수반하는 건축 신고'가 있다. 일반적 건축 신고는 일반적 사항이므로 수리를 요하지 않는 신고로 보지만, 인허가의제 효과를 수반하는 건축 신고는 특별한 사항이므로 수리를 요하는 신고로 본다. 전입 신고에 대해 판례는 이를 수리를 요하는 신고로 보고 있다. '수리를 요하는 신고'는 사인이 행정청에 일정한 사상을 알려 이를 행정청이 수리함으로써 법적 효과가 발생하는 신고를 말한다. 통상 수리를 하는 때에는 등록절차를 거친다. 여기서 수리는 사인이 통지한 일정한 사실을 행정청이 유효한 행위로 받아들이는 준법률행위적 행정행위를 말한다. 납골당 설치 신고, 노동조합 설립 신고, 어업 신고, 골프장업 신고 등이 있다. 수리를 요하는 신고에는 행정청이 형식적 심사를 하고 있다.

II. '규제 sand box'

'규제 sand box'는 신사업을 추진하는 재화 혹은 서비스의 사업자에게 사회가 안전상 수용할 수 있는 위험이라면 기존 규제에 따른 금지행위에 대해 일시적으로 위법성 판단을 면제하거나 유예해 사업추진을 해보고 안전성에 문제가 없다면 추후 법의 제정 혹은 개정을 통해 이를 추인하고자 하는 제도다. 새로운 기술에 적절한 규제방식으로 규제의 완화를 통한 경제활동의 활성화의 일환이다.

생명 및 안전 등에 영향을 미칠 우려가 없거나 적고 사업자의 사전 책임보험 가입 의무화와 손해의 발생 시 사업자가 고의 및 과실입증 전제하에 '선 허용 후 규제 정책'의 한 종류로 관련 법으로는 "지역특구법", "정보통신융합법", "산업융합촉진법", "금융혁신지원특별법" 등이 있다.

신청접수-관계 부처 검토(30일)-사전검토위원회 및 심의위원회 의결(60일) 절차를 거친다. 내용은 기업들이 규제 존재 여부를 빠르게 확인받을 수 있는 ① '규제신속확인 제도'(30일 내 정부 답변 없으면 무규제로 간주 시장출시 가능)가 있다. 관련 법규가 모호할 경우 제한된 구역, 기간, 규모 안에서 각종 규제적용을 면제 및 시장출시를 앞당겨주는 ② '실증 특례'와 ③ '임시 허가' 제도도 있다. 실증 특례를 거친 후 정부는 최대 4년 내 규제를 정비한 뒤에 '정식 허가'를 내준다. 실증 특례는 법적 허용이 되지 않은 상태에서 제한적인 조건으로 실험을 해보는 것이지 (무조건) 허가를 내준다는 뜻이 아니라고 하지만 규제 당국의 복지부동과 불완전한 협업, 안전성을 이유로 한 과다한 책임회피는 제도의 실효성을 떨어지게 한다. 만약 법령 정비가 지연 시 '임시 허가'를 받아 해당 서비스를 시장에 출시할 수 있다. 도심 수소충전소 설치, 비의료기관의 소비자 의뢰(DTC) 유전체 분석 건강증진 서비스, 디지털 버스광고 및 앱 기반 전기차 충전 콘센트, 블록체인 기반 해외송금 사업 등이 시행 중이다.

제4절
확률형 아이템과 P2E

I. 확률형 아이템

온라인 게임사인 3N(넥슨, 엔씨소프트, 넷마블) 및 2K(크래프톤, 카카오게임즈) 중심으로 사업자의 조작 가능성이 불거진 확률형 아이템에 대한 정보공개 유무, 메타버스에서의 P2E(Play to Earn) 및 NFT 게임에 대한 허용범위의 논란이 크다.

'확률형 아이템'은 온라인 게임에서 정해진 확률에 따라 상품이 나오는 뽑기형 아이템이다. 그 아이템에 있어 당첨 확률 제도는 이용자에게는 재미를 게임사에게는 일정한 수익을 보장한다. 그러나 당첨 확률에 있어 명확한 설명이 없는 인위적인 비정상적 낮은 확률의 설정은 이용자 입장에서는 문제다. 일부 게임사들의 확률형 아이템에 대해 VIP 중심으로 확률 조작도 문제다. 이용자 존중이 없는 상황에서 사업자의 단기 수익의 치중은 해당 게임에 대한 신뢰도 저하를 넘어 게임산업에 부정적 효과가 있다는 것을 유의할 필요가 있다.

II. P2E

P2E 게임('Legend of Pandonia' 등)은 국내에선 아이템 환전에 대한 법적 규제로 인해 활성화되기 어렵다. "게임산업 진흥에 관한 법률"은 우연한 결과에 따라 재산상 손익이 발생하면 사행성 게임물로 규정하고, 사업자가 경품을 제공해 사행성을 조장

하거나 게임에서 얻은 재화를 환전할 수 없도록 하고 있다. 여기에 있어 게임을 하면서 경제적 가치가 생기고 이를 이용자가 나눌 수 있는 체계여서 단순히 온전하게 사행성 게임이라고 치부하기는 애매하다. P2E 게임을 부정적으로 볼 필요가 없다. 기존 게임도 아이템베이 등에서 아이템을 현금화하고 있다. 나아가 P2E 게임만 규제하는 건 형평성 위배의 주장은 타당하다. 현실적으로 가치저장의 수단으로 인정을 받고 있는 것을 고려할 필요가 있다. 빨리 적응하고 활용하는 게 좋을 수 있다. P2E 게임을 무조건 규제하기 보다는 '규제 sand box'로 실증한 후 문제가 되는 부분을 규제하는 방식도 있다. 그러나 기술혁신이 바람직한 미래를 구현하는 것만은 아니기에 P2E 게임의 사행성화, 보안과 해킹의 어려움이 가능하다는 것을 부장할 필

■ 게임산업 진흥에 관한 법률 제2조 1의2. "사행성게임물"이라 함은 다음 각 목에 해당하는 게임물로서, 그 결과에 따라 재산상 이익 또는 손실을 주는 것을 말한다. 가. 베팅이나 배당을 내용으로 하는 게임물 나. 우연적인 방법으로 결과가 결정되는 게임물 다. 「한국마사회법」에서 규율하는 경마와 이를 모사한 게임물 라. 「경륜·경정법」에서 규율하는 경륜·경정과 이를 모사한 게임물 마. 「관광진흥법」에서 규율하는 카지노와 이를 모사한 게임물.

제28조(게임물 관련 사업자의 준수사항) 게임물 관련 사업자는 다음 각 호의 사항을 지켜야 한다.

3. 경품 등을 제공하여 사행성을 조장하지 아니할 것. 다만, 청소년게임제공업의 전체이용가 게임물에 대하여 대통령령이 정하는 경품의 종류(완구류 및 문구류 등. 다만, 현금, 상품권 및 유가증권은 제외)·지급기준·제공방법 등에 의한 경우에는 그러하지 아니하다.

제32조(불법게임물 등의 유통금지 등) ① 누구든지 게임물의 유통질서를 저해하는 다음 각 호의 행위를 하여서는 아니 된다. 다만, 제4호의 경우 「사행행위 등 규제 및 처벌특례법」에 따라 사행행위영업을 하는 자를 제외한다. 7. 누구든지 게임물의 이용을 통하여 획득한 유·무형의 결과물(점수, 경품, 게임 내에서 사용되는 가상의 화폐로서 대통령령이 정하는 게임머니 및 대통령령이 정하는 이와 유사한 것)을 환전 또는 환전 알선하거나 재매입을 업으로 하는 행위

요는 없다. 또 P2E 게임의 핵심인 NFT를 법률상 가상자산에 포함할지 여부, 저작권이나 소유권, 과세 여부 등도 있다. 재산상의 변화가 있기에 세금부과는 가능하다.

제5절

수술실 내 CCTV 운영

I. 규정

■ 의료법 제38조의2(수술실 내 폐쇄회로 텔레비전의 설치·운영) ① 전신마취 등 환자의 의식이 없는 상태에서 수술을 시행하는 의료기관의 개설자는 수술실 내부에 「개인정보 보호법」 및 관련 법령에 따른 폐쇄회로 텔레비전을 설치하여야 한다. ② 환자 또는 환자의 보호자가 요청하는 경우(의료기관의 장이나 의료인이 요청하여 환자 또는 환자의 보호자가 동의하는 경우 포함) 의료기관의 장이나 의료인은 전신마취 등 환자의 의식이 없는 상태에서 수술을 하는 장면을 제1항에 따라 설치한 폐쇄회로 텔레비전으로 촬영하여야 한다. 이 경우 의료기관의 장이나 의료인은 다음 각 호의 어느 하나에 해당하는 정당한 사유가 없는 한 이를 거부할 수 없다.
1. 수술이 지체되면 환자의 생명이 위험하여지거나 심신상의 중대한 장애를 가져오는 응급수술을 시행하는 경우 2. 환자의 생명을 구하기 위하여 적극적 조치가 필요한 위험도 높은 수술을 시행하는 경우 3. 「전공의의 수련환경 개선 및 지위 향상을 위한 법률」 제2조 제2호에 따른 수련병원등의 전공의 수련 등 그 목적 달성을 현저히 저해할 우려가 있는 경우 4. 그 밖에 제1호부터 제3호까지의 규정에 준하는 경우로서 보건복지부령으로 정하는 사유가 있는 경우
③ 의료기관의 장이나 의료인이 제2항에 따라 수술을 하는 장면을 촬영하는 경우 녹음기능은 사용할 수 없다. 다만, 환자 및 해당 수술에 참여한 의료인 등 정보주체 모두의 동의를 받은 경우에는 그러하지 아니하다. ④ 제1항에 따라 폐쇄회로 텔레비전을 설치한 의료기관의 장은 제2항에 따라 촬영한 영상정보가 분실·도난·유출·변조

> 또는 훼손되지 아니하도록 보건복지부령으로 정하는 바에 따라 내부 관리계획의 수립, 저장장치와 네트워크의 분리, 접속기록 보관 및 관련 시설의 출입자 관리 방안 마련 등 안전성 확보에 필요한 기술적·관리적 및 물리적 조치를 하여야 한다.
> ⑤ 의료기관의 장은 다음 각 호의 어느 하나에 해당하는 경우를 제외하고는 제2항에 따라 촬영한 영상정보를 열람(의료기관의 장 스스로 열람하는 경우를 포함)하게 하거나 제공(사본의 발급 포함)하여서는 아니 된다. 1. 범죄의 수사와 공소의 제기 및 유지, 법원의 재판업무 수행을 위하여 관계 기관이 요청하는 경우 2. 「의료사고 피해구제 및 의료분쟁 조정 등에 관한 법률」 제6조에 따른 한국의료분쟁조정중재원이 의료분쟁의 조정 또는 중재 절차 개시 이후 환자 또는 환자 보호자의 동의를 받아 해당 업무의 수행을 위하여 요청하는 경우 3. 환자 및 해당 수술에 참여한 의료인 등 정보주체 모두의 동의를 받은 경우
> ⑥ 누구든지 이 법의 규정에 따르지 아니하고 제2항에 따라 촬영한 영상정보를 탐지하거나 누출·변조 또는 훼손하여서는 아니 된다. ⑦ 누구든지 제2항에 따라 촬영한 영상정보를 이 법에서 정하는 목적 외의 용도로 사용하여서는 아니 된다. ⑨ 의료기관의 장은 제2항에 따라 촬영한 영상정보를 30일 이상 보관하여야 한다. ⑪ 이 법에서 정한 것 외에 폐쇄회로 텔레비전의 설치·운영 등에 관한 사항은 「개인정보 보호법」에 따른다.

II. 수술실 내 CCTV 설치와 운영

수술실 내 폐쇄회로 텔레비전 설치와 운영이 의료법 제38조의2를 통해 가능해졌다(2023.9.25.). 이에 따라 대리수술, 의료보조인력(PA)의 환자 수술부위 봉합, 의료기기 영업사원 등의 대리수술 행위는 불가능할 것이다.

국가인권위원회는 수술실의 폐쇄적 특징과 환자 마취로 인해 주변 상황을 인지할 수 없는 점, 의료행위 과정에 대한 정보의 입수에 있어 환자와 환자의 보호자가 취약한 지위에 놓이는 점 등을 고려할 때 수술실 폐쇄회로 텔레비전 설치 및 운영

을 의료법으로 정하는 것은 공익 보호의 측면이 더 크다고 판단을 하고 있다. 대한의사협회의 수술 시 심리적 위축으로 인한 의료행위의 질적 저하, 의사의 소극적 대처에 따른 환자 건강권 침해, 환자의 수술부위 노출에 대한 권리 침해 가능성 등으로 인한 의료정보 침해 가능성 우려는 제2항에서 정당한 사유로 인한 촬영거부권의 광범위한 설정으로 상당 부분 기우에 그칠 개연성이 크다.

수술 시행자는 집도의만을 의미하는 것이 아닌 수술실 내의 모든 자를 의미한다. 또 합법적인 집도의만을 의미한다고 보기는 어렵다. 법은 수술실 내로 규정을 하고 있기 때문이다. 촬영정보에 대한 열람과 사본의 발급 시 환자 혹은 환자의 보호자 단독의 열람과 사본제공의 요구는 제5항의 문언해석으로는 불가능하다. '환자 및 해당 수술에 참여한 의료인 등 정보주체 모두의 동의를 받은 경우'의 규정은 현실에서는 열람과 사본제공의 거부로 작용할 개연성이 크다. 재입법 개정이 필요하다.

동의권자에 대한 제2항에서 '환자의 보호자' 범위를 민법상의 법정대리인에 크게 의존할 필요는 없다. 관계사회에 맞게 최소한 사실혼 배우자와 동거인 등은 포함시킬 필요가 있다. 임의대리인에 대한 법적 근거도 의료법에 규정할 필요가 있다.

제2항과 제3항에 따라 '촬영'은 환자 혹은 환자의 보호자 요청 시 녹음 없이, 제5항에 따라 '열람과 사본의 발급'은 수사 및 재판 관련 공공기관 요청이나 환자와 의료인 쌍방 동의 등이 있을 때 할 수 있다. 필수적 혹은 임의적 행정심판전치주의와 상관이 없이 행정기관에 의한 촬영정보 열람 혹은 제공에 대한 일괄적인 배제는 설득력이 떨어진다. 또 정당한 사유에 따른 촬영거부의 인정 즉, 수술이 지체되면 환자의 생명이 위험해지거나 응급수술을 시행하는 경우, 환자의 생명을 구하기 위해 위험도가 높은 수술을 시행하는 경우와 전공의 수련 목적을 현저히 저해할 우려가 있는 경우(열거주의)에는 의료진이 촬영을 거부할 수 있도록 했다. 일종의 형성권이지만 이에 대한 이의신청 제도는 없다. 의료법에는 정당한 사유에 따른 촬영거부 규정과 달리 동의면제에 대한 규정이 없다. 응급의료에 관한 법률 제9조 제1항이 "응급환자가 의사결정능력이 없는 경우 혹은 설명 및 동의절차로 인하여 응급의료

가 지체되면 환자의 생명이 위험하여지거나 심신상의 중대한 장애를 가져오는 경우 동의 없이 응급수술이 가능하다."고 규정한 것처럼, 의료법 제38조의2 제2항의 촬영거부 사유 중 제1호의 '수술이 지체되면 환자의 생명이 위험하여지거나 심신상의 중대한 장애를 가져오는 응급수술을 시행하는 경우'처럼 폐쇄회로 운영 시 합리적인 동의면제가 이해되는 상황이라면 동의면제가 가능하다고 볼 것이다.

의료법 제38조의2 제10항에 있어 '열람 후 특이사항 없음, 미보존과 미녹화, 고장과 훼손 이유'에 대한 개선책이 보건복지부령에서 사회적 합의를 거쳐 정해질 필요가 있다. 이에 대한 증명전환의 책임과 최소한의 과태료와 영업정지 등이 포함된 행정벌 마련의 필요성이 있다.

제6절

통신자료와 수사기관

I. 통신자료의 범위

▇▇▇ 전기통신사업법 제83조(통신비밀의 보호) ① 누구든지 전기통신사업자가 취급 중에 있는 통신의 비밀을 침해하거나 누설하여서는 아니 된다. ② 전기통신업무에 종사하는 사람 또는 종사하였던 사람은 그 재직 중에 통신에 관하여 알게 된 타인의 비밀을 누설하여서는 아니 된다. ③ 전기통신사업자는 법원, 검사 또는 수사관서의 장(군 수사기관의 장, 국세청장 및 지방국세청장을 포함), 정보수사기관의 장이 재판, 수사(「조세범 처벌법」 제10조 제1항·제3항·제4항의 범죄 중 전화, 인터넷 등을 이용한 범칙사건의 조사 포함), 형의 집행 또는 국가안전보장에 대한 위해를 방지하기 위한 정보수집을 위하여 다음 각 호의 자료의 열람이나 제출(이하 "통신자료제공")을 요청하면 그 요청에 따를 수 있다. 1. 이용자의 성명 2. 이용자의 주민등록번호 3. 이용자의 주소 4. 이용자의 전화번호 5. 이용자의 아이디(컴퓨터시스템이나 통신망의 정당한 이용자임을 알아보기 위한 이용자 식별부호) 6. 이용자의 가입일 또는 해지일

④ 제3항에 따른 통신자료제공 요청은 요청사유, 해당 이용자와의 연관성, 필요한 자료의 범위를 기재한 서면(이하 "자료제공요청서")으로 하여야 한다. 다만, 서면으로 요청할 수 없는 긴급한 사유가 있을 때에는 서면에 의하지 아니하는 방법으로 요청할 수 있으며, 그 사유가 없어지면 지체 없이 전기통신사업자에게 자료제공요청서를 제출하여야 한다. ⑤ 전기통신사업자는 제3항과 제4항의 절차에 따라 통신자료제공을 한 경우에는 해당 통신자료제공 사실 등 필요한 사항을 기재한 대통령령으로 정하는 대장과 자료제공요청서 등 관련 자료를 갖추어 두어야 한다. ⑥ 전

> 기통신사업자는 대통령령으로 정하는 방법에 따라 통신자료제공을 한 현황 등을 연 2회 과학기술정보통신부 장관에게 보고하여야 하며, 과학기술정보통신부 장관은 전기통신사업자가 보고한 내용의 사실 여부 및 제5항에 따른 관련 자료의 관리 상태를 점검할 수 있다. ⑧ 전기통신사업자는 이용자의 통신비밀에 관한 업무를 담당하는 전담기구를 설치·운영하여야 하며, 그 전담기구의 기능 및 구성 등에 관한 사항은 대통령령으로 정한다.

통신자료는 전기통신사업법에 따라 '이용자 성명, 이용자 주민등록번호, 이용자 주소, 이용자 전화번호, 이용자 아이디(컴퓨터시스템이나 통신망의 정당한 이용자임을 알아보기 위한 이용자 식별부호), 이용자 가입일 또는 해지일'을 말한다. 'GPD 및 이메일' 규정은 없다.

통신자료 조회는 입건이 되지 않은 내사 단계 또는 피의자가 아닌 참고인에 대해서도 광범위하게 실시될 수 있다. 통신자료 조회대장 담당자는 검찰과 경찰의 형사사법정보시스템(KICS)을 통해 통신자료 조회요청을 할 수 있다. 전기통신사업자가 통신자료 제공사실을 이용자에게 알려줘야 할 의무도 없기에 이용자 본인이 통신사와 포털업체에 자신에 대한 통신자료제공 사실이 있었는지 여부를 확인해야만 알 수 있다. 사업자는 판례에 따라 알려줄 법적 의무가 있다.

II. 수사기관으로의 제공

통신자료는 전기통신사업법 제83조 제3항에 따라 일정 범위의 수사기관이 법원 영장 없이도 자료를 요청할 수 있고 정보를 보유한 사업자는 관행적으로 수사기관에 통신자료를 제공하고 있다. 제공에 대한 사업자의 손해배상 책임을 대법원은 부인하고 있다('김연아 회피 동영상 사건'). '수사'라는 개념의 최광의 해석을 통한 수사기관의 저인망식의 통신자료 확보는 수사권 남용을 통한 감시가 아닌가 하는 논란이 있다. 수사기관이나 통신사업자가 당사자에게 조회 사실을 알릴 법적 의무도 없어 무기평등의 원칙에 반하느냐의 논란도 있다. 당사자는 사업자에게 열람권 신청을 통해서만 수사기관에 자신의 통신자료가 제공되었는가를 알 수가 있지만, 당사자가 확인을 위해 무작정 신청을 하는 경우는 드물다.

'통신자료 취득행위는 강제력이 개입되지 않은 임의수사에 해당하고, 단순한 가입자 정보 확인을 넘어 통화내역까지 확인하는 경우 통지가 이루어지고 있다. 통신자료 조회는 가입자 정보조회에 불과해 기본권 침해 정도가 낮다. 시스템 구축과 통지에 막대한 비용과 인력이 소요되는 데 반해 가입자가 언제든지 직접 통신사에 열람을 요청할 수 있어 그 필요성이 낮다'의 주장은 낮은 인권의식과 수사에 대한 자신감의 부족이다. 수사기관의 과다한 수사 편의성 보장은 문제다. 헌법재판소는 "임의수사라고 할지라도 수사기관이 효율적인 수사와 정보수집 신속성, 수사의 밀행성 등의 필요성을 고려해 사전에 정보주체인 이용자에게 그 내역을 통지하도록 하는 것이 적절하지 않다면 수사기관 등이 통신자료를 취득한 이후에 수사에 방해가 되지 않는 범위 내에서 통신자료의 취득사실을 이용자에게 통지하는 것이 얼마든지 가능함에도 통신자료 취득에 대한 사후 통지절차를 두지 않는 것은 개인정보자기결정권을 침해한다."는 입장이다(헌법불합치 2023.12.31.).

사업자도 제8호에 따른 법정기구인 위원회 등을 통해 제4항에 따른 수사기관의 서면상의 자료제공요청서를 기준으로 한 제공 가능 유무를 엄격하게 판단할 필요가 있다.

제7절

비밀녹음

I. 대화의 내용

> 통신비밀보호법 제3조(통신 및 대화비밀의 보호) ① 누구든지 이 법과 형사소송법 또는 군사법원법의 규정에 의하지 아니하고는 우편물의 검열·전기통신의 감청 또는 통신사실확인자료의 제공을 하거나 공개되지 아니한 타인간의 대화를 녹음 또는 청취하지 못한다. 다만, 다음 각호의 경우에는 당해 법률이 정하는 바에 의한다. 제14조(타인의 대화비밀 침해금지) ① 누구든지 공개되지 아니한 타인간의 대화를 녹음하거나 전자장치 또는 기계적 수단을 이용하여 청취할 수 없다. 제16조(벌칙) ① 다음 각 호의 어느 하나에 해당하는 자는 1년 이상 10년 이하의 징역과 5년 이하의 자격정지에 처한다. 1. 제3조의 규정에 위반하여 우편물의 검열 또는 전기통신의 감청을 하거나 공개되지 아니한 타인간의 대화를 녹음 또는 청취한 자 2. 제1호에 따라 알게 된 통신 또는 대화의 내용을 공개하거나 누설한 자

디지털 사회는 디지털 기기를 이용한 녹음이 수월한 시대이기도 하다. 실제 수사기관 및 기자를 넘어 일반인들도 자신의 불리한 처지를 벗어나거나 위법행위를 신고할 목적으로 대화 당사자의 동의가 없이 비밀녹음을 많이 하고 있다. 통신비밀의 보호 입장에서는 바람직한 현상이라고 보기 힘들다.

통신비밀보호법 제3조 제1항, 제14조 제1항과 제16조는 각각 '공개되지 아니한

타인간의 대화를 녹음하거나 전자장치 또는 기계적 수단을 이용하여 청취불가' 및 '비밀녹음의 공개 혹은 누설'을 금하고 있다. 그러나 법령 혹은 재판 중 법원이나 수사기관에서의 공개는 예외다.

대법원은 지속적으로 대화 당사자는 '타인간'이 아니기에 대화 당사자끼리는 동의도 필요가 없다는 입장이다. 이러한 대법원의 입장을 이유로 대화 당사자끼리 동의가 없는 비밀스런 녹음이 이뤄지고 있고 법원은 그것에 대한 증거능력도 점차 인정하고 있다.

정보사회에서 단순하게 청취 혹은 녹음해서 수신자가 대화를 이어가는 것과 비밀녹음 후 수신자 의지대로 영구 저장 등을 통해 활용의 대상이 되는 것은 완전히 다른 상황이다. 그 유포의 범위가 너무 광범위하고 악마의 편집이 수월하다. 사실상 감청의 효과를 가지고 있기에 그에 따른 적절한 규제가 통신비밀보호법 개정을 통해 일방 당사자의 대화내용 비밀녹음을 입법적으로 막아 동의를 필요로 하도록 할 필요가 있다. 그 입법적 해결이 어렵다면 여기서의 동의는 명시적이고 사전적인 동의로 판단해 법률에 규정이 없다면 묵시적 동의 혹은 동의가 없는 일방 당사자의 녹음은 위법행위로 판단할 필요가 있다. 또 통신비밀의 보호를 위해 '타인간의 범위'을 '본인 외의 자'로 설정할 필요도 있다.

전기통신을 이용한 대화내용 비밀녹음 시 음성권에 대해 대법원의 확정판결이 없지만 각 개인은 독자적으로 자기만의 음성이 있고 이를 그 사람의 의사에 반해 녹음, 재생, 복제 혹은 배포 등을 하는 것은 사회통념상 문제이기에 이를 민사상의 제750조의 불법행위로 판단하여 손해배상을 인정하는 하급심의 입장은 타당하다.

대화내용 비밀녹음과 관련된 기능에 있어 사업자의 녹음 앱의 기본 탑재 혹은 사용자의 탑재 허용 등은 명문으로의 금지가 없는 한 사업자의 재량행위에 포함이 된다. 판례 변경 혹은 법 개정이 확실한 방법이지만 이러한 것이 힘들다면 앱을 통한 대화내용 비밀녹음이 수월한 상황에서는 녹음 시 녹음기능이 시작된다는 것을 알려주는 기능의 기본 탑재가 자율적인 규제로 바람직하다.

통신비밀보호법은 법 제정 이래로 타인간의 대화의 '공개와 누설'의 개념에 대해 침묵을 지키고 있다. 대법원 판례도 유사하다. 통신비밀보호법에서의 '공개'는 '대화의 비밀녹음자가 녹음한 내용을 자발적 혹은 타의적으로 법률에 규정이 없는 상황에서 타인에게 열람, 사본, 복제, 배포, 공개 등 행위'를 말한다. 이미 대법원도 '보도자료 배포'를 공개로 보고 있다. '누설'은 아직 이를 알지 못하는 타인에게 알려주는 모든 행위로 명문의 규정이 없는 한 기본권 보호를 위해 포괄적 보호의 필요성이 있다. 비밀에 따른 구분의 필요성은 없다. 비밀이 아닌 내용의 공개도 포함이 된다. 영리와 부정한 목적도 요구할 필요가 없다. 녹음이 합법이라고 하더라도 공개는 알권리 등 공익적 사유가 없다면 공개 등의 행위는 안 된다. 법원은 대통령 후보자의 배우자도 공인임을 인정하면서 사적 대화의 비공개 결정을 하고 있다. 수사 진행 중인 사항이나 사회나 개인에 대한 정치적 견해 및 가치관에 대해서는 논란이 가능하다.

II. 비밀녹음과 주거침입죄

> ■ 형법 제319조(주거침입) ① 사람의 주거, 관리하는 건조물, 선박이나 항공기 또는 점유하는 방실에 침입한 자는 3년 이하의 징역 또는 500만원 이하의 벌금에 처한다. 제322조(미수범) 본장의 미수범은 처벌한다.

대법원은 1997년 '부산 초원복집 사건'(김영삼, 김대중 후보자의 1992년 14대 대통령 선거)에 대한 판례의 변경을 통해 '일반인의 출입이 허용된 음식점에 영업주의 승낙을 받아 통상적인 출입방법으로 들어간 경우에는 설령 영업주가 실제 출입목적을 알았더라면 출입을 승낙하지 않았을 것으로 보이더라도 주거침입죄가 성립하지 않는다.'는 입장이다. 즉, "통신비밀보호법상 제3조와 제14조에 따라 타인 간의 대화를 녹음한 것이 아니라면 불법행위로 볼 수 없기에 도청장치 설치를 위해 식당 방 안에 들어간 것 자체로는 주거침입죄가 성립되지 않는다. 일반인의 출입이 허용된 음식점에 영업주의 승낙을 받아 통상적인 출입방법으로 들어갔다면 사실상의 평온상태가 침해됐다고 볼 수 없는 만큼 주거침입죄가 성립하지 않는다. 실제 출입목적을 알았더라면 출입을 승낙하지 않았을 것이라는 사정을 전제하더라도 사실상의 평온상태가 침해됐는지에 따라 주거침입죄 성립 여부를 판단해야 한다."는 취지다. 사실상의 평온상태를 새롭게 판단한 판례다.

주거침입죄는 사실상 주거의 평온을 보호법익으로 하는 범죄다. 사실상 주거의 평온을 보호법익으로 하기에 거주자가 거주할 권한을 가지고 있는지 여부는 중요하지 않다. 또 미수범도 처벌하기에 주거침입의 실행의 착수만 있어도 처벌이 가능하다. 즉, 실행의 착수는 주거의 사실상의 평온을 침해할 위험성이 있는 행위를 개시하면 인정된다. 출입문이 열려있으면 안으로 들어가겠다는 의사 아래 출입문을 당겨보는 행위 및 주거로 들어가는 문의 시정장치를 부수거나 문을 여는 등 침입을 위한 구체적인 행위를 시작했다면 인정이 된다.

제8절
AI 검색엔진과 표현의 자유

I. 검색엔진 결과 vs 표현의 자유

정보사회는 검색의 시대다. 사업자의 검색 알고리즘의 사용은 표현의 자유와 영업의 자유에 의해 보호가 된다. 검색 알고리즘에 의한 자동적인 검색결과에 대해서 검색결과는 디지털 장치를 통한 '단순 전달'(mere conveyance)에 불과하므로 '표현'이 아니라는 견해는 수용하기가 힘들다. 검색결과도 '표현 혹은 의견'(speech, opinion)이기에 표현의 자유 보호법익에 포함으로 판단하는 것이 옳다.

특정한 검색결과를 배제하는 사업자의 검색결과의 제한도 그 사유가 합리적이라면 인정이 된다. 따라서 인종이나 성차별 혹은 모욕적 표현 등 표현에 대한 알고리즘을 통한 편집상의 판단도 가능하다(편집권의 보장). 위법의 검색결과가 없는 상황에서는 사업자에게 법원이 어떤 특정한 웹 사이트를 검색결과에 포함하라고 명령할 수는 없다.

사업자의 검색엔진이 사실상 표현 매개체로서 작동하고 있다고 하더라도 검색엔진 전부를 '공공재'로 다루어져야 하는 것은 검색사업자의 자율성에 대한 중대한 침해가 되기에 신중한 접근이 필요하다. 알고리즘을 통해 특정 사업자에 대한 링크노출의 배제는 불합리한 조작 등 검색엔진 사용 시 오남용의 입증이 없는 경우 공정성에 반한다고 보기는 힘들다. 노출의 배제로 생긴 단순한 재산상의 손해가 발생했다고 하더라도 이를 온전하게 검색사업자의 책임으로 전가하기는 힘들다. 그러나 사업자는 검색엔진의 검색결과에 대한 모든 책임으로부터 자유로운 것은 아니다. 공정거래위원회법을 통해 검색엔진 편향성을 막기 위한 규제는 개별적으로 필요할 수도 있다.

II. 미국

spam 사업자를 검색결과에서 배제한 검색사업자의 pagerank 기능에 따른 순위변동은 검색사업자의 정책에 따른 '의견'에 해당이 된다. 검색사업자는 '무엇을 말할지 또는 무엇을 말하지 않을지'를 결정할 자유가 있다. 미국 법원은 '웹 사이트는 콘텐트 필터링 결정에 대한 책임을 지지 않는다.'라고 규정한 연방법(47 U.S.C. 230(c)(2))에 따른 정당한 업무라고 판단을 했다. 그러나 표현의 자유는 '의견'은 보호하지만 진실이나 거짓의 영역인 '사실관계'를 보호하는 것은 아니다. 검색사업자의 검색결과가 거짓말이라고 판단되면 그 사업자는 그에 따른 사이버 명예훼손 혹은 모욕죄, 손해배상 등 법적 책임을 일정 부분 부담 해야 한다.

검색엔진의 검색결과와 표현의 자유를 규정한 미국 연방 수정헌법 제1조의 관계를 보면 "① 검색엔진의 검색결과는 전통적인 인쇄 매체와 마찬가지로 수정헌법 제1조의 표현의 자유에 의해 보호된다. ② 수정헌법 제1조는 무엇을 말하고 무엇을 말하지 않을지에 대한 검색엔진의 '편집권'을 보호한다. ③ 검색결과가 알고리즘에 의해 배열되더라도 알고리즘도 인간의 판단으로 구성되는 것이므로 검색엔진의 검색결과는 수정헌법 제1조에 의해 보호받는다. ④ '의견'이 아닌 '사실'로 구성된 검색결과도 표현의 자유에 의해 보호받는다. ⑤ 수정헌법 제1조는 전통적인 미디어뿐만 아니라 뉴미디어와 쌍방향 미디어에도 적용된다 ⑥ 검색엔진이 검색된 결과의 콘텐트를 직접 작성한 것이 아니라 단순히 취합했을지라도 이러한 결과물의 순서를 정하고 배열하는 것과 관련된 판단도 수정헌법 제1조에 의해 보호된다. ⑦ 검색엔진은 화자(speaker)로서 어떠한 정보를 보여주고 그것을 어떻게 배열할지에 대한 권한을 갖고 있으므로 정부는 검색결과에 대해 간섭할 수 없다."는 것이다. 즉, 검색사업자가 운영하는 알고리즘으로 구성된 검색엔진은 어떠한 정보를 포함할지 어디에 어떻게 정보를 배열할지를 결정할 수 있는 '편집권'을 가지고 있으며, 이러한 편집권은 신문 발행인의 편집권과 유사한 것으로서 검색엔진은 검색결과에 대해 표현의 자유를 누릴 수 있다는 것이다. 더구나 검색 알고리즘은 해당 기업과 엔지니어의 가치판단을 담고 있으므로 알고리즘에 의한 검색결과 배열에 대해서도 표현의 자유 법리가 적용된다는 것이다. 그러나 모욕죄나 사이버 명예훼손죄를 구성하는 것은 별개의 문제다. 검색 알고리즘의 인격권 침해와 명예훼손 등 불법행위 책임부담은 중요하다.

제9절

전자상거래 시 착오

I. 착오의 종류

인터넷을 통한 전자상거래가 많이 이뤄지는 디지털 사회에서도 전자상거래법 등 별도의 규정이 없는 한 민법규정이 적용이 된다.

법률상 착오는 '표의자 자신이 내심의 효과의사와 표시된 내용이 일치하지 않는 것을 모르는 의사표시'이다. '법률행위의 중요 부분에 관한 착오'면 취소할 수 있다. 그러나 그 착오가 표의자의 중대한 과실로 인한 때에는 취소하지 못한다(민법 제109조 제1항). 그 입증의 책임은 착오자가 부담한다. 착오의 종류에는 ① 내용의 착오($500→w500), ② 표시상의 착오(100만원→ 100,000원), ③ 동기의 착오가 있다.

> 민법 제109조(착오로 인한 의사표시) ① 의사표시는 법률행위의 내용의 중요 부분에 착오가 있는 때에는 취소할 수 있다. 그러나 그 착오가 표의자의 중대한 과실로 인한 때에는 취소하지 못한다. ② 전항의 의사표시의 취소는 선의의 제3자에게 대항하지 못한다.

II. 해결 방향

전자상거래에 있어서 의사표시의 착오는 다양한 원인에 의해서 발생할 수 있다. 대체로 다음과 같은 4가지의 경우로 구분할 수 있을 것이다.

첫째, '입력과 정상의 착오'다. 키 입력이나 마우스 조작 중에 착오가 발생한 것으로 표시상의 착오로서 민법 제109조가 적용이 된다. 그 법률행위의 중요 부분에 착오가 있는 경우에는 취소할 수 있다. 그러나 그 착오가 표의자의 중과실로 인한 경우에는 취소하지 못한다. 표의자가 사용법을 충분히 숙지하지 않고 복잡한 정보처리장치를 이용하였다면 중대한 과실이 인정될 가능성이 크다. 이로 인한 선의의 제3자에 대한 보상책이 강구될 필요가 있다. '온라인상 착오 송금'의 경우 예금보험공사 주도하에 해당 법률에 따라 보호가 이뤄진다.

둘째, '정보처리장치 및 프로그램 자체의 하자에 의한 착오'가 있다. 표시상의 착오로서 민법 제109조가 적용되어 그에 따라 취소 여부가 결정된다. 이 경우 전문지식을 갖지 않은 일반인들이 컴퓨터나 프로그램의 하자를 확인하는 것은 매우 어렵기 때문에 표의자에게 중과실을 인정하는 것은 어려울 것이다. 소비자 보호를 위한다면 입증의 전환을 검토할 필요가 있다. 장치 운영자와 프로그램 개발자에게는 손해배상 책임의 부과가 가능하다. 약관을 통한 면책조항이 논란이 될 수가 있다.

셋째, '계약의 내용에 관한 착오'다. 내용상의 착오로서 민법 제109조가 적용되어 그 법률행위의 중요한 부분에 착오가 있는지 여부와 중대한 과실이 있는지 여부에 따라 취소 가능성 여부가 결정된다. 이 경우 소비자 보호의 중요성이 더욱 문제가 된다. 왜냐하면 전자상거래에 있어서는 상품 등 거래의 목적물에 대한 정보가 일반 상점에서의 거래에 비하여 한정되는 경우가 많기 때문이다. 착오로 인한 취소권을 확대하는 경우 플랫폼 운영자에게 과도한 비용지출을 가져와 전자상거래의 발전을 저해하는 요인으로 작용할 수 있다. 따라서 양자의 이익을 조화시키는 방안이 필요하다. cooling-off도 하나의 예이다.

넷째, '네트워크의 하자로 인한 착오'(의사표시 오전달과 부도달의 문제)가 있다. 명문의 규정이 없다면 민법상 이에 대한 위험은 표의자가 부담을 진다. 또 해킹 등 데이터의 전송과정에서 데이터가 변질도 동일하다. 이러한 입장은 소비자에게 과도한 부담이기에 전자상거래에 있어서는 계약성립에 관해 확인 성격의 암호화된 메일을 전송하는 경우가 많다. 전기통신사업법이나 전자상거래법은 별도의 규정을 통해 위의 경우 플랫폼 운영자에게 책임을 부과하고 있다.

의사표시의 착오는 주로 사람 행위의 착오를 주요 대상으로 하고 있다. 정보처리장치 및 프로그램 자체의 하자 혹은 네트워크의 하자로 인한 착오의 경우는 예외의 경우라고 볼 수 있다. AI 기술의 발달로 인한 가상인간 등 자동화된 전자상거래 등에 대해서도 법적 준비가 필요하다.

제10절

Webtoon

I. 제작단계의 다층화 및 다변화

네이버 및 카카오 웹툰 플랫폼 사업은 일본과 동남아시아를 넘어 미국과 유럽연합 시장까지 진출할 정도로 온라인 만화 콘텐츠의 시장에서 환영을 받고 있다. 온라인 만화를 좋아하는 독자층의 증가 외에도 동영상 서비스 플랫폼과의 적극적 연계와 함께 일정 시간 동안 콘텐츠를 무료로 제공하는 서비스, 영상화 IP의 흥행 성공, story telling 도입을 통한 흥미 유발 성공, 개인화된 맞춤형 추천 알고리즘 등이 성공한 주요 이유다.

웹툰 시장이 확대되면서 전문성 강화가 되는 창작 및 제작단계의 다층화 및 다변화가 나타나고 있다. 즉, 작가에서 제작(출판사)으로 연결되는 단선적 구조 대신 작가에서 agency로, 혹은 agency에서 작가로, 작가에서 플랫폼으로 혹은 그 반대로, 플랫폼에서 agency로 혹은 그 반대로 등 다양한 협업을 통해 콘텐츠 질과 경쟁력을 높이고 있다.

플랫폼은 저작권자인 작가 혹은 제3자가 운영할 수 있다. 그 제3자의 역할에 따라 웹툰 작가로부터 웹툰에 대한 이용 허락을 받아 이용자에게 제공하는 방식과 제3자 플랫폼을 이용하여 작가 자신이 이용자에게 제공하는 방식으로 구분이 가능하다. 전자는 상법 제101조 및 제113조 위탁매매(다운로드) 또는 준위탁매매(스트리밍)에 해당한다. 후자는 상법 제93조의 중개에 해당한다. 그 중개의 방식이 온라인을 통해 이루어지기 때문에 전자상거래법상 통신판매중개에도 해당한다. 양자의 가장 큰 차이점은 이용자인 소비자와 관계에서 누가 계약의 당사자인가이다. 전자(위탁매매)의 경우에 플랫폼 운영자가 당사자이며, 전자상거래법상 플랫폼 운영자가 통신판매중개업자가 된다. 후자의 경우에는 플랫폼 운영자는 통신판매중개업자이며, 웹툰 작가가 통신판매업자가 된다. 이는 법적 책임에 있어 차이가 있다. 중개업자의 책임은 작다.

II. 법제 통합의 필요성

만화진흥법에 따라 분류되는 만화사업자의 경우 다양한 형태로 사업자등록 및 신고를 통해 사업을 진행 중이다. 사업자등록과 관련해서는 출판진흥법과 전기통신사업법 등에 따라 사업자 신고의 요건과 신고조건, 신고증명서의 발급, 신고의 유효기간, 신고사항의 변경, 영업정지 및 영업장 폐쇄 및 신고효력 상실, 신고위반에 대한 제재조치 등이 적용이 된다.

웹툰은 정보통신망법 제44조의7에 따라 불법유해정보로 인정될 경우, 아동 및 청소년의 성보호에 관한 법률에 따라 아동 및 청소년 성착취물에 해당하는 경우 혹은 청소년보호법 및 전기통신사업법에 따라 청소년유해매체물에 해당하는 경우 등 플랫폼 사업자의 사업은 많은 법률의 규제대상이 된다. 활성화를 위한다면 동일 혹은 유사한 내용의 규제를 만화진흥법으로의 일원화된 규제방식으로의 도입도 적극적으로 고려할 필요성이 있다.

제11절

cookie와 기기 ID

I. 사업자의 정보수집

온라인 광고시대다. 광고의 계약방식은 다양하다. 유상 혹은 무상으로 제공되는 게임이나 쇼핑, 뉴스 앱에는 광고가 포함되어 있다. 이 광고들은 온라인 광고업자가 플랫폼 사업자 외에도 이 앱을 제공하는 업체와 직접 계약하는 것 외에도 법인세나 부가가치세 등 세금 등의 이유로 구글 애드몹이나 카카오 광고 같은 광고제공 서비스와 계약을 할 수도 있다. 플랫폼 사업자는 앱을 만들 때 각 이용자에게 맞춘 광고를 보여줄 공간을 지정하고, 그 자리에 광고제공 서비스의 code만 넣어주면 된다. 어려운 작업이 아니다. 극히 자연스러운 합법적 광고의 모습이다.

플랫폼 경제에서 google, facebook, instagram 등 플랫폼 사업자의 주된 이익의 대상은 수집된 정보의 분석 후 활용을 통한 광고다. 이의 극대화를 위해 ISP와 CP는 이용자의 방문 웹의 접속정보에 대해 알고리즘을 통해 좀 더 세밀하고 정밀히 분석하고, 그 분석의 결과를 광고로 직접 활용하고 있다. 개인정보의 수집 및 활용의 경우 동의가 없거나 형식적인 동의 절차를 거치곤 한다.

이용자의 웹 서핑(web surfing)내역에 대한 사업자의 추적방식은 다양하지만 '쿠키' 기능이 많이 애용된다. 사업자는 이용자가 특정한 같은 웹을 방문하면 쿠키가 이용자 원래의 웹에 자동으로 서핑내역에 대해 전송과 저장을 한다. 모바일 앱에서는 PC에서의 쿠키의 역할을 대신해주는 '기기 고유 ID(기기 구분 고유값)'가 있다. 쿠키는 처음 방문하는 웹에서는 익명성을 유지할 수도 있지만, 이 기기 정보는 익명성 유지가 안 된다. 애플 기기에는 'IDFA'(IDentifier For Advertisers)가, 구글 기기에는 'ADID'(Google Advertising ID)가 있다.

웹 사이트는 서핑 정보들을 바탕으로 이용자의 접속을 빠르게 해주면서 이용자의 구매목록에 기반한 추천상품을 보여주는 맞춤 서비스('target marketing')를 제공하고 있다. 또 A 웹에서 특정한 이용자가 관광도시인 경주 혹은 전주를 검색했다는 정보를 얻었다면 B 웹에 동일한 이용자가 방문했을 경우 경주 혹은 전주에 위치한 숙박 광고도 자동연결 기능으로 쉽게 가능하다. 국내에서는 이에 대한 직접적인 관련 규정이 없다. 유럽연합과 미국은 사업자의 이러한 행위에 대해 이용자의 사전 동의를 요구하고 있다.

쿠키의 이용자 추적기능에 대한 반발이 있지만, 플랫폼 사업자와 광고업자 외의 제3자의 쿠키활용을 제한한다면 그 사업자가 이용자에게 맞춤광고를 제공하기 어려워지기에 광고의 수익이 주요 수입원인 facebook 등 플랫폼 사업자의 쿠키 사용에 있어 자발적인 제한의 기대효과는 없다. 자발적인 매출 억제가 되기 때문이다. 반면에 이런 방법에 대한 이용자 반발의 강도가 강해지는 상황에서 역발상의 결과 이에 부응하기 위해 브라우저 파이어폭스의 'mozilla'는 2003년부터 기본 설정에서 제3자 쿠키를 제한하고 있다(설정변경 시 사용 가능). 광고의 수익에 대한 의존도가 낮은 애플은 2020년부터 웹 브라우저인 'safari'에서 제3자의 쿠키를 제한하도록 기본 설정을 바꿨다. 애플과 달리 광고 수익에 대한 의존도가 높은 구글도 2023년까지 웹 브라우저 'chrome'에서 제3자 쿠키에 대한 대안을 제공하겠다고 한다. 스마트폰 등 디지털 기기의 고유 아이디도 2021년 애플은 IDFA에 대해 기기 고유의 아이디를 앱이 사용하려면 이용자의 동의를 받도록 했다. 구글도 2022년부터 이용자가 개인 맞춤 광고를 원하지 않으면 앱에 ADID를 제공하지 않기로 했다.

II. 이용자 인식 전환의 필요성

이용자들이 smart speaker의 일종인 'alexa'를 사용하지 않을 때의 대화까지 사업자가 녹음해서 인공지능 개발에 사용했다가 문제가 된 사건인 아마존 '알렉사 사건'과 미국의 종합 상품 소매업체인 target의 '미성년자의 임신 사실을 부모보다 먼저 알아버린 사건', 페이스북의 '이용자의 성별, 인종, 거주지역 등을 정보를 이용한 차별 사건' 및 국내의 '이루다 사건' 등이 있다. 이처럼 이용자는 플랫폼 사업자에 의해 수집된 개인정보가 반드시 정보 주체의 안전이나 편리를 위해서가 아니라 사업자의 영리 혹은 투자자의 이익을 위해 사용되고 오남용되어 정보 주체 권리를 침해할 수 있다는 점을 잊기 쉽다.

네트워크 이용자들은 자신의 어떤 정보가 수집되고 어떻게 이용될지 결정하는 과정에 적극적으로 참여하기가 어렵다. 개인정보보호법이 개정을 통해 보장한 가명 혹은 익명정보의 활용의 경우 더 그렇다. 이는 정보의 비대칭을 더 크게 벌어지게 하는 주요 이유다. 대신 개인정보 보호업무는 개인정보보호법 및 GDPR처럼 법을 통한 정부의 몫이 되고 있다. 이용자의 자율규제 능력을 과소평가할 필요는 없다.

제12절

디지털 범죄

I. 개념, 종류 및 특징, 대응

디지털 범죄(digital/network/cyber crime)에 대한 명확한 법적 개념은 없다. 디지털를 악용해 피해자의 신체적, 정신적 혹은 재산적 피해를 야기하는 범죄를 말한다. virus 창궐 이후 빠른 속도로 재택근무, 온라인 수업 등 비대면 환경이 구축되면서 국내 사회의 디지털 의존도가 비약적으로 증가함과 동시에 이에 따른 범죄도 늘어나고 있다. 매년 4월 2일은 경찰청이 지정한 '사이버 범죄 예방의 날'이다. 사이버(cyber)의 사(4)와 이(2)를 따서 지정이 됐다.

디지털 공간에서의 보이스 피싱, 해킹, 서비스 거부 공격(DDos), 바이러스 제작 및 유포, 악성프로그램 배포, 메일폭탄, 사기(온라인 통신 및 게임), 불법복제(음란물 및 프로그램), 불법유해사이트 운영(음란, 도박, 폭발물, 자살 등), 사이버 명예훼손, 모욕, 불법적인 개인정보 매매, 사이버 스토킹, 온라인 성폭력 혹은 협박 및 공갈 등이 있다.

디지털 범죄행위의 주체는 개인 외에도 과거와 달리 국가도 은밀하게 적극적으로 관여하고 있다.

물리적 힘이 필요했던 고전적인 폭행 등 많은 범죄와 달리 디지털 공간에서는 누구나 피해자나 가해자가 될 개연성이 크고, 시간과 공간에 구애받지 않기 때문에 디지털 범죄에서 벗어나기가 쉽지도 않다. 그 피해 또한 적지가 않다. 일반 범죄와 달리 치밀하고 조직적인 범죄가 많다. 특성상 정보 발신자의 특정이 어렵고, 디지털 정보의 증거인멸 및 조작이 간단하다. 전문증거인 디지털 증거는 무결성 원칙으로 인해 법원에서의 증거능력 인정이 어렵다.

디지털 범죄를 예방하는 방법으로는 소프트웨어 및 운영체제를 최신 버전으로 업데이트, 보안 프로그램의 최신형 사용, 보안단계가 높은 암호 사용 & 로그인 시 2단계 인증 보안 사용, 개인정보 공개의 최소화, 상시적인 자료 백업의 일상화, 출처가 불확실한 스팸 메일이나 url 링크 열지 않기, 의심스러운 보이스 피싱은 대응하지 말고 별도로 사실확인 등이 권유되고 있다.

디지털 폭력에 노출 시 상대방의 글에 감정적으로 대응자제, 가해자의 행위를 원하지 않는다는 명시적 의사표시, 피해 사실에 대한 증거자료 수집, 피해구제 기관에 피해 사실을 알리고 도움 요청, ISP 해당 글의 삭제 혹은 접근차단 요청, 사이버 수사기관에 신고 등이 필요하다.

디지털 범죄에 대해 사업자의 법적 책임은 넓어지고 있다. 예를 들어 카지노에서 고객이 자기앞수표를 제시해 칩으로 교환을 요청하는 경우 대법원은 "중국이나 동남아 등지에 본거지를 둔 보이스 피싱 사기범이 기승을 부리고 있다는 것은 국내에 공지된 사실이고, 자기앞수표라면 범인들이 카지노를 이용해 환전을 시도할 수 있다는 점은 이미 알려져 있기에 조금만 주의를 기울이면 선험적으로도 충분히 예상할 수 있는 내용이다. 카지노 사업자들로서는 카지노가 더 이상 보이스 피싱 범죄의 결과물인 자기앞수표가 현금화되는 도구로 사용되지 않도록 통상적인 자기앞수표 거래에 있어 요구되는 주의의무보다 더 세심한 주의를 기울일 필요가 있다. 사업자가 수표를 취득할 당시 상당하다고 인정될 만한 조사를 하지 아니한 채 간단하게 금융결제원 데이터 조회 시스템을 이용해 사고 유무 수표 여부만 확인하고 만연히 그 자기앞수표를 양수한 것은 중대한 과실이 있는 경우에 해당한다. 수표의 선의취득을 인정할 수가 없다(고도의 선관주의 의무부과)."는 것이다.

II. 스포츠토토 vs 부가가치세

부가가치세는 부가가치세법에 따라 재화나 용역에 대해 각각 거래단계마다 과세를 하는 일반소비세 및 간접세다. '재화'는 재산적 가치가 있는 기계, 제품, 상품 등 모든 유체물과 전기·열 및 관리할 수 있는 자연력 등의 무체물을 말한다. '용역'은 재화 이외의 재산적 가치가 있는 역무(서비스) 및 기타 행위다. 시설물이나 권리의 사용행위도 포함한다.

'과세대상'은 '재화나 용역 그 자체가 아니라 과세거래'가 대상이 된다.

법원은 '스포츠토토 사이트 운영자가 이용자들로부터 돈을 받고 게임머니를 충전해 준 행위는 돈을 받은 대가로 시스템을 통해 게임참여 기회라는 서비스를 제공한 것이기에 부가가치세 과세의 대상에 해당이 된다.'는 입장이다. 즉, "부가가치세는 부가가치가 새롭게 창출되는 재화나 용역의 유통단계가 있으면 부과되는 것이 원칙이고, 도박행위는 보통 참여한 사람들이 서로 재물을 걸고 우연한 사정에 따라 재물의 득실을 결정하는 것이어서 부가가치를 창출하는 것이 아니므로 부가가치세 과세대상이 아니다. 다만, 스포츠도박 사업자가 시스템을 통해 고객들에게 도박참여 기회를 제공하고 이에 대한 대가로서 금전을 지급받는 경우에는 재산적 가치가 있는 재화 또는 용역의 공급에 해당하기에 부가가치세 과세대상에 해당한다." 것이다.

III. VR

metaverse 시대에 VR의 이용은 늘어날 것이다. 기존 콘텐트보다 훨씬 높은 몰입감을 제공하는 VR기기를 구입한 이용자는 음란물 무료로 내려받기 혹은 무료배송하는 행위(VR기기를 통한 음란물 유포), VR상에서 '매춘 avatar'를 이용한 가상 성매매 행위, VR를 통해 성적 수치심이나 혐오감을 주는 행위, VR을 통해 유명상표 및 상호 도용, 초상권 및 지식재산권 등 다양한 행위가 가능하다. 이러한 행위에 대해 가

상현실에서의 행위이기 때문에 범죄행위의 위험성조차 없는 경우로 봐 형사법상의 불가벌적 불능범으로 판단할 수도 있다.

해당이 되는 민형사상의 일반적인 규정은 없고 사안에 따라 달리 해결이 된다. 초상권, 저작권, 아동 및 청소년 성착취물로 처벌이 가능하다. 헌법재판소는 '비정상적 성적 충동을 일으켜 성범죄를 유발할 우려가 있는 음란물이기에 실재하지 않는 허구의 아동 및 청소년이 등장하는 애니메이션도 처벌대상이 될 수 있다'고 결정했다. 대법원도 '실제 사람이 아니라 가상학생 등장의 음란 애니메이션도 청소년 성보호법상 처벌대상'이라고 판단하고 있다. 이러한 논리는 인공지능을 이용해 만든 가상인간에게도 적용이 된다.

IV. 퇴사 시 문서 파기 등

법원의 입장에 따르면 직원 퇴사의 경우 인수인계 없이 퇴사하면서 아날로그 혹은 디지털 형식의 회사정보를 임의로 삭제했다면 업무방해죄에 해당이 된다. 퇴사 전 몇 개월간 자료를 회사의 공용 folder에 백업하지 않고 퇴사 직전 사용하던 컴퓨터를 포맷한 후(회사자료의 삭제 행위) 인수인계 없이 퇴사의 경우 업무방해죄의 위계에도 해당이 된다. 충분한 인수인계 후 동의없는 단순한 삭제는 삭제를 하면 안되

> ■ 형법 제314조(업무방해) ① 제313조의 방법 또는 위력으로써 사람의 업무를 방해한 자는 5년 이하의 징역 또는 1천500만원 이하의 벌금에 처한다. ② 컴퓨터 등 정보처리장치 또는 전자기록 등 특수매체기록을 손괴하거나 정보처리장치에 허위의 정보 또는 부정한 명령을 입력하거나 기타 방법으로 정보처리에 장애를 발생하게 하여 사람의 업무를 방해한 자도 제1항의 형과 같다.
> 제313조(신용훼손) 허위의 사실을 유포하거나 기타 위계로써 사람의 신용을 훼손한 자는 5년 이하의 징역 또는 1천500만원 이하의 벌금에 처한다.

는 정보의 경우가 아니라면 문제가 없다.

퇴사 시 아날로그 혹은 디지털 정보 형식의 영업비밀에 해당하는 정보를 가져갔을 경우 부정경쟁방지법에 따라 형사처벌 대상도 된다. 그 영업비밀은 '공공연히 알려져 있지 않고 독립된 경제적 가치를 가지고 비밀로 관리된 정보'이어야 한다.

제3장

디지털 공공행정과 spam

제1절
디지털 사회와 공공행정

I. 행정정보와 공간정보 DB

 디지털 사회에서 공공행정의 정책목표는 '공공정보 개방과 공유를 통한 경제가치 창출', '재난재해 및 사회위기 관리를 통한 사회적 비용절감' 및 '빈부격차와 정보격차의 동시 해소를 통한 디지털 사회통합 추구'이다.(지능정보화기본법). 이를 위해 정보공개법에 따른 공공기관이 보유한 정보공개의 확대와 데이터기본법과 개인정보보호법에 따른 데이터 결합의 확대가 되고 있다.

 공공기관끼리의 정보공동 이용을 위한 '행정정보 DB 구축 및 활용'은 국가적 사업이다(전자정부법). 국세청 또는 국토교통부의 행정안전부가 보유한 '부동산정보'를 통한 각종 부동산 통계자료 활용, 법무부와 관세청의 관세정보 공유, 우주비행을 위한 과학기술정보통신부와 기상청의 기상(일기)정보 공유 등이 있다.

 이용자 또한 행정의 객체 외에도 행정서비스 발전을 위한 서비스 제안자(생산자)이기도 하다. 'google'의 지도정보와 'naver 및 kakko 지도' 그리고 '지하철 혹은 서울버스'라는 앱을 보면 공공기관의 보유정보를 이용한 이용자의 새로운 서비스는 새로운 부가가치 창출이 가능하다는 것을 보여주고 있다.

 공간정보는 지상 및 지하(지형, 도로, 건물 등), 수상, 수중 등 공간상에 나타나는 지형이나 사물들의 위치 등을 나타내는 정보다. 공간정보는 자율주행자동차, 드론,

스마트시티와 같은 4차산업혁명 기술의 토대가 된다. '공간정보 통합체계 구축사업'을 통해 공공기관에서 각각 관리하고 있었던 농축수산업, 산림, 환경(지진, 쓰나미 등), 교통, 도로, 문화관광 영역에 있어 다양한 정보를 통합적으로 관리 및 활용을 하고 있다.

공공의 행정정보 및 공간정보에 대한 권리의 귀속에 대해 국가기관은 "국유재산법", 지방자치단체는 "공유재산 및 물품관리법" 등을 통해 관리하고 있다. 그 법률들은 전통적인 유형물의 재산을 전제로 법제가 구성되어 있어 콘텐트 중심의 디지털 정보의 공유를 통한 적극적 활용에는 문제가 발생할 수가 있다. 국가 소유의 특허와 저작권이라도 사용 허가를 받으면 상업적 목적을 위해 복제나 가공을 할 수 있다. 즉, 복제, 전송, 배포를 통해 주로 활용되는 지식재산의 사용 허가를 받은 사람은 '재이용'을 할 수가 있다. 그러나 지리정보는 안보상의 이유로 다른 정보와는 달리 민간에 널리 공개되지 않고 제한적 이용만이 가능하다.

II. 전자소송

1. 민사소송(지급명령 포함)과 형사소송

"민사소송 등에서의 전자문서 이용 등에 관한 법률"은 소송절차에서 전자문서에 법적 효력을 부여하는 전자소송의 근거가 되는 법률이다. 전자소송시스템을 통한 전자소송은 대부분의 사건에 있어 사건 당사자 가운데 어느 한쪽만 신청해도 진행이 된다. 법원은 전자소송을 신청한 당사자가 낸 전자문서를 출력해 상대방에게 전달하고 전자소송을 신청하지 않은 상대방이 제출한 종이서류는 다시 스캔해 전자소송을 신청한 당사자에게 전달한다. 국가나 지방자치단체가 소송당사자일 경우 이는 의무적이다. 전자문서 등재 사실의 통지는 전자우편(e-post)과 문자메시지를 보내는 방법으로 하되, 둘 중 하나라도 먼저 전송된 때 통지의 효력이 발생하도록 하고 있다. 민법의 도달주의와 달리 '홈페이지에 접속해 판결문을 클릭하는 시점'이

당사자의 내용 숙지 유무와 상관이 없이 송달의 시점이 된다. 전자소송시스템을 이용하지 않은 당사자들도 신청을 통해 인터넷으로 자기의 판결문을 받아볼 수 있다.

'지급명령'은 변론을 열지 아니하고 법원이 간단한 절차에 의하여 채권자의 청구가 이유가 있다고 인정하면 채무자에 대하여 금전, 기타의 대체물 또는 유가증권의 일정 수량 지급을 명하는 재판을 말한다(독촉절차, 민사소송법 제462조). 그 대상은 제주도산의 귤 몇 kg이라고 하는 것과 같이 동종·동등·동량의 것(주로 금전)으로서 '거래 시 대체할 수 있는 것이나 유가증권 청구'로 한정되어 있다(토지 및 건물 제외). 법원은 채권자가 제출한 신청서에 의하여 서면으로 심사를 하고 형식상 요건이 구비가 되었다고 인정하면 지급명령을 내린다. 변론이나 증거조사 등 절차가 없다. 채무자는 그 지급명령에 대하여 이의신청을 할 수 있다(제469조 제2항). 채무자가 그 명령의 송달을 받은 날로부터 2주일 내에 또는 그 후 가집행의 선고 있는 지급명령의 송달 후 2주일 내에 이의신청을 한 때 사건은 본소송으로 이행한다(제473조). 전자독촉시스템에 따라 대법원 웹에 채권자와 채무자의 정보, 채권액 등을 입력하고 신청서를 내면 사건이 접수된다. 서류심사를 거쳐 지급명령이 결정되면 채무자에게 지급명령문이 우편으로 보내진다. 2주일 안에 이의신청이 없으면 지급명령이 확정된다. 이의신청이 없으면 실질적 심사를 하지 않는 시스템의 맹점을 이용해 '채권추심업체들이 소멸시효가 지난 채권청구를 하는 경우'가 있다.

대법원은 '범죄일람표 목록'을 CD에 담아 법원에 제출 시 범죄기록이 많다고 하더라도 검사의 공소제기는 '종이문서'로 해야 한다는 입장이다. 또 '검사가 공소장 변경을 신청하면서 변경하려는 내용의 일부를 파일로 만들어 CD에 담아 제출했다면 공소사실이 구체적으로 특정된 것으로 볼 수 없어 공소사실로 인정할 수 없다.'는 입장이기도 하다. 디지털 사회에 맞지 않는 판결이지만 명문의 규정이 없었다. "형사사법절차에 있어서의 전자문서 이용 등에 관한 법률"이 제정되면서 이러한 문제는 과거의 문제가 됐다(2024년 시행).

2. '도달'과 '송달'

사법상 행위와 공법상 행위에 있어 '도달'의 의미는 다르다.

민법 제111조 제1항은 "상대방이 있는 의사표시는 상대방에게 도달한 때에 그 효력이 생긴다."고 규정하고 있다(도달주의). 대법원은 '도달'의 의미를 '사회통념상 상대방이 통지의 내용을 알 수 있는 객관적 상태에 놓여 있는 경우'로 판단하고 있다. 상대방이 통지를 현실적으로 수령 하거나 그 내용을 알 것까지는 필요로 하지 않는다. 따라서 상대방이 정당한 사유가 없이 통지의 수령을 거절한 경우 우편함 배달 등 상대방이 그 통지의 내용을 알 수 있는 객관적 상태에 놓여 있는 때에 그 효력이 생긴다.

> 민법 제111조(의사표시의 효력발생시기) ① 상대방이 있는 의사표시는 상대방에게 도달한 때에 그 효력이 생긴다. ② 의사표시자가 그 통지를 발송한 후 사망하거나 제한능력자가 되어도 의사표시의 효력에 영향을 미치지 아니한다.

정보통신망법 제74조 제1항 제3호(사이버 스토킹) '누구든지 정보통신망을 이용해 공포심이나 불안감을 유발하는 부호, 문언, 음향, 화상 또는 영상을 반복적으로 상대방에게 도달하게 한 자'의 경우처럼 별도 명문의 규정이 없는 경우 민법의 도달 규정이 적용된다(민법의 일반법). 따라서 상대방이 해당 문자를 실제 읽어보지를 않았다고 하더라도 '상대방이 별다른 제한이 없이 문자를 접할 수 있는 상태'라면 도달이 된 것으로 본다.

"성폭력범죄의 처벌 등에 관한 특례법" 제13조는 '성적 욕망을 유발하거나 만족시킬 목적으로 전화, 우편, 컴퓨터, 그 밖의 통신매체를 통하여 성적 수치심이나 혐오감을 일으키는 말, 음향, 글, 그림, 영상 또는 물건을 상대방에게 도달하게 …'의 규정에서의 '도달'은 그 영상 등을 피해자가 실제로 인식할 수 있는 상태에 두는 것을 의미한다. 그러나 행위자가 상대방에게 영상 자체를 '전송'하지 않았다고 하더라도 'link 전송'을 통해 상대방이 별다른 제약 없이 그 영상을 볼 수 있는 상태에 두었다면 이를 '도달하게' 한 것으로 본다. '상대방의 수신 거부'의 사전 설정의 경우 도달이 아니다.

> ■ 정보통신망법 제74조(벌칙) ① 3. 제44조의7 제1항 제3호(사이버 스토킹)를 위반하여 공포심이나 불안감을 유발하는 부호·문언·음향·화상 또는 영상을 반복적으로 상대방에게 도달하게 한 자
>
> 성폭력범죄 처벌 특례법 제13조(통신매체를 이용한 음란행위) 자기 또는 다른 사람의 성적 욕망을 유발하거나 만족시킬 목적으로 전화, 우편, 컴퓨터, 그 밖의 통신매체를 통하여 성적 수치심이나 혐오감을 일으키는 말, 음향, 글, 그림, 영상 또는 물건을 상대방에게 도달하게 한 사람은 2년 이하의 징역 또는 2천만원 이하의 벌금에 처한다.

국세기본법 제12조는 "송달하는 서류는 송달받아야 할 자에게 도달한 때부터 효력이 발생한다. 다만, 전자송달의 경우에는 송달받을 자가 지정한 전자우편주소에 입력된 때(국세정보통신망에 저장된 때)에 그 송달을 받아야 할 자에게 도달한 것으로 본다."고 규정하고 있다. 예외적인 규정이다. 헌법재판소는 합헌결정을 했다.

행정절차법 제14조는 "송달은 우편, 교부 또는 정보통신망 이용 등의 방법으로 하되, 송달받을 자의 주소·거소·영업소·사무소 또는 전자우편주소로 하며, 정보통신망을 이용한 송달은 송달받을 자가 동의하는 경우에만 할 수 있고 이 경우 송달받을 자는 송달받을 전자우편주소 등을 지정하여야 하며, 송달받을 자의 주소 등을 통상적인 방법으로 확인할 수 없는 경우 또는 송달이 불가능한 경우에는 송달받을 자가 알기 쉽도록 관보, 공보, 게시판, 일간신문 중 하나 이상에 공고하고 인터넷에도 공고해야 한다."고 규정하고 있다. '이메일을 클릭'해야 도달로 본다. 대법원은 '행정청이 장해등급 결정내용에 대해 당사자에 처분사실을 직접 알리지 않고

홈페이지에만 게시했다면 행정절차법에 따른 송달이 이뤄지지 않아 무효'라는 입장이다. 상대방 있는 행정처분은 특별한 규정이 없는 한 상대방에게 '고지'돼야 효력이 발생한다. 상대방에게 고지되지 않고 홈페이지에 접속 등 다른 경로를 통해 행정처분의 내용을 알게 된 경우 행정처분의 효력이 발생한다고 볼 수 없다는 의미다. 고지 내용의 정확한 이해 유무는 묻지를 않는다.

> ■ 행정절차법 제14조(송달) ① 송달은 우편, 교부 또는 정보통신망 이용 등의 방법으로 하되, 송달받을 자(대표자 또는 대리인 포함)의 주소·거소·영업소·사무소 또는 전자우편주소("주소 등")로 한다. 다만, 송달받을 자가 동의하는 경우에는 그를 만나는 장소에서 송달할 수 있다. ② 교부에 의한 송달은 수령확인서를 받고 문서를 교부함으로써 하며, 송달하는 장소에서 송달받을 자를 만나지 못한 경우에는 그 사무원·피용자(被傭者) 또는 동거인으로서 사리를 분별할 지능이 있는 사람("사무원 등")에게 문서를 교부할 수 있다. 다만, 문서를 송달받을 자 또는 그 사무원 등이 정당한 사유 없이 송달받기를 거부하는 때에는 그 사실을 수령확인서에 적고, 문서를 송달할 장소에 놓아둘 수 있다. ③ 정보통신망을 이용한 송달은 송달받을 자가 동의하는 경우에만 한다. 이 경우 송달받을 자는 송달받을 전자우편주소 등을 지정하여야 한다.
>
> 국세기본법 제12조(송달의 효력 발생) ① 제8조에 따라 송달하는 서류는 송달받아야 할 자에게 도달한 때부터 효력이 발생한다. 다만, 전자송달의 경우에는 송달받을 자가 지정한 전자우편주소에 입력된 때(국세정보통신망에 저장하는 경우에는 저장된 때)에 그 송달을 받아야 할 자에게 도달한 것으로 본다.

III. 형사상 미출력 파일의 문서성

대법원은 '출력되지 않은 전자파일은 문서가 아니다.'라는 입장이다. 이런 입장은 2020년 개정된 "전자문서 및 전자거래기본법" 제4조 제1항(전자문서는 전자적 형태로 되어 있다는 이유만으로 법적 효력이 부인되지 아니한다.)에 정면으로 위반되는 해석이지만 형사문제의 경우 명확한 규정을 필요로 하기에 틀린 결정이라고 보기는 어렵다.

대법원에 따르면 형법상 문서의 성립 3가지 요소로서 ① 유체물에 의사 또는 관념의 표시가 계속적으로 화체되어 있어야 함을 의미하는 계속적 기능, ② 법적으로 중요한 사실을 증명할 수 있는 능력과 증명의사가 있어야 한다는 증명적 기능, ③ 의사 또는 관념을 표시한 주체 즉 작성명의인이 있어야 한다는 보장적 기능을 필요로 한다. 대법원은 '전자문서의 경우 이러한 전자파일이나 그 파일을 실행시켜 모니터 화면에 나타낸 문서의 이미지는 계속적으로 물체에 고정된 것으로 볼 수 없으므로 형법상 문서에 관한 죄에 있어 문서에 해당되지 않는다.'라고 판시하고 있다. 따라서 컴퓨터상에 위조한 전자파일은 전자기록이나 특수매체기록도 아니어서 형법상 문서의 죄 처벌이 힘든 상황이다. 만일 어떤 사람이 작성한 문서파일이 작성자를 제외한 다른 사람은 쉽게 열거나 볼 수 없어서 일반적인 방법으로는 그 내용을 확인하기 어렵다고 한다면 가시성 및 가독성이 없다고 할 수 있다. 그런데 HWP나 MS Word처럼 대중적인 문서작성프로그램을 통하여 작성한 경우 계속성 및 가독성이 없어 문서가 아니라고 한다는 것은 현실과 동떨어진 해석이다. "전자문서 및 전자거래기본법" 제4조 제1항은 "'전자문서는 전자적 형태로 되어 있다는 이유만으로 법적 효력이 부인되지 아니한다."고 규정하고 있다. 제4조의2(전자문서 서면요건)에 의하면 전자문서는 첫째 전자문서의 내용을 열람할 수 있을 것, 둘째 전자문서가 작성·변환되거나 송신·수신 또는 저장된 때의 형태 또는 그와 같이 재현될 수 있는 형태로 보존되어 있을 것이란 2개의 요건만 갖추면 그 전자문서를 서면으로 본다. 문제는 법원은 전자문서법을 형사규범에 적용하지 않으려 한다는 것이고 이를 틀린 법 적용은 아니라는 것이다.

전자문서를 형법상 문서로 볼 수 있느냐 하는 문제에 대하여 긍정설은 전자문서도 이미 표준화되어 있는 문서에 한정해 볼 때 상호간의 해독의 합의가 존재하고 컴퓨터 간에 상호교환이 된다면 가독성을 인정할 수 있으므로 문서성을 긍정하려고 한다. 부정설은 형법의 해석상 대법원의 해석과 마찬가지로 컴퓨터 등 정보처리장치에 의하여 작성된 문서는 출력되기 전까지는 가시성과 가독성이 없기에 문서에 해당한다고 볼 수 없다고 보고 있다(다수설). 판례의 변경이 힘들다면 형법의 문서에 관한 죄 제237의2 제2항에 '이 장의 죄에 있어서 컴퓨터 등 정보처리시스템에 의하여 전자적 형태로 작성되어 송수신 또는 저장된 경우도 문서로 본다.'의 신설도 바람직하다. "형사사법절차에 있어서의 전자문서 이용 등에 관한 법률"이 제정되면서 이러한 문제는 해결이 됐다(2024년 시행).

IV. 서명날인 및 기명날인과 전자서명

'서명'(署名)은 법적인 행위자가 승인에 따른 책임을 다하기 위해 스스로 이름을 쓰는 행위로 전자서명을 포함해서 자기 고유의 필체로 자기의 이름을 제3자가 알아볼 수 있도록 쓰는 것을 말한다. '기명'(記名)은 단순히 이름을 적는다는 의미이다. 따라서 서명은 반드시 본인이 적어야 하지만, 기명은 다른 사람이 대리해서 적거나 HWP 혹은 Word로 작성해도 무방하다. 그래서 기명의 경우에는 본인의 진정한 의사를 확인하기 위해 일반적으로 날인이 함께 요구된다. 'sign'은 법률상의 용어가 아님에도 서명과 혼용되어 사용되지만, 도장을 대신해 본인만의 방법으로 비밀문자를 기재하는 것을 말한다.

책임의 소재를 명확히 하기 위한 '날인'(捺印)은 손도장을 포함한 도장을 찍는 것(자필서명 포함)이다. '직인'(職印)은 본인의 직무상 사용하기 위한 도장을 찍는 것이다. 도장문화는 상황에 따라 전통문화의 영역일 수가 있겠지만 디지털 사회에서는 적합한 인증수단이라고 보기는 힘들다.

민법은 공정증서에 의한 유언은 유언자와 증인이 각자 서명 또는 기명날인을 해야 한다고 규정하고 있다(제1068조). 그런데 공증인법은 공증인과 참석자는 각자 증서에 서명날인을 해야 하고, 참석자로서 서명할 수 없는 사람이 있으면 그 사유를 증서에 적고 공증인과 참여인이 날인을 해야 한다고 규정하고 있다(제38조 제3항 및

제4항). 대법원은 '유언자의 기명날인은 유언자의 의사에 따라 기명날인한 것으로 볼 수 있는 경우 반드시 유언자 자신이 할 필요는 없다. 공증인도 망인의 의사에 따라 공증인이 그 사유를 적고 망인을 대신하여 이름을 쓰고, 망인의 도장을 날인할 수 있다.'고 판단하고 있다.

> 민법 제1066조(자필증서에 의한 유언) ① 자필증서에 의한 유언은 유언자가 그 전문과 연월일, 주소, 성명을 자서하고 날인하여야 한다. ② 전항의 증서에 문자의 삽입, 삭제 또는 변경을 함에는 유언자가 이를 자서하고 날인하여야 한다. 제1068조(공정증서에 의한 유언) 공정증서에 의한 유언은 유언자가 증인 2인이 참여한 공증인의 면전에서 유언의 취지를 구수하고 공증인이 이를 필기낭독하여 유언자와 증인이 그 정확함을 승인한 후 각자 서명 또는 기명날인하여야 한다.
>
> 공증인법 제38조(증서의 작성 절차) ① 공증인은 그가 작성한 증서를 모든 참석자에게 읽어 주거나 열람하게 하여 촉탁인 또는 그 대리인의 이의가 없음을 확인하고 그 취지를 증서에 적어야 한다. ② 통역인을 참여시켰을 경우에는 제1항의 절차 외에 통역인에게 증서의 취지를 통역하게 하고 그 취지를 증서에 적어야 한다. ③ 제1항과 제2항에 따라 각각의 취지를 적으면 공증인과 참석자는 각자 증서에 서명날인하여야 한다. ④ 참석자로서 서명할 수 없는 사람이 있으면 그 사유를 증서에 적고 공증인과 참여인이 날인하여야 한다. ⑤ 공증인은 증서가 여러 장으로 이루어지는 경우에는 각 장에 걸쳐 직인으로 간인(間印)하여야 한다

전자서명법 제3조는 전자서명이 법령이나 당사자의 의사에 따라 서명날인 및 기명날인을 대체하는 효력을 가지고 있음을 규정하고 있다.

> 전자서명법 제2조(정의) 1. "전자문서"란 정보처리시스템에 의하여 전자적 형태로 작성되어 송신 또는 수신되거나 저장된 정보를 말한다. 2. "전자서명"이란 다음 각 목의 사항을 나타내는 데 이용하기 위하여 전자문서에 첨부되거나 논리적

으로 결합된 전자적 형태의 정보를 말한다. 가. 서명자의 신원 나. 서명자가 해당 전자문서에 서명하였다는 사실 제3조(전자서명의 효력) ① 전자서명은 전자적 형태라는 이유만으로 서명, 서명날인 또는 기명날인으로서의 효력이 부인되지 아니한다. ② 법령의 규정 또는 당사자 간의 약정에 따라 서명, 서명날인 또는 기명날인의 방식으로 전자서명을 선택한 경우 그 전자서명은 서명, 서명날인 또는 기명날인으로서의 효력을 가진다. 제6조(다양한 전자서명수단의 이용 활성화) ① 국가는 생체인증, 블록체인 등 다양한 전자서명수단의 이용 활성화를 위하여 노력하여야 한다. ② 국가는 법률, 국회규칙, 대법원규칙, 헌법재판소규칙, 중앙선거관리위원회규칙, 대통령령 또는 감사원규칙에서 전자서명수단을 특정한 경우를 제외하고는 특정한 전자서명수단만을 이용하도록 제한하여서는 아니 된다.

"전자문서 및 전자거래 기본법"은 다른 법률에 특별한 규정이 있는 경우를 제외하고 모든 전자문서 및 전자거래에 적용되는 법으로 전자문서는 전자적 형태로 되어 있다는 이유만으로 법적 효력이 부인되지 아니한다.

■ 전자문서 및 전자거래 기본법 제3조(적용범위) 이 법은 다른 법률에 특별한 규정이 있는 경우를 제외하고 모든 전자문서 및 전자거래에 적용한다. 제4조(전자문서의 효력) ① 전자문서는 전자적 형태로 되어 있다는 이유만으로 법적 효력이 부인되지 아니한다. 제4조의2(전자문서의 서면요건) 전자문서가 다음 각 호의 요건을 모두 갖춘 경우에는 그 전자문서를 서면으로 본다. 다만, 다른 법령에 특별한 규정이 있거나 성질상 전자적 형태가 허용되지 아니하는 경우에는 서면으로 보지 아니한다. 1. 전자문서의 내용을 열람할 수 있을 것 2. 전자문서가 작성·변환되거나 송신·수신 또는 저장된 때의 형태 또는 그와 같이 재현될 수 있는 형태로 보존되어 있을 것

제2절

spam 제도

I. 개념과 특징

'스팸'은 정보통신망법 제50조 제1항에 따라 '수신자의 명시적인 수신거부 의사에 반하는 영리목적의 광고성 정보'를 말한다. 특징으로는 '수신인의 부동의, 영리(상업)성 목적, 대량발송'이 있다. 그 전송방법은 다양하고 강제수신 및 발신자의 확인이 힘들다. 주로 수신거부 의사의 반송이나 발신인 미기재, 제3의 계정이용, 자동적인 전화변환의 방법을 사용하고 있다. 국제전화 스팸 발신은 통신 인프라가 열악하거나 바이러스로 정세 및 사회 불안이 가중된 국가들에서 이뤄지고 있다. 1개 발신번호로 불특정 다수에게 무차별적으로 스팸호를 내보내는 대신, 스팸 차단을 교란하거나 대응시간이 지체되도록 다수 번호를 활용한 발신방법으로 진화하고 있다.

불법스팸을 발송하는 업자들이 대출이나 투자 정보가 필요한 사람들의 DB를 구축하고 정보를 사고팔며 메시지를 보내기에 스팸 메시지는 좀처럼 줄어들지 않는다. 전화회선의 다량 확보 저지를 위한 전화가입 제한 및 불법스팸 전송자에 대한 처벌 규정의 강화도 필요할 수 있다.

KISA에 따르면 누구든지 가능한 투표독려 전화는 영리목적을 가진 스팸에 해당하지 않는다. 또 임의로 추출한 전화번호로 전화를 거는 방식(RDD, Random Digit Dialing)은 개인정보보호법 위반으로 보기는 힘들다. 그 개인정보와 특정인과의 연결에 대한 인식이 없기 때문이다.

II. 규제정책

1. Opt-in과 Opt-out

Opt-in의 경우 사전에 동의(prior consent)를 얻지 않은 상태에서 상대방에게 대량정보를 전송하지 못하게 하는 방식이다. 수신자에게 유리한 정책이다.

Opt-out의 경우 제한 없이 우선 상대방으로의 정보의 전송이 가능하나, 명시적으로 거부의사를 밝히지 않은 수신자에게만 정보를 보낼 수 있는 방식이다. 명백한 거부의사 표시자에게 정보를 보낼 수는 없다. Opt-out 방식은 수신자가 수신거부 의사표시를 하기 전에는 1회 이상은 무조건 스팸을 받는다. 사업자에게 유리한 정책이다.

2. 문자전송 수 제한과 신속이용정지 등

전화를 사용하는 고객이 무제한 요금제에 가입해 음성과 문자가 모두 무료라고 하더라도 하루에 300-500건 이상 문자를 쓰면 이동통신사는 문자전송이 자동적인 차단 혹은 지연전송이 된다. 문자분석 후 스팸이 아닌 정상적인 이용 확인 후 문자 차단은 풀리게 된다. 고객센터에 전화를 걸어 불법적인 발송이 아니라 개인적인 사유로 인한 발송으로 확인되면 문자차단은 해지가 되기도 한다.

'신속이용정지제도'는 금융감독원이 '불법대부광고'라고 판단해 경찰에 통보하면 경찰은 곧바로 이동통신사에 요청해 해당 전화번호를 정지하는 제도다. 스팸에 대한 피해의 신속한 구제가 가능하고, 금융감독원 '개인정보 불법유통 시민감시단'의 협조가 특징이다. "대부업 등의 등록 및 금융이용자 보호에 관한 법률"의 개정을 통해 전화번호 이용정지의 법적 근거까지 마련되어 있다. 스팸 전화번호로 등록하고 차단할 때는 후스콜, 후후, T전화 등 스팸 차단 앱을 활용할 수 있다. 다만 이 앱들도 특정 번호를 자동차단을 하지는 못한다.

스팸 전화의 경우 실수로 전화를 걸었다면 바로 통화종료 버튼을 누르고 전화가 끊겼는지 확인한다. 출처가 확인되지 않은 URL는 click을 하지 말고, 출처를 알 수 없는 앱이 함부로 설치되지 않도록 보안도 강화해야 한다. 스마트폰의 스팸 차단 기능을 활용해 스팸 번호와 문구를 등록하거나 공공기관에서 개발·배포한 스팸차단 및 신고용 스마트폰 앱을 설치하면 불법 스팸을 어느 정도 걸러낼 수 있다.

III. 정보통신망법

1. Opt-in과 Opt-out

법률에 따른 예외가 아니라면 전자적 전송매체를 이용하여 영리목적의 광고성 정보의 전송 시 그 수신자의 명시적인 사전 동의를 받아야 한다.

'전화' 및 '모사전송기기'(Fax), 이메일, 'SMS' 등이 그 적용대상이다. 공직선거법 제59조 제2호 및 제82조의5에 따른 문자를 통한 선거운동은 Opt-out로 8회에 한해 가능하다.

① 재화 등의 거래관계를 통하여 수신자로부터 직접 연락처를 수집한 자가 대통령령으로 정한 기간 이내(6월)에 자신이 처리하고 수신자와 거래한 것과 동종의 재화 등에 대한 영리목적의 광고성 정보를 전송하려는 경우(제50조 제1항 제1호) ② 방문판매 등에 관한 법률에 따른 전화권유 판매자가 육성으로 수신자에게 개인정보의 수집출처를 고지하고 전화권유를 하는 경우(제2호)는 정보통신망법상의 불법스팸이 아니다. 그러나 모든 이러한 경우에도 광고표시 등은 해야 한다.

스팸이 아니더라도 시간제한이 있다. 전자적 전송매체를 이용하여 영리목적의 광고성 정보를 전송하려는 자는 제1항에도 불구하고 수신자가 수신거부의사를 표시하거나 사전 동의를 철회한 경우 영리목적의 광고성 정보를 전송하여서는 안 된다(제50조 제2항). 오후 9시부터 그 다음 날 오전 8시까지의 시간에 전자적 전송매체를 이용하여 영리목적의 광고성 정보를 전송하려는 자는 제1항에도 불구하고 그 수신자로부터 별도의 사전 동의를 받아야 한다(제3항).

정보통신망법 제50조는 수신자의 전화 및 모사전송기기에 영리목적의 광고성 정보를 전송하려는 자는 당해 수신자의 사전 동의를 얻어야 한다고 정하고 있다. 위반 시 과태료 처분대상이다. 따라서 처분청은 '정보를 전송한 자'를 확인한 후 과태료 처분을 해야 한다. 대법원에 따르면 발신번호 및 회신번호의 가입 명의자 신원은 '정보를 전송한 자'의 기준이 될 수 있으나, 회신번호 가입 명의자라는 사실만으로는 '정보를 전송하게 한 자'라고 단정할 수 없다. 증명책임이 있는 처분청으로서는 가입 명의자의 신원 이외에 회신번호 개설 및 제공 경위, 회신번호 개설주소와 명의인과의 관련성, 회신번호 요금의 납부 방법, 전송번호 명의자와의 관계 등에 관한 기초적인 조사를 거쳐 '실질적으로 정보를 전송하게 한 자'에 대해 과태료 처분을 해야 한다.

2. 금지행위와 표시의무(Labeling) 등

전자적 전송매체를 이용하여 영리목적의 광고성 정보를 전송하는 자는 ① 광고성 정보 수신자의 수신거부 또는 수신동의의 철회를 회피·방해하는 조치 ② 숫자·부호 또는 문자를 조합하여 전화번호·전자우편주소 등 수신자의 연락처를 자동으로 만들어 내는 조치 ③ 영리목적의 광고성 정보를 전송할 목적으로 전화번호 또는 전자우편주소를 자동으로 등록하는 조치 ④ 광고성 정보 전송자의 신원이나 광고 전송 출처를 감추기 위한 각종 조치 ⑤ 영리목적의 광고성 정보를 전송할 목적으로 수신자를 기망하여 회신을 유도하는 각종 조치(제5항)를 해서는 안 된다(금지행위).

전자적 전송매체를 이용하여 영리목적의 광고성 정보를 전송하는 자는 ① 전송자의 명칭 및 연락처 ② 수신의 거부 또는 수신동의의 철회 의사표시를 쉽게 할 수 있는 조치 및 방법에 관한 사항(제50조 제4항)을 광고성 정보에 구체적으로 밝혀야 한다.

전자적 전송매체를 이용하여 영리목적의 광고성 정보를 전송하는 자는 수신자가 수신거부나 수신동의의 철회를 할 때 발생하는 전화요금 등의 금전적 비용을 수신자가 부담하지 아니하도록 대통령령으로 정하는 바에 따라 필요한 조치를 하여야 한다(제6항). 전자적 전송매체를 이용하여 영리목적의 광고성 정보를 전송하려는 자는 수신자가 제1항에 따른 사전 동의, 제2항에 따른 수신거부의사 또는 수신동의 철회의사를 표시할 때에는 해당 수신자에게 대통령령으로 정하는 바에 따라 수신동의, 수신거부 또는 수신동의 철회에 대한 처리 결과를 알려야 한다(제7항). 제1항 또는 제3항에 따라 수신동의를 받은 자는 대통령령으로 정하는 바에 따라 정기적으로 광고성 정보수신자의 수신동의 여부를 확인하여야 한다(제8항).

> ■ 제50조(영리목적의 광고성 정보전송 제한) ① 누구든지 전자적 전송매체를 이용하여 영리목적의 광고성 정보를 전송하려면 그 수신자의 명시적인 사전 동의를 받아야 한다. 다만, 다음 각 호의 어느 하나에 해당하는 경우에는 사전 동의를 받지 아니한다. 1. 재화 등의 거래관계를 통하여 수신자로부터 직접 연락처를 수집한 자가 대통령령으로 정한 기간 이내에 자신이 처리하고 수신자와 거래한 것과 같은 종류의 재화 등에 대한 영리목적의 광고성 정보를 전송하려는 경우 2. 「방문판매 등에 관한 법률」에 따른 전화권유판매자가 육성으로 수신자에게 개인정보의 수집출처를 고지하고 전화권유를 하는 경우
> ② 전자적 전송매체를 이용하여 영리목적의 광고성 정보를 전송하려는 자는 제1항에도 불구하고 수신자가 수신거부의사를 표시하거나 사전 동의를 철회한 경우에는 영리목적의 광고성 정보를 전송하여서는 아니 된다. ③ 오후 9시부터 그 다음 날 오전 8시까지의 시간에 전자적 전송매체를 이용하여 영리목적의 광고성 정보를 전송하려는 자는 제1항에도 불구하고 그 수신자로부터 별도의 사전 동의를 받아야 한다. 다만, 대통령령으로 정하는 매체의 경우에는 그러하지 아니하다.
> ④ 전자적 전송매체를 이용하여 영리목적의 광고성 정보를 전송하는 자는 대통령령으로 정하는 바에 따라 다음 각 호의 사항 등을 광고성 정보에 구체적으로 밝혀야 한다. 1. 전송자의 명칭 및 연락처 2. 수신의 거부 또는 수신동의의 철회 의사표시를 쉽게 할 수 있는 조치 및 방법에 관한 사항

⑤ 전자적 전송매체를 이용하여 영리목적의 광고성 정보를 전송하는 자는 다음 각 호의 어느 하나에 해당하는 조치를 하여서는 아니 된다. 1. 광고성 정보수신자의 수신거부 또는 수신동의의 철회를 회피·방해하는 조치 2. 숫자·부호 또는 문자를 조합하여 전화번호·전자우편주소 등 수신자의 연락처를 자동으로 만들어 내는 조치 3. 영리목적의 광고성 정보를 전송할 목적으로 전화번호 또는 전자우편주소를 자동으로 등록하는 조치 4. 광고성 정보 전송자의 신원이나 광고 전송 출처를 감추기 위한 각종 조치 5. 영리목적의 광고성 정보를 전송할 목적으로 수신자를 기망하여 회신을 유도하는 각종 조치

⑥ 전자적 전송매체를 이용하여 영리목적의 광고성 정보를 전송하는 자는 수신자가 수신거부나 수신동의의 철회를 할 때 발생하는 전화요금 등의 금전적 비용을 수신자가 부담하지 아니하도록 대통령령으로 정하는 바에 따라 필요한 조치를 하여야 한다. ⑦ 전자적 전송매체를 이용하여 영리목적의 광고성 정보를 전송하려는 자는 수신자가 제1항에 따른 사전 동의, 제2항에 따른 수신거부의사 또는 수신동의 철회 의사를 표시할 때에는 해당 수신자에게 대통령령으로 정하는 바에 따라 수신동의, 수신거부 또는 수신동의 철회에 대한 처리결과를 알려야 한다. ⑧ 제1항 또는 제3항에 따라 수신동의를 받은 자는 대통령령으로 정하는 바에 따라 정기적으로 광고성 정보 수신자의 수신동의 여부를 확인하여야 한다.

3. 사업자 책임(제50조의3-제50조의8)

스팸에 대한 사업자(OSP)의 책임에 대해서는 책임의 인정을 긍정하는 입장과 부정하는 입장이 있다. 사전 검열의 시비로 갈 수가 있어 유럽연합은 OSP의 일반적 책임을 인정하지 않고 있다. 개별적인 책임으로 가는 것이 옳다.

스팸에 대한 수신자의 항의나 신고 등을 통해 불법인 것을 알았거나, 요구 후에는 서비스사업자는 즉시 대책을 수립해야 한다. OSP가 자체 인지 후에도 OSP가 불법 방비책 등의 관련 정책을 집행하지 않은 경우에도 OSP의 책임은 있다. 해커의 '좀비 PC'를 활용 시 그 상황을 사전에 알고서 기술적 및 경제적으로 가능한 상

태에서 아무런 방비책을 마련하지 않은 경우 OSP의 책임은 인정되겠지만, 사용된 PC의 소유자 또는 점유자에 대한 책임을 묻기는 어렵다.

정보통신서비스제공자는 ① 광고성 정보의 전송 또는 수신으로 역무의 제공에 장애가 일어나거나 일어날 우려가 있는 경우 ② 이용자가 광고성 정보의 수신을 원하지 아니하는 경우, ③ 이용계약을 통하여 해당 정보통신서비스제공자가 이용자에게 제공하는 서비스가 불법 광고성 정보전송에 이용되고 있는 경우(삭제) 정보통신서비스제공자는 해당 역무제공의 거부조치가 가능하다. 제공자는 해당 역무제공의 거부에 관한 사항을 그 역무의 이용자와 체결하는 정보통신서비스 이용계약의 내용에 포함해야 하고 거부조치 시 그 역무를 제공받는 이용자 등 이해관계인에게 그 사실을 알려야 한다(제50조의4, 정보전송 역무 제공 등의 제한).

정보통신서비스제공자는 영리목적의 광고성 정보가 보이도록 하거나 개인정보를 수집하는 프로그램을 이용자의 컴퓨터나 휴대인터넷·휴대전화 등 정보처리장치에 설치하려면 이용자의 동의를 받아야 한다. 이 경우 해당 프로그램의 용도와 삭제방법을 고지해야 한다(제50조의5, 영리목적의 광고성 프로그램 등의 설치).

방송통신위원회는 수신자가 제50조를 위반하여 전송되는 영리목적의 광고성 정보를 편리하게 차단하거나 신고할 수 있는 소프트웨어나 컴퓨터프로그램을 개발하여 보급할 수 있다(제50조의6, 영리목적의 광고성 정보 전송차단 소프트웨어의 보급 등). 또 방송통신위원회는 정보통신서비스제공자 등 및 이용자에게 제1항에 따라 개발된 광고차단·신고 소프트웨어 등을 사용하도록 권고할 수 있다.

누구든지 영리목적의 광고성 정보를 인터넷 홈페이지에 게시하려면 인터넷 홈페이지 운영자 또는 관리자의 사전 동의를 받아야 한다. 다만, 별도의 권한 없이 누구든지 쉽게 접근하여 글을 게시할 수 있는 게시판의 경우에는 사전 동의를 받지 아니한다. 영리목적의 광고성 정보를 게시하려는 자는 인터넷 홈페이지 운영자 또는 관리자가 명시적으로 게시 거부의사를 표시하거나 사전 동의를 철회한 경우에는 영리목적의 광고성 정보를 게시하여서는 아니 된다. 인터넷 홈페이지 운영자 또는 관리자는 제1항 또는 제2항을 위반하여 게시된 영리목적의 광고성 정보를 삭제하는 등의 조치를 할 수 있다(제50조의7, 영리목적의 광고성 정보 게시의 제한).

누구든지 정보통신망을 이용하여 이 법 또는 다른 법률에서 금지하는 재화 또는 서비스에 대한 광고성 정보를 전송하여서는 안 된다(제50조의8, 불법행위를 위한 광고성 정보 전송금지). 시행령 제62조의3에 따라 수신자의 사전 동의를 받은 자는 그 수신 동의를 받은 날부터 2년마다(매 2년이 되는 해의 수신동의를 받은 날과 같은 날 전까지) 해당 수신자의 수신동의 여부를 확인하여야 한다.

4. 도표

	Opt-out	Opt-in
규정	정보통신망법 제50조 제1항	정보통신망법 제50조 제2항과 그 외
적용 매체	① 전자우편 ② 그 밖에 대통령령으로 정하는 매체: '정보통신망을 통하여 수신자의 연락처로 부호·문자·화상 또는 영상을 전자문서 등 전자적 형태로 전송하는 매체'(시행령 제61조 제1항)	① 전화 ② 팩스
		예외: ① 재화 등의 거래관계를 통하여 수신자로부터 직접 연락처를 수집한 자가 그가 취급하는 재화 등에 대한 영리목적의 광고성 정보를 전송하는 경우 (제50조 제2항 단서 제1호). ② 전자상거래 등에서의 소비자 보호에 관한 법률 제13조 제1항에 따른 광고 및 방문판매 등에 관한 법률 제6조 제3항에 따른 전화권유의 경우(제50조 제2항 단서 제2호)
금지	이용자가 명시적인 수신거부 의사를 표명하였음에도 영리목적의 광고성 정보를 송신하는 행위	수신자의 동의를 받지 않은 채 수신자의 전화나 팩스에 영리목적의 광고성 정보를 송신하는 행위
		동의 여부와 관계없이 오후 9시부터 그 다음 날 오전 8시까지 영리목적의 광고성 정보를 송신하는 행위
제재	3천만원 이하 과태료 (망법 제76조 제1항 제7호)	3천만원 이하 과태료(법 제76조 제1항 제7호)

Ⅳ. 소비자보호법

1. Opt-in과 Opt-out

소비자보호법(전자상거래법) 제13조 제1항의 표시 또는 광고의 '통신판매' 및 방문판매법 제6조 제3항에 따른 '방문판매 또는 전화권유'의 경우는 사전 동의가 필요 없다(제2항). 그러나 21시-08시까지의 Fax 및 전화권유 형식의 정보전송의 경우 별도의 동의를 얻어야 한다(제3항).

그 외의 사전 동의 또는 광고표시 등의 규제가 적용되지 않는 영역으로는 수신자와 체결하였던 거래를 쉽게 혹은 확인 또는 완성하는 것이 목적인 정보, 수신자가 사용하거나 구매한 재화 또는 서비스에 대한 보증, 제품 recall, 안전 또는 보안 관련 정보, 고객 요청에 의해 발송하는 1회성 정보(견적서 등), 수신자가 금전적 대가를 지불하고 신청한 정보, 수신자가 신청한 경품 및 사은품 지급을 위한 정보(재화를 구매하면 경품신청이 자동적으로 이뤄지는 경우 수신자가 경품 등을 신청한 것으로 간주), 전송자가 공급하는 재화 또는 서비스에 대해 수신자가 구매 또는 사용 등과 관련한 예약 신청 확인, 계약조건 또는 특징에 대한 변경통보, 수신자의 신분 또는 지위변경에 대한 통보, 계정잔액 정보(포인트 잔액 등), 수신자가 전송자와 체결 또는 합의한 상거래 계약조건에 따라 수신자가 수령을 할 권리가 있는 재화 또는 서비스(up-date 등) 내용을 전달하기 위한 정보, 전송자가 가지고 있는 채권을 채무자에게 행사하기 위하여 전송하는 정보, 포털 등에서 제공하는 푸쉬 뉴스 정보 등이 있다.

표시의무(Labeling) 규정이 있다. 소비자보호법 제13조(신원 및 거래조건에 대한 정보의 제공)는 "통신판매업자가 재화 등의 거래에 관한 청약을 받을 목적으로 표시 또는 광고를 행하는 경우에는 상호와 대표자 성명, 주소·전화번호·전자우편주소, 제12조의 규정에 따라 공정거래위원회나 시·도지사에게 한 신고번호·신고기관 등 신고를 확인할 수 있는 사항이 포함되도록 해야 한다."(제1항).

방문판매법 제6조(방문판매원 등의 명부작성 등)도 "방문판매자 또는 전화권유판매자가 재화 등을 판매하고자 하는 경우 소비자에게 미리 해당 방문 또는 전화가 판매의 권유를 위한 것임과 방문판매자 등의 성명 또는 명칭, 판매하는 재화 등의 종류 및 내용을 밝혀야 한다."(제3항)고 규정하고 있다.

2. Opt-out Registry

사기성 전화권유사업자(텔레마케터)의 성격이 강한 원하지 않는 텔레마케팅 전화가 오지 않게 하려면 '등록사이트'에서 휴대전화나 집 전화번호를 입력하면서 수신거부 의사를 등록할 수가 있다(Optout Registry, 텔레마케팅 거부 시스템). '휴대전화와 유선전화 2개 등 번호 3개'를 등록할 수 있다. 거부의사를 등록했는데도 광고성 전화가 온다면 등록시스템을 통해 업체에 해명요청을 하거나 녹음파일 등 증빙자료를 첨부해 위반행위를 신고할 수 있다. 전화권유판매 업체는 자신이 보유한 소비자 전화번호 목록과 등록시스템의 수신거부 목록을 대조해 수신거부 의사를 등록한 소비자에 대해 전화 마케팅을 피해야 한다. 월 1회 이상 수신거부 의사를 대조한 이력이 없거나 소비자의 의사에 반해 전화권유판매를 하면 과태료 등의 처분을 받을 수 있다.

V. 미국과 유럽연합(독일)

미국의 경우 "CAN-SPAM Act"에 따라 'PC의 e-mail'은 Opt-out 방식을 채택하고 있지만, '유무선의 휴대전화로 수신되는 SMS'에 대해서는 Opt-in 방식을 채택하고 있다. '스마트폰'까지 확대적용이 된다. 메일의 송신에 대해 메일의 내용이 광고 또는 권유하는 것을 표시하도록 하고, 수신거부가 가능하다는 사실과 이를 위한 연락처(메일주소)의 표시의무를 부여하며, 수신자로부터 수신거부의 통지를 받은 자는 재송신을 할 수 없다.

유럽연합은 'Directive 2002/58/EC'에서 스팸 메일이나, SMS, 유무선의 전화기에 대해 일괄적으로 Opt-in 정책을 유지하고 있다. 그러나 '지속적인 거래관계에 있는 고객의 메일'이나 '상품 또는 서비스 판매와 관련하여 획득된 디지털 정보'나 'Directive 95/46/EC와 관련된 정보'는 Opt-out 방식을 실행하고 있다.

독일은 E-Mail, Newsletter, Fax, SMS 등을 포함한 상업용 광고 대부분의 전자정보 전달수단들은 유럽연합의 'Opt-in' 정책에 따라 상업용 광고통신의 경우 수신인의 동의에 대해서는 정보통신망법(Telemediengesetz, TMG) 제5조 및 제6조 제2항 및 제16조 제1항과 '부정경쟁방지법'(UWG)의 제7조 제2항 제3호에서 규정하고 있다. '승인링크 전송방식'의 'Double Opt-in' 실행은 그 필요성을 인정하고 있고, 'Mailing list'도 정보주체의 수집된 메일주소의 탈퇴가 보장되어 있기에 공정거래에 반하지는 않는다고 판단하고 있다.

제4장

디지털 사회의 윤리

제1절

아날로그와 디지털 윤리

I. 개념 및 종류, 주요 방향

윤리(倫理, ethics)는 '사람과 사람 사이에서의 당연히 지켜야 할 도리' 또는 '인간이 지켜야 할 행동규범', '옳고 그름에 대한 도덕적 원리'로 정의되곤 한다.

인간은 '윤리적 존재'라고 한다. 일방적으로 국가의 정책이나 가치관을 주입시키는 경향이 강한 '국민윤리'의 시대는 지나가고 있다. 윤리는 자발적 이행이 그 핵심이기 때문이다. 또 나라마다 구체적 윤리규범은 다르게 나타나지만 시공간의 장벽이 거의 없는 디지털 사회에의 폭넓은 정보공유로 인해 공통적 규범의 양은 많아지고 있다.

윤리는 직무윤리, 사회윤리, 연구윤리, 공직자윤리, 법조윤리, 기업윤리, 스포츠윤리, 환경 및 생명윤리 등 각 영역마다 있고 그 구체적 내용도 서로 다르다. 시대에 따라 그 내용이 변하고 그 책임의 강도도 다르다.

윤리는 법률의 내용과 중복되기도 한다. 윤리의 주요 내용이 법 규범으로 종종 전환된 증거다. 공직자윤리(공직자윤리법) 및 변호사 윤리장전은 법규성이 있다.

윤리의 주요 내용은 시대와 나라와 마다 차이가 있다. '무지의 베일'(veil of ignorance)은 J. Rawls가 주장한 개념이다. '사회 구성원들이 자기가 사회에서 어떤 지위를 차지할지 모르는 무지의 베일 뒤에 가려진 상태에 있다면 즉, 덮어썼을 때 아무것도 보이지 않는 상황에서 결정을 내릴 때 구성원들은 모두 동일한 입장에 있기 때문에 이해관계에 상관이 없이 사적인 이익을 내세우지 않고 공정한 원칙을 내세우게 되어 정의가 도출될 수 있다.'고 한다. 이를 통해 윤리규범의 핵심적인 내용은 사적 이익의 배제를 전제로 공정한 원칙이라는 것을 알 수 있다. 디지털 사회라고 달리 볼 필요는 없다.

올바른 방향으로의 윤리 내용의 발전을 위해서는 Einstein이 말한 것처럼 현실의 안주보다는 '특정 질문을 멈추지 않는 것'을 유의할 필요가 있다. 따라서 자기가 속한 사회가 '좋고 올바른 사회'인지 끊임없이 질문을 던지는 태도는 올바른 방향의 설정을 위한 중요한 전제조건이다.

II. 디지털 윤리의 필요성

1990년대부터 디지털을 이용한 범죄, 디지털 기기 및 프로그램의 오작동으로 발생한 사고, 디지털 공간에서 허위조작정보에 대한 국가의 과도한 개입 시도, 고도의 자율주행자동차 운행 및 자동살상 로봇, 유전자 조작이 가능한 기술인 '크리스퍼 유전자 가위'(CRISPR/CAS9 programmable nuclease) 적극적 활용 등 다양한 문제들이 논의의 대상이 되면서 '디지털 윤리'가 나타나기 시작했다.

디지털 사회에서는 공간의 비대면성과 익명성, 빠른 변화의 속도와 행위의 동기를 중요하게 여기는 경향보다는 자율주행자동차의 사고 혹은 인명살상 로봇처럼 결과가 더 중요한 판단의 기준이 되고 있다. 메타버스 및 인공지능의 적극적 활용 등 탈인간화 현상도 발생하고 있다. 구성원의 인식이 달라진 상황에서 주변 상황의 급속한 변화는 아날로그 윤리의 내용을 디지털 사회에 기계적으로 적용하는 것을 어렵게 만든다. 2차 세계대전 당시의 핵 개발 계획인 '맨해튼 프로젝트'처럼 아날로그 윤리는 실패를 했지만 디지털 사회에서도 그 사례를 반복해서는 안 된다.

인공지능 및 인공로봇 분야에서 개별적인 윤리 제정의 노력은 있으나 일반적인 디지털 윤리의 확정은 아직 없다. 그러나 디지털 윤리의 주요 목적이 디지털 공간에 접속한 탈인간적 행위자의 자율적 판단에 근거한 행동을 중시함으로써 그 인간의 행동양식을 자율적으로 규제하는데 필요한 규범체계를 제공해 주려는 데 있다고 본다면 그리 회의적으로 볼 필요까지는 없다. 방송통신위원회와 한국지능정보사회진흥원(NIA)이 주도적으로 디지털 윤리에 대해 guideline 제정 등에 나서고 있다.

디지털 기술도 인간과 공존을 해야 한다. 인간과 적대적인 디지털 기술은 막아야 하고 윤리의식이 없는 디지털 사회는 올바르게 작동될 수가 없다. 디지털 윤리에서 'digital literacy'의 비중은 상당하다. 이는 구체적으로 허위조작정보 등 불법유해정보의 구분, 불법유해한 deep fake, 사이버 볼링, 저작권과 개인정보의 보호, 디지털 디자인과 음악에서 나타난다.

디지털 사회처럼 위험사회일수록 위험도가 큰 사고의 개연성은 커진다. 그 해결에 있어 해당 전문가만이 해결할 수 있는 독자적인 영역으로 오인을 해 밀어붙이기식의 방법은 문제다. 디지털 사회에서는 빠른 속도로 인해 어떤 사건의 공론화가 이뤄지기도 전에 해결이 힘든 문제가 발생할 우려가 크다고 하더라도 '빠른 교류 및 적절한 정보공유를 통해 공론장을 만들어 윤리적 해결의 공감대를 빠르게 자리 잡게 할 필요가 있다. 현재 특정 디지털 기술의 위험이 높아지면서 예측이 가능한 위험성을 충분히 인지하고 있다면 개발자와 책임자에게 그 책임윤리를 강하게 묻는 경향이 강하다.

과거의 잘못을 답습하지 않기 위해 우리는 끊임이 없이 옳고 그름에 대한 윤리상의 질문을 던지고 다양한 해결책을 모색해야 한다.

제2절

Netiquette과 '윤리강령'

디지털 윤리의 한 부분으로 이용자들이 디지털 공간에서 지켜야 할 예의나 규칙인 '네티켓'이 있다. 이는 이용자 스스로가 자율적으로 디지털 공간에서의 예의를 지켜 문제가 발생하는 것을 예방하고 법원 외에서 갈등을 해결해나가도록 하자는 의미를 담고 있다. 법규성은 없지만 그 위반행위에 대해 사이버 명예훼손 등 개별적 법령에 따라 통제가 되고 있다.

셰어(Virginia Shea) 교수의 '네티켓의 핵심 원칙'으로 ① 디지털 공간에서 상대방도 나와 같은 실제의 인간임을 기억하라 ② 현실생활에서 적용된 것처럼 유사한 기준과 행동을 고수하라 ③ 전문적인 지식을 공유하라 ④ 논쟁은 절제된 감정 아래 행하라 ⑤ 다른 사람의 사생활을 존중하라 ⑥ 권력을 남용하지 마라 ⑦ 다른 사람의 실수를 용서하라를 제시하고 있다.

방송통신심의위원회의 '네티즌 기본정신과 윤리강령'을 보면 그 기본정신으로 ① 디지털 공간의 주체는 인간이며 공동체의 공간이다 ② 누구에게나 평등하며 열린 공간이다 ③ 사이버 공간은 네티즌 스스로 건전하게 가꾸어 나간다를 제시하고 있다. 그 행동강령으로 ① 우리는 타인의 인권과 사생활을 존중하고 보호한다 ② 우리는 건전한 정보를 제공하고 올바르게 사용한다 ③ 우리는 불건전한 정보를 배격하며 유포하지 않는다 ④ 우리는 타인의 정보를 보호하며, 자신의 정보도 철저히 관리한다 ⑤ 우리는 비속어나 욕설 사용을 자제하고, 바른 언어를 사용한다 ⑥ 우리는 실명으로 활동하며, 자신의 ID로 행한 행동에 책임을 진다 ⑦ 우리는 바이러스 유포나 해킹 등 불법적인 행동을 하지 않는다 ⑧ 우리는 타인의 지적 재산권을 보호하고 존중한다 ⑨ 우리는 사이버 공간에 대한 자율적 감시와 비판활동에 적극 참여한다 ⑩ 우리는 네티즌 윤리강령 실천을 통해 건전한 네티즌 문화를 조성한다를 제시하고 있다. 역시 법규성이 없다.

제3절
인공지능 윤리

I. 국내의 인공지능 윤리

인공지능의 시대다. 인공지능을 기반으로 한 가상인간의 활용이 power blogger 및 influencer 혹은 광고 모델 등으로 활동하는 것을 넘어 NFT 콘텐트 제작으로도 이어지고 있다(가상여성 'RUBY 9100M', 가상여성 '마리'의 NFT, 가상인간 작곡가 'Aimy Moon' 등). 법조 시장에서도 판례 및 법령 검색 등 인공지능 기술을 탑재한 스마트 검색엔진 작업을 통해 법률문서 분석과 소송문서, 자문문서, 판결문 등에 대한 분석작업 등이 이뤄지고 있다(U-LEX 및 DocuBrain 등).

인공지능 윤리는 자율주행자동차, 로봇, 저작권 등 '인공지능을 연구 및 개발하는 이해관계자가 준수해야 할 보편적 사회규범 및 관련 기술 규범'을 말한다. 개인 외에도 국가도 이에 포함이 된다. 일반적인 강제적인 규범력은 없지만 개별 내용에 대한 강제성 인정은 가능하다.

인공지능의 알고리즘 세계는 의도성 유무는 모르겠지만 현재 인간의 윤리 관념이 없거나 적다. 이익 극대화의 방향에서 효율성 중심이다. 그로 인해 인간이라면 도저히 하지 않을 일을 인공지능은 할 수 있다. 예를 들어 인공지능 시스템을 통해 걸을 수 있는 가상 존재를 만들어 10초 만에 닿을 수 있는 이동거리로 그 성공 여부를 측정했더니 이 인공지능 시스템은 마치 '프로크루스테스(Procrustes) 침대 이야기'처럼 다리 근육이 강화되도록 키우는 대신 키를 계속 키워 앞으로 넘어지는 방법을 채택할 수가 있다.

인공지능 기술은 아직까지 그 원정보의 내재적 불확실성과 불투명성으로 인한 완벽한 학습의 어려움과 학습 데이터에 포함된 편견 혹은 알고리즘 편향 때문에 실패하는 일이 종종 발생한다. 2020년 챗봇 '이루다 사건'에서 차별 및 혐오표현 사건이 있었다. 영국은 2020년 대학입학시험을 취소하고 인공지능이 담당 교사 평가·과거 성적분포에 기반해 학생 예상성적을 대학입학 과정에 활용하려 했지만, 공립학교 및 빈곤지역 학생의 성적이 사립학교 부유층 학생에 비해 저조해 논란이 커지면서 취소를 했다. 애플이 2019년 출시한 신용카드 한도계산의 알고리즘이 여성보다 남성을 우대해 미 금융당국이 조사한 바도 있었다.

인공지능이 발전함에 따라 발생할 수 있는 각종 폐해를 방지할 필요성은 커지고 있다. 이는 해당 윤리규범 및 개별적 법률 제정 노력으로 이어지고 있다. 윤리와 인공지능 관계에 있어 인공지능은 현재 진화하는 기술이라 사전적인 규제가 어렵다. 그러나 주요 방향으로는 고위험 분야에서는 사전점검 체계를, 그 외의 분야에서는 자율규제 또는 품질인증 체계의 도입을 검토해 볼 수 있다. 사전점검의 방안으로는 학습 데이터 관리, 투명한 정보제공, 중요한 결정 시 인간의 개입 등 실효성과 집행가능성 있는 기준들을 마련할 필요가 있다. 다수의 국가에서 인정하고 있는 인공지능 윤리기준 표준화 규정도 필요하다. 현재 인공지능을 통한 실증적이고 구체적인 결과물이 없거나 적어 발생 사건마다 단기처방적인 성격이 강한 기초적인 윤리와 법제 마련 노력만이 있는 상황이다.

인공지능 윤리문제에 관한 규범들을 보면 "지능정보화기본법"(구 정보화촉진기본법 – 국가정보화기본법) 제62조(지능정보사회윤리)에서 "① 국가기관과 지방자치단체는 지능정보기술을 개발·활용하거나 지능정보서비스를 제공·이용할 때 인간의 존엄과 가치를 존중하고 공공성·책무성·투명성 등의 윤리원칙을 담은 지능정보사회윤리를 확립하기 위하여 지능정보사회윤리 교육콘텐트 개발·보급 등을 포함한 시책을 마련해야 한다. ④ 정부는 지능정보기술 또는 지능정보 서비스 개발자·공급자·이용자가 준수해야 하는 사항을 정한 지능정보사회 윤리준칙을 제정하여 보급할 수 있다."라고 규정하고 있다. "지능형 로봇개발 및 보급촉진법" 제2조 제2호에서도 '지능형 로봇윤리 헌장'을 만들 것을 규정하고 있다.

II. 해외의 인공지능 윤리

1. EU

EU 의회 및 법무위원회(JURI Committe)는 2017년 "보고서: 로보틱스에 관한 민사법적 규칙에 관한 EU 집행위원회의 제언"을 통해 로보틱스의 활용에 의한 영향에 관해 '자유, 프라이버시, 인간의 존엄, 자기결정 등의 관점에서 평가가 요구되는 윤리원칙'을 제시하고 있다. 또 인공지능의 도움을 얻어 이루어진 결정이 사람의 생활에 실질적 영향을 미칠 가능성이 있는 경우 '그 결정을 뒷받침하는 논리적 근거의 제시가 항상 가능할 것, 인공지능 시스템에 의한 연산은 인간이 이해할 수 있는 형태로 환원되어야 할 것, 고도의 로봇은 결정에 이른 로봇을 포함하여 모든 처리를 기록한 블랙박스를 갖출 것과 투명성의 원칙'을 강조하고 있다. 부속문서(Annex)로 "로봇공학자를 위한 윤리행위코드"(Code of Ethical Conduct for Robotics Engineers)를 통해 해당 코드는 '임의적이며, 일반적인 원칙, guideline 제시의 성격임을 전제로 하면서 로봇공학의 연구자들에게 요구되는 '윤리적 행동지침'으로서 ① 선행성(Beneficence, 로봇은 인간의 최선의 이익을 위해 행동) ② 비유해성(Non-maleficence, 로봇은 인간에게 해악을 가해서는 안 됨) ③ 자율성(Autonomy, 로봇과의 상호작용에 관하여, 정보제공이 있고, 강요되지 않고 의사결정을 할 능력), ④ 정의(Justice, 재택의료나 healthcare의 로봇에 관한 이익의 공정한 분배) 등을 규정하고 있다.

2018년 EU 집행위원회는 '인공지능 전문가 회의'(AI HLEG)를 설치했고, 2019년 "신뢰할 수 있는 인공지능을 위한 윤리 guideline"(Ethics Guideline for Trustworthy AI-Ethikleitlinien)를 공표를 통해 '신뢰할 수 있는 인공지능'을 만족시키는 3요소로서 '합법적일 것', '윤리적일 것', 및 '안정적일 것'을 제시하고 있다. 동시에 '4가지 윤리원칙'으로서 ① 인간의 자율성 존중 ② 위해 방지 ③ 공평성 ④ 설명 가능성을 제시하고 있다. 이것들을 실현하기 위한 7가지 요건으로 ① 인간에 의한 개입과 감시 ② 기술적 견고성과 건강 ③ 프라이버시와 데이터 거버넌스(품질관리) ④ 투명성 ⑤ 다양성, 비차별 및 공정성 ⑥ 사회적·경제적 행복 ⑦ 책임성을 제시하고 있다.

2. 독일(자율주행자동차)

자율주행자동차에 대한 "독일 연방교통 및 디지털 인프라부 소속의 독립적인 윤리위원회보고서"는 "① (3단계 및 4단계)자율주행시스템은 무엇보다도 도로교통에서의 모든 당사자들의 안전 개선에 기여 ② '인간의 보호'가 모든 다른 '유용성에 관한 고려'보다 우위 ③ '인간의 책임이 있는 결정'은 각 개인이 자신의 발전에 관한 권리와 자신의 보호 필요성과 함께, 그 중심에 서는 사회의 표현 ④ 자율주행시스템의 프로그래밍에 있어 기술상 가능한 범위에서는 의무충돌의 경우 그것에 의해 인적 피해가 회피될 수 있으면 동물 또는 물건의 피해를 감수하도록 실행 ⑤ '생명과 생명'간의 결정과 같은 결정은 구체적인 사실관계에 의존하므로 일률적으로 윤리적으로 의심이 없도록 프로그램을 할 수 없다. 인간은 긴급피난 상황에서 다른 사람을 구하기 위하여 어떤 사람을 위법하게 죽일 수는 있다. 그렇다고 하여 그러한 특별한 상황은 '상응한 프로그램'으로 전환의 불가 ⑥ 희생자간의 '상계' 금지 ⑦ 법률로 규율되는 민사상 책임관련 입법과 그 구체화인 '법원의 판결 실무'는 인간에게 유보되었던 책임이 '자율주행시스템'하에서는 '기술시스템의 제조자 또는 운영자'와 '정치적, 법적, 인프라 건설상의 결정기관'들에게로 이동되고 있는 현실을 그 고려에 포함 ⑧ 자율주행시스템에 의한 배상책임에 대해서는 '일반적인 제조물책임'에서의 원칙들이 적용된다. 이로부터 '제조자 또는 운영자'는 그 시스템을 지속적으로 최적화하고, 관찰하고, 기술적으로 가능하고 또 수인이 가능하다면 이를 개선시킬 의무 ⑨ 자율주행상 불가피한 개인정보의 사용은 교통 참여자들의 자율성과 개인정보자기결정권에서 그 한계를 가진다. 자동차 보유자 또는 자동차 사용자는 원칙적으로 자신이 가진 자동차 운행관련 개인정보의 전달과 사용에 대하여 결정권을 가짐 ⑩ '무인시스템이 아닌 단계'(Level 3)에서는 '인간'과 '기계'는 그 자동차의 통제 권한이 누구에게 있는가에 따라서 책임이 결정된다. 따라서 그 통제권한의 배분(책임)은 예컨대 그 시점과 개입규율에 관하여 기록되고 저장되어야 한다. 특히, 인간과 기계간의 인계·인수과정이 이 경우 중요함 ⑪ 인간과 기계간의 소통은 효과적이고 안전한 의사전달을 가능하게 하고, 과잉부담을 피하기 위해서는 기술시스템은 인간의 '의사전달 행태'에 적응하지 않으면 안 됨 ⑫ 'deep learning' 시스템과 그 '중앙정보센터에의 연결'은 '보안상 장점이 달성될 때 그리고 그 한도에서' 윤리적으로 허용될 수 있음 ⑬ 긴급상황에서는 자동차는 인간의 개입이 없이도 '안전한 상태'에 있도록 설비되어야 함"으로 규정하고 있다.

3. 일본

일본의 '인공지능학회 윤리지침'(2017)은 '인류에의 공헌, 법규제의 준수, 제3자의 프라이버시의 존중, 공정성, 안정성, 성실한 활동, 사회에 대한 책임, 사회와의 대화와 자기반성, 인공지능에의 윤리준수 요청'을 제안하고 있다. '연구자의 직업윤리'도 강조하고 있다.

"국제적 논의를 위한 인공지능개발 guideline"은 G7과 OECD에서의 논의를 위한 기초 문서로 인공지능 개발원칙을 "제휴의 원칙, 투명성의 원칙, 제어 가능성의 원칙, 안전의 원칙, 보안의 원칙, 프라이버시의 원칙, 윤리의 원칙('인간의 존엄과 개인의 자율' 존중), 이용자 지원의 원칙, 설명과 책임의 원칙"으로 제시하고 있다. 또한 '인공지능 활동 guideline'(2019년 8월)은 "적정 이용의 원칙, 적정 학습의 원칙, 제휴의 원칙, 안전의 원칙, 보안의 원칙, 프라이버시의 원칙, 존엄 및 자율의 원칙, 공평성의 원칙, 투명성의 원칙, 설명과 책임의 원칙"을 제시하고 있다. '인간중심의 인공지능사회원칙'은 "인간중심의 원칙, 교육의 원칙, 프라이버시 확보의 원칙, 보안 확보의 원칙, 공정경쟁 확보의 원칙, 공평성 및 설명책임 및 투명성의 원칙, 혁신의 원칙"을 제시하고 있다.

제4절
법조인 윤리

I. 법조윤리(변호사)

디지털 사회에서의 법적 문제는 산업사회와 달리 복잡하다. 복잡한 문제일수록 법조인의 법조윤리에 충실한 업무수행이라야 해당 업무에 대한 신뢰도가 높아진다. 법조인 윤리의 상당 부분은 법(법조윤리)으로 규정하고 있기에 위반 시 형사벌 및 내부의 징계 등이 가능하다. 다른 윤리규범과는 다르게 강한 구속력이 있다.

법조윤리는 변호사, 검사, 판사 등 법조인에게 요구되는 직업윤리다. 그러나 판사와 검사는 공무원 신분이기에 공무원에게 적용되는 공무원 직업윤리가 적용된다. 변호사법의 법조윤리는 변호사 중심으로 변호사법과 변호사 윤리장전(윤리강령과 윤리규범)에서 자세하게 규정하고 있다. 법조인의 SNS 사용이 일반화되면서 이에 따른 윤리규범 제정의 논의도 있다.

II. 성실의무, 품위유지와 공익활동의무

성실의무에 있어 성실한 직무수행은 근면성 외에도 전문가의 적격성을 갖출 것을 요구하기에 법조윤리 시험을 포함한 변호사 시험에 합격한 자만이 변호사가 될 수 있다. 헌법재판소는 이러한 제도를 합헌으로 인정하고 있다.

품위유지의무에서의 품위는 직무의 내외를 불문하고 법률 전문직으로서 직무수행에 필요한 인품를 말한다. 그 구체적인 내용은 주로 판례에 의해 정해진다.

변호사는 매년 일정 시간 공익활동에 종사해야 한다. 상당한 보수를 받게 되면 법령 등에 의해 관공서로부터 위촉받은 사항에 관한 활동은 공익활동으로 인정되지 않는다. 공익활동을 연간 일정 시간(30시간) 이상 행하여야 한다. 법조 경력이 2년 미만이거나 질병 등으로 정상적인 업무를 수행할 수 없는 회원과 기타 공익활동을 수행할 수 없는 정당한 사유가 있는 회원은 공익활동 의무를 면제하고 있다.

III. 비밀유지, 등록의무, 진실의무

변호사는 수임받은 사건 외에도 수임받은 사건이 아니라도 의뢰인의 과거 범죄행위에 대하여 비밀유지의무가 있다. 변호사가 수임사무와 관련된 영문서류 작성을 다른 전문업체에 맡기는 경우 의뢰인의 묵시적 동의가 있다면 비밀유지의무 위반에 해당하지 않는다. 비밀유지의무의 면제는 중대한 공익상의 이유가 있는 경우로 한정이 된다. 이에 따라 변호사 사무실 혹은 사건내역의 제출에 대한 영장청구와 집행은 명백한 혐의가 없다면 소극적으로 집행이 되고 있다.

변호사 개업 시 대한변호사협회에 등록의무가 있다. 협희는 등록심사위원회의 의결을 거쳐 등록을 거부할 수 있다. 형사벌이나 윤리적 문제가 된 변호사에 대해 등록거부가 가능하다. 사무소 개설 및 폐쇄 신고의무가 있다. 둘 이상의 법률사무소를 둘 수 없다. 따라서 변호사가 세무사를 겸업하기 위하여 법률사무소와 별도의 독립된 세무사사무소를 두는 것이나 다른 도시에 법률사무소를 두고 자신의 집에서 사건 수임하는 것도 안 된다. 행정사의 자격을 갖춘 변호사 사무원이 행정사 사무소를 별도로 개설하는 것은 별도의 사무소를 개설하는 것도 이중사무소 금지에 해당한다.

변호인이 피고인 또는 피의자로 하여금 허위진술을 하도록 하는 것이 아니라 단순히 진술거부권이 있음을 알려 주고 그 행사를 권고하는 것은 가능하다. 그러나 타인의 형사사건과 관련하여 수사기관이나 법원에 제출하거나 현출되게 할 의도로 증거위조는 안 된다.

IV. 수임과 관련된 의무

법률사건 수임의 경우 제한이 있다. 그것으로는 연고 관계 및 전관예우 등의 선전금지, 변호사가 아닌 자와의 동업금지, 사건 유치 목적의 출입금지, 재판 수사기관 공무원의 사건 소개금지 등이 있다.

당사자의 동의가 있으면 수임이 허용되는 사건으로는 수임하고 있는 사건의 상대방이 위임하는 다른 사건, 자신과 친족 관계가 있는 다른 변호사가 수임하고 있는 사건에서 대립이 되는 당사자로부터 사건을 수임하는 경우, 의뢰인의 상대방으로부터 다른 사건을 수임하는 경우, 수인의 변호사가 공동 사무소를 개설하고 있는 경우에 그 사무소 구성원들이 쌍방 당사자의 사건을 수임 등이 있다.

수임이 금지된 사건으로는 당사자 한쪽으로부터 상의를 받아 그 수임을 승낙한 사건의 상대방이 위임하는 사건, 공무원 조정위원 또는 중재인으로서 직무상 취급하거나 취급하게 된 사건, 친척이 담당 공무원으로서 처리하는 사건, 현재 수임하고 있는 사건과 이해가 저촉되는 사건, 동일 사건에서 이익이 서로 충돌되는 2인 이상의 당사자를 동시에 대리하거나 변론하는 사건은 안 된다.

V. 변호사의 광고

변호사의 수가 법조인 선발시험의 변경으로 급격히 늘면서 법률사건 수임을 위한 각 변호사들의 광고에 대한 관심은 늘고 lawtalk 등 새로운 광고기법들이 등장하고 있으나 변호사의 업무는 공인의 업무라는 변호사법으로 인해 광고제한이 다른 직업군보다 포괄성을 띠고 있어 그 제한의 한계가 어디인가에 대해 끊임이 없이 논란이 되고 있다.

변호사는 자기 또는 그 구성원의 학력, 경력, 주요 취급 업무, 업무 실적, 그 밖에 그 업무의 홍보에 필요한 사항을 신문, 잡지, 방송, 인터넷 등의 매체를 이용하여 광고할 수 있다. 과거에 비해 변호사 광고의 유연성은 커졌지만, 공인이기에 다른 직업군에 비해 여전히 그 광고의 제한은 상당하다. 변호사 수가 로스쿨 제도가 도입되면서 급격하게 이뤄지면서 경쟁이 치열한 상황에서 네트워크 변호사를 중심으로 디지털 광고의 폭과 정도에 대한 논란이 있다.

대한변호사협회의 변호사법 제23조 제4항에 따라 "변호사업무 광고기준"을 통해 제한이 가능하다. 법은 원칙적 허용 예외적 제한의 방향을 취하고 있다. 헌법재판소(2022, 'lawtalk 사건')에 따르면 그 제한은 포괄적이 아닌 개별적 제한을 해야 한다.

■ 변호사법 제23조(광고) ① 변호사·법무법인·법무법인(유한) 또는 법무조합("변호사 등")은 자기 또는 그 구성원의 학력, 경력, 주요 취급 업무, 업무 실적, 그 밖에 그 업무의 홍보에 필요한 사항을 신문·잡지·방송·컴퓨터통신 등의 매체를 이용하여 광고할 수 있다. ② 변호사 등은 다음 각 호의 어느 하나에 해당하는 광고를 하여서는 아니 된다. 1. 변호사의 업무에 관하여 거짓된 내용을 표시하는 광고 2. 국제변호사를 표방하거나 그 밖에 법적 근거가 없는 자격이나 명칭을 표방하는 내용의 광고 3. 객관적 사실을 과장하거나 사실의 일부를 누락하는 등 소비자를 오도하거나 소비자에게 오해를 불러일으킬 우려가 있는 내용의 광고 4. 소비자에게 업무수행 결과에 대하여 부당한 기대를 가지도록 하는 내용의 광고 5. 다른 변호사 등을 비방하거나 자신의 입장에서 비교하는 내용의 광고 6. 부정한 방법을 제시하는 등 변호사의 품위를 훼손할 우려가 있는 광고 7. 그 밖에 광고의 방법 또는 내용

> 이 변호사의 공공성이나 공정한 수임질서를 해치거나 소비자에게 피해를 줄 우려가 있는 것으로서 대한변호사협회가 정하는 광고 ④ 광고심사위원회의 운영과 그 밖에 광고에 관하여 필요한 사항은 변협이 정한다.

광고방법의 제한이 상당하다. 변호사는 현재 및 과거의 의뢰인, 친구, 친족 및 이에 준하는 사람 이외의 사람을 방문하거나 전화를 거는 방법으로 광고를 하여서는 안 된다. 상대방의 동의나 요청이 있는 경우에는 예외로 한다. 변호사는 불특정 다수인에게 팩스, 우편, 전자우편 또는 문자메시지 등을 보내거나 이에 준하는 방법을 이용하여 광고를 해서는 안 된다. 다만, 소속 지방변호사회의 허가를 받은 경우는 가능하다. 변호사는 광고이면서도 광고가 아닌 것처럼 가장하는 방법으로 광고를 하여서는 안 된다. 변호사는 광고 대상자에게 의례적인 범위를 넘는 금품 기타의 이익을 공여하거나 공여할 것을 약속하는 방법으로 광고하여서는 안 된다. 그러나 인터넷 등을 이용하여 홈페이지의 링크 및 키워드 검색 등을 통한 변호사의 인터넷 홈페이지를 소개하는 방식에 의한 광고는 허용된다.

광고수단의 제한도 상당하다. '자동차, 전동차, 기차, 선박, 비행기 기타 운송수단의 내외부에 광고물을 비치, 부착, 게시하는 행위', '현수막을 설치하거나, 애드벌룬, 도로상의 시설 등에 광고물을 비치, 부착, 게시하는 행위', '광고 전단, 명함 기타 광고물을 신문 기타 다른 매체에 끼워 배포하거나, 공공장소에서 불특정 다수에게 나누어주거나, 차량, 비행기 등을 이용하여 살포하거나 불특정 다수인에게 제공하기 위하여 옥내나 가로상에 비치하는 행위', '확성기, 샌드위치맨, 어깨띠 등을 사용하여 광고하는 행위'는 금지된다.

허위, 기만 혹은 과장광고 등 광고내용의 제한도 공익활동이기에 제한이 상당하다. 업무에 관한 객관적 사실에 부합하지 아니하거나 허위의 내용을 표시한 광고, 객관적 사실을 과장하거나 사실의 일부를 누락을 하는 등으로 고객을 오도하거나 고객으로 하여금 객관적 사실에 관하여 오해를 불러일으킬 우려가 있는 내용의 광고, 다른 변호사를 비방하거나 다른 변호사나 그 업무의 내용을 자신의 입장에서 비교하는 내용의 광고는 안 된다. 특정 사건과 관련하여 당사자나 이해관계인(당사자나 이해관계인으로 예상되는 자 포함)에 대하여 그 요청이나 동의 없이 방문, 전화, 팩스, 우편, 전자우편, 문자메시지 송부, 기타 이에 준하는 방식으로 접촉하여 당해 사건의 의뢰를 권유하는 내용의 광고는 안 된다(교통사고 피해자의 카톡에 메시지를 보내 소송 의뢰 권류 등). 기타 법령 및 협회의 회칙이나 규정 위반의 광고도 안 된다. 변호사가 수임료을 제시하여 광고하는 행위를 제한하는 규정은 없고 변호사는 광고주체인 자기 또는 구성원에 관한 광고만을 할 수 있으므로 고문변호사가 법무법인 자신 또는 그 구성원이 아닌 이상 구성원 아닌 다른 변호사를 광고하는 것은 안 된다.

VI. 변호사의 업무

위임계약이 체결되지 않는 상황에서도 변호사가 법조 전문직으로 상담에 응하여 일정한 상담과 설명 조언 혹은 협의를 한 경우에는 양자 사이에 신뢰관계가 형성되었으므로 단순히 상담만을 한 경우에도 변호사의 책임이 있다.

변호사는 수임사건의 상대방측 변호사가 선임되어 있는 경우에는 특별한 사정이 없으면 상대방 본인과 직접 접촉하여서는 안 된다.

휴업 중인 변호사로서 전임교수직에 있는 사람은 전문법과대학 내에 법률사무소를 개설하여 사건을 수임하여 처리할 수 없으나 전문법과대학 내에서 무료법률상담과 국선변호활동을 하는 것은 허용이 된다. 변호사로 영업 중인 겸임교수라면 소송업무를 수행하는 것은 변호사법상 문제는 없다.

겸업금지의 예외로 변호사가 국회의원에 당선되는 경우 휴업을 할 필요가 없다. 변호사 사무실 외에 별도로 취득한 공인중개사 자격에 의한 공인중개사사무실의 설치 운영은 이중사무소개설금지 원칙에 저촉되지 않는다.

VII. 선관주의

위임받은 변호사 구두변론 기일에 2회 불참석함으로 인하여 소취하 간주로 되고 판결이 확정됨에 이르렀다 하면 수임자인 변호사는 위임의 본지에 따라 선량한 관리자의 주의로써 위임사무를 처리할 의무를 위배한 경우에 해당한다.

사해행위 취소소송의 소송대리를 수임한 변호사는 의뢰인을 위하여 실질적인 채권 확보가 가능하도록 보전처분의 필요성과 그 절차 등에 관하여 충분한 설명을 하여 보존조치가 이루어지도록 할 주의의무가 있다. 이를 소홀히 하여 책임재산을 확보할 수 없게 되었다면 변호사로서는 선관주의 의무위반을 이유로 의뢰인에게 그로 인한 손해를 배상할 책임이 있다.

VIII. 사무직원과 법무법인

변호사는 법률사무소에 사무직원을 둘 수 있다. 사무직원은 지방변호사회 규칙이 정하는 수를 두어야 하고 사건 유치를 주된 목적으로 하는 사무직원을 채용할 수 없다. 사무직원의 보수를 사건 유치에 대한 성과급으로 정해서는 안 된다. 사무직원 채용 시에 다른 변호사와 경쟁을 하거나 신의에 반하는 행위를 금하고 있다. '경쟁, 신의' 등의 구체적인 내용은 판례에 의해 결정이 된다. 변호사는 사무직원을 통하여 행위를 하더라도 위반 시 그 변호사는 징계사유가 존재한다.

법무법인은 설립인가 후 2주일 이내에 설립등기를 해야 한다. 3명 이상의 변호사로 구성하며, 그중 1명 이상이 통산하여 10년 이상 법조경력이 있어야 한다. 법무법인의 구성원과 구성원 아닌 소속 변호사는 논란이 있지만, 법무법인 외에 따로 법률사무소를 둘 수 없다. 유권해석에 따르면 외국의 분사무소의 경우 현행 변호사법상 명문의 금지규정을 두고 있지 아니한 이상 중국에 법률사무소를 두는 것은 변호사법의 이중사무소 설치금지 규정에 위반된다고 보기는 어렵다고 한다. 법무법인의 경우 법무법인 자체가 수임의 당사자가 된다. 법무법인의 자산으로 채무를 완제하지 못한 경우 구성원 변호사는 법무법인과 연대하여 책임을 진다. 따라서 이에 위반된 법무법인과 구성원 변호사간의 계약의 체결은 무효다. 법무법인 유한의 담당 변호사가 수임사건에 관하여 고의 또는 과실로 그 수임사건의 위임인에게 손해를 발생시킨 경우 그 담당 변호사를 직접적으로 지휘 및 감독한 구성원은 면책되지 않는다. 이에 위반된 계약 체결 역시 강행법규 위반으로 무효다.

VIV. 법관의 SNS 사용 시 법관윤리

2022년 경찰청과 행정안전부의 새로운 관계 설정의 경우 경찰청의 독립성 유지 및 발전이라는 현실적 주제에 대해 경찰 내부 소통망에 고위직급들의 실명으로의 활발한 입장 개진을 일방적으로 매도할 수는 없다. 고위검찰직급의 퇴직 후 퇴직소감 및 현안에 대한 비판도 동일하다. 이는 공인의 공적 소통망의 특정한 현안에 대한 의견 개진을 특별한 이유가 없이 막아서는 안 된다는 것을 의미한다. 이에 따른 품의 위반 등의 징계 개시는 권위주의 정부라는 것을 자인하는 것과 같다. 그러나 법관의 SNS 사용처럼 개인 소통망의 사적 사용은 위의 경우와는 달리 충분히 논란이 된다.

현직 법관의 SNS 사용이 일상화되고 있지만 이와 관련된 명문화된 법관윤리는 없다. 법관의 사회적 영향력이 큰 국내에서는 법관의 SNS 활동이 사적 활동인지 공적 활동인지에 따른 관점 차이도 크다. 국내에서는 후자의 입장이 강한 듯하다.

법관의 SNS 사적 사용 그 자체를 법을 통해 적극적으로 금지할 필요까지는 없다. 그러나 '법관은 공정성과 청렴성, 독립성을 지향해야 한다.'는 법관윤리의 중요 부분은 SNS 사용 등에서도 자율적 준수가 바람직할 수 있다. 이는 SNS의 기술적 특징, SNS 사용의 이점, 위험, 숨겨진 위험에 대한 지식과 이해를 가진 상태에서 재판의 공정성, 청렴성, 독립성과 법관의 품위를 훼손하거나 업무수행 능력에 부정적 영향을 미치지 않는 범위 내에서 SNS를 사용할 법관의 윤리적 의무로 나타날 수 있다. 그만큼 학벌사회의 정점에 위치하고 있는 법관의 사회적 파급력은 크기 때문이다.

구체적으로 보면 SNS상 변호사와 친구 관계를 맺는 것은 가능하지만 만일 사건이 배당된 이후에 사건 담당 변호사와의 관계는 의도적으로 절제될 필요가 있다. 이를 윤리규정으로 규정하는 것도 바람직하다. 이는 법관과 변호사가 대학 동문이면서 사법연수원 동기, 같은 법원에서 근무한 경우 법원 예규가 '회피'를 규정하고 있는 것과 동일한 이유다. 재판에 영향 미칠 우려 있는 논평 및 진행 중인 사건 또는 곧 진행될 것으로 예상되는 사건에 대한 의견표명도 자제할 필요가 있다. 윤리규정으로 규정하는 것도 바람직하다. 사건의 공정한 진행에 큰 의심이 가기 때문이다. 익명의 SNS 사용에도 욕설 혹은 비속어 사용 등 법관으로서 허용되지 않는 표현 등 비윤리적 행위는 자제할 필요가 있다. 품의 위반으로 징계 논의가 가능하다. 또 사건에 관해 기술심리관이나 조사관 제도 등과 같이 법이 예정하고 있는 절차를 이용하는 경우를 제외하고 재판절차에서 관련 법률에 의해 제출받은 증거들 이외에 독자적으로 온라인 검색 등의 방법으로 사건에 관한 사실관계를 조사하는 것도 피해야 한다. 제시된 증거에 따라 재판이 진행되어야 하기에 위법성 논란이 가능하다.

2019년 UN 마약 및 범죄사무소(United Nations Office on Drug and Crime, UNODC)의 '법관의 SNS 사용에 관한 비구속적 지침'(Non-binding Guidelines on the Use of Social Media by Judges)는 "① 온라인 활동이 갈수록 증가되고 있는 시대에 법관이 SNS에 적절하게 참여하는 것이 금지되어서는 안 되지만, 법관의 사법적 참여의 공적 이익은 사법부에 대한 공신력, 공정한 재판에 관한 권리와 사법시스템 전체의 공정성·청렴성·독립성을 유지할 필요성과 균형을 이루어야 한다. ② 법관행동과 윤리에 관한 현존하는 기준 및 협약은 법관의 실제 생활 외에도 그들의 디지털 생활에까지 적용된다. ③ 개별 법관은 SNS 사용 시 법관 직무의 도덕적 권위, 청렴성, 예의, 위엄을 유지해야 한다 ④ 법원의 존엄과 재판의 공정성 및 공평성에 관한 현존하는 원칙들은 SNS에서의 활동에도 동일하게 적용된다. ⑤ 법관은 자신이 임명되기 전에 생성한 디지털 콘텐트가 법관의 공정성에 대한 공공의 신뢰나 일반적 차원의 사법부의 공정성에 해를 끼칠 수 있는지를 고려해야 한다. 법관은 해당 내용의 공개 및 삭제와 관련해 해당 사법권의 규칙을 준수해야 한다. 규칙이 없다면 해당 콘텐트를 삭제하는 것도 고려해야 한다. 이를 삭제하는 것이 올바른지, 삭제한다면 어떤 방식으로 할지에 관한 조언이 필요할 수도 있다. ⑥ 법관은 당사자나 그 대리인의 친구 요청을 수락하거나 그들에게 친구 요청을 하지 않도록 하여야 하며, 그들과 어떠한 방식으로든 SNS상에서 상호작용하는 것을 삼가해야 한다. ⑦ 법관은 SNS의 적극적인 사용뿐 아니라, 법관이 요청하지 않았던 것이라도 어떤 정보를 제공받았고 누구로부터 정보를 제공받는지에 따라 SNS에서 어떻게 인식되는지 주의해야 한다."는 등을 규정하고 있다.

제5장

디지털 광고

제1절

Ad-Block software

I. 광고의 시대

버스정류장, 지하철, 건물 등 옥외광고와 TV광고의 흐름에서 이제는 PC와 모바일 광고가 대세다. 디지털 광고 시장은 빠르게 성장 중이다. 구글, 애플, 네이버 등 플랫폼 사업자의 매출의 상당액이 광고수익으로부터 나온다. 그와 비례해서 소비자의 인터넷을 통한 정보획득 시 불편함은 가중되고 있다.

광고기법은 다양해지고 있다. 그 대표적인 종류로는 '검색광고', 네이버나 뉴스기사 중간, 카카오톡 등 web/app 어디서나 쉽게 찾아볼 수 있는 유형으로 지정된 화면 위치 내 JPG 혹은 PNG와 같은 이미지 형태로 보여지는 광고인 'display 광고', '주로 영상의 전후 노출을 통해 주목도를 끌어낼 수 있는 영상광고', 이용자들이 만들어 가는 다수의 게시물(네트워크)를 이용한 'social 광고' 등이 있다.

II. 광고의 제한

1. 사업자의 자율규제

광고주의 허위 및 과장과 기만광고 등 무절제한 광고행위의 제한은 필요하다. 인공지능을 이용한 소셜 미디어의 일방적인 득세 현상과 그로 인한 지구적 변화인 'social 온난화'는 서서히 심화되어 어느 순간 공멸에 이를 수 있다는 점에서 지구 온난화와 흡사하다. 진실에 다가선다는 인공지능 소셜 미디어도 광고가 여전히 주요 수입원이다. 따라서 매출확대를 통해 생존하기 위해 이용자가 끊임없이 유입이 되어야 하고 이들이 가능한 한 오랫동안 플랫폼에 머물러야 한다. '진실-가짜' 가리지 않고 주목을 끄는 정보라면 만사형통이다. 사업자는 일부러 그에 대한 관리를 느슨하게 하기도 한다. 또 더 많은 사람이 연결될수록 세상이 나아진다는 것은 상황에 따라 착각일 수도 있다. 현 알고리즘의 추천방식은 이용자에게 하는 추천정보를 이용자의 게시물, 대화, 검색, 조회 등에서 이용자 관심사 파악을 한 다음에 기존 정보의 활동 또는 내용과 유사성을 따져 일치도가 높은 것을 추천하는 구조다. 이용자 활동이 활발할수록 혹은 강박적인 행위가 많을수록 추천 정확도가 높아지거나 극단화가 진행되곤 한다. jogging 동영상은 maraton으로, maraton은 ultramaraton으로 혹은 Ted 동영상에서 CNN, Fox new 동영상을 거쳐, 음모론 가짜뉴스로 이어지는 식이다. 공존을 위해 추천방식을 바꿔야 한다.

디지털 광고의 시대라고 할지라도 SNS 및 전화 어플리케이션(App)을 중심으로 발생을 하는 디지털 광고에 있어 불법유해광고는 금지된다. 관련된 법으로는 표시·광고법, 전자상거래법, 전기통신사업법 및 정보통신망법, 의료법 등이 있다. "마약류 관리에 관한 법률"에 따라 마약류 판매광고를 하거나 제조법을 유포만 해도 판매가 없었다고 하더라도 처벌이 가능하다. 법에 따라 서비스사업자(OSP)의 해당 콘텐츠에 대한 차단은 필수적이다. 사업자의 주의의무에 따른 방조의 책임도 상황에 따라 가능하다. 사업자는 불법유해정보에 대한 소비자의 신고 서비스 제도를 운영을 해야 하지만, 대부분이 게시물 상단의 작은 버튼을 눌러야 신고메뉴가 나타나기에 소비자들이 쉽게 찾기 어려운 관행은 개선 되어야 한다. 사업자는 소비자 입장에서 신고의 편리성을 고려한 운영을 해야 한다. 인터넷 시민감시단과의 협조도 필요하다.

2. 이용자의 자율규제

이용자들은 광고차단 프로그램인 'Adblockplus', 'uBlock', 'AdGuard' 등을 애용하고 있다. 광고에 대한 의존이 높은 방송사와 언론사, 포털 사이트와 광고주, 유튜버 및 일부 이용자 입장과 달리 많은 이용자는 원하지 않는 광고가 차단된 환경에서 서비스를 이용하길 원하고 있어 해당 프로그램을 설치하곤 한다. 또 해당 프로그램을 깔면 데이터와 배터리도 아낄 수 있고 web brower의 속도도 더 빠르게 작동한다. 이를 막기 위해 web brower 사업자들은 광고차단 기능을 이용하는 이용자에게 무료의 콘텐트 사용을 제한할 수도 있다. 또 광고주의 모바일 화면을 가리는 광고나 앱 search 권유 광고에 불이익을 주거나 광고를 자체 기준설정을 통해 일정 비율 이상 포함한 사이트는 검색결과 후순위에 배치하는 등의 알고리즘도 가능하다.

이용자의 차단프로그램의 실행에 대해 저작권 침해 혹은 영업방해 논란이 있다. 법적 관점 외에 모든 기사가 유료화될 수 없기에 일정 부분 광고가 필요하기에 해당 프로그램의 무제한 사용 허용은 검증이 필요하겠지만 디지털 경제와 저널리즘에 타격을 줄 것이라는 주장도 있다.

'광고차단을 통하여 데이터베이스에 해당하는 홈페이지의 모습이 변형되므로 저작권법상 창작성이 인정되는 데이터베이스 편집 저작권을 침해할 뿐 아니라 데이터베이스 제작자의 권리와 컴퓨터 프로그램 저작권도 침해된다.'는 방송사의 주장에 대해 독일 대법원은 '방송국에서 광고차단 소프트웨어를 사용할 수 없다는 문구를 게시했다고 하더라도 이를 설치해 콘텐트를 시청하는 것은 저작권 침해는 아니다. 광고를 막는 소프트웨어의 사용은 소비자의 몫이다. 그러나 방송국은 차단프로그램을 설치한 이용자의 사이트 접근을 차단할 수 있다.'라는 입장이다.

국내에서도 2016년 플랫폼 사업자가 포털 사이트의 광고 차단 기능을 포함한 프로그램을 제작한 클라우드 웹을 영업방해 혐의로 고소한 사건에서 법원은 '포털 사이트에 접속한 개별 사용자들이 거기에서 제공되는 광고 등 콘텐트를 본래의 형태와 내용 그대로 열람해야 할 의무가 없다. 광고효과가 감소하는 불이익이 나타나도 이는 최종소비자가 각자의 선호에 따라 이용방식을 변경함으로써 생기는 사실상의 효과일 뿐이다. 해당 프로그램을 제공 및 배포한 것만으로 부당한 수단을 사용해 개별 인터넷 이용자와 피고 사이 또는 광고주들과 피고 사이에 존재하는 계약이행을 방해하거나 권리를 침해하는 등 불법행위가 성립한다고 볼 수도 없다.'는 입장이다. 이러한 일관된 입장이라면 해당 프로그램의 설치금지를 우회한 프로그램을 통한 배제조치도 동일하다고 볼 수 있다.

제2절
선탑재 기본 앱 최소화

I. 선탑재 기본 앱

스마트폰의 구입 시 주소록, 갤러리, 메모장, 달력, 음성녹음 등 구입자의 의사와 무관하게 선탑재 프로그램이 적지 않다. 이들 앱은 특정 시험을 위해 통신사의 관계사가 통신사의 적극적 지원과 함께 만든 앱이거나 제조사가 만든 앱들이다. 이는 실험적 성격이 강한 광고의 일종이기도 하다.

이러한 앱들은 속도와 배터리 사용에 영향을 주는 과용량 문제를 일으키곤 한다. 시스템 영역에 설치돼 있어 이용자는 해당 웹 삭제도 할 수 없다. 운 좋게 삭제방법을 알아 시행이 됐다고 하더라도 프로그램은 이를 강제 삭제로 인식하여 다른 서비스와 충돌 문제가 발생하기도 한다. 과거와 달리 쇼핑몰 등 통신사와 직접적인 관련이 적은 앱의 삭제는 가능하다고 하지만 여전히 그 수는 적지가 않다.

'블로트웨어' 혹은 크랩웨어(bloatware, crapware)라고 불리는 앱들은 이용자 동의가 없이 설치되었다. 다수 웹들이 서비스 개선의 목적으로만 운영되는 것이 아니기에 개인정보보호법 서비스사업자 특례규정에 따른 사업자의 동의면제 사유라고 판단하기는 힘들다. 충분한 사전 설명이 없는 설치는 문제다. 위법성 유무는 개별적으로 판단을 해야 한다.

II. 최소화

정책적으로 본다면 스마트폰의 선탑재 앱은 최소화될 필요가 있다. 이용자 동의가 없이 이용자를 실험의 대상으로 삼는 것은 문제다. '스마트폰 앱 선탑재 가이드라인'(2014.1.)이 제정되면서 이러한 앱 운영은 점차 줄어들고는 있으나 강제성이 없고, 사업자의 인식변화가 없어 실효성은 적다.

제3절
플로팅(floating) 광고

I. 개념

신뢰도가 있는 기존 언론사의 기사형식을 차용한 '기사형 광고'(advertorial section)와 달리 플로팅 광고는 '웹 콘텐트의 전체 또는 일부를 뒤엎는 광고'(FX, TI 광고)다. 이용자의 불편을 야기하는 도를 넘는 무분별한 플로팅 광고는 문제다. 전기통신사업법 시행령(2017.1.) 제42조의 '인터넷에서 광고를 배포·게시·전송하면서 다른 정보를 가리는 광고의 삭제를 제한하는 행위'로 금지행위다.

II. 제한

방송통신위원회의 "플로팅 광고삭제 제한 세부기준"은 교묘하게 플로팅 광고의 삭제를 막는 꼼수를 막기 위해 구체인 금지규정을 두고 있다. 방송통신위원회는 플로팅 광고 금지행위 위반 사업자에 대해 시정조치 명령, 과징금 혹은 벌금부과가 가능하다.

"마우스 커서를 광고 삭제버튼으로 이동 시 광고화면이 확장되고 확장화되면서 삭제가능, x버튼 클릭 시 삭제되지 않고 스크롤을 움직이면 없어졌다가 잠시 후 다시 나타남, 기존 광고를 삭제하면 새로운 유형의 광고가 노출되며 삭제 불가능, 스크롤을 움직이면 화면 좌측의 광고가 자동으로 확장되며 삭제되지 않고 원상태로 축소가능, x와 close 버튼이 함께 표기되어 close 클릭 시 삭제가 되나 x 클릭 시 본 광고로 연결, 광고 삭제버튼이 의미하거나 화면 바탕색과 비슷하여 삭제표시를 찾기 어려움, 화면 하단에 있는 광고를 삭제한 후 스크롤을 움직이면 다시 나타나 다른 정보를 가림, 화면 하단에 삭제표시가 없는 광고가 스크롤을 움직이면 다른 정보를 가림, 광고 삭제버튼이 작아 삭제가 쉽지 않고 삭제버튼의 주변을 잘못 클릭 시 본 광고로 연결, 광고 삭제표시가 없고 글을 읽기 위해 아래로 내리면 광고도 따라서 이동, 스크롤을 내리면 전체가 화면 하단의 광고로 강제 이동"(11개) 등으로 유형화를 통한 관리시도를 하고 있다.

■ 전기통신사업법 제42조(금지행위의 유형 및 기준) ① 법 제50조 제3항에 따른 금지행위의 유형 및 기준은 별표 4와 같다. ② 방송통신위원회는 특정 전기통신 분야 또는 특정 금지행위에 적용하기 위해 필요하다고 인정하는 경우에는 제1항에 따른 금지행위의 유형 및 기준에 대한 세부기준을 정하여 고시할 수 있다.

"플로팅광고 관련 전기통신사업법 금지행위 안내서"

1. 삭제 표시가 없어 삭제가 불가능한 광고 2. 삭제 표시가 있으나 삭제가 불가능한 광고 가. 삭제 표시를 눌러 삭제를 시도하더라도 삭제가 되지 않거나, 삭제 후 동일 또는 다른 광고가 나타나는 광고 나. 삭제 표시를 눌렀을 때 다른 광고, 웹페이지 등으로 연결되는 광고 3. 삭제 표시가 있으나 삭제가 어려운 광고 가. 삭제 표시 크기가 작거나, 삭제 표시의 일부가 가려져 삭제가 용이하지 않은 광고 나. 삭제 표시의 색상으로 인해 삭제 표시를 명확하게 식별할 수 없는 광고 다. 삭제 표시의 위치를 명확하게 인식할 수 없는 광고 라. 삭제 표시와 삭제 표시가 아닌 유사 표시를 함께 노출시키는 광고 마. 삭제 시도 시 광고의 위치·형태를 이용자 의도와는 무관하게 강제로 변경하는 광고 바. 삭제 표시를 바로 노출하지 않는 광고 4. 그 밖의 다른 정보의 전체 또는 일부를 가리면서 삭제가 제한되는 광고

제4절

변호사의 디지털 광고와 AI 변호사

I. 변호사 광고

변호사의 업무는 공익적 성격을 띤다(변호사법 제1조). 따라서 변호사는 '변호사법이 정한 직무만'을 행할 수가 있다. 협회는 '디지털을 통해 사건상담, 의뢰접수 및 고지 등의 사무도 변호사법이 정하고 있는 법률사무다.'라고 유권해석을 했다.

디지털 광고에 있어 협회는 품위손상을 이유로 변호사법 이외에도 '변호사 업무 광고규정 및 인터넷 이용 광고기준'을 만들어 '원칙적 금지 예외적 허용'으로 큰 방향을 설정한 후 개별적으로 판단하고 있다.

변호사법 제23조 제2항 제7호는 '변호사의 공공성 또는 공정한 수임질서를 해치거나 소비자에게 피해를 줄 우려가 있는 내용이나 방법의 변호사 업무 관련 광고를 금지'하고 있고, "변호사 광고에 관한 규정"(구 변호사업무광고규정) 제5조 제2항도 "소속 지방변호사회의 허가 없이는 변호사는 불특정 다수인에게 팩스, 우편, 전자우편 또는 문자메시지 등을 보내거나 이에 준하는 방법을 이용해 광고해서는 안 된다."고 규정하고 있기 때문이다.

디지털을 통한 변호사 개업광고는 가능하다. 그러나 power blogger나 influencer에게 원고료를 주고 자신을 홍보하는 홍보물을 의뢰하는 것이 가능한가에 대해서는 부정적이다. 대법원도 '텔레마케터(콜센터업자)를 이용해 개인회생 신청사건을 수임하고 알선료를 건넨 행위는 변호사법 위반의 형사처벌이 된다.'고 판단을 하고 있다. 취급하는 업무를 온라인 혹은 오프라인 광고 시 '형사전문' 같은 전문분야를 표시하는 경우 미리 '변호사 전문분야 등록에 관한 규정'에 따라 전문분야 등록을 해야 한다.

변호사법 제23조 제1항 '변호사, 법무법인, 법무조합 등은 자기 또는 그 구성원의 학력, 경력, 주요 취급업무, 업무실적, 그 밖에 그 업무의 홍보에 필요한 사항을 신문·잡지·방송·컴퓨터 통신 등의 매체를 이용해 광고할 수 있다.'에 따라 서울지방변호사회는 법무법인의 TV(cable 포함) 상업광고 허용 결정을 했다(2017).

■ 변호사법 제23조(광고) ① 변호사·법무법인·법무법인(유한) 또는 법무조합("변호사 등")은 자기 또는 그 구성원의 학력, 경력, 주요 취급업무, 업무실적, 그 밖에 그 업무의 홍보에 필요한 사항을 신문·잡지·방송·컴퓨터통신 등의 매체를 이용하여 광고할 수 있다.
② 변호사 등은 다음 각 호의 어느 하나에 해당하는 광고를 하여서는 아니 된다. 1. 변호사의 업무에 관하여 거짓된 내용을 표시하는 광고 2. 국제변호사를 표방하거나 그 밖에 법적 근거가 없는 자격이나 명칭을 표방하는 내용의 광고 3. 객관적 사실을 과장하거나 사실의 일부를 누락하는 등 소비자를 오도하거나 소비자에게 오해를 불러일으킬 우려가 있는 내용의 광고 4. 소비자에게 업무수행 결과에 대하여 부당한 기대를 가지도록 하는 내용의 광고 5. 다른 변호사 등을 비방하거나 자신의 입장에서 비교하는 내용의 광고 6. 부정한 방법을 제시하는 등 변호사의 품위를 훼손할 우려가 있는 광고 7. 그 밖에 광고의 방법 또는 내용이 변호사의 공공성이나 공정한 수임질서를 해치거나 소비자에게 피해를 줄 우려가 있는 것으로서 대한변호사협회가 정하는 광고

II. 변호사 소개 vs 광고 플랫폼

개정된 "변호사 광고에 관한 규정" 제5조 제1항은 지인 여부와 관련 없이, 광고

목적으로 특정인에 대한 방문 또는 전화를 허용하고 있다. 제2항은 불특정한 다수에게 전화를 걸거나 전자적 매체를 통한 메시지를 발송하는 행위를 금지하면서 불특정한 다수 상대로 전자우편, 팩스 등 통한 광고도 허용하고 있다. 제7조 제1항은 변호사는 주로 취급하는 업무(주요 취급업무, 주로 취급하는 분야, 주요취급분야, 전문, 전담 등의 용어도 사용 가능)를 광고할 수 있다. 단, 협회의 명칭을 병기하는 '전문' 표시의 경우, 협회 "변호사 전문분야 등록에 관한 규정"에 따라 전문분야 등록을 한 변호사만이 사용할 수 있다. 그러나 '최고', '유일 기타 유사한 용어'의 사용은 금지다. 또 규정은 알선료, 중개료, 수수료, 회비, 가입비, 광고비 등 명칭을 불문하고 이익을 제공할 수 없게 하고 있다.

'변호사 소개 사설 플랫폼'은 변호사에게 광고비를 받고 변호사 광고를 플랫폼에서 제공을 하면 고객은 사업자에게 예약비를 내고 고객에게 변호사를 연결해 주고 있다. 이러한 '제3자의 변호사 중개 및 소개 웹' 문제는 변호사법 제34조 제1항 제2호 및 인터넷이용광고기준 제3조 제2항은 '제3자가 변호사를 통해 법률소비자에게 무료로 법률상담을 하는 경우 제3자로 하여금 회비, 사용료, 수고비, 리베이트 등 명목 여하를 불문하고 금품 기타 이익을 받게 할 수 없도록 규정'에 대한 위반 논란이 가능하다.

변호사의 광고 시 '변호사 소개 혹은 광고 사설 플랫폼 활용'에 대한 논란의 핵심은 변호사 광고의 자유 적극적 보장과 변호사의 공공성 및 독립성을 위해 포괄적 제한 여부이다. 현실적으로 변호사법상 금지하는 소개·알선·유인행위의 범위에 변호사의 통상적인 광고행위까지 포함한다면 legal tech 산업의 성장을 지체시키면서 변호사의 광고를 통한 직업의 자유 보장이 힘들다는 주장과 변호사 소개 혹은 광고 플랫폼의 상당한 허용은 사업자에 대한 종속관계의 유발로 인해 변호사의 공공성과 독립성 침해가 발생한다는 주장의 충돌이 있다.

플랫폼의 독점 기업화라면 로톡과 네이버 엑스퍼트 등 서비스를 적극적으로 막아야 하지만 변호사 시장에서의 플랫폼 자체를 인위적으로 금지하는 것은 소비자 입장에서는 변호사의 기득권 논란을 가져온다. 변호사 소개 혹은 광고 플랫폼 허용을 굳이 변호사 단체의 공익사업만으로 운영할 필요도 적다. 협회가 변호사법에 따라 변호사의 광고를 일정 부분 제한을 하는 것은 가능하겠지만, 포괄적 규제는 위임범위 초월한 논란이 생길 수가 있다.

"대한변협 변호사 광고에 관한 규정" 제5조 제2항 및 변호사 윤리장전을 통해 변호사들의 로톡 가입을 규제하는 행위에 대해 공정거래위원회는 '사업자단체는 부당하게 경쟁을 제한하는 행위를 해서는 안 된다고 규정한 공정거래법 제26조 1항 1호와 구성사업자(변호사)의 사업내용 또는 활동을 부당하게 제한해서는 안 된다고 규정한 제26조 1항 3호의 위반'이라는 입장이다. 사업자단체는 법령에 따르지 아니하고는 그 사업자단체에 가입한 사업자에 대해 표시·광고를 제한하는 행위를 해서는 안 된다고 규정한 표시광고법 제6조 1항에 대해서는 논란이 있다. 그러나 변협은 "공정거래위원회가 변협의 변호사 광고 규율에 대해 공정거래 차원에서 개입한 행위는 변호사 제도의 근간을 위협하는 행동이자 월권이다. 변호사법 제1조와 변호인의 조력을 받을 권리 등 공공성이 강한 변호사의 직무와 직위에 신뢰성과 책임성을 담보하기 위해 변협에는 자치적인 징계권이 부여되어 있고, 변호사 광고에 대한 제한 역시 변호사법에 따르면 변협이 정하는 것으로 규정되어 있다. 변협의 변호사 광고 제한과 징계권 행사에 관한 부문에서는 통상적인 사업자단체로서의 성격을 가지고 있다고 보기 어렵다. 변협의 사업자 단체성을 인정할 수 있다고 하더라도 공정거래법 제58조는 '사업자단체가 다른 법률 또는 그 법률의 명령에 따라 하는 정당한 행위'에 대해서는 공정거래법을 적용하지 않는다는 규정이 존재한다. 로톡 등 법률 플랫폼과 관련한 변협의 자치적인 광고 규율에 대한 공정위의 개입은 권한 없는 기관의 규율로 법치국가원리 및 변호사법 위반 소지가 크다."는 입장이다. 헌법재판소는 변호사에 대한 포괄적 광고의 제한은 변호사의 표현의 자유와 직업의 자유를 침해한다는 입장이지만, 공정거래법에 대한 판단을 하지는 않았다.

III. AI 변호사

변호사법에 따르면 변호사 아닌 자가 법률문서 자동프로그램 서비스를 제공하면 비변호사의 법률사무 처리에 해당이 되어 위법일 수가 있다. 비변호사인 프로그램 개발자가 그 서비스 제공의 대가로 변호사로부터 수임료 등을 수령 시 변호사법 위반 논란이 가능하다. 명문의 규정으로 제한된 범위 내에서 고객에게 불리한 것이 아니라면 지금보다는 좀 더 유연하게 대처할 필요가 있다. 해당 기술을 인위적으로 막는다고 해서 막아질 일이 아니다.

국내의 AI 변호사는 법률이나 판례검색 혹은 상대적으로 내용이 간단한 질의응답 및 지급명령신청서 등 간단한 문서작성의 보조적 기능에 머물고 있다.

미국에서는 2013년 'Campus'의 폭력위험과 재범가능성이 높다는 AI의 진단예측을 검사가 판단자료로 활용한 것을 위스콘신주 대법원은 문제없다고 판단을 했고, 2017년 뉴저지주 법원은 'PSA'(Public Safety Assesment)를 활용해서 '피의자의 공판전 보석' 결정을 내리고 있다.

제 6 장

디지털 사회와 전자상거래

제1절
디지털 사회와 소비자운동

I. 개념과 역사

소비자운동은 '제품 혹은 서비스를 구입하는 소비자가 소비의 주체로 누려야 할 권리를 찾자는 운동'이다. 과거와 달리 법 제정 및 개정이나 언론이나 방송 등의 절독운동도 소비자운동에 포함이 된다. 판례 또한 이를 표현의 자유 영역으로 판단하고 있다.

소비자운동은 1844년 영국을 중심으로 발전한 '생활협동조합'의 활동이 시초이다. 본격적인 활동은 미국에서 발생했다. 식품의 품질향상을 요구하는 운동을 시작으로 1964년 미국의 'R. Nader'가 시작한 자동차 안정성과 관련한 '기업고발운동'(Naderism) 및 'consumer watchdog' 등이 새로운 형태의 소비자운동을 창출하는데 기여하였다. 또한 각국의 소비자 단체의 연합조직인 '국제소비자연맹'(IOCU)도 소비자운동에 공헌하고 있다.

1962년 미국의 J.F. Kennedy는 '안전의 권리'(the right to be safe), '알 권리'(the right to be informed), '선택할 권리'(the right to be chosen), '의견이 청취돼야 할 권리'(the right to be heard)의 4개의 권리를 소비자의 권리로서 선언했다. 그 이후 국제협동조합(1964), 유럽공동체(1975), 국제소비자연맹(IOCU, 1980) 등이 모두 이를 지지하면서 세계적으로 소비자의 권리에 대한 인식이 확산이 되었다. 이후 국가마다 소비자의 권리를 보호하는 법과 제도가 마련되었다.

헌법 제124조는 "국가는 건전한 소비행위를 계도하고 생산품의 품질향상을 촉구하기 위한 소비자 보호운동을 법률이 정하는 바에 의하여 보장한다."고 규정하고 있다. 1980년에 명문화되었다. 소비자 보호의 운동은 소비자 권리에 속한다. 소비자 권리는 소비자가 인간다운 생활을 영위하기 위하여 공정한 가격으로 양질의 상품 또는 용역을 적절한 유통구조를 통하여 적시에 구입하거나 사용할 수 있는 권리를 말한다. 외국인을 포함한 자연인과 법인이 그 권리의 주체가 된다. 소비자 권리의 내용으로는 안전의 권리, 알권리, 자유로운 선택권, 의견반영권, 피해보상청구권, 교육을 받을 권리 및 소비자운동권으로 구성되어 있다. 효율적인 피해구제를 위해서는 무과실 책임의 인정 범위 확대, 개연성 이론의 도입, 당사자적격의 확대, 사업자간의 연대책임의 인정, 집단소송 및 단체소송 등이 거론되고 있다.

한국에도 생활협동조합·한국소비자원·한국소비자연맹·소비자 문제를 생각하는 시민의 모임, YWCA와 YMCA에 설치된 소비자 보호 관련단체 등이 소비자 보호운동에 앞장서고 있다. 주요 법률로는 생활협동조합법, 협동조합기본법(2013), 소비자기본법 및 소비자보호법, 할부판매법(할부거래에 관한 법률), 방문판매법(방문판매에 관한 법률), 공정거래법(독점규제 및 공정거래에 관한 법률) 등이 있다.

II. 입법 및 절독운동 등 역량강화

생산자와 소비자의 거래에서 태생적인 정보의 비대칭 및 자본의 차이로 거래 당사자 간에는 역량의 격차가 존재한다. 이 문제는 이미 자본주의 경제에 내재하는 것으로 J.S. Mill 등에 의해서도 지적되었다.

디지털 사회에서 소비자는 정보공유와 공동구입 등을 통해 역량을 강화시킬 필요가 있다. 그러나 디지털 기능을 이용하여 그 한계를 벗어난 '악의적인 이용후기'를 올리는 것까지 허용하는 것은 아니다.

현대 시민운동의 중요 수단인 '입법운동'과 '공익소송'도 소비자 역량강화의 중요한 방법이다. 성공한 입법운동으로는 착오나 실수로 송금한 돈에 대해 예금보험공사가 선지불 후 나중에 수령자에게 소송 등을 통해 채권회수를 하는 제도가 있다(예금자보호법).

표현의 자유를 두텁게 누리고 있는 '언론사의 보도 태도와 관행'은 그 시민사회의 성숙도를 알아볼 수 있는 주요 기준 중의 하나다. 디지털 사회에서는 정보의 유통량과 그 속도가 매우 빠르기에 선정성 혹은 허위조작정보 유통 중심으로 적절하지 못한 '언론사의 보도 태도와 관행'은 시민사회의 발전이 아닌 쇠퇴를 가져올 수밖에 없다. 예를 들어 공인, 평론가 혹은 일반인의 말(표현)은 언론을 통해 기사화가 될 수 있다. 주로 세간에 크게 화제가 됐거나 혹은 논란이 있는 공익적 사안에 새로운 정보나 통찰력이 있는 주장을 담고 있을 때다. 그러나 선정적이고 자극적인 제목을 언론이 원한다는 것을 알고 있는 상황에서 특정인에 대한 인신공격성 발언으로 일방적으로 평가하는 표현자의 표현을 여과 없이 기사화를 하는 것은 표현자의 문제 외에도 언론의 자질 문제이기도 하다. 이용자의 보고자 하는 콘텐트를 최우선으로 연결시켜 주는 알고리즘의 관행도 문제다. 이러한 보도 및 관행은 악어와 악어새의 공존일 수도 있어 언론의 자유 및 민주주의 발전에 도움이 되지 않는 행위다. 그 때문에 '언론사에 대한 절독운동'도 주목받는 소비자운동에 포함이 된다.

소비자보호법에 따라 통신판매업자는 통신판매 신고의무, 신원정보 등 각종 정보의 표시, 고지의무, 계약서 서면교부의무, 청약철회 협조의무, 소비자 피해보상 보험계약 등의 가입의무가 있다. 반면에 소비자는 청약철회권, 소비자 피해보상보험계약 등의 구매안전서비스를 이용할 권리, 거래기록 열람청구권 등이 있다.

III. 사례

1. open market

open market 사업자는 원칙적으로 통신판매에 대한 중개업자이다. 그 법적 책임은 완화되어 있다. 예를 들어 오픈마켓에서 위조상품 구입 시 판매업자가 연락두절의 상태라면 법적으로 통신판매 중개업자인 오픈마켓 측은 보상의무가 없다.

소비자보호법은 개정을 통해 과거와는 달리 통신판매 중개자 및 호스팅서비스 사업자에 대한 강한 책임을 묻고 있다. 호스팅 사업자는 개별 판매자의 신원정보를 확인해 소비자들에게 제공할 의무를 지우고 있으며 오픈마켓의 경우에도 제공정보의 진실성에 대한 연대책임까지 묻고 있다.

대법원은 "오픈마켓 운영자는 쇼핑몰에서 판매되는 가짜 브랜드 상품의 유통을 적극적으로 방지해야 할 책임이 없다. 그러나 운영자가 제공하는 인터넷 게시공간에 게시된 상표권침해 게시물의 불법성이 명백하고, 운영자가 동 게시물이 게시된 사정을 구체적으로 인식했음이 외관상 명백히 드러났고, 기술적이나 경제적으로 그 게시물에 대한 관리 및 통제가 가능한 때에는 운영자에게 해당 상품을 판매할 수 없도록 하는 등 적절한 조치를 취해야 한다."고 판단하고 있다. 또 법원은 판매대행 업체가 원판매자 몰래 상품을 등록 및 판매한 사건에서 "온라인상에서 판매자와 구매자의 거래를 중개하는 오픈마켓 운영업체는 구체적 거래행위에 직접 관여하지는 않기 때문에 판매자 동의가 없이 입점계약에 근거한 별도의 계정 외에 기존 이용계약에 따른 판매자 계정 승인은 직원에 의한 과실방조의 행위라고 볼 수가 없다. 판매대행 업체가 원판매자 몰래 상품을 등록 및 판매해 손해가 발생하더라도 책임이 없다. 오픈마켓 특성을 고려한다고 하더라도 사업자는 타인에 대한 중대하고도 명백한 불법행위가 될 수 있다는 등의 특별한 사정이 인정되지 않는 한 서비스 이용권 등록을 요청할 수 있는 권한을 갖는 판매자 계정을 가진 사업자의 상품 등록을 거부할 수 없다."는 입장이다.

2. social commerce

공정거래위원회는 2011년 social commerce 사업자의 법적인 지위를 소비자보호법의 '통신판매업자'로 규정을 했다.

공정거래위원회는 social commerce 사업자가 제공업체(가맹점)에게 포괄적으로 경쟁사업자와 계약체결을 제한하는 약관이나 서비스 등 혹은 제공업체가 다른 경로를 통해 사업자 자신이 판매하는 가격보다 유리한 조건으로 판매하는 것을 금지하고 위약벌까지 부과하는 등 또는 부당하게 독점적인 권리를 부여하는 약관 또는 상당한 이유 없이 과도하게 자신의 손해배상의 책임범위를 제한하는 약관을 사용하는 것은 불공정한 약관으로 위법행위로 판단하고 있다. 또 유효기간이 지난 social commerce 티켓 구매 소비자는 유효기간이 경과할 경우 티켓 구입가의 70%에 해당하는 금액을 해당 social commerce 웹에서 포인트로 적립을 받아 6개월 동안 사용할 수 있게 하고 있다.

법원은 '쿠팡이 운영하는 로켓배송 서비스는 국토교통부의 허가가 필요한 화물자동차 운송사업에 해당하지 않고, 배송할 상품의 매도인에 해당하므로 로켓배송은 매매 목적물인 상품을 매도인이 직접 매수인인 소비자에게 인도하는 채무이행으로 봐야 한다.'는 입장이다. 화물자동차 운송사업은 다른 사람의 요구에 응해 화물을 유상으로 운송하는 사업을 말하는데, 타인의 요구가 아닌 자신의 필요에 따라 화물을 운송하는 것은 운송사업에 해당하지 않는다는 것이다.

제조물책임법 제2조는 제조물 수입업자를 제조업자로 보면서 제3조는 제조물의 결함으로 인한 손해배상 의무를 규정하고 있다. 법원은 '해외직구 시 구매대행자에겐 제조물 책임이 없다.'는 판단이다. 즉, 법원은 "외국제품을 구매하고자 하는 국내 소비자를 위한 구매대행만을 할 뿐이고, 제품하자에 대해 소비자와 업체사이를 매개해 수리비를 받은 경우라고 할지라도 이는 소비자의 편의의 증진을 위한 것으로 판단을 해야 한다."는 것이다.

3. power blogger, influencer

공정거래위원회는 '추천 및 보증 등에 관한 표시 및 광고 심사지침'을 개정하면서 파워 블로거가 광고주로부터 경제적 대가(현금이나 해당제품 등)를 받고 추천 및 보증 등을 하는 경우 상업적 표시 및 광고라는 사실을 소비자들이 알 수 있도록 건별로 공개토록 했다. 위의 사실을 공개하지 않을 경우 소비자의 구매선택에 중요한 영향을 미칠 수 있는 사실을 은폐한 기만적인 표시 및 광고로 규정하고 있다. 동시에 공동구매와 관련하여 power blogger가 공동구매를 추진하면서 금전 등을 수수한 사실을 은폐하는 것은 소비자보호법의 금지행위 유형에 속해 처벌이 가능하다는 입장이다. 이러한 해석은 influencer에도 적용이 가능하다.

4. 이동통신사의 통신장애 시

이동통신사의 과실 혹은 화재 등에 따른 통신장애 피해 시 배상기준은 전기통신사업법상 약관 혹은 공정거래위원회의 고시 '소비자분쟁해결기준'이다.

장애기산 시점은 이용자가 업체에 사실을 통지한 기간과 사업자가 인지한 시간 중 빠른 때이다. 배상의 기준시간은 3시간 이상 혹은 월 6시간 초과시간이다. 배상수준은 서비스 불제공 시간대에 해당되는 기본료와 부가사용료의 6배에 상당하는 금액이 최저기준액이다.

배상이 제대로 이뤄지는 경우는 드물다. 개정안은 통신장애가 발생한 경우 통신사업자가 손해를 배상해야 함을 명확히 규정하면서, 통신장애 발생 사실과 손해배상 기준 및 절차 등을 이용자에게 알리도록 의무화하고 있다. 손해액은 이용자마다 다르고 3시간 이상 기준은 이용자에게 유리한 시간은 아니다.

제2절

디지털 사회와 전자상거래

I. 개념과 종류, 적용 법

전자상거래는 전자문서를 통해 이뤄지는 상품 및 서비스의 상업적 거래'다. 전자상거래기본법 제4조에 따라 전자문서(Electronic Data, ED)는 특별한 규정이 있는 경우를 제외하고는 전자적 형태로 되어 있다는 이유로 문서의 효력이 부인되지는 않는다.

전자상거래 계약의 종류는 '폐쇄형 EDI 거래'(전자문서 교환거래)가 있다. CALS(Commerce at Light Speed: 광속 거래)라고도 한다. 특정 기업간의 상품조달에 중점을 둔 경우와 관련되는 것으로서 가장 초기의 전자상거래 형태이다. 또 불특정 당사자간의 전자상거래 즉, '개방형 EDI 거래'가 있다. 정보사회의 대세인 기업과 소비자간의 '인터넷 상거래'(개방형 전자상거래)도 있다. 자유로운 내용과 형식으로 이루어지는 전자상거래다.

전자상거래법 제2조 제2호에 따라 '우편, 전기통신, 광고물, 광고시설물, 전단지, 방송·신문 및 잡지 등을 이용하는 방법 혹은 판매자와 직접 대면하지 않고 우편환, 우편대체, 지로 및 계좌이체 등을 이용하는 방법을 통해 재화 등의 판매에 관한 정보를 제공하고 소비자의 청약에 의해 재화 등을 판매'하는 '통신판매'도 전자상거래법의 적용대상이다. 그러나 '전화권유 판매는 제외'된다.

전자상거래와 통신판매의 주요 차이점은 '전자문서 사용 및 대면결제 유무'에 있다. 사업자의 사업다각화로 전자상거래와 통신판매의 교차영역은 확대되고 있다. 예를 들어 인터넷 쇼핑몰을 통해 재화 등을 구매하는 경우 소비자가 인터넷을 통해 재화 등에 대한 정보를 얻고 비대면 청약을 한다는 점에서 통신판매에 해당하지만, 재화 등의 구매대금을 신용카드 또는 인터넷 뱅킹 등을 이용해 지불한다는 점에서 전자상거래이기도 하다.

전자상거래 및 통신판매에 관한 사항은 전자상거래법이 적용되고 동시에 약관을 사용하고 있는 모든 거래에 대해서는 불공정한 약관으로 인한 소비자 피해를 방지하기 위해 약관의 규제에 관한 법률(약관법)도 적용된다. 표시광고법도 적용이 된다. 그러나 국내는 방문판매, 전화권유판매, 다단계판매, 계속거래, 사업권유거래에 관한 사항은 '방문판매 등에 관한 법률'로, 할부거래에 관한 사항은 '할부거래에 관한 법률'로 각각 규제하고 있다.

II. 금지행위 등

사업자의 청약철회 방해행위 시 청약철회 가능기간을 방해행위 종료일부터 기산하도록 했다. 가분적 용역 및 가분적 디지털 콘텐츠의 경우 제공이 개시되지 않은 부분에 대해 청약철회가 가능하다. 디지털 콘텐츠에 대해 소비자가 청약철회 등을 할 수 없는 경우에는 청약철회 등이 불가능하다는 표시와 함께 시험사용 상품을 제공하는 등 청약철회 권리행사가 방해받지 않도록 했다. 소비자에게 사업자의 신원정보를 제공해야 하는 의무의 주체를 '통신판매중개업자'로 확대가 됐다. '시정조치만으로는 소비자 피해보상이 불가능한 경우'를 영업정지 대상에 추가했다. 위법행위로 인한 소비자 피해의 확산을 신속하게 방지하기 위해 '임시중지명령제도'를 도입했고 사업자는 임시중지명령에 대한 협조의무를 부과했다.

전자상거래를 하는 사업자 또는 통신판매업자의 금지행위(제21조)로는 ① 거짓 또는 과장된 사실을 알리거나 기만적 방법을 사용하여 소비자를 유인 또는 소비자와 거래하거나 청약철회 등 또는 계약해지를 방해하는 행위 ② 청약철회 등을 방해할 목적으로 주소·전화번호·인터넷 도메인 이름 등을 변경하거나 폐지하는 행위 ③ 분쟁이나 불만처리에 필요한 인력 또는 설비부족을 상당 기간 방치하여 소비자에게 피해를 주는 행위 ④ 소비자의 청약이 없음에도 불구하고 일방적으로 재화 등을 공급하고 그 대금을 청구하거나 재화 등의 공급이 없이 대금을 청구하는 행위 ⑤ 소비자가 재화를 구매하거나 용역을 제공받을 의사가 없음을 밝혔음에도 불구하고 전화·팩스·컴퓨터 통신 또는 전자우편 등을 통하여 재화를 구매하거나 용역을 제공받도록 강요하는 행위 ⑥ 본인의 허락을 받지 아니하거나 허락받은 범위를 넘어 소비자에 관한 정보를 이용하는 행위. 다만, 재화 등의 배송 등 소비자와의 계약을 이행하기 위하여 불가피한 경우로서 대통령령으로 정하는 경우, 재화 등의 거래에 따른 대금정산을 위해 필요한 경우, 도용방지를 위하여 본인확인에 필요한 경우로서 대통령령으로 정하는 경우, 법률의 규정 또는 법률에 따라 필요한 불가피한 사유가 있는 경우는 정보이용이 가능 ⑦ 소비자의 동의를 받지 아니하거나 법령으로 정하는 방법에 따라 쉽고 명확하게 소비자에게 설명 및 고지하지 아니하고 컴퓨터 프로그램 등이 설치되게 하는 행위를 할 수가 없다.

해외직구를 해본 경험이 없는 상황에서 송장에 기재된 주소 및 전화번호 등 개인정보가 모두 일치하면서 미국 국제우편으로 '출처불명 씨앗'을 받는 경우(2020), 우즈베키스탄과 말레이시아 등에서 온 내용이 빈 국제택배 등은 'brushing scam'으로 추정된다. 이는 주문하지 않은 물건을 아무에게나 발송한 뒤 수신자로 가장해 상품 리뷰를 올리는 방식으로 온라인 쇼핑몰 판매실적과 평점을 조작하는 행위를 뜻한다. 소비자들이 리뷰나 구매가 많은 순으로 제품을 선택하는 성향을 이용한 사기 수법이다. 주문하지 않은 택배가 왔을 경우 향후 발생할 수 있는 분쟁을 막기 위해 열어보거나 버리지 않는 게 좋다. 유명 온라인 쇼핑몰과 같이 발신자가 명확하다면 해당 업체에 구매하지 않은 물건이 왔다는 내용을 알리는 등 객관적인 증빙 자료를 확보하는 것이 중요하다. 해외 개인정보 유출이 의심될 땐 유출이 의심되는 사이트의 정보(URL, 화면 캡처 등)를 수집해 KISA의 118에 민원접수 가능하다. 개인정보가 거래되고 있는 것으로 확인된 경우 KISA는 해외 정보통신서비스제공사업자에게 개인정보 삭제를 요청할 수 있다.

III. 플랫폼 사업자의 의무

온라인 플랫폼은 일반적으로 앱이나 사이트에 입점한 이용 사업자 혹은 입점업체와 소비자를 동시다발적으로 연결해 주면서 수수료나 광고비를 받는 중개거래 형태의 사업을 말한다.

플랫폼 사업자(OSP)는 검색결과에 있어 구분표시를 해야 한다. 또 순위 기준공개의 투명성 확보를 위해 조회 수 및 광고비 지급 여부 등 검색순위를 정하는 주요 기준도 공지해야 한다. 사업자는 개별 소비자의 기호·연령·소비습관 등을 반영한 맞춤형 광고 시 그 사실을 별도 표시도 해야 한다. 소비자가 인기상품으로 착각해 구매하지 않도록 하기 위해서다. 소비자는 맞춤형 광고와 일반 광고 중 자신이 선호하는 것만 보여 달라고 선택할 수도 있다.

플랫폼 사업자는 자사가 거래 당사자인 것으로 소비자를 오인하게 하거나, 청약접수, 결제, 대금수령 및 환급, 배송 등 특정 역할을 직접 수행하다가 소비자에게 손해를 입히면 책임을 져야 한다. 특히 입점업체의 과실로 소비자 손해가 발생했더라도 플랫폼이 자사 명의로 표시·광고·공급·계약서 교부를 했다면 연대책임을 피할 수 없다. 이를 위해 플랫폼 사업자는 소비자가 거래 당사자를 오인하지 않도록 어떤 유형의 거래인지를 분리해 표시해야 한다. 책임소재 파악이 가능하도록 플랫폼은 어떤 업무를 자사가 직접 수행하는지도 알려야 한다.

위 내용 모두는 해외 온라인 플랫폼에도 동일하게 적용한다. 한국에 주소나 영업소를 두지 않은 대형 플랫폼은 국내에 법률 등 국내 대리인을 반드시 두고, 분쟁해결 및 문서수령 등 역할을 할 수 있도록 해야 한다.

IV. 보호정책

1. 청약철회

지름신 등 소비영역(충동구매)에 있어 소비자의 불만을 최소화 할 수 있는 제도가 소비자에게 일정기간 계약으로부터의 이탈을 허용하는 청약철회(숙려제도)제도다. 소비자가 적법한 청약철회를 한 경우에는 이미 공급받은 재화 등을 반환해야 한다(제18조).

전자상거래법은 통신판매 전자상거래의 소비자의 계약해제 기간은 계약내용에 관한 서면(계약서) 교부일 또는 (상품)실제 교부일로 부터 7일간으로 규정하고 있다(법 제17조 제1항). 재화 등의 공급이 계약내용에 관한 서면의 교부일보다 늦은 경우에는 재화의 공급일이 기준이다. 재화 등의 내용이 표시 또는 광고와 다르거나 계약 내용과 다르게 이행된 경우의 청약철회권의 행사는 당해 재화 등을 공급받은 날부터 3월 이내, 그 사실을 안 날 또는 알 수 있었던 날부터 30일 이내에 행사가 가능하다(제17조 제3항). 이에 대한 입증책임은 구매자가 진다.

단순 변심에 의한 구매나 환불은 철회가 인정되나 그 비용은 소비자가 운송비를 부담한다. 허위 또는 과장광고로 인한 반품비용은 사업자 부담이다. 또한 통신판매업자는 청약철회 등이 불가능한 재화 등의 경우에는 그 사실을 재화 등의 포장이나 그 밖에 소비자가 쉽게 알 수 있는 곳에 명확하게 적거나 시험사용 상품을 제공하는 등의 방법으로 청약철회 등의 권리행사가 방해받지 아니하도록 조치해야 한다(제17조 제6항). 청약철회 방해행위가 있는 경우 청약철회 가능기간을 방해행위 종료일부터 기산하도록 하고, 가분적 용역 및 가분적 디지털 콘텐츠의 경우 제공이 개시되지 않은 부분에 대해 청약철회가 가능하도록 하며, 디지털 콘텐츠에 대해 소비자가 청약철회 등을 할 수 없는 경우에는 청약철회 등이 불가능하다는 표시와 함께 시험사용 상품을 제공하는 등 청약철회 권리행사가 방해받지 않도록 하고 있다.

모든 재화에 위 제도가 적용이 되지를 않는다. 소비자는 다음에 해당하는 경우에는 통신판매업자의 의사에 반하여 청약철회 등을 할 수 없다(제17조 제2항).

1. 소비자에게 책임이 있는 사유로 재화 등이 멸실되거나 훼손된 경우. 다만, 재화 등의 내용을 확인하기 위하여 포장 등을 훼손한 경우는 제외 2. 소비자의 사용 또는 일부 소비로 재화 등의 가치가 현저히 감소한 경우 3. 시간이 지나 다시 판매하기 곤란할 정도로 재화 등의 가치가 현저히 감소한 경우 4. 복제가 가능한 재화 등의 포장을 훼손한 경우(디지털 콘텐츠 등)

전자상거래법에 따라 소비자가 온라인 동영상 등 디지털 콘텐츠를 구매하고 시청하지 않은 경우 구매한 날로부터 7일 이내에는 언제든지 구매를 취소할 수 있고, 구매금액 역시 전액 환불받을 수 있다. 또 소비자가 온라인으로 회원가입과 계약 등 청약을 할 수 있는 경우 회원탈퇴와 청약철회, 계약의 해지·해제·변경도 온라인으로 할 수 있도록 하고 있다. 따라서 '계약체결 이후에는 청약철회가 불가능하고, 다음 달 서비스에 대한 계약해지만 가능' 혹은 '구매일로부터 6일 이내, 콘텐츠에 문제가 있는 경우에만 환불가능', '청약철회 기한과 방법 등을 화면에서 제대로 알리지 않은 행위', '가입은 온라인으로, 해지나 변경 시 고객센터로 직접 전화' 등 계약 해지 절차를 까다롭게 만들어 소비자의 청약철회를 방해한 행위는 위법이다.

2. 구매안전서비스

구매안전서비스로 '소비자 피해보상보험계약'과 'ESCROW 제도'가 있다.

소비자보호법에 따라 '통신판매업자'는 거래의 안전장치로 '소비자 피해보상계약'(보험계약, 채무지급보증계약, 공제계약) 또는 에스크로 중 하나에 대해 소비자가 그 이용(체결) 여부를 선택할 수 있도록 제공해야 한다(법 제13조 제2항 제10호, 제24조 제2항). 통신판매업자는 언급된 거래의 안전장치를 모두 도입하여 그 중에 하나에 대해 소비자가 선택하도록 하는 것이 아니라 4가지 중 한 가지를 선택하여 그 이용 또는 체결 여부를 소비자가 선택할 수 있도록 하면 된다.

공정거래위원회의 통신판매업 신고서류 제출목록에 구매안전서비스 가입에 대한 증빙서류를 추가하도록 하고 있어 사실상 소비자 피해보상보험계약이나 에스크로 제도가 사실상 의무화되어 있다.

구매안전서비스인 소비자 피해보상보험계약에 대해서는 업체에서 판매비용의 증가 때문에 소극적으로 대처하고 있다. 그 때문에 공정거래위원회는 "구매안전서비스에 대한 통신판매업자의 표시·광고 또는 고지의 방법에 관한 고시" 제정을 통해 2007년 9월부터 의무적으로 이러한 서비스 가입의 사실 및 내용을 표시·광고와 고지를 병행해야 하며 소비자가 이를 '쉽게' 확인 또는 '조회'할 수 있도록 장치를 마련할 것을 강제화하고 있다. 물론 소비자의 무선택권도 보장하고 있다.

ESCROW 제도는 제3자(에스크로사업자)가 '소비자의 결제대금을 예치하고 있다가 상품배송이 완료된 후 그 대금을 통신판매업자에게 지급하는 거래안전장치'를 말한다. '결제대금예치제도'라고도 한다. 에스크로계정(일정한 조건을 갖춘 사람에게 지불하여 달라고 은행이나 회사에 맡기는 돈의 계정)을 통해 결제가 이루어진다.

소비자 피해보상보험계약 또는 에스크로 등의 구매안전서비스가 제외되는 영역은 신용카드로 구매하는 거래나 배송이 필요하지 않는 재화 등을 구매하는 거래(인터넷게임, 인터넷 학원수강 등), 10만원 미만(1회 결제하는 금액 기준)의 소액거래 및 분할되어 공급되는 재화(할부) 등을 구매하는 통신거래에는 제외된다.

V. 약관의 규제에 관한 법률

1. 개별약정 우선의 원칙

약관은 '계약의 한쪽 당사자가 특정 종류의 계약을 불특정의 복수의 상대방과 계속 반복해서 체결할 것을 예정하면서 일정한 형식으로 미리 작성해 둔 계약의 내용'을 말한다. 약관 여부는 그 명칭이나 형태 또는 범위에 상관없이 '실질적'으로 그 유무 판단을 한다. 불특정 다수의 전자상거래 시 많이 사용되고 있다.

약관에서 정하고 있는 사항에 관해 사업자와 소비자가 약관의 내용과 다르게 합의한 사항이 있는 경우에는 그 합의사항('개별 약정')이 약관에 우선한다(약관법 제4조). 입증책임은 피해자가 진다.

2. 전부 및 일부 무효, 표준약관

전자상거래 시 청약철회, 계약해제, 사업자의 재화 또는 용역의 지급, 환불 및 손해배상 청구금액 등에 관한 약관의 내용이 소비자에게 부당하게 불리한 경우 해당 약관의 내용은 불공정약관조항으로서 무효다(법 제17조). 신의성실의 원칙에 반하는 내용(제6조 제1항), 약관 이용자인 사업자의 책임을 부당하게 면제하는 내용(제7조), 소비자에 대해 부당하게 과중한 손해배상 의무를 부담시키는 내용(제8조) 등이 있다(제9조-제14조).

무효조항이 포함되더라도 약관은 나머지 부분은 유효하게 존속한다(일부무효 원칙). 그러나 유효한 부분만으로는 계약의 목적달성이 불가능하거나 일방에게 부당하게 불리한 경우에는 계약 전부가 무효가 된다(법 제16조).

불공정 약관조항을 계약내용으로 한 사업자는 공정거래위원회로부터 해당 약관조항의 삭제 혹은 수정 등의 '시정조치를 권고 또는 명령'을 받을 수가 있다. 공정거래위원회는 불공정한 내용의 약관이 통용되는 것을 방지하기 위해 많은 거래분야에서 소비자분쟁해결기준에 따른 '표준약관'을 마련하고 있다. 법원에서 재판규범으로써 인용이 되고 있다. 약관법은 "표준약관보다 불리한 내용을 담고 있는 약관은 불공정한 약관으로 간주되어 효력을 갖지 못한다."고 규정하고 있다(법 제19조의2 제9항).

VI. 표시·광고의 공정화에 관한 법률

1. 부당한 표시·광고 금지(제3조)

소비자에게 바르고 유용한 정보의 제공을 촉진함으로써 공정한 거래질서를 확립하고 소비자를 보호하고자 하는 표시·광고법("표시·광고의 공정화에 관한 법률") 제3조는 '부당한 표시·광고의 행위금지'를 규정하고 있다. 시행령은 '공정한 거래질서를 해칠 우려가 있는 ① 거짓·과장의 표시·광고 ② 기만적인 표시·광고 ③ 부당하게 비교하는 표시·광고 및 비방적인 표시·광고행위를 하거나 다른 사업자 등으로 하여금 하게 하여서는 안 된다'(제3조)고 명시한다. 열거주의 형식이다.

시행령 제3조에 따라 ① '거짓·과장의 표시·광고'는 사실과 다르게 표시·광고하거나 사실을 지나치게 부풀려 표시·광고하는 것으로 한다. 자동차 산업에서 순정제품은 자동차 출고 시 사용된 부품을 말하는데 '순정제품이 아닌 부품 사용의 경우 자동차 운전에 문제가 생길 수 있다는 광고'는 '거짓·과장의 표시·광고'로 공정거래위원회는 판단하고 있다. ② '기만적인 표시·광고'는 사실을 은폐하거나 축소하는 등의 방법으로 표시·광고하는 것으로 한다. ③ '부당하게 비교하는 표시·광고'는 비교 대상 및 기준을 분명하게 밝히지 아니하거나 객관적인 근거 없이 자기 또는 자기의 상품이나 용역(상품 등)을 다른 사업자 또는 사업자 단체(사업자 등)나 다른 사업자 등의 상품 등과 비교하여 우량 또는 유리하다고 표시·광고하는 것으로 한다. ④ '비방적인 표시·광고'는 다른 사업자 등 또는 다른 사업자 등의 상품 등에

> 시행령 제3조 제3조(부당한 표시·광고의 내용) ① 법 제3조 제1항 제1호에 따른 거짓·과장의 표시·광고는 사실과 다르게 표시·광고하거나 사실을 지나치게 부풀려 표시·광고하는 것으로 한다. ② 법 제3조 제1항 제2호에 따른 기만적인 표시·광고는 사실을 은폐하거나 축소하는 등의 방법으로 표시·광고하는 것으로 한다. ③ 법 제3조 제1항 제3호에 따른 부당하게 비교하는 표시·광고는 비교 대상 및 기준을 분명하게 밝히지 아니하거나 객관적인 근거 없이 자기 또는 자기의 상품이나 용역("상품 등")을 다른 사업자 또는 사업자 단체("사업자 등")나 다른 사업자 등의 상품 등과 비교하여 우량 또는 유리하다고 표시·광고하는 것으로 한다. ④ 법 제3조 제1항 제4호에 따른 비방적인 표시·광고는 다른 사업자 등 또는 다른 사업자 등의 상품 등에 관하여 객관적인 근거가 없는 내용으로 표시·광고하여 비방하거나 불리한 사실만을 표시·광고하여 비방하는 것으로 한다. ⑤ 제1항부터 제4항까지의 규정에 따른 부당한 표시·광고의 세부적인 유형 또는 기준은 공정거래위원회가 정하여 고시할 수 있다. 이 경우 공정거래위원회는 미리 관계 행정기관의 장과 협의해야 한다.
> "기만적인 표시·광고 심사지침" "부당한 표시·광고행위의 유형 및 기준 지정고시" "비교표시·광고에 관한 심사지침"

관하여 객관적인 근거가 없는 내용으로 표시·광고하여 비방하거나 불리한 사실만을 표시·광고하여 비방하는 것으로 한다.

부당한 표시·광고의 세부적인 유형 또는 기준은 공정거래위원회가 정해 '고시'할 수 있다. 대법원은 해당 고시의 내용을 '최소 기준'으로 판단하면서 그 법규성을 인정하고 있다. 법 개정을 통해 부당한 표시·광고로 피해를 보면 공정거래위원회의 시정명령 등의 시정조치가 없다고 하더라도 법원에 손해배상을 청구할 수 있다. '손해액 인정제도'도 도입을 했다.

2. 중요 정보 고시 의무(제4조)

사업자는 중요 정보를 고시할 의무가 있다. ① 표시·광고를 하지 아니하여 소비자 피해가 자주 발생하는 사항 ② 소비자가 상품 등의 중대한 결함이나 기능상의 한계 등을 정확히 알지 못하여 구매 선택을 하는 데에 결정적인 영향을 미치게 되는 경우 ③ 소비자의 생명·신체 또는 재산에 위해를 끼칠 가능성이 있는 경우 ④ 그 밖에 소비자의 합리적인 선택을 현저히 그르칠 가능성이 있거나 공정한 거래질서를 현저히 해치는 경우 등이다.

중요 정보 고시 시 사업자는 다른 법령에서 표시·광고를 하도록 한 사항과 표시·광고를 제한하거나 금지하고 있는 사항을 통합하여 공고(통합공고)할 수 있다.

3. 표시·광고의 실증의무 등(제5조)

사업자 등은 자기가 한 표시·광고 중 사실과 관련한 사항에 대하여는 실증할 수 있어야 한다.

공정거래위원회는 상품 등에 관하여 소비자가 잘못 아는 것을 방지하거나 공정한 거래질서를 유지하기 위해 필요하다고 인정 시 사업자 등이 제출한 실증자료를 갖추어 두고 일반이 열람할 수 있게 하거나 그 밖의 적절한 방법으로 이를 공개할 수 있다. 다만, 그 자료가 사업자 등의 영업상 비밀에 해당하여 공개하면 사업자 등의 영업활동을 침해할 우려가 있는 경우에는 그러하지 아니하다.

공정거래위원회는 사업자 등이 실증자료의 제출을 요구받고도 제출기간 내에 이를 제출하지 아니한 채 계속하여 표시·광고를 하는 경우 실증자료를 제출할 때까지 그 표시·광고행위의 중지를 명할 수 있다.

4. 미끼광고, 자격증, 경품광고 등

전자상거래를 하는 사업자는 거짓·과장된 사실을 알리거나 기만적 방법을 사용해 소비자를 유인 또는 소비자와 거래하는 행위를 금지하고 있다(고객유인행위 금지). 대법원은 '인터넷 쇼핑몰이 저가 물품의 재고량을 충분히 확보하지 않은 채 광고하는 것은 전자상거래법이 금지하는 고객유인행위에 해당한다. 운영자가 광고를 직접 제작하지 않았다는 사정만으로 그 광고의 내용이 허위임을 알지 못했다고 보기 어렵다.'는 입장이다. 또 '로또정보업체의 당첨예상번호 광고'는 과거 어떤 숫자가 나왔든 당첨번호는 매번 무작위로 정해지고 예측은 불가능하기에 허위·과장광고와 기만적 방법에 의한 소비자 유인 및 거래행위에 해당된다고도 볼 수가 있다. 공정거래위원회는 이에 대한 판단을 유보하고 있다.

자격증 취득과 관련된 국내 온라인 사이트들의 광고 문안들인 '국내 1위 교육기관', '합격보장', '최고 합격률', '교재 판매량 1위', '국내 제일의 인기 강의', ' 국내 유일의 기출문제 풀이', '국내 최대의 콘텐트 보유', '7년 연속 판매량 1위', '7년 연속 1등 교재' 등에 대해 공정거래위원회는 거짓·과장·기만광고로 소비자들을 유인한 행위로 판단을 했다.

대법원은 "경품행사가 아무런 대가가 없이 이루어지는 단순 사은행사인지 아니면 개인정보를 수집하여 보험사 등 제3자에게 제공하는 대가로 추첨을 통하여 경품을 제공하는 행사인지 여부는 거래조건에 관한 핵심사항이고, 소비자가 이 사건 경품행사에 응모할지 여부에 영향을 미치는 결정적 요소이다. 따라서 이러한 목적을 은폐하고 광고한 것은 소비자의 구매선택에 중요한 영향을 미칠 수 있는 사실이나 내용을 은폐한 것이다. 또 개인정보를 제3자에게 제공하는 것을 조건으로 진행된다는 사실을 '자세한 사항은 응모권이나 홈페이지 참고'라는 기재만으로는 사실상 은폐라고 판단을 하면서 이는 기만적인 표시·광고에 해당한다. 기만적인 표시·광고의 해당 유무는 광고 그 자체를 대상으로 판단하면 되고, 광고 후 이뤄진 거래과정에서 소비자가 알게 된 사정까지 고려할 필요는 없다. 소비자들이 광고 후 응모권 작성단계에서 비로소 올바른 정보를 얻어 잘못된 인식을 바로잡을 가능성이 있다는 사정만으로는 달리 볼 필요가 없다."고 판단을 했다.

TV 홈쇼핑사와 여행사가 기획여행(package 여행) 상품의 광고 시 표시·광고법 제4조와 이에 따른 '중요한 표시·광고사항 고시 V.8'에 따라 사업자는 표시·광고를 할 때 기획여행의 경우 현지에서 별도로 지불해야 하는 안내원 경비가 있는 경우 그 금액 및 현지에서 별도로 지불해야 한다는 점, 선택 관광이 있는 경우 그 금액 및 대체일정 등을 포함해야 한다. 법원은 여행사가 아닌 '홈쇼핑사만'을 광고주로 보고 있다. 따라서 광고의 주요 내용이 여행사가 기안한 내용으로 구성되는 경우에도 TV 홈쇼핑사는 여행사들이 제공한 광고 콘텐트에 허위·과장의 내용이 있는지, 중요한 표시·광고사항 고시에서 규정한 중요사항이 표시되어 있는지 여부를 검수해야 한다.

고등법원은 대형마트에서 '할인'이나 이른바 '1+1 행사' 시 제품의 가격이 '일정 기간에 판매한 가격 중 최저가'가 아닌 '행사 직전'에 판매한 가격보다 싸다면 과장광고로 제재할 수 없다는 입장이다. 공정거래위원회는 1+1 행사로 판매하는 가격과 비교하는 '종전거래가격'에 대해 '1+1 행사가 시작되기 전 약 20일간 해당 상품에 매겨졌던 가격 가운데 가장 낮은 가격'을 종전거래가격으로 봤지만, 법원은 종전거래가격은 '광고 전 근접한 기간에 실제 판매한 가격으로 인식하는 것이 통상적'이기에 이를 기준으로 삼아야 한다는 것이다. 법원은 1+1행사 외에도 '할인판매 광고'에 대해서도 같은 기준을 적용했다.

VII. item, game money, account

1. item과 game money

온라인 게임에서의 게임머니 및 아이템 판매와 관련하여 대법원은 '일반 온라인 게임과 사행성 온라인 게임을 구별하여 우연적인 요소보다는 게임이용자들의 노력이나 실력, 즉 게임에 들인 시간이나 그 과정에서 증가되는 경험이라는 요소에 의해 좌우되는 일반 온라인 게임은 게임법 및 시행령" 제18조의3의 '처벌이 가능한 게임 머니 및 이와 유사한 것에 포함되지 않는다.'고 판단하였다. 그러나 노력을 기울이지 않고 '자동(auto)프로그램'을 통해 얻은 게임 머니나 게임 아이템 혹은 '게임 아이템 작업장'을 통한 재화는 거래대상이 되지 않는다. 사업상 목적으로 생산·획득한 게임 머니와 게임 아이템으로 게임 이용자끼리의 아이템 거래도 금지된다.

대법원은 아이템에 대해 형법상의 '물건'으로 보지를 않는다. 따라서 절도죄 등의 형법상의 재산범죄의 대상(객체)이 아니다. 정보통신망법 등의 특별법으로 처벌을 하고 있다. 동시에 게임 머니나 아이템은 재산적 가치가 인정되는 무체물로 과세의 부과가 된다.

청소년보호 차원에서 '청소년 게임 아이템 현금거래 금지제도'가 시행되고 있다. 청소년등급 게임은 청소년 뿐 아니라 성인들도 일체 해당 게임의 아이템과 머니를 거래할 수 없다. 중개 웹(청소년유해매체물)뿐 아니라 게임사업자가 자신들의 게임 시스템 내에 현금거래 중개시스템을 구축해 거래를 알선하는 것도 청소년 게임일 경우 금지된다(문화체육관광부). 청소년 혹은 성인 대상의 '캐시 아이템' 판매도 문제다. 단순한 오락이 아닌 도박수준으로 변질이 되고 있기 때문이다. 게임사의 캐시 아이템 판매는 게임사 자율규약을 따르는 선에서 행해지고 있다.

2. 판례(계정, 도용, 만렙 등)

게임의 계정양도에 대해서 대법원은 "정보통신망법 제48조 제1항과 제49조의 규정상 게임계정의 접근권한은 서비스업체의 권한 부여 여부를 기준으로 판단해야 하며, 타인에게 계정을 양도했어도 약관상 계정양도가 금지돼 있고 서비스업체의 동의가 없었으므로 접근권한은 여전히 원소유주(서비스업자)에게 있기에 온라인 계정매매의 경우 원래 계정주인(이용자)이 계정포기 각서를 작성해도 그 효력을 인정받을 수 없다."고 판단하고 있다.

엔씨소프트는 '리니지2 운영정책'에서 다른 이용자의 계정에 무단접속 행위, 무단접속 행위를 돕거나 이에 편승해 이익을 취득하는 행위를 계정도용으로 규정하고 있다. 컴퓨터 원격조정을 당한 아이템 도난의 경우 법원은 이를 계정도용과 별도로 판단하면서 "엔씨소프트는 계정도용을 아이템 복구(회수) 대상으로 삼고 있다. 제3자가 게임계정에 무단으로 접속하기 위해서는 사용자가 사용하는 계정 아이디와 비밀번호를 사용자 의사에 반해 입력하는 로그인 행위를 필요로 한다. 사용자 자신의 계정 아이디와 비밀번호를 스스로 입력해 게임 서버에 접속한 이후의 원격조정 행위는 제3자에 의한 무단 접속행위가 없었음이 명백한 이상 원격조정 행위는 엔씨소프트의 복구의무 발생의 근거가 되는 계정도용에 해당하지 않는다."는 것이다.

법원은 '모바일 게임업체 직원이 직접 만렙 캐릭터를 운영해 경쟁심을 유도하는 등의 방법으로 다른 이용자들의 과도한 아이템 구매를 유도했더라도 불법행위로 보기 어려워 게임업체에 손해배상책임을 물을 수 없다.'는 입장이다. 즉, "온라인 게임은 재미를 위해 이전 단계에 비해 다음 단계의 임무를 수행하기 더 어렵게 구성된다. 게임사가 게임의 난이도를 조정해 이용자로 하여금 게임을 즐기도록 하는 한편 게임 아이템을 구매하도록 만드는 것은 회사의 이윤추구 활동으로 볼 여지도 있다. 게임사가 내부직원을 이용해 비공개 아이템을 보유한 캐릭터를 형성했다고 하더라도 '정당하지 못한 운영을 했다는 이유로 온라인 게임시장에서 그에 상응하는 평가를 받는 점'을 별론으로 하고 그와 같은 사정만으로 직원이 불법행위를 했다고 보기에는 부족하다."는 것이다(예: 클럽의 '춤추는 알바').

대법원은 '모바일 게임의 게임머니와 능력치를 조작할 수 있는 프로그램을 유포한 것만으로는 업무방해죄가 성립되지 않는다.'는 입장이다. 직접 변조된 게임프로그램을 실행해 게임 서버에 접속했다거나 접속해야 업무방해죄가 성립한다는 것이다. 즉, "게임회사는 게임의 이용자가 변조된 게임프로그램을 이용해 게임 서버에 접속하는 경우에야 정상적인 게임프로그램을 설치 및 실행해 서버에 접속한 게임이용자를 구별할 수 없게 된다. 따라서 이용자가 변조된 게임프로그램을 설치 및 실행해 게임 서버에 접속해야 비로소 게임회사에 대한 위계에 의한 업무방해죄가 성립한다."는 것이다.

VIII. 카드(card)

1. 카드 도난 및 분실

카드를 분실하거나 도난당했을 때 '신고 즉시' 신고의 효력이 발생한다.

카드분실 신고의 효력이 발생한 후부턴 불법이체에 따른 고객의 손실을 은행이나 카드사가 책임져야 한다. 카드 회원에게 고의나 중과실이 없으면 신고 접수일 60일 전 이후에 발생한 부정사용액을 카드사가 보상을 한다. 그러나 타인에게 카드를 대여 및 양도하거나 비밀번호를 누설한 경우, 분실사실을 알고도 정당한 사유 없이 신고하지 않거나 고의로 부정사용한 경우는 '고의·중과실'에 해당해 피해보상을 받을 수 없다.

'신고 전의 액수'에 대해서는 카드 소유자의 과실(과실상계)의 정도 유무를 따져 카드사는 구상권(내부적 손해배상청구권)을 행사할 수 있다. 분실한 카드를 다른 사람이 써서 손해가 발생한 시점으로부터 15일이 지나서 신고를 하는 경우(지연신고)에도 회원의 책임분담률도 35%에서 20%로 변경이 되었다. 다만 현금서비스는 '신고시점 이후'부터 보상한다.

"여신전문금융업감독규정"은 '비밀번호를 입력해 본인확인을 할 수 있는 경우가 아니면 가맹점은 서명이 일치하는지 확인해야 한다.'고 명시하고 있다. 따라서 가맹점이 고객 확인을 제대로 하지 않은 게 밝혀졌을 때는 가맹점이 일정 부분 책임을 진다. 또 고객들이 서명을 하지 않거나 대충 하는 분위기(관리소홀) 즉, 결제서명을 할 때 한 줄만 긋는다거나, 장난스럽게 하트를 그리거나 업소에게 고마움을 전한답시고 '감사해요.'란 말을 쓰는 경우 카드를 분실하고 카드가 부정사용되는 사고 발생 시 해당 고객은 완전한 보상을 받지 못한다. 가족끼리 평소 신용카드를 빌려 사용하다 잃어버리면 분실 후 부정사용 금액에 있어 모든 액수의 보상은 힘들다. 대여책임이 인정되기 때문이다(가족카드 권장).

금융감독원의 '카드분실·도난사고 보상에 관한 모범규준'(2015)은 회원에게 유리하게 변경이 되었다. 즉, 카드 뒷면에 서명을 하지 않은 회원의 책임부담률은 100%에서 50%로 변경이 되었다. 또한 가족이 '일시적으로 카드를 보관'하던 중에 분실 및 도난사고가 발생할 경우 카드회원의 책임분담률이 50%에서 면책(0%)되도록 했다.

2. 카드의 위변조

전자금융거래법과 여신전문금융업법 및 회원약관 등에 따르면 현금카드를 포함하여 신용카드의 위조 및 변조로 발생한 사고로 카드회원의 손해가 발생하면 원칙적으로 금융회사가 책임져야 한다. 하지만 회원(소유자)에게 '고의 또는 중대한 과실'이 있다면 손해의 일부나 전부를 회원이 부담하도록 금융회사의 면책을 인정하고 있다. 중대한 과실의 내용이 무엇이냐는 논쟁 중이지만 '복제카드를 이용한 현금인출의 피해가 발생할 때 소비자가 비밀번호를 누설한 것'은 중대한 과실에 속한다고 보고 있다. 면책입증은 해당 금융회사가 진다.

여신금융전문업법은 카드 가맹점에 여신금융협회에 등록된 단말기(IC 전용 단말기, '긁는 방식'에서 '꽂는 방식')를 설치하도록 하고 있다.

온라인 카드결제 시스템을 이용한 결제 시 해커 등에 의한 침해의 경우 원칙적으로 사업자가 책임을 진다. 비밀번호 노출이 이용자에 의해서 되었다 하더라도 인증은 사업자에게 있기에 사업자가 책임을 진다. 그러나 이용자의 고의 혹은 중과실에 대해서는 이용자가 책임을 진다.

법원은 '미성년자가 자신의 포털사이트 계정에 부모의 신용카드를 입력한 다음 이를 게임 아이템 결제에 사용했다면 부모와 포털사이트가 절반씩 책임져야 한다.'는 입장이다.

3. 마일리지 축소

법원은 "신용카드사가 회원을 유치하면서 카드 사용금액에 따라 적립되는 항공사 마일리지 혜택이 약관규정에 따라 축소될 수 있다는 사실을 사전에 명시적으로 설명하지 않았다면 일방적으로 마일리지 혜택을 줄일 수 없다. 마일리지 혜택은 단순한 부가서비스를 넘어 계약체결 여부나 유지 여부를 결정할 때 직접적인 영향을 미치는 사항으로 설명의무의 대상이 되는 약관의 중요한 내용에 해당한다. 사업자는 직원상담이나 통화 등을 통해 충분히 이 같은 약관의 내용을 안내 및 설명해야 하는데 '홈페이지와 안내문'만으로는 그 의무를 다했다고 볼 수가 없다."는 입장이다. 그 입증도 사업자가 부담한다.

VIV. 공동인증서와 전자서명

1. 공동인증서

공동인증서는 신원확인과 거래사실의 부인방지 등을 목적으로 공동인증기관(CA)이 발행하는 전자적 정보다. 일종의 '사이버 신분증명서'(주민등록증) 역할을 한다. 사설인증으로 카카오의 '카카오페이 인증', 네이버의 '네이버 인증서', 통신 3사의 '패스', 은행연합회의 블록체인을 이용한 '뱅크 사인' 등이 있다. 법원도 그 인증서의 증거능력을 인정하고 있다.

공동 및 사설인증서의 경쟁에 있어 사설 인증서의 기술적인 개발은 수월하지만 금융기관 및 공공기관(공동인증서)과의 연동은 어렵기에 범용성의 한계는 논란이 될 듯하다. 단기적으로는 금융 및 증권 인증서의 공동하는 형태로 범용성 확대가 될 듯하다.

공인인증서 사용을 강제하던 전자금융거래법, 전자금융감독규정 제7조와 전자금융감독규정 시행세칙 제29조와 제31조가 폐지되면서 공동인증서 제도로 전환이 됐다. 또 2020년 전자서명법 개정에 따라 공인인증기관과 공인인증서, 공인전자서명제도가 폐지됐다.

2. 전자서명

클라이언트(client) 인증서로 이루어지는 전자서명(인증서와 쌍을 이루는 개인키로 생성시킨 전자서명)은 '신원확인'(authentication)과 '거래내역 부인방지' 기능을 제공한다. '사이버 인감'의 역할을 한다. 전자서명은 법적으로 '수기서명 및 날인'과 동일한 효력을 지닌다.

> ■ 전자서명법 제3조(전자서명의 효력) ① 전자서명은 전자적 형태라는 이유만으로 서명, 서명날인 또는 기명날인으로서의 효력이 부인되지 아니한다. ② 법령의 규정 또는 당사자 간의 약정에 따라 서명, 서명날인 또는 기명날인의 방식으로 전자서명을 선택한 경우 그 전자서명은 서명, 서명날인 또는 기명날인으로서의 효력을 가진다.

3. 판례

'보이스 피싱', '파밍'(pharming), '메모리 및 스미싱 해킹' 등이 유행하고 있다. 전자금융거래법 제9조는 개인용 컴퓨터를 해킹 당해 금융피해를 본 경우 소비자는 고의 또는 중과실이 아니라면 손해를 배상받을 수 있게 하고 있다. 따라서 '파밍'처럼 제3자가 컴퓨터 해킹으로 주민등록번호나 공인인증서 등을 몰래 빼내 돈을 빼갔다면 소비자의 중과실이나 고의성이 없는 한 그 책임을 금융사가 져야 한다.

대법원은 '자신의 은행계좌 통장과 현금카드, 비밀번호, 주민등록증 사본 등을 넘긴 명의대여자는 성명불상자에게 기망당한 후 재산을 처분하는 데 이용된 수단에 불과하다. 모르는 사이에 통장이 보이스 피싱 범죄에 사용됐다면 이로 인한 손해배상 책임을 질 필요가 없다.'고 판단을 했다. 통장명의인이 전화금융사기에 통장이 사용될 것이라는 점을 모른 경우이고 만약 이를 알았다면 방조에 의한 공동불법행위책임을 부담한다.

대법원은 취업을 도와준다는 보이스 피싱 사기단에 속아 보안카드 번호와 공인인증서 비밀번호 등을 알아낸 후 이 정보를 이용해 피해자 명의의 공인인증서를 발급받은 대부업체 사기사건에서 '보이스 피싱 사기범이 피해자의 개인정보로 공인인증서를 발급받아 대부업체로부터 대출을 받았더라도 공인된 신용절차를 통해 이뤄진 대출이기에 피해자가 갚아야 한다.'는 입장이다. 공인인증서에 의해 본인임이 확인된 자가 작성한 전자문서는 본인 의사에 반해 작성됐더라도 전자문서법에 따라 '작성자의 의사에 기한 것이라고 믿을 만한 정당한 이유가 있는 경우'에 해당한다고 봐야 한다는 것이다. 은행과는 달리 대부업체는 전화통화나 면담 등의 추가적인 본인확인 의무가 없기에 가능한 판결이다.

X. 착오송금 반환제도

소비자 보호를 위한 새로운 제도로 그 효용성을 인정받고 있다. 예금자보호법에 따르면 '착오송금'은 '송금인의 착오로 수취금융회사, 수취계좌번호 등을 잘못 기재하거나 입력하여 수취인에게 자금이 이동된 거래'를 말한다. 수기 거래가 아닌 디지털 거래를 전제로 하고 있다.

모바일 송금, 인터넷 송금, 간편송금, 자동화 기기(ATM) 송금, 텔레뱅킹 등 디지털 기술을 통한 비대면거래와 창구거래 등을 통한 5만원 이상 1000만원 이하의 착오송금은 수령인이 자진반환을 거절된 건에 한해 예금보험공사가 법에 규정된 착오송금 반환지원 제도를 이용하여 약간의 수수료를 제외하고 예금보험공사가 준비된 자본금으로 먼저 채권액을 지불하고 소송 혹은 추후 자진반납 등을 통해 수령인으로부터 나중에 돌려받는 형식으로 문제를 해결하고 있다.

착오송금 반환 시 평균 지급률은 높고 평균 소요기간은 약 2개월 내이다. 신청은 홈페이지에 있는 착오송금 반환지원 사이트 또는 서울 본사 상담센터를 통한 방문신청도 가능하다. 신청 시 먼저 금융회사를 통해 착오송금에 대한 '자체반환 절차'를 이행해야 한다. 그러나 착오송금 수취계좌가 보이스 피싱(전화금융사기) 등 범죄에 이용된 경우, 계좌압류 등 강제집행 등이 있는 경우 및 착오송금인이 송금 금융회사에 대해 자체반환 신청을 먼저 이행하지 않은 경우는 지원대상이 아니다.

■ 예금자보호법 제2조 9. "착오송금"이란 송금인의 착오로 수취금융회사, 수취계좌번호 등을 잘못 기재하거나 입력하여 수취인에게 자금(「전자금융거래법」 제2조 제11호에 따른 전자지급수단 중 대통령령으로 정하는 것을 포함)이 이동된 거래를 말한다.

제39조의2(매입대상 등) ① 공사는 자금이체 금융회사 등을 통해 착오송금한 송금인의 신청이 있는 경우 지원계정의 부담으로 착오송금 수취인에 대한 부당이득반환채권을 사후정산 등의 방식으로 매입하여 소송을 제외한 반환 안내 등의 방법으로 회수할 수 있다. 다만, 공사가 부당이득반환채권을 매입한 이후 착오송금 여부에 관하여 다툼이 있는 경우에는 대통령령으로 정하는 요건 및 절차에 따라 매입계약을 해제할 수 있다.

제39조의3(관계기관 등의 협조) ① ② 자료제출 요구 ③ 공사는 수취인에게 연락하기 위한 목적으로 「전기통신사업법」 제2조 제8호에 따른 전기통신사업자(이하 "통신사업자")에게 수취인의 휴대전화번호 제출을 요구할 수 있다. ④ 공사가 제1항부터 제3항까지의 규정에 따라 자료제출을 요구하는 경우 관계기관 등의 장 및 통신사업자는 정당한 사유가 없으면 이에 따라야 한다.

제3절

다양한 분쟁해결제도

I. ADR

'대체적 분쟁의 해결제도'(Alternative Dispute Resolution)는 재판(소송) 외의 분쟁의 해결이다. '화해, 알선, 조정, 중재' 등의 이름으로 시행되고 있다. 디지털 콘텐트 산업 영역에서의 콘텐츠분쟁조정위원회, 개인정보분쟁조정위원회, 민사조정법상의 조정과 관행적인 검찰의 형사조정제도(소액 사기, 명예훼손, 모욕, 지식재산권 침해) 등이 있다.

장점으로는 분야의 전문지식과 풍부한 경험을 가진 사람들 중에서 당사자 스스로 선임하기에 소송보다 절차진행이 신속하면서 경제적이어서 시간과 비용을 절약할 수 있다. 절차의 진행이 탄력적이다. 절차진행이 비공개적이기 때문에 기업의 비밀 및 개인의 이익 보호가 뛰어나기도 하다. 단점으로는 분쟁의 해결만을 강조하다가 분쟁의 공정한 해결을 침해받을 가능성이 높다. 판단기준이 애매하여 주관적이고 자의적이거나 당사자의 주장을 단순히 반으로 나누는 식의 절충주의적인 판단을 불러올 수도 있다. 상소절차가 없기 때문에 잘못된 판단이 내려진다면 돌이킬 수 없는 위험이 오기도 한다.

법률 및 계약 내용에 따라 재판상 화해의 효력, 제소 전 화해의 효력(강제집행 자동 부여)이 있다.

II. 집단분쟁조정제도

소비자기본법 제68조와 동 법 시행령에 따라 현재 제조물책임, 가격담합 등으로 동일하거나 유사한 피해를 입은 소비자가 50인 이상이고 사건의 중요한 쟁점이 사실상 또는 법률상 유사 또는 공통되는 경우(시행령 제56조) 신청을 할 수가 있다.

주요 영역은 통신서비스 요금, 인터넷 쇼핑몰 사기판매, 개인정보 해킹이나 오남용 등의 집단분쟁사건 등이다.

피해자 외에도 국가, 지방자치단체, 한국소비자원 또는 법이 정한 소비자단체 및 사업자가 조정위원회에 서면으로 분쟁조정을 의뢰 또는 신청한 후 조정이 시작된다(법 제68조 제1항). 피해 소비자들은 피해를 입은 만큼 금전보상과 위자료(정신적 손해배상) 청구도 동시에 가능하다. 법원보다도 재산적 피해가 없는 위자료 인정범위를 넓게 잡아 주고 있다.

집단분쟁조정을 의뢰 또는 신청을 받은 소비자원의 분쟁조정위원회는 집단분쟁조정의 절차를 개시할 수 있다. 그 개시 유무는 재량사항이다. 이 경우 조정위원회는 14일 이상 의무적으로 그 절차의 개시를 공고해야 한다(법 제68조 제2항). 조정위원회는 집단분쟁조정의 당사자가 아닌 소비자 또는 사업자로부터 집단분쟁조정 개시 공고기간 내에 조정의 당사자에 추가로 포함될 수 있도록 하는 신청을 받을 수 있다(법 제68조 3항). 절차에 참가하려는 소비자 또는 사업자는 개시 공고기간 내에 서면으로 참가신청을 해야 한다(시행령 제59조).

조정위원회는 집단분쟁조정의 당사자 중에서 공동의 이익을 대표하기에 적합한 1인 또는 수인을 대표당사자로 선임할 수 있다(법 제68조 제4항). 조정위원회는 집단분쟁조정절차 개시 공고가 종료한 날로부터 30일 이내에 그 분쟁조정을 마쳐야 하며, 부득이한 사정이 있는 경우에는 조정기한을 연장할 수 있다(법 제68조 제7항, 제66조). 횟수의 제한은 없다. 조정결정 내용은 즉시 당사자에게 통보된다. 당사자가 통보를 받은 날로부터 15일 이내에 분쟁조정의 내용에 대한 수락 여부를 조정위원회에 통보해야 한다. 이 경우 15일 이내에 의사표시가 없는 때에는 수락한 것으로 본다(법 제67조 제1항 및 제2항).

조정이 성립된 경우 그 조정내용은 '재판상 화해'와 동일한 효력이 있다(법 제67조 제4항). 민사소송법의 확정판결과 동일한 효력이 발생한다. 조정이 성립된 후 당사자 일방이 이를 이행하지 않는 경우에는 법원으로부터 집행문을 부여받아 강제집행을 할 수 있다. 위원회는 사업자가 조정위원회의 집단분쟁조정의 내용을 수락한 경우에 '집단분쟁조정의 당사자가 아닌 자'로서 피해 소비자에 대한 보상계획서를 작성하여 조정위원회에 제출하도록 권고할 수 있다(법 제68조 제5항). 보상계획서 제출을 권고받은 사업자는 그 권고를 받은 날부터 15일 이내에 권고의 수락 여부를 통지해야 한다(시행령 제60조). 규정은 없지만 수락에 대한 통지가 없을 경우 보상에 대한 부정적인 것으로 판단해야 한다.

소비자원 심리는 당사자가 조정을 거부하거나 법원에 소송이 제기되면 강제적으로 '중단'된다.

분쟁조정의 신청과 집단분쟁조정의 의뢰 또는 신청에 시효중단의 효력을 부여하되, 당사자가 조정의 내용을 수락하거나 또는 수락하지 아니한 외의 경우로 조정절차가 종료된 경우에는 그 조정절차가 종료된 날부터 1개월 이내에 소를 제기하지 아니하면 시효중단의 효력이 없도록 했다(제68조의3).

III. 집단소송

집단소송(class action)은 '피해의 유형이 유사한 다수의 피해자 중에서 그 집단을 대표하는 대표당사자가 나와서 소송을 수행하고, 판결의 효력이 피해자 전체에 미치게 하는 일괄적인 집단구제제도'(opt-in)를 말한다. 대표소송(선정당사자제도)과는 차이가 있다.

집단소송제도는 '집단으로 소송을 제기하는 제도'라기보다는 '집단이 다투기 적합한 방식의 소송제도를 도입하는 제도'다. 경제적 강자와 약자가 대등한 입장에서 다투는 것을 전제로 진행되어 실질적 당사자 대등이 보장되지 않는 현 민사소송 제도의 한계를 극복하고, 소수의 침해자와 다수 피해자 사이의 실질적 대등을 추구하는 새로운 방식의 소송제도이다.

집단소송에 있어 피해자 승소의 어려움은 관련 증거들이 그 가해자 내부에는 있지만 피해자들은 증거에 접근하기 어렵다는 점이다. 이 증거편재의 문제를 해결하기 위해 미국의 집단소송에는 상대 대기업이 내부에 가지고 있는 증거를 재판에 제출하도록 하는 '증거개시 제도'가 포함되는 것이 일반적이다. 또 집단소송은 당사자별로 일일이 개별 손해입증을 하지 않고 통계적 손해입증을 허용하고 있다.

입증책임은 원칙적으로 피해자(원고)에게 있다. 운용방식은 국가마다 차이가 있어 독일에서는 개인이 아닌 '시민단체'만이 소송을 제기할 자격을 부여받고 있다. 미국은 둘 다 인정하고 있다. 이 제도는 소비자들의 권익을 보호하고 기업의 투명성과 회계의 신뢰성을 고취시킨다는 장점이 있는 반면에 사실상 강제화한 유도 등이 단점으로 지적된다. 또한 집단소송의 조건은 까다롭고 소송비용 과다라는 단점이 있다.

한국은 "자본시장과 금융투자업에 관한 법률"(자본시장통합법)을 통해 제한적인 범위 내에서 집단소송을 시행하고 있다. 이는 법원의 허가사항이다. 사실상 6심제로 운영이 된다. 동 법은 증권시장에서 발생하는 '기업의 분식회계·부실감사·허위공시·주가조작·내부자거래'와 같은 각종 불법행위로 인하여 다수의 소액 투자자들이 재산적 피해를 입은 경우 기존의 소송구조로는 소액투자자들이 손해배상 청구의 소를 제기하기 어려울 뿐만 아니라 다수의 중복소송으로 소송 불경제가 야기될 우려가 있어 이를 해결하기 위해 만들어진 것이다. 대법원은 "유가증권 취득자가 사업보고서의 허위기재로 인해 입은 손해배상을 청구하는 경우 상장법인이 책임을 면하기 위하여 인과관계의 부존재를 입증해야 한다."(입증책임 전환)고 판시하고 있다.

IV. 단체소송

사업자가 '소비자의 생명, 신체, 재산에 대한 권익을 직접적으로 침해하고 그 침해가 지속적으로 계속되는 경우'에 '법에서 정한 적격단체'가 법원에 소비자의 권익과 관련해서 '침해행위의 금지 및 중지'를 구하는 소송을 제기할 수 있다(소비자보호법 제70조).

단체소송 제도는 그 한계로 권익 침해행위의 금지 및 중지를 요구할 수 있을 뿐 손해배상 청구를 할 수 없다. 따라서 손해배상을 청구하기 위해서는 민사소송을 제기하거나 소비자원의 집단분쟁조정제도를 이용해야 한다.

이러한 소송을 제기할 수 있는 소비자 단체는 정부에 등록되어있는 한국소비자원, 한국소비자연맹, 한국YMCA전국연맹, 한국여성단체협의회 등 10곳이다. 이 밖에 공정거래위원회에 등록하는 소비자단체 가운데 정회원이 1000명 이상이고 등록 후 3년이 지난 곳도 가능하다.

제7장

사이버 명예훼손에 대한 관리

제1절
제정 배경

　사이버상의 명예훼손은 음란물처럼 디지털 사회의 부작용의 대표적 사례이다. 그 명예훼손에 대한 관리의 정도는 국가마다 다르겠지만 모든 국가는 관리범위에 이를 포함을 하고 있다. 국내에서는 정보통신망법 제44조의7 제1항 제2호와 제70조에서 규정하고 있다. 사이버 명예훼손죄의 성립을 위해 비방의 목적, 사실의 적시 및 공연성이라는 구성요건의 충족과 진실성이 없고 공익성에 반해야만 한다. 벌칙이 형법 제307조 명예훼손죄보다 무겁다. 피해확산의 광범위성과 구제의 사실상 불가능 때문이다. 제2차적 피해가 더 큰 특징이 있다.

> ■ 형법 제307조(명예훼손) ① 공연히 사실을 적시하여 사람의 명예를 훼손한 자는 2년 이하의 징역이나 금고 또는 500만원 이하의 벌금에 처한다. ② 공연히 허위의 사실을 적시하여 사람의 명예를 훼손한 자는 5년 이하의 징역, 10년 이하의 자격정지 또는 1천만원 이하의 벌금에 처한다.
> 　제309조(출판물 등에 의한 명예훼손) ① 사람을 비방할 목적으로 신문, 잡지 또는 라디오 기타 출판물에 의하여 제307조 제1항(사실적시)의 죄를 범한 자는 3년 이하의 징역이나 금고 또는 700만원 이하의 벌금에 처한다. ② 제1항의 방법으로 제307조 제2항의 죄를 범한 자는 7년 이하의 징역, 10년 이하의 자격정지 또는 1천500만원 이하의 벌금에 처한다.

온라인상의 경우에 적용이 되는 정보통신망법 제44조의7의 제1항 제2호와 제70조는 형법 제309조의 '출판물 등의 명예훼손'과의 구별을 위해 만들어졌다. 그 구성 및 처벌요건은 유사하다. 정보통신망법이 제정되기 전에는 형법 제309조 '출판물 등에 의한 명예훼손죄'의 수단 중 '기타 출판물'에 의한 경우에 'TV 혹은 네트워크를 포함할 것인가에 대한 논란이 있었다. 최종적으로 새로운 규정을 통한 문제해결을 하는 쪽으로 방향이 잡혔다.

사이버 명예훼손죄는 추상적 위험범이다. 게시판, blog 혹은 twitter 등 SNS상에 등재가 되면 기수가 되기에 누군가가 열람했다는 사실은 형량의 산정 시 참조는 될지언정 기수의 성립에는 영향이 없다. 동 죄는 일본 형법 제230조의 친고죄와 달리 형법과 동일하게 '반의사불벌죄'이다.

제2절
범죄의 구성요건

> ■ 정보통신망법 제44조의7(불법정보의 유통금지 등) ① 누구든지 정보통신망을 통하여 다음 각 호의 어느 하나에 해당하는 정보를 유통하여서는 아니 된다. 2. 사람을 비방할 목적으로 공공연하게 사실이나 거짓의 사실을 드러내어 타인의 명예를 훼손하는 내용의 정보
>
> 제70조(벌칙) ① 사람을 비방할 목적으로 정보통신망을 통하여 공공연하게 사실을 드러내어 다른 사람의 명예를 훼손한 자는 3년 이하의 징역 또는 3천만원 이하의 벌금에 처한다. ② 사람을 비방할 목적으로 정보통신망을 통하여 공공연하게 거짓의 사실을 드러내어 다른 사람의 명예를 훼손한 자는 7년 이하의 징역, 10년 이하의 자격정지 또는 5천만원 이하의 벌금에 처한다. ③ 제1항과 제2항의 죄는 피해자가 구체적으로 밝힌 의사에 반하여 공소를 제기할 수 없다.

I. 비방의 목적

법에 따라 사이버상의 명예훼손은 먼저 '비방의 목적'이 있어야 한다. 대법원은 비방의 목적에 대해 '일반인 기준에서 행위자의 주관적 의도의 강도 또는 방향성, 게시물의 전체적인 내용, 표현방법 및 훼손되는 명예의 침해 정도, 주변 정황을 종합적으로 고려하여 판단해야 한다.'고 하면서 이를 '가해의 의사 또는 목적'으로 보고 있다. '글 게시판, blog 및 facebook, telegram 등 SNS상에 지속적으로 명예훼손 게시물을 모아 놓는 행위'는 비방목적이 있는 것으로 본다. 또 기사 게재의 결정 유

무는 편집인의 고유권한에 속하지만 '온라인 매체에 명예훼손 기사 재료를 제공한 자'도 고의성이 인정된다면 비방목적의 매개자가 될 수도 있다. 대법원은 '비방목적'과 '공익성'은 배척관계로 판단하고 있다. '비방의 목적'이 없는 행위에 대해서는 법원은 형법 제307조를 적용하고 있다.

II. 사실의 적시

'사실의 적시'('사실을 드러내어')에서 '사실'은 '그 사실이 특정인의 사회적 가치 내지 평가를 침해하면서 과거 또는 현재의 입증이 가능한 사실관계의 구체적인 보고 또는 진술'을 의미한다. '사실'은 피해자에 대해 '직접 경험'한 사실 외에 '추측'이나 '소문'에 의한 사실도 포함한다. '적시'는 특정인의 명예가 침해될 수 있을 정도로 '경멸의 의사'가 포함된 '구체성'이면 충분하다. 우회적으로 비꼬는 서술방식인 'acrostic 기법'도 적시에 포함이 된다. 댓글 및 링크를 통한 행위도 가능하다. 대법원은 '구체성의 정도'에 있어 '직접성 외에 적어도 특정 문구에 의해 그러한 사실이 곧바로 유추될 수 있을 정도는 돼야 한다.'고 판단을 하고 있다. 'ID만 알 수 있을 뿐 그와 같은 아이디를 가진 사람이 누구인지 추지할 자료가 없는 피해자에 대해 허위사실을 적시한 경우' 인정받기가 어렵다. '단순 사칭 명의도용'의 경우 피해자에 대한 구체적인 내용이 없어 처벌이 어렵다.

가치판단이나 평가를 내용으로 하는 '의견(표현)' 혹은 '논평'은 '사실의 적시'가 아니다. '의견(표현)' 및 논평을 하고자 하는 경우 역시 구체적 또는 추상적인 사실을 전제로 하고 있기에 양자를 구별하기가 쉽지 않다. 대법원은 '당해 게시물의 객관적인 내용과 제3자가 보통의 주의로 게시물을 접하는 방법을 전제로 게시물에 사용된 어휘의 통상적인 의미, 게시물의 전체적인 흐름, 문구의 연결방법 등을 기준으로 판단해야 한다. 게시물이 게재된 보다 넓은 문맥이나 배경이 되는 사회적 흐름 등도 함께 고려해야 한다.'고 판단하고 있다. 위법성을 피하려면 통상적인 언어로 간접적인 방법을 사용해야 한다는 의미로 읽힌다. 법원은 '종북', '빨갱이'라거나

'공산주의자'의 표현은 주관적 평가라고 판단을 하고 있다. 한국 사회에서 강한 낙인효과를 불러오곤 하는 해당 언어의 파급력을 법원은 무시하고 있다는 비판은 설득력이 있다.

진실한 사실의 적시를 통해서도 명예침해가 가능하다(합헌). 사실적시로 인한 명예훼손죄가 악의적으로 사용되고 피해자의 입을 막는 측면을 무시할 수가 없다. 형사책임을 추궁하는 동기도 민사상 손해배상 책임을 묻기 위한 증거수집의 목적인 경우가 많기에 이런 경우의 형사처벌은 불필요할 수가 있다. 입법적으로는 진실된 사실의 적시는 형사상보다는 민사상으로 문제해결을 하는 것이 표현의 자유를 더 두텁게 보호할 수 있다. 그 대안으로 2018년 형사정책연구원의 연구보고서는 사이버 명예훼손죄의 친고죄로의 전환 혹은 형사법규의 비범죄화하는 방향으로 입법제안을 하고 있다.

III. 공연성

'공연성'은 '피해자의 인식과 상관이 없는 불특정 다수인이 인식할 수 있는 상태'를 말한다. 사이버상의 명예훼손죄의 공연성은 온라인상에서 접근 및 전파 가능성의 수월성으로 인해 쉽게 충족이 되기에 그 '공연성'의 인정범위는 넓다.

통설의 '직접적 인식가능성' 대신에 대법원이 취하고 있는 가벌성의 확대가 가능한 '전파성 이론'에 따르면 '사실을 적시한 상대방이 특정된 1인의 경우에도 그 자가 불특정 또는 다수인에게 전파할 가능성이 있으면 공연성은 인정'된다. 대법원은 1인에게 말하였더라도 이를 들은 사람이 그 사실을 다른 사람에게 전파할 가능성이 없다면 명예훼손죄가 성립되지 않는다지만, 그 한사람이 '기자'인 경우에는 전파가능성이 있다는 판단을 하고 있다. 대법원은 '1:1 채팅방'에서의 글에 대해서도 상황에 따라 공연성 인정이 가능하다고 본다. 이는 상대방의 비밀준수의 약속도 전파가능성을 막지는 못한다는 의미이고, 이러한 논리라면 '폐쇄성을 띤 전자메일 송수신(1:1)' 혹은 'telegram처럼 보안성이 뛰어난 공간'에서도 동일한 결론도출이 가능하다. 반면에 피해자와 친한 친척 1인에게 피해자의 불륜사실을 말한 경우, 피해자와 동업관계에 있고 친한 사이인 사람에게 피해자에 대한 험담을 한 경우, 피해자와 그 남편 앞에서 사실을 적시한 경우, 피해자가 근무하는 학교 이사장에게 피해자 비리를 고발한 경우, 피해자가 혼자 있거나 가해자의 가족들이 병원에서 명예를 훼손하는 표현을 한 경우 대법원은 전파 가능성이 없기에 공연성이 없다고 보고 있다. 그러나 갑과 병 2인만이 있는 상황에서 갑이 을에게 욕설을 한 상황에서 병이 을과 신분관계상 밀접한 관계가 있는 경우('친척, 고용관계, 친구 등')에는 전파 가능성이 없어서 공연성이 없다고 보았지만, 병이 을과 '동네사람'처럼 특별한 관계가 아닌 경우에는 비록 1인에게만 한 말이라도 전파 가능성을 인정하고 있다.

IV. 명예

사람의 '명예'가 객체가 된다. 명예는 '외부적 명예', 즉 '사람의 인격적 가치에 대한 사회 일반의 평가'를 말한다. 피해자의 성명이 명시될 필요는 없다. 당사자의 이름을 성, 이니셜, 주민등록번호나 특수문자, 대화방명 등으로 표기해도 된다. '법인이나 법인격 없는 단체'는 명예의 주체가 된다.

V. 공익성과 진실성

명문상의 규정이 없지만 적시된 사실이 '공익성과 진실성'의 충족이 된다면 이는 법이 규정하고 있는 위법성 조각사유에 해당된다(무죄). 대법원은 '오로지'의 의미를 '주로'라고 해석하여 형법 제310조 조각사유를 인정하고 있다. 대법원은 그 조각사유의 입증은 검사가 아닌 '행위자의 입증'을 요구하고 있다.

'경솔한 오신에 기초한 사실의 적시'는 그 보호의 대상이 안 된다.

사실의 적시는 '공공의 이익'에 관한 것이어야 한다. 그렇다고 하더라도 이는 민사상의 손해배상의 당연한 면책을 의미하지는 않는다. 공공의 이익은 일반적으로 '국가나 사회 기타 다수인 일반의 이익'을 말한다. 주된 목적이 공공의 이익을 위한 것이면 충분하고 유일한 동기일 필요는 없다. 행위자의 주요한 목적이 공공의 이익을 위한 것이라면 부수적으로 다른 사익적인 동기가 내포돼 있어도 가능하다. 소비자로서 맛집 혹은 산후조리원에서의 겪은 일(경험)과 주관적 평가를 담은 글을 블로그나 게시판에 올린 것은 소비자 및 임산부의 의사결정에 도움이 되는 정보 및 의견제공이라는 측면에서 주로 공공의 이익에 관한 것으로 볼 수가 있다.

'보도의 공익성' 입증은 수월하다. 반면에 단순한 기사내용의 '진실성'을 증명하긴 어렵다. 완벽한 자료의 확인은 드물기 때문이다. 따라서 '기사내용의 허위'라는 논란이 격렬하게 일어난다. 쟁점이 되는 것은 기자가 '진실이라고 믿을 만한 이유(상당성)의 존재' 여부다. 일반인보다는 좀 더 구체적인 상당성이 있어야 한다. 대법원은 적시된 사실의 '중요 부분이 진실과 합치하면 충분'하고 다소 과장 또는 일부 허위사실의 표현이 있어도 무방하다는 입장이지만 중요 부분이 무엇인지를 구체적으로 기준설정을 하지는 않고 있다.

제3절

사업자 주의의무, 임시조치

I. 사업자(OSP)의 주의의무

사이버 명예훼손으로 인한 침해의 최소화와 예방적 작용을 위해 포털 등 정보통신서비스제공자의 책임강화 요구는 입법으로 이어지고 있다. 그 효율성을 인정하기 때문이다.

삭제 혹은 차단 등의 임시조치에 있어 정보통신서비스사업자에 대한 의무책임의 근거를 대법원은 '사업자의 관리상의 책임 및 차단의 주의의무'에서 구하고 있다. 즉, "사업자의 관리책임은 불법성이 명백한 게시물로 인한 타인의 법익침해 가능성을 충분히 인지할 수 있고, 그의 관리가 미칠 수 있는 일정한 범위 내 제한적으로 인정되어야 한다. … 기술적·경제적으로 그 게시물에 대한 관리 및 통제가 가능한 경우에는 사업자에게 그 게시물을 삭제하고 향후 같은 게시 공간에 유사한 내용의 게시물이 게시되지 않도록 차단할 주의의무가 있다. 그리고 그 게시물 삭제 등의 처리를 위하여 필요한 상당한 기간이 지나도록 그 처리를 하지 아니함으로써 타인에게 손해가 발생된 경우에는 부작위에 의한 불법행위 책임성립'이 된다."고 판단하고 있다. 사전이 아닌 사후의 문제이기에 검열은 아니다.

경찰의 절도 피의자 검거의 보도자료 배포 후 언론사들의 보도자료를 기반으로 한 피의사실을 공개했지만 절도죄에 대해 '혐의없음'의 불기소 처분을 받은 사건에서 대법원은 "언론사가 추가취재 없이 경찰이 제공한 자료만 믿고 허위사실을 보도

해 타인의 명예를 훼손했다면 배상책임을 피할 수 없다. 특히 수사사건에 대한 혐의사실과 관련된 보도에는 언론사가 추가사실 확인 등 보다 큰 주의를 기울여야 한다."는 입장이다. 제2차 피해가 가능한 언론보도 행위에 있어 형법 제30조, 민법 제751조 및 언론중재법 제30조에 따라 언론사의 관리 및 주의의무를 일반인보다는 더 깊게 인정한 판결이다. 구체적으로는 '기자'는 취재과정에서 충분한 진실확인 절차를 거쳤음의 증명이나 취재원의 신뢰도를 꼼꼼하게 검증했거나 혹은 녹음한 취재원과의 대화내용을 푼 녹취록 등의 소지는 필수일 수가 있다. 당사자의 반론과 해명을 받기 위해 언제 어디로 몇 번을 찾아갔고 전화했고 '연락을 달라'는 메모를 남겼지만 회신이 없었다는 사실도 필요할 수도 있다.

II. 임시조치(정보통신망법)

1. 제44조(권리보호)

> 제44조(정보통신망에서의 권리보호) ① 이용자는 사생활 침해 또는 명예훼손 등 타인의 권리를 침해하는 정보를 정보통신망에 유통시켜서는 아니 된다. ② 정보통신서비스제공자는 자신이 운영·관리하는 정보통신망에 제1항에 따른 정보가 유통되지 아니하도록 노력하여야 한다. ③ 방송통신위원회는 정보통신망에 유통되는 정보로 인한 사생활 침해 또는 명예훼손 등 타인에 대한 권리침해를 방지하기 위하여 기술개발·교육·홍보 등에 대한 시책을 마련하고 이를 정보통신서비스제공자에게 권고할 수 있다.

정보통신망법 제44조는 판례에 의해 단지 선언규정으로 머무는 것이 아니라 재판규범으로 역할을 보충적으로 수행하고 있다.

2. 제44조의2(정보의 삭제요청 등)

> 제44조의2(정보의 삭제요청 등) ① 정보통신망을 통하여 일반에게 공개를 목적으로 제공된 정보로 사생활 침해나 명예훼손 등 타인의 권리가 침해된 경우 그 침해를 받은 자는 해당 정보를 처리한 정보통신서비스제공자에게 침해사실을 소명하여 그 정보의 삭제 또는 반박내용의 게재("삭제 등")를 요청할 수 있다. ② 정보통신서비스제공자는 제1항에 따른 해당 정보의 삭제 등을 요청받으면 지체 없이 삭제·임시조치 등의 필요한 조치를 하고 즉시 신청인 및 정보게재자에게 알려야 한다. 이 경우 정보통신서비스제공자는 필요한 조치를 한 사실을 해당 게시판에 공시하는 등의 방법으로 이용자가 알 수 있도록 하여야 한다. ③ 정보통신서비스제공자는 자신이 운영·관리하는 정보통신망에 제42조에 따른 표시방법을 지키지 아니하는 청소년유해매체물이 게재되어 있거나 제42조의2에 따른 청소년 접근을 제한하는 조치 없이 청소년유해매체물을 광고하는 내용이 전시되어 있는 경우에는 지체 없이 그 내용을 삭제하여야 한다. ④ 정보통신서비스제공자는 제1항에 따른 정보의 삭제요청에도 불구하고 권리의 침해 여부를 판단하기 어렵거나 이해당사자 간에 다툼이 예상되는 경우에는 해당 정보에 대한 접근을 임시적으로 차단하는 조치("임시조치")를 할 수 있다. 이 경우 임시조치의 기간은 30일 이내로 한다. ⑤ 정보통신서비스제공자는 필요한 조치에 관한 내용·절차 등을 미리 약관에 구체적으로 밝혀야 한다. ⑥ 정보통신서비스제공자는 자신이 운영·관리하는 정보통신망에 유통되는 정보에 대하여 제2항에 따른 필요한 조치를 하면 이로 인한 배상책임을 줄이거나 면제받을 수 있다.

헌법재판소는 정보게재자의 표현의 자유의 제한 시 이 임시조치는 최소성의 원칙에 반하지 않기에 표현의 자유를 침해하지 아니하는 조치라고 판단을 하고 있다.

정보통신서비스제공자의 책임에 있어 명예훼손 성격의 글이 게시판에 올려진 것에 대해 대법원은 '삭제의무가 있고 정당한 사유 없이 이를 이행하지 아니한 경우'에는 사업자의 손해배상의 책임을 인정하고 있다. 그러나 명예를 훼손하는 게시물을 알았거나 알 수 있었다 하더라도 정당한 사유의 조항으로 인해 항상 운영자가 그 글을 즉시 삭제할 의무를 지게 된다고 단정할 수 없다.

임시조치 이후의 이의제기에 대한 '재게시 청구'의 규정은 없다. 즉, 최장 30일의 임시조치 기간이 지난 후에는 사업자가 해당 정보에 대해서 어떠한 조치를 취해야 하는지 등은 정보통신서비스제공자의 자율에 맡겨져 있다. 헌법재판소는 임시조치 기간이 지난 후 정보통신서비스제공자가 해당 정보에 대해서 어떠한 조치를 취해야 하는지에 대해 헌법재판소는 정보통신서비스제공자와 이용자들 사이의 자율이고 해당 임시조치는 합헌이라고 인정하고 있다.

3. 제44조의3(임의의 임시조치)

> 제44조의3(임의의 임시조치) ① 정보통신서비스제공자는 자신이 운영·관리하는 정보통신망에 유통되는 정보가 사생활 침해 또는 명예훼손 등 타인의 권리를 침해한다고 인정되면 임의로 임시조치를 할 수 있다. ② 제1항에 따른 임시조치에 관하여는 제44조의2 제2항 후단, 제4항 후단 및 제5항을 준용한다.

규정상 '공개 또는 비공개 정보'의 제한이 없는 상황에서 자발적인 임시조치의 논란을 막기 위해 대법원은 '불법성이 명백한 게시물로 타인의 법익침해 가능성이 높을 때 및 게시물이 포털업체가 기술적 및 경제적으로 관리가 가능한 경우'에 한해 포털이 자발적으로 차단을 할 수 있다고 판단하고 있다. 따라서 피해자의 삭제요구가 없어도 포털사이트는 이러한 명예훼손 게시물을 삭제해야 하고 조치이행을 하지 않은 경우에는 정정보도 및 손해배상의 책임이 있다.

임시조치가 사업자의 책임감면 혹은 책임회피의 수단으로 악용될 수가 있다. 특히 공적 인물에 대한 임시조치 요구에 대한 사업자의 임시조치 현황이 공개되지 않아 통계로 증명하기가 힘들지만, 자의적인 임시조치의 개연성은 충분하다. 포털에서 정치인, 주요 대기업, 종교단체 및 유명 연예인 등의 임시조치 오남용 가능성이 커지고 있다는 판단하에 한국인터넷자율정책기구(KISO)는 "정무직 공무원 등의 명예훼손을 이유로 한 임시조치 신청에 대해서는 알권리를 보호하기 위해 명백한 허위사실이 아닌 한 임시조치를 제한한다."는 자체적인 규정을 내세워 접근차단과 삭제요청의 상당 부분을 거부하고 있다.

포털의 제44조의3의 임시조치에 대해 헌법재판소는 '법률이 헌법에 위반된다는 사실은 위헌 결정이 있기 전에는 객관적으로 명백한 것이라고 할 수 없어 일반 당사자들은 현행 법률에 따를 수밖에 없다. 따라서 임시차단한 당사자의 행위에 고의 또는 과실이 있었다고는 인정할 수 없다.'고 판단하고 있다.

4. 제44조의4(자율규제)

■ 제44조의4(자율규제) ① 정보통신서비스 제공자단체는 이용자를 보호하고 안전하며 신뢰할 수 있는 정보통신서비스를 제공하기 위하여 정보통신서비스제공자 행동강령을 정하여 시행할 수 있다. ② 정보통신서비스 제공자단체는 다음 각 호의 어느 하나에 해당하는 정보가 정보통신망에 유통되지 아니하도록 모니터링 등 자율규제 가이드라인을 정하여 시행할 수 있다. 1. 청소년유해정보 2. 제44조의7에 따른 불법정보 ③ 정부는 제1항 및 제2항에 따른 정보통신서비스 제공자단체의 자율규제를 위한 활동을 지원할 수 있다.

법에 근거를 둔 행동강령 혹은 guideline이기에 이들은 법규성이 있다. 보안기술이나 deep fake처럼 규범이 따라가기 힘든 새로운 기술의 영역에서 해당 조항들이 적용되고 있다.

5. 판례

임시조치에 있어 대법원은 영리 및 비영리 게시판과 약관 규제내용 유무에 따라 차이점을 두고 있다.

정보통신서비스사업자의 삭제의무와 관련하여 대법원은 '영리목적의 게시판이고 약관에 규제가 사전에 공지되었다면 이용자에 의하여 명예훼손 성격의 글이 게시판에 게시된 것을 알았거나 알 수 있었던 경우에는 이를 삭제하는 등의 적절한 조치 의무가 정보통신서비스제공자에게 있다.'는 입장이 있다.

'비영리 게시판이고 약관에 규제가 없다고 하더라도 명예훼손 게시물에 대한 삭제의무를 사업자는 종합적으로 판단하여 특별한 상황이 없다면 알았거나 알 수 있었던 상황만으로 즉시 삭제의 의무를 지는 것은 아니다. 삭제의무가 있는지는 게시의 목적, 내용, 게시기간과 방법, 피해의 정도, 게시자와 피해자와의 관계, 반론 또는 삭제요구의 유무 등 게시에 관련한 쌍방의 대응태도, 당해 웹의 성격 및 규모 및 영리목적의 유무, 개방정도, 운영자가 게시물의 내용을 알았거나 알 수 있었던 시점, 삭제의 기술적·경제적 난이도 등을 종합하여 판단해야 한다.'는 입장도 있다.

피해자 구제의 실질성에서 보면 영리 및 비영리 게시판과 약관 규제내용 유무 구분이 없이 종합적 고려기준에 따라 임시조치의 의무인정이 바람직하다.

제8장

사이버 음란물에 대한 관리

제1절

개념과 판단기준, 특징

I. 개념과 판단기준

근대 이후로 사회적 패악이 심한 음란물에 대해 미풍양속의 목적으로 국가의 엄한 관리가 시작이 됐다. 물론 프랑스 혁명이나 조선의 부패한 특정 시기에 정부 비판에 대한 유효한 수단으로의 풍자물 형태로 음란물이 활용이 된 적도 많았다.

디지털 시대나 아날로그 시대나 대법원의 음란물에 대한 정의와 그 판단기준은 유사하다. '사이버 음란물'의 개념에 대해 대법원은 '음란은 보통인의 성욕을 자극하여 성적 흥분을 유발하고 정상적인 성적 수치심을 해하여 성적인 도의관념에 반하는 것을 말한다.'고 지속적으로 판시하고 있다.

디지털 사회에서 사이버 음란물의 범위에 규범을 통해 디지털 정보를 적극적으로 포함하는 것은 자연스러운 행동이다. 나이와 성별을 불문하고 인간의 행동에 부정적인 영향을 미치기 때문이다. 대법원은 '음란물 영상을 내려받을 수 있는 torrent file도 음란물에 해당하므로 이를 웹사이트에 올리면 음란물 유포죄에 해당한다.'는 입장이다. 플랫폼 사업자의 관련 책임의 범위도 법을 통해 넓혀가고 있다. 예전에는 해당 사업자는 단순한 정보의 중계자 혹은 매개자라고 해서 디지털 산업을 키우기 위해 의도적으로 법적 책임을 면책하곤 했었다. '음란물 link'에 대한 제재도 행해지고 있다. 대법원은 '링크가 단순 연결기능(정보제공 기능)을 넘어서 실질적으로 링크된 웹의 내용을 이용자에게 직접 전달하는 기능을 수행하고 있다. 링크를 통해 다른 웹을 지배 및 이용함으로써 실질에 있어서는 그 내용물을 직접 전시하는 것과 같다.'라는 입장이다.

II. 특징

이용자의 사이버 음란물에 대한 접근은 쉽다. '잡히지도 처벌도 어려운' 음란물 피해의 대상은 연령을 가리지 않지만 국내는 중년의 피해보다는 젊은 여성의 피해에 더 집중을 하고 있다. 또 가해자의 상당수는 연인이나 직장동료와 같은 '아는 사람'이고 평범한 얼굴을 한 이들이 촬영물을 유포한 경위 그 부작용과 달리 사적 복수 혹은 수익추구 등 대단치 않다는 것이다.

제작이나 유통 등 역시 각 국가의 영토를 기준으로 설정된 물리적 국경과는 관련이 적다. 그 때문에 외국 플랫폼 사업자와의 협조는 과거와 달리 선택이 아닌 필수적인 상황이다. "범죄수익 은닉의 규제 및 처벌 등에 관한 법률"은 웹 하드 혹은 음란물 유통의 웹을 통한 음란물을 통해 발생한 수익의 몰수가 행해지고 있다. 특히 '기소 전 몰수보전제도'는 효용성을 인정받고 있다.

사이버 음란물의 개념은 불명확하고 유동적이다. 개념 그 자체가 당시 사회 구성원의 시대적 인식에 상당 부분 의존하는 상황에서 국내에서는 성적 개방성으로 인해 관점의 변화가 급속하게 이뤄지고 있기 때문이다. 남녀의 성기는 음란물로 볼 수가 있지만 법원은 개별적으로 접근을 하고 있다. 예전에 대법원은 '남성 성기 모양의 자위기구'에 대해서는 음란물에서 제외하고 있었다. '여성성기 모양의 자위기구'에 대해서는 '사회통념상 선량한 성적 도의관념에 반한다.'며 음란물로 보았기 때문이다. 현재는 여성의 보호보다는 남존여비의 잔재라는 비판 수용 및 성의식의 변천을 수용하여 대법원은 판례 변경을 통해 남녀 구분없이 남성용 자위기구도 음란물로 보지 않고 있다.

사이버 음란물 제작자와 유통자 등에 대한 영장을 받기 위해서 행위자와 범죄의 대상을 특정해야 한다. 그러나 행위자는 익명으로 외국에서 활동하는 경우 혹은 torrent 기술은 고전적인 P2P 방식과 달리 파일이 특정 서버에 저장되지 않아 삭제를 요청할 대상 자체가 없다. 그 때문에 파일공유 흔적이 그대로 남는 P2P 방식과는 달리 대상의 특정이 어렵다. 그만큼 범죄행위는 쉽지만 수사는 쉽지가 않다.

성범죄 재판 중 피해자를 증인신문하는 과정에서 성경험 여부나 성폭력 통념에 갇힌 질문을 하는 사례는 비일비재하다. 제2차 피해를 막기 위해 검사 또는 변호사가 성범죄 재판의 증인신문 과정에 피해자에게 부적절한 질문을 막을 필요가 있다. 실체적 진실파악을 위한 목적의 증인신문 내용에 관해선 재판장 재량에 따른 소송지휘권 행사에 맡기기에는 위험부담이 너무 크다. 성범죄 가해자와 같은 공간에서 증언하는 피해자 가림막으로는 불충분하고 비디오 등 중계장치에 의한 신문 등 증언 방식에 관한 선택권 보장, 성적 이력 등 사건과 무관한 피해자의 사적 정보에 관한 신문 제한, 불법촬영 등 피해 영상을 공개법정에서 재생 시 피해자의 신체 등이 촬영된 사진영상에 대한 증거조사 시 필수적 심리 비공개, 재판 중 취득한 피해자의 사적 정보 유출·공개 금지, 소송기록 열람 및 등사권의 실질적 보장 등이 제도적으로 도입이 될 필요가 있다.

성범죄자 신상정보의 '공개 제도'가 운영되고 있다. 누구나 법원의 유죄판결 확정, 신상정보 등록 및 공개명령 후 성범죄자 정보를 볼 수 있는 '성범죄자 알림e' 앱을 통해 주변에 거주하는 성범죄자의 얼굴 외에도 키, 몸무게, 나이, 건물, 범죄 요지가 적혀있다. 이동하는 지역마다 거주 중인 성범죄자 정보알림이 실시간으로 울린다. 미성년 자녀를 둔 가정은 수령자의 의사와 상관이 없이 거주지역 성범죄자의 상세 주소까지 우편고지도 행해지고 있다. 이러한 규정에 대해 범죄자와 범죄사실만 알려 주고 범죄로부터의 보호책임은 개인에게 떠넘긴다는 비판이 있고, 범죄예방이나 재범률 완화효과는 미검증이다. 국가공무원법 개정에 따라 공무원 임용결격 및 당연퇴직 사유가 되는 성범죄 범위를 업무상 위력에 의한 간음·추행에서 모든 유형의 성폭력 범죄로 확대하고, 기준이 되는 벌금형 기준을 300만원 이상에서 100만원 이상으로 하향이 됐다. 금고 이상 형의 선고유예를 받은 경우도 포함이 됐다. 학교와 유치원 등은 '성범죄자 취업제한기관'의 근무자 혹은 희망자의 동의를 얻어 성범죄 경력을 의무적으로 조회해야 한다. 형실효법의 특별규정이다. 성범죄 경력조회 시 '경력 있음'에 포함되는 범위는 현재 성범죄로 '액수 구분이 없이 벌금형 이상'이 확정된(아동음란물 소지로 인한 벌금형 제외) 사람이면 취업에 최대 10년간 제한을 받는다. 취업제한 영역은 학교, 어린이집 등 아동 및 청소년 교육기관, 경비원, 개인과외 교습자, 의료기관, PC방 등이 있다. 벌금형 이상의 성범죄를 저지른 교원과 군 간부의 공직임용도 일정 기간 금지되고 있다(교육공무원법 및 군인사법).

제2절

음란물 차단 정책

I. greeneyenet 등

음란물 관리의 정책은 그 인식 및 정도가 다르기에 국가마다 다르게 나타난다. 표현의 자유로 접근하곤 하는 일본과 미국은 국내보다는 음란물에 대한 제재가 약하다. 그러나 국내 수사기관의 음란물 추적시스템'은 미국 법무부의 '아동온라인보호시스템'(COPS)보다 뛰어나다.

음란물과 관련된 특정 정책의 단기적인 효과는 있으나, 완전한 차단은 지속적인 수요가 존재하는 한 불가능하다. '코브라 효과'(Cobra Effect)를 야기하는 인기를 의식한 서투른 단기간의 규제정책은 이용자의 검열회피 의식과 방법만 키운다. 실효성을 보장하기 위해 사회적 운동 확대와 교육정책과의 연계성도 중요하다.

전기통신사업법, 정보통신망법 및 방송통신위원회법 등 법을 통해 일반적 관리대책이라고 볼 수 있는 음란물 필터링 시스템 24시간 상시적 운용(기술적 조치의무 강제), 청소년용 스마트폰 가입 시 음란물 차단 소프트웨어 등의 설치 강제, 성인 PC방 등에 대한 사업장 폐쇄 등의 행정적 제제가 가능하도록 법적 근거 마련, 음란물로 취득한 수익에 대해 범죄수익 환수정책, 미등록 웹 하드나 P2P 등 파일공유 사이트의 단속강화, '앱 장터'를 성인용과 청소년용으로 구분하는 정책, 청소년 가입자의 신분확인후 성인물 앱의 접속제한, 해외서버의 음란 웹 등에 대한 인터폴의 적극적인 관리와 '인터넷 아동성범죄해결 국제연대' 등의 국제기구 가입추진 정책 등이 시도되고 있다.

중국의 'Green Dam-Youth Escort'라는 프로그램의 목적은 청소년보호를 명분으로 한 청소년의 포르노 웹의 접근차단 프로그램이다. 중국은 공공 및 민간기관의 컴퓨터에 동 소프트웨어의 설치를 의무화하였다가(2009.7.) 이용자의 반발로 인해 의무화를 포기하고 자율적으로 설치하게 하고 있다(2010.2.). 유사한 제도로 국내에서는 greeneyenet가 운영 중이다.

II. filtering 제도

필터링 제도는 온라인 공간에서 특정 정보로의 접근을 막는 것(불법위해정보의 유통차단)을 목적으로 특정 정보를 일정 카테고리(범주)로 분류해내는 기술적인 조치를 말한다.

필터링 기술의 종류에는 키워드 스크리닝 (Keyword screening), 차단목록 필터링 (Blacklist filtering) 및 허용목록 필터링(Whitelist filtering), 패킷 필터링(Packet filtering) 및 이미지 분석 필터링(Image analysis filtering), 라벨 필터링(Label filtering) 등 다양한 기술들이 존재한다.

필터링 주체는 서비스제공자(OSP) 또는 제3의 기관(공공기관)이 될 수가 있다. 현실에서는 양자의 협업을 통해 필터링이 행해지고 있다.

필터링의 부정적인 측면으로는 대부분의 상업 소프트웨어들은 차단목록을 암호화하고 있어 이용자들은 자신들이 사용하는 차단 소프트웨어가 어떤 웹 혹은 내용을 차단할 것인지 예측할 수 없다. 또 필터링 소프트웨어는 태생적으로 과잉 차단과 과소 차단의 문제가 있다. 필터링 소프트웨어는 인터넷 공간에 존재하는 방대한 정보의 다양한 내용과 맥락을 이해하려고 하지를 않는 기계어를 통해 실행되기 때문이다. 이에 따라 필터링은 필연적으로 검열과 마주친다. 그러나 그 구체적인 한계설정은 투명성의 부족으로 불명확하다. 인공지능 시대에 신속성이라는 효율성은 증가가 있겠지만 그 본질은 변함이 없다.

사회적 합의가 이뤄진 불법 음란물 영역에는 필터링 기술의 적극적인 운영이 필요한 시기다. 공공기관이 만든 필터링 기법 중 하나인 'DNA 기술 필터링'은 비용상의 문제로 잘 사용이 되지 않고 있다. 웹 하드 업체의 필터링 기능을 꺼버리면 소용이 없기에 지속적인 감시가 필요하다.

III. key word 제도

다수의 웹과 방송통신심의위원회 등은 key word 제도를 운영하면서 특정 단어를 검색할 때 검색불가 조치 혹은 법에 따라 성인인증 절차를 거치도록 하는 등 청소년 유해물 차단정책을 자체적으로 마련해 실행하고 있다.

'금칙어'로 정해진 단어만 '기계적인 관리'의 결과 이에 해당하지 않는 우회하는 키워드를 통한 선정적인 콘텐트의 관리에는 한계가 있다. 금칙어 정책은 단어의 복합적 의미에도 적절한 대응이 어렵다. 1997년 미 연방 대법원은 한 단어를 일률적으로 판단할 수 없고, 국민의 알 권리를 침해할 수 있다는 이유를 들어 "통신품위법(CDA)이 위헌이라고 결정한 것을 근거로 예를 들어 '섹스라는 단어는 성 상담 또는 성 교육 등에 넓게 쓰일 수 있다.'며 금칙어의 선정이 자의적이고 경직돼 있을 뿐더러 과잉으로 국민의 알권리를 침해할 소지가 있다."고 했다.

과잉 및 과소 차단 역시 금칙어 제도의 한계다. 이미지 검색결과에 '미리보기' 형태로 사진이 나타나기 때문에 클릭하지 않고도 볼 수 있어 선정적 사진의 노출은 가능하다. 개인정보 유출을 조장할 가능성도 있다. 검색엔진은 금칙어를 검색어로 사용할 때 '성인인증'을 요구한 후 그 정보는 저장하려고 하기 때문이다. 개인정보

보호법에 따라 국내법에 따라 13자리의 주민등록번호는 안 된다. 전화번호, 공인인증 혹은 이름은 가능하다.

IV. real doll과 섹스 로봇

국내에서는 성인용품 사업은 자유업종이기에 국내산 성인 인형(real doll)에 대해 풍속 저해 vs 사생활 논란이 있지만 단순한 영업 신고나 사업자등록을 통해 영업을 할 수 있다.

외국산 성인 인형에 대해 행정법원은 "음란물이 아닌 성기구로 판단하면서 관세법 제23조 제1호의 '풍속을 해치는 물품'에 해당하지 않는다."는 입장이다. 대법원은 미성년 보호를 위해 '여성 미성년자의 신체 외관을 본뜬 성행위 도구, 속칭 real doll은 관세법상 풍속을 해치는 물품에 해당하므로 세관에서 수입통관을 보류한 것은 적법하다.'는 입장이다. 즉, "물품 자체가 성행위를 표현하지는 않지만 직접 성행위의 대상으로 사용되는 실물이라는 점에서 영상 형태의 아동·청소년 성착취물과 비교할 때 그 위험성과 폐해가 낮지 않다. 가상의 표현물이라 하더라도 아동·청소년을 성적 대상으로 하는 표현물의 지속적 접촉은 아동·청소년의 성에 대한 왜곡된 인식과 비정상적 태도를 형성하게 할 수 있고, 아동·청소년을 상대로 한 성범죄로 이어질 수 있다는 점을 부인하기 어렵다."는 것이다. 대법원은 '성인 여성의 신체와 비슷한 형태의 성인 인형'에 대해서는 수입을 허가하는 판결을 한 바 있다.

■ 관세법 제234조(수출입의 금지) 다음 각 호의 어느 하나에 해당하는 물품은 수출하거나 수입할 수 없다. 1. 헌법질서를 문란하게 하거나 공공의 안녕질서 또는 풍속을 해치는 서적·간행물·도화, 영화·음반·비디오물·조각물 또는 그 밖에 이에 준하는 물품 2. 정부의 기밀을 누설하거나 첩보활동에 사용되는 물품 3. 화폐·채권이나 그 밖의 유가증권의 위조품·변조품 또는 모조품

인공지능을 이용한 로봇의 종류로는 상점에서 주문과 음식 서빙 등을 돕는 서빙 로봇, 고객 응대 로봇, 돌봄 로봇, 설거지 등을 돕는 가정용 로봇 등이 있다. 섹스 로봇은 많은 국가에서 상용화되고 있다. 그 부작용에도 불구하고 산업화가 되었다. 윤리적, 사회적으로 어떻게 수용할 것인지, 얼마나 허용할 것인지, 어떻게 규제할 것인지에 대한 논의가 필요하다. 구체적으로 로봇과의 결혼이 가능할지, 로봇과의 성관계가 이혼 사유가 될 수 있을지, 성매매특별법으로 처벌이 가능한지, 아동 형태의 로봇은 청소년성보호법으로 처벌이 가능할지 등등 법적 및 윤리적 문제가 많다. 그러나 '인형체험방'에서 알 수 있듯이 '인간의 본능을 규제하는 일은 그 본능을 죽이는 일보다 더 어렵다.'는 루소의 말처럼 일반적인 규제는 어렵다.

V. 아동 및 청소년이용음란물

아동 및 청소년의 성보호법상 '아동 및 청소년이용음란물'은 아동 및 청소년 또는 아동 및 청소년으로 '명백하게' 인식될 수 있는 '사람이나 표현물'이 등장하여 성적 행위(성교, 유사 성교, 자위행위와 그 밖의 성적 행위)를 하는 내용을 표현하는 것으로서 필름, 비디오물, 게임물 또는 컴퓨터나 그 밖의 통신매체를 통한 화상, 영상 등의 형태로 된 것(제2조 제5호)을 말한다. 대법원은 '아동 및 청소년의 성보호에 관한 법률 위반 시 재판 중 성년 된 소년에게 소년감경은 적용이 안 된다. 행위시법주의에 따른 범행 당시가 아닌 '사실심(2심)의 판결선고 시로 재판을 해야 한다(재판시법주의).'는 입장이다.

헌법재판소는 '성인 배우가 교복을 입고 미성년자를 연기한 영화 등을 소지하거나 배포하는 경우 그 주된 내용이 아동 및 청소년의 성교행위 등을 표현하는 것이어야 할 뿐만 아니라, 그 등장인물의 외모나 신체발육 상태, 영상물의 출처나 제작 경위, 등장인물의 신원 등에 대하여 주어진 여러 정보 등을 종합적으로 고려하여 사회 평균인의 시각에서 객관적으로 관찰할 때 외관상 의심의 여지없이 명백하게 아동 및 청소년으로 인식되는 경우라야 하고, 등장인물이 다소 어려 보인다는 사정만으로 쉽사리 아동 및 청소년이용음란물이라고 단정해서는 안 된다.'는 입장이다.

배포의 목적이 없는 자가촬영만이라면 음란물이라고 보기는 힘들다. 그러나 대법원은 '배포의 목적'으로 스스로 신체의 특정 부위를 찍은 경우에 그 촬영자는 배포죄 외에도 음란물 제작자에 해당한다고 판단을 하고 있기 때문이다.

아동 및 청소년 이용 음란물을 '알면서 소지'한 자는 처벌된다(목적범). '단순 소지죄'에서 개정된 내용이다. 'torrent file'에서는 그 입증이 어렵다. 법 제11조는 '알면서 제공'도 처벌하도록 규정하고 있다. '알면서'를 전제로 하고 있다. '우연히 발견한 알몸사진을 저장한 뒤 모바일 메신저로 친구에게 보낸 경우' 및 '우연히 성행위 영상이 공개된 한 음란물 사이트를 발견 후 친구들에게 해당 링크를 복사해 뿌린 경우'에도(단순 전달) 처벌이 가능하다.

법 제17조에서는 서비스제공자의 책임으로 '즉시 삭제', '전송의 방지 또는 중단' 등 '기술적 조치'를 요구하고 있다. 헌법재판소는 이를 합헌으로 결정을 하고 있다.

■ 제17조(온라인서비스제공자의 의무) ① 자신이 관리하는 정보통신망에서 아동·청소년이용음란물을 발견하기 위하여 대통령령으로 정하는 조치를 취하지 아니하거나 발견된 아동·청소년이용음란물을 즉시 삭제하고, 전송을 방지 또는 중단하는 기술적인 조치를 취하지 아니한 온라인서비스제공자는 3년 이하의 징역 또는 2천만원 이하의 벌금에 처한다. 다만, 온라인서비스제공자가 정보통신망에서 아동·청소년이용음란물을 발견하기 위하여 상당한 주의를 게을리하지 아니하였거나 발견된 아동·청소년이용음란물의 전송을 방지하거나 중단시키고자 하였으나 기술적으로 현저히 곤란한 경우에는 그러하지 아니하다. ② 저작권법 제104조에 따른 특수한 유형의 온라인서비스제공자는 이용자가 컴퓨터 등에 저장된 저작물 등을 검색하거나 업로드 또는 다운로드를 할 경우 해당 화면이나 전송프로그램에 아동·청소년이용음란물을 제작·배포·소지한 자는 처벌을 받을 수 있다는 내용이 명확

하게 표현된 경고문구를 대통령령으로 정하는 바에 따라 표시해야 한다.

시행령 제3조(아동·청소년이용음란물 발견을 위한 조치) ① 법 제17조 제1항 본문에서 '대통령령으로 정하는 조치'란 다음 각 호의 모든 조치를 말한다. 다만, 다른 법률에서 정한 조치를 함으로써 아동·청소년이용음란물을 발견할 수 있는 경우에는 다음 각 호에 해당하는 조치의 전부 또는 일부를 하지 아니할 수 있다. 1. 이용자가 아동·청소년이용음란물로 의심되는 온라인 자료를 발견하는 경우 온라인서비스제공자에게 상시적으로 신고할 수 있도록 하는 조치 2. 온라인 자료의 특징 또는 명칭을 분석하여 기술적으로 아동·청소년이용음란물로 인식되는 자료를 찾아내도록 하는 조치

VI. 신분비공개수사와 신분위장수사

아동 및 청소년의 성보호에 관한 법률 제25조의 신설에 따라 수사기관의 신분비공개와 함께 신분위장수사가 운영되고 있다. 위장수사는 신분비공개수사와 신분위장수사가 있다. 비공개 수사는 상급경찰관서 수사부서장의 사전 승인이 필요하고 위장수사는 법원 허가가 있어야 한다. 이에 따라 '유도수사'(기회제공형 유도수사)는 아동과 청소년 성매매사범 단속방법으로 행해지고 있다. 그 부작용을 줄이기 위해 '다른 방법으로는 범죄실행을 저지하거나 체포, 증거획득이 어려운 경우 등 보충성 원칙을 명문화하고 있다. 그 수사방법은 비공개 대상정보에 속한다.

아동·청소년의 성보호에 관한 법률 제25조의2(아동·청소년대상 디지털 성범죄의 수사 특례) ① 사법경찰관리는 다음 각 호의 어느 하나에 해당하는 범죄(이하 "디지털 성범죄")에 대하여 신분을 비공개하고 범죄현장(정보통신망을 포함) 또는 범인으로 추정되는 자들에게 접근하여 범죄행위의 증거 및 자료 등을 수집("신분비공개수사")할 수 있다. 1. 제11조 및 제15조의2의 죄 2. 아동·청소년에 대한 성폭력범죄

의 처벌 등에 관한 특례법 제14조 제2항 및 제3항의 죄 ② 사법경찰관리는 디지털 성범죄를 계획 또는 실행하고 있거나 실행하였다고 의심할 만한 충분한 이유가 있고, 다른 방법으로는 그 범죄의 실행을 저지하거나 범인의 체포 또는 증거의 수집이 어려운 경우에 한하여 수사목적을 달성하기 위하여 부득이한 때에는 다음 각 호의 행위("신분위장수사")를 할 수 있다. 1. 신분을 위장하기 위한 문서, 도화 및 전자기록 등의 작성, 변경 또는 행사 2. 위장신분을 사용한 계약·거래 3. 아동·청소년성착취물 또는 「성폭력범죄의 처벌 등에 관한 특례법」 제14조 제2항의 촬영물 또는 복제물(복제물의 복제물 포함)의 소지, 판매 또는 광고 ③ 제1항에 따른 수사의 방법 등에 필요한 사항은 대통령령으로 정한다.

제 9 장

디지털 사회와 개인정보

제1절
개인정보 보호와 활용

I. 개인정보법제의 일반법

적절한 개인정보의 보호가 없다면 디지털 사회의 안착은 힘들다. 개인정보의 활용을 전제로 하는 디지털 사회에서 정보주체는 활용에 동의하지 않을 것이기 때문이다. 적절한 균형 모색에 있어 식별 가능성이 없는 익명정보의 처리를 권고하거나 기술을 통한 사업자의 규제적 자율규제는 중요한 수단이다.

개인정보보호법은 개인정보법제의 일반법이다. 일반법이므로 사람, 장소, 사항(내용) 등에 특별한 제한이 없이 일반적으로 적용된다. 정보통신망법, 신용정보법 및 위치정보법은 그의 특별법이다.

> ■ 개인정보보호법 제6조(다른 법률과의 관계) 개인정보보호에 관하여는 다른 법률에 특별한 규정이 있는 경우를 제외하고는 이 법에서 정하는 바에 따른다.

II. 주요 개념

> ■ 제2조(정의) 1. "개인정보"란 살아 있는 개인에 관한 정보로서 다음 각 목의 어느 하나에 해당하는 정보를 말한다. 가. 성명, 주민등록번호 및 영상 등을 통하여 개인을 알아볼 수 있는 정보 나. 해당 정보만으로는 특정 개인을 알아볼 수 없더라도 다른 정보와 쉽게 결합하여 알아볼 수 있는 정보. 이 경우 쉽게 결합할 수 있는지 여부는 다른 정보의 입수 가능성 등 개인을 알아보는 데 소요되는 시간, 비용, 기술 등을 합리적으로 고려해야 한다. 다. 가목 또는 나목을 제1호의2에 따라 가명처리함으로써 원래의 상태로 복원하기 위한 추가정보의 사용·결합 없이는 특정 개인을 알아볼 수 없는 정보
> 1의2. "가명처리"란 개인정보의 일부를 삭제하거나 일부 또는 전부를 대체하는 등의 방법으로 추가정보가 없이는 특정 개인을 알아볼 수 없도록 처리하는 것을 말한다.
> 2. "처리"란 개인정보의 수집, 생성, 연계, 연동, 기록, 저장, 보유, 가공, 편집, 검색, 출력, 정정, 복구, 이용, 제공, 공개, 파기, 그 밖에 이와 유사한 행위를 말한다.
> 3. "정보주체"란 처리되는 정보에 의하여 알아볼 수 있는 사람으로서 그 정보의 주체가 되는 사람을 말한다. 4. "개인정보파일"이란 개인정보를 쉽게 검색할 수 있도록 일정한 규칙에 따라 체계적으로 배열하거나 구성한 개인정보의 집합물을 말한다. 5. "개인정보처리자"란 업무를 목적으로 개인정보파일을 운용하기 위하여 스스로 또는 다른 사람을 통하여 개인정보를 처리하는 공공기관, 법인, 단체 및 개인 등을 말한다. 8. "과학적 연구"란 기술의 개발과 실증, 기초연구, 응용연구 및 민간투자 연구 등 과학적 방법을 적용하는 연구를 말한다.

1. 개인정보

'개인정보'는 "살아 있는 개인에 관한 정보로 성명, 주민등록번호 및 영상 등을 통하여 개인을 알아볼 수 있는 정보, 해당 정보만으로는 특정 개인을 알아볼 수 없더라도 다른 정보와 쉽게 결합하여 알아볼 수 있는 정보 혹은 가명정보(가명처리)를 말한다.

정보의 내용 및 형태 등은 중요하지 않다. 디지털 형태나 수기 형태, 자동처리나

수동처리 등 그 형태 또는 처리방식과 관계없이 식별가능성이 인정되면 개인정보에 해당할 수 있다. IMEI 및 USIM 번호, 이름, 주민등록번호, 전화번호 및 주소, 쿠키, 이메일 및 소셜미디어 주소, 지지후보 및 지지정당 정보 등은 개인정보다. 키, 나이, 몸무게 등 객관적 정보나 평가정보 등 '주관적 평가' 정보도 개인정보다. 또 부정확한 정보 또는 허위정보도 식별이 가능한 특정한 개인에 관한 정보이면 개인정보다.

법은 '살아있는 자'로 한정을 하고 있어 법인정보에 대해 적용은 없다. 즉, 법인 또는 단체의 이름, 소재지 주소, 대표 연락처(이메일 주소 또는 전화번호), 업무별 연락처, 영업실적 등은 개인정보에 해당하지 않는다. 또 개인사업자의 상호명, 사업장 주소, 전화번호, 사업자등록번호, 매출액, 납세액 등은 사업체의 운영과 관련한 정보로서 개인정보에 해당하지 않지만, 법인 또는 단체에 관한 정보이면서 동시에 개인에 관한 정보인 대표자를 포함한 임원진과 업무 담당자의 이름·주민등록번호·자택주소 및 개인 연락처, 사진 등 그 자체로 개인을 식별할 수 있는 정보는 개별 상황에 따라 법인 등의 정보에 그치지 않고 개인정보로 볼 수도 있다. 사업자등록번호는 유일무이하기에 논란이 된다.

2. 정보주체

'정보주체'는 '처리되는 정보에 의하여 알아볼 수 있는 사람'으로서 그 정보의 주체가 되는 사람을 말한다. 내외국인의 구별이 없다. 신용정보법은 '신용정보주체', 위치정보법은 '위치정보주체'라고 한다.

대법원은 아직 '퍼블리시티권'(right to publicity)을 인정하지 않고 있다. 그러나 부정경쟁방지 및 영업비밀보호에 관한 법률 개정을 통해 유명인의 초상, 성명, 음성 등을 부정하게 사용하는 행위를 위법행위인 부정경쟁행위로 규정하고 있다. 이로써 피해자는 초상, 성명 등을 인격권으로만 보호하면서 정신적 피해에 대한 위자료를 받는 것 외에도 경제적인 피해 시 그 행위에 대한 민사상 금지청구 및 손해배상청구 혹은 행정조사 후 시정권고 등 행정적 구제조치도 가능해졌다.

> 부정경쟁방지법 제2조 제1호 타. 국내에 널리 인식되고 경제적 가치를 가지는 타인의 성명, 초상, 음성, 서명 등 그 타인을 식별할 수 있는 표지를 공정한 상거래 관행이나 경쟁질서에 반하는 방법으로 자신의 영업을 위하여 무단으로 사용함으로써 타인의 경제적 이익을 침해하는 행위

3. 개인정보파일

'개인정보파일'은 개인정보를 쉽게 검색할 수 있도록 일정한 규칙에 따라 체계적으로 배열하거나 구성한 개인정보의 집합물을 말한다(제2조 제4호). '검색의 수월성을 위한 일정한 규칙 및 체계적 배열의 집합물'을 구성요소로 삼고 있다. 따라서 모든 아날로그 혹은 디지털 파일이 개인정보파일을 의미하지는 않는다.

개인정보보호법은 '개인정보파일에 포함되는 개인정보'만이 개인정보처리자의 처리범위에 속한다고 규정을 하고 있다. '디지털화된 고객 DB 및 대학 출석부' 또는 'excel file로 정리된 공공 및 민간의 개인정보파일' 등이 대표적이다.

'명함, 일회성 초안 및 메모, 문서작성 행위 등' 단순한 사무처리가 개인정보보호법의 개인정보파일에 포함되는지는 논란이다. 그 기준은 식별가능성 및 결합가능성이다. 명함은 개인정보파일로 보는 것이 일반적이다.

개인정보보호법에 따른 개인정보영향평가의 경우 개인정보파일 및 전자정부법 제40조 제2항의 파일은 규정에 따라 '전자적 파일'만을 의미한다.

4. 과학적 연구

개인정보처리자는 과학적 연구를 위하여 정보주체의 동의 없이 가명정보를 처리할 수 있다(제28조의2 제1항). 과학적 연구는 과학적 방법을 적용하는 연구를 말하며

자연과학, 사회과학, 의료 등 다양한 분야에서 가능하다. 과학적 방법은 체계적이고 객관적인 방법으로 검증 가능한 질문에 대해 연구하는 것을 말한다. 과학적 연구는 기술개발과 실증, 기초연구, 응용연구 외에도 새로운 기술·제품·서비스개발 등 산업적 목적을 위해서도 가능하다. 민간투자 연구도 가능하다.

III. 적용대상자

1. 개인정보처리자와 취급자

> 제2조 5. "개인정보처리자"란 업무를 목적으로 개인정보파일을 운용하기 위하여 스스로 또는 다른 사람을 통하여 개인정보를 처리하는 공공기관, 법인, 단체 및 개인 등을 말한다.

'개인정보처리자'는 '업무를 목적으로 개인정보파일을 운용하기 위해 스스로 또는 다른 사람을 통하여 개인정보 처리하는 공공기관, 법인, 단체 및 개인 등'을 말한다. 개인정보를 수집·이용·제공하고 있다고 해서 전부 개인정보처리자가 아니다.

개인정보취급자는 개인정보처리자의 지휘·감독을 받아 개인정보를 처리하는 임직원, 파견근로자, 시간제 근로자 등을 말한다(제28조 제1항).

법인 및 개인(1인 사업자 및 개인 활동가 포함) 등이 본인의 업무를 목적으로 개인정보의 처리 시 개인정보처리자이다. '법인'의 경우 법인과 함께 법인의 기관에 해당하는 '대표'도 '개인정보처리자'가 될 수 있는가에 대해 하급 법원은 공동손해배상을 인정함으로써 긍정하고 있다. 이를 통해 피해자 입장에서는 민사상 불법행위 책임이 아닌 법 제39조 제1항 위반을 직접적인 원인으로 하여 '개인정보처리자'의 지위에 있는 회사와 임직원 모두를 피고로 하거나 혹은 선택적인 피고로 하여 피해구제를 받을 수 있다. 법인대표자가 아니라고 하더라도 상담센터의 실질적 운영자라면 개인정보처리자다. 대법원에 따르면 개인정보 처리업무를 총괄한 것으로 보이는 팀장과 회사 및 아파트 관리소장도 개인정보처리자다.

'업무를 목적으로' 개인정보를 처리해야 개인정보처리자다. 입법자료를 통해 개인정보처리자의 '업무'는 형법상의 업무방해죄, 업무상 과실치사상죄나 업무상 횡령죄 등 형사법 판례의 '업무'개념에서 빌려온 것을 알 수가 있다. 판례에 따르면 주된·부수적 업무 및 영리·비영리 업무 구분이 없다. '업무'는 직업상 혹은 사회생활상 지위에 따라 계속 혹은 반복의 의사가 있어야 한다.

법원(제2심)은 개인정보취급자를 자신의 의사에 따라서 개인정보를 처리할 수가 없고 개인정보처리자의 지휘 및 감독을 받아 '개인정보파일 운용에 직접 관여하는 자'로 좁게 해석을 하고 있다. 상황에 따라 교수와 교직원, 소관 업무수행을 하는 시험감독관 등은 개인정보취급자가 아닌 '제19조의 개인정보를 제공받은 자'로 볼 수가 있다.

2. 금지행위 의무대상자(제59조)

> ■ 제59조(금지행위) 개인정보를 처리하거나 처리하였던 자는 다음 각 호의 어느 하나에 해당하는 행위를 하여서는 안 된다. 1. 거짓이나 그 밖의 부정한 수단이나 방법으로 개인정보를 취득하거나 처리에 관한 동의를 받는 행위 2. 업무상 알게 된 개인정보를 누설하거나 권한 없이 다른 사람이 이용하도록 제공하는 행위 3. 정당한 권한 없이 또는 허용된 권한을 초과하여 다른 사람의 개인정보를 훼손, 멸실, 변경, 위조 또는 유출하는 행위

제59조 제1호의 '거짓'은 사기 혹은 기망행위 일종인 메신저 피싱이나 보이스 피싱 등이 대표적이다. '그 밖에 부정한 수단이나 방법'에는 공갈과 협박이나, 착오, 오인, 언어와 비언어(침묵 등), 적극 및 소극(부작위 포함) 등도 포함된다. 제2호의 '업무상 알게 된 개인정보'에는 업무 중 적법 혹은 부적법 혹은 우연히 인지한 정보도

포함된다. 제3호로는 개인정보처리자에 소속되어 개인정보를 처리하고 있거나 처리한 적이 있는 전·현직 임직원, 파견직, 수탁자 등이 이에 속한다. 대법원은 '부동산 중개보조인'이 손님정보 빼돌린 후 매매 혹은 허위계약서 작성 시 제59조 제3호를 적용하고 있다.

3. 정보통신서비스제공자

'정보통신서비스제공자'(OSP)는 정보통신망법 제2조 제1항 제3호에 따라 '전기통신사업자 또는 영리목적으로 전기통신사업자의 전기통신역무를 이용하여 정보를 제공(정보제공자)하거나 정보의 제공을 매개하는 자(정보제공매개자)'를 말한다. 전기통신사업자(기간통신·별정통신·부가통신사업자)는 영리 또는 비영리를 구분하지 않고 있다.

IV. 적용배제(제58조와 제58조의2)

1. 통계법, 국가안전, 공중위생 등

> ■ 제58조 ① 다음 각 호의 어느 하나에 해당하는 개인정보에 관하여는 제3장부터 제7장까지를 적용하지 아니한다. 1. 공공기관이 처리하는 개인정보 중 통계법에 따라 수집되는 개인정보 2. 국가안전보장과 관련된 정보분석을 목적으로 수집 또는 제공 요청되는 개인정보 3. 공중위생 등 공공의 안전과 안녕을 위하여 긴급히 필요한 경우로서 일시적으로 처리되는 개인정보 4. 언론, 종교단체, 정당이 각각 취재·보도, 선교, 선거 입후보자 추천 등 고유목적을 달성하기 위하여 수집·이용하는 개인정보

개인정보처리자 및 취급자는 비적용영역에 있어 개인정보를 처리하는 경우에도 그 목적을 위하여 필요한 범위에서 최소한의 기간에 최소한의 개인정보만을 처리해야 한다. 또한 개인정보의 안전한 관리를 위하여 필요한 기술적·관리적 및 물리

적 보호조치, 개인정보의 처리에 관한 고충처리, 그 밖에 개인정보의 적절한 처리를 위하여 필요한 조치도 마련해야 한다.

2. 영상정보처리기기의 촬영

개인정보보호법 제25조의 공개된 장소에서 영상정보처리기기(CCTV 등)를 설치 및 운영하여 처리되는 개인정보에 대하여는 동 법 '제15조(수집 및 이용)·제22조(동의방법)·제27조 제1항 및 제2항(영업양도 등에 따른 정보이전 제한), 제34조(유출통지) 및 제37조(처리정지 등)'의 적용은 없다(법 제58조 제2항). 즉, 제25조는 개인정보보호법의 다른 규정의 적용이 배제되는 특별규정이다.

민간영역에서의 저장(녹화)정보의 보관 또는 삭제, 처리 등의 미비 혹은 일반조항을 근거로 한 해당 정보의 수사기관 등과 공동이용 시 그 오남용의 개연성이 크다. 그 대상과 제한의 효과가 클수록 명확성의 정도는 다르다.

3. 친목단체 등

개인정보처리자 혹은 취급자가 동창회, 동호회 등 친목도모를 위한 단체를 운영하기 위하여 개인정보를 처리하는 경우에는 개인정보보호법 제15조(수집 및 이용), 제30조(개인정보처리방침), 제31조(보호책임자)를 적용하지 않는다(법 제58조 제3항). 사적 자치 영역인 것을 존중하기 때문이다. 그러나 제3자로의 '제공'과 '폐기' 등의 규정은 동 법의 적용을 받는다.

4. 익명정보

식별 가능성이 없는 익명정보로 처리한 개인정보보호법의 적용은 없다. 개인정보가 아니기 때문이다. 유럽연합도 동일하다.

V. 수집, 이용, 제공, 파기 등 처리

1. 수집과 이용

개인정보 수집 및 이용 시 정보주체의 동의, 법률의 규정 등 일정한 경우에만 개인정보를 수집하도록 하고 수집목적 범위 내에서 이용하도록 하였다. 기존에는 공공기관이 '소관 업무수행'을 위해 필요한 경우 정보주체의 동의가 없어도 특별한 제한 없이 개인정보 수집 및 이용이 가능하였으나 제정법에는 '법령 등에서 정하는 소관업무 수행을 위해 불가피한 경우'로 요건을 엄격하게 하였다. 따라서 법령 등에서 구체적으로 규정하고 있는 소관 업무 수행과 관련한 경우가 아니면 개인정보 수집과 이용이 불가능해진다. 또한 정보주체의 동의를 획득하는 경우, 개인정보의 수집 및 이용목적, 수집항목, 개인정보의 보유 및 이용기간을 미리 고지해야 한다. 개인정보처리자는 수집목적에 필요한 최소한의 개인정보만을 수집하고 최소한의 개인정보라는 그 입증책임은 개인정보처리자가 부담한다. 정보주체가 최소한의 개인정보 외의 개인정보 수집에 동의하지 아니한다는 이유로 정보주체에게 재화 또는 서비스 제공을 거부하지 못하도록 하였다.

개인정보처리자는 포괄적으로 개인정보를 미리 받아선 안 된다. 필요한 최소한의 정보만을 처리해야 한다. 최소한 범위 이외의 개인정보 처리에 동의를 거부한다는 이유로 재화나 서비스 제공을 거부하는 등 불이익을 줘서도 안 된다. 민감 및 고유식별 정보 처리나 홍보 및 판매권유 등으로 연락할 수 있다는 점, 보유 및 이용기간 등 중요한 내용은 글자 크기 9pt(포인트) 이상으로 다른 내용보다 20% 이상 크게 표시하거나 색깔, 굵기, 밑줄 등으로 표시해야 한다. 따라서 은행에서 내 개인정보를 대출상품, 신용카드, 체크카드 상품 등의 홍보 마케팅에 활용하는데 동의하지 않았다는 이유로 신용카드 발급의 거부행위, 웹 사이트에서 개인정보 수집 및 이용에 동의하지 않았더니 다음 화면으로 넘어가지 않는 행위, 주소 및 연락처 등 개인정보 수집 및 이용에 동의하지 않으면 배송 서비스를 받지 못하는 행위(개인정보보호위원회의 '알기 쉬운 개인정보 처리 동의 안내서' 및 '개인정보처리방침 작성지침') 등은 과태료 처분대상이다.

2. 제3자 제공

개인정보의 제3자 제공 시 수집목적 외 이용 및 제공을 원칙적으로 금지된다. 정보주체의 동의를 받거나 법률이 규정이 있는 경우, 범죄수사, 재판수행 등 예외적인 경우로 한정하였다. 또한 수집절차와 마찬가지로 제3자 제공 시 제공받는자, 제공받는 개인정보 항목 및 이용목적, 보유 및 이용기간을 정보주체에게 미리 고지하도록 하였다.

3. 목적 외 이용과 제공

개인정보 오남용이 가장 빈번하게 발생하고 있는 목적 외 이용 및 제공의 경우에는 수집·이용이나 제3자 제공보다 더욱 엄격하게 요건을 규정하여 개인정보보호를 차등화 하고 있다. 개인정보의 목적 외 이용제공은 정보주체의 동의 또는 정보주체에게 제공하는 경우, 다른 법률에 특별한 규정이 있는 경우, 명백히 제3자의 급박한 생명, 신체, 재산의 이익을 위해 필요한 경우, 통계작성 등 개인을 알아볼 수 없는 형태로 제공하는 경우, 법률상 소관 업무 수행을 위해 보호위원회의 심의·의결을 받은 경우, 국제협정·조약이행, 재판 및 범죄수사, 형 및 감호와 보호처분의 집행 등 예외적인 경우에만 가능하다.

4. 동의

개인정보 처리에 대한 동의의 절차도 강화하고 있다. 정보주체의 동의를 받을 때 동의 없이 처리할 수 있는 개인정보와 동의가 필요한 개인정보를 구분하여 각각 정보주체가 인지할 수 있도록 하고, 특히 홍보·판매 등 목적의 개인정보 처리에 대한 동의를 받을 때에는 정보주체에게 별도로 그 사실을 알리고 동의를 받도록 강화하였다. 개인정보 처리가 call center 등 telemarketing 업체를 통해 마케팅 목적으로 이루어지는 과정에서 무분별한 개인정보 이용·제공을 제한하고자 하는 입법취지가 반영되어 있다. 또한 14세 미만 아동의 개인정보 처리 시에는 법정대리인의 동의를 받도록 하였다.

5. 위탁

개인정보 처리가 사업제휴 등 업무위탁을 통해 빈번하게 이루어지고 있는 점을 감안하여 업무위탁 시 위탁하는 내용과 수탁자를 언제든지 확인이 가능하도록 공개하고 주요 내용을 문서로 명확히 하도록 하였다. 위탁기관은 위탁 시 개인정보가 분실, 도난, 훼손되지 않도록 수탁자에 대한 교육, 처리상태 점검 등 관리감독 책임을 부여하고 있고 수탁자는 위탁받는 업무의 범위를 초과하여 개인정보를 이용, 제3자 제공하지 못하도록 규제하고 있다.

6. 파기

개인정보의 처리목적 달성 등으로 불필요하게 된 때에는 다른 법령에서 보존기간을 특정하고 있는 경우를 제외하고는 지체없이 해당 개인정보를 파기하도록 규정하고 있다.

개인정보보호위원회는 법 위반사항을 발견하거나 혐의가 있음을 알게 된 경우, 법 위반에 대한 신고를 받거나 민원이 접수된 경우, 그 밖에 정보주체의 개인정보 보호를 위하여 필요한 경우 법 제63조에 따라 개인정보처리자에게 자료제출을 요구하고 자체적인 검사를 할 수 있다. 개인정보보호위원회의 검사결과 과거 국가정보원의 민간인 불법사찰에 대한 정보를 법적 근거가 없이 개인정보를 파기하라는 권고는 문제다. 불법으로 수집된 개인정보의 파기는 불법행위가 명백히 밝혀진 이후에 이뤄져야 한다(파기의 유예).

VI. 정보주체 이외로부터 수집

제20조에 따라 개인정보처리자가 정보주체 이외로부터 수집한 개인정보를 처리하는 때에는 정보주체의 요구가 있으면 즉시 개인정보의 수집 출처, 개인정보의 처리목적, 제37조에 따른 개인정보 처리의 정지를 요구할 권리가 있다는 사실을 정보주체에게 알려야 한다. 제4항에 따라 제32조의 제2항의 파일과 고지로 인하여 다른 사람의 생명·신체를 해할 우려가 있거나 다른 사람의 재산과 그 밖의 이익을 부당하게 침해할 우려가 있는 경우는 예외다.

■ 제20조(정보주체 이외로부터 수집한 개인정보의 수집 출처 등 고지) ① 개인정보처리자가 정보주체 이외로부터 수집한 개인정보를 처리하는 때에는 정보주체의 요구가 있으면 즉시 다음 각 호의 모든 사항을 정보주체에게 알려야 한다. 1. 개인정보의 수집 출처 2. 개인정보의 처리목적 3. 제37조에 따른 개인정보 처리의 정지를 요구할 권리가 있다는 사실

② 제1항에도 불구하고 처리하는 개인정보의 종류·규모, 종업원 수 및 매출액 규모 등을 고려하여 대통령령으로 정하는 기준에 해당하는 개인정보처리자가 제17조 제1항 제1호에 따라 정보주체 이외로부터 개인정보를 수집하여 처리하는 때에는 제1항 각 호의 모든 사항을 정보주체에게 알려야 한다. 다만, 개인정보처리자가 수집한 정보에 연락처 등 정보주체에게 알릴 수 있는 개인정보가 포함되지 아니한 경우에는 그러하지 아니하다. ③ 제2항 본문에 따라 알리는 경우 정보주체에게 알리는 시기·방법 및 절차 등 필요한 사항은 대통령령으로 정한다.

④ 제1항과 제2항 본문은 다음 각 호의 어느 하나에 해당하는 경우에는 적용하지 아니한다. 다만, 이 법에 따른 정보주체의 권리보다 명백히 우선하는 경우에 한한다. 1. 고지를 요구하는 대상이 되는 개인정보가 제32조 제2항 각 호의 어느 하나에 해당하는 개인정보파일에 포함되어 있는 경우 2. 고지로 인하여 다른 사람의 생명·신체를 해할 우려가 있거나 다른 사람의 재산과 그 밖의 이익을 부당하게 침해할 우려가 있는 경우

제2절

안전성 조치

I. 사전 예방

  법은 안전한 개인정보 관리를 위한 다양한 의무사항을 규정하고 있다. 개인정보의 분실, 도난, 유출, 변조 또는 훼손을 방지하기 위해 내부 관리계획 수립, 접속기록 보관 등 대통령이 정하는 바에 따라 물리적, 기술적 및 관리적 조치의 안전성 확보조치를 취하도록 의무화하고 있다. 개인정보는 사후 피해구제도 중요하지만 무엇보다도 침해사고가 발생하기 전에 사고를 미연에 방지하는 예방책 마련이 우선되어야 한다. 사실상 시행령 및 '고시' 등 하위규범에 많이 위임 되어 있다.

> ■ 제29조(안전조치의무) 개인정보처리자는 개인정보가 분실·도난·유출·위조·변조 또는 훼손되지 아니하도록 내부관리계획 수립, 접속기록 보관 등 대통령령으로 정하는 바에 따라 안전성 확보에 필요한 기술적·관리적 및 물리적 조치를 하여야 한다.

> ■ 시행령 제30조(개인정보의 안전성 확보 조치) ① 개인정보처리자는 법 제29조에 따라 다음 각 호의 안전성 확보 조치를 하여야 한다. 1. 개인정보의 안전한 처리를 위한 내부 관리계획의 수립·시행 2. 개인정보에 대한 접근통제 및 접근권한의 제한 조치 3. 개인정보를 안전하게 저장·전송할 수 있는 암호화 기술의 적용 또는

이에 상응하는 조치 4. 개인정보 침해사고 발생에 대응하기 위한 접속기록의 보관 및 위조·변조 방지를 위한 조치 5. 개인정보에 대한 보안프로그램의 설치 및 갱신 6. 개인정보의 안전한 보관을 위한 보관시설의 마련 또는 잠금장치의 설치 등 물리적 조치 ③ 제1항에 따른 안전성 확보 조치에 관한 세부 기준은 보호위원회가 정하여 고시한다.

제48조의2(개인정보의 안전성 확보 조치에 관한 특례) ① 정보통신서비스제공자(정보통신망법 제2조 제1항 제3호에 해당하는 자)와 그로부터 이용자(같은 법 제2조 제1항 제4호에 해당하는 자)의 개인정보를 법 제17조 제1항 제1호에 따라 제공받은 자("정보통신서비스 제공자 등")는 이용자의 개인정보를 처리하는 경우에는 제30조에도 불구하고 법 제29조에 따라 다음 각 호의 안전성 확보 조치를 해야 한다. 1. 개인정보의 안전한 처리를 위한 다음 각 목의 내용을 포함하는 내부관리계획의 수립·시행 가. 개인정보보호책임자의 지정 등 개인정보 보호 조직의 구성·운영에 관한 사항 나. 정보통신서비스제공자 등의 지휘·감독을 받아 이용자의 개인정보를 처리하는 자("개인정보취급자")의 교육에 관한 사항 다. 제2호부터 제6호까지의 규정에 따른 조치를 이행하기 위하여 필요한 세부 사항 2. 개인정보에 대한 불법적인 접근을 차단하기 위한 다음 각 목의 조치 가. 개인정보를 처리할 수 있도록 체계적으로 구성한 데이터베이스시스템("개인정보처리시스템")에 대한 접근 권한의 부여·변경·말소 등에 관한 기준의 수립·시행 나. 개인정보처리시스템에 대한 침입차단시스템 및 침입탐지시스템의 설치·운영 다. 개인정보처리시스템에 접속하는 개인정보취급자의 컴퓨터 등에 대한 외부 인터넷망 차단[전년도 말 기준 직전 3개월간 그 개인정보가 저장·관리되고 있는 이용자 수가 일일평균 100만명 이상이거나 정보통신서비스(정보통신망법 제2조 제1항 제2호에 따른 정보통신서비스) 부문 전년도(법인인 경우에는 전 사업연도) 매출액이 100억원 이상인 정보통신서비스 제공자등만 해당한다] 라. 비밀번호의 생성 방법 및 변경 주기 등의 기준 설정 및 운영 마. 그 밖에 개인정보에 대한 접근통제를 위하여 필요한 조치 3. 접속기록의 위조·변조 방지를 위한 다음 각 목의 조치 가. 개인정보취급자가 개인정보처리시스템에 접속하여 개인정보를 처리한 경우 접속일시, 처리내역 등의 저장 및 이의 확인·감독 나. 개인정보처리시스템에 대한 접속기록을 별도의 저장장치에 백업 보관 4. 개인정보가 안전하게 저장·

전송될 수 있도록 하기 위한 다음 각 목의 조치 가. 비밀번호의 일방향 암호화 저장 나. 주민등록번호, 계좌정보 및 제18조 제3호에 따른 정보 등 보호위원회가 정하여 고시하는 정보의 암호화 저장 다. 정보통신망을 통하여 이용자의 개인정보 및 인증정보를 송신·수신하는 경우 보안서버 구축 등의 조치 라. 그 밖에 암호화 기술을 이용한 보안조치 5. 개인정보처리시스템 및 개인정보취급자가 개인정보 처리에 이용하는 정보기기에 컴퓨터바이러스, 스파이웨어 등 악성프로그램의 침투 여부를 항시 점검·치료할 수 있도록 하기 위한 백신소프트웨어 설치 및 주기적 갱신·점검 조치 6. 그 밖에 개인정보의 안전성 확보를 위하여 필요한 조치

③ 제1항에 따른 안전성 확보 조치에 관한 세부기준은 보호위원회가 정하여 고시한다.

II. 개인정보처리방침

개인정보 처리목적, 위탁·제공현황, 정보주체의 관리 등을 기재한 '개인정보처리방침'을 수립하여 정보주체가 쉽게 확인할 수 있도록 공개해야 한다. 수정의 경우도 동일하다. 약관법의 통제를 받기도 한다.

■ 제30조(개인정보처리방침의 수립 및 공개) ① 개인정보처리자는 다음 각 호의 사항이 포함된 개인정보의 처리 방침(이하 "개인정보처리방침")을 정하여야 한다. 이 경우 공공기관은 제32조에 따라 등록대상이 되는 개인정보파일에 대하여 개인정보처리방침을 정한다. 1. 개인정보의 처리 목적 2. 개인정보의 처리 및 보유기간 3. 개인정보의 제3자 제공에 관한 사항(해당되는 경우에만 정한다) 3의2. 개인정보의 파기절차 및 파기방법(제21조 제1항 단서에 따라 개인정보를 보존하여야 하는 경우에는 그 보존근거와 보존하는 개인정보 항목을 포함) 4. 개인정보처리의 위탁에 관한 사항(해당되는 경우에만 정한다) 5. 정보주체와 법정대리인의 권리·의무 및 그 행사방법에 관

> 한 사항 6. 제31조에 따른 개인정보보호책임자의 성명 또는 개인정보 보호업무 및 관련 고충사항을 처리하는 부서의 명칭과 전화번호 등 연락처 7. 인터넷 접속정보 파일 등 개인정보를 자동으로 수집하는 장치의 설치·운영 및 그 거부에 관한 사항(해당하는 경우에만 정한다) 8. 그 밖에 개인정보의 처리에 관하여 대통령령으로 정한 사항 ② 개인정보처리자가 개인정보처리방침을 수립하거나 변경하는 경우에는 정보주체가 쉽게 확인할 수 있도록 대통령령으로 정하는 방법에 따라 공개하여야 한다. ③ 개인정보처리방침의 내용과 개인정보처리자와 정보주체 간에 체결한 계약의 내용이 다른 경우에는 정보주체에게 유리한 것을 적용한다. ④ 보호위원회는 개인정보처리방침의 작성지침을 정하여 개인정보처리자에게 그 준수를 권장할 수 있다.

III. 개인정보보호책임자(CPO)

법은 개인정보처리자로 하여 개인정보 처리현황을 수시점검하는 자율체계를 마련하기 위해 일정 자격을 가진 '개인정보보호책임자'(CPO)를 지정하도록 의무화하고 있다. 법은 개인정보보호책임자가 개인정보처리사항 전반을 지도 및 감독하도록하여 개인정보 수집·이용, 제공 등에 대해 실질적인 권한과 책임을 행사할 수 있도록 하고 있다.

IV. 유출 시 통지 등

개인정보의 안전한 관리를 위해 개인정보처리자가 개인정보 유출사실을 인지한 경우 지체없이 해당 정보주체에게 관련 사항을 통지하도록 의무화하고 전문기관에 신고하여 추가피해가 발생하지 않도록 하고 있다. 유출사실을 통지받은 전문기관은 피해 확산방지, 피해복구 등을 위한 기술적 지원을 할 수 있다.

현장에서는 '지체없이'의 범위에 대한 논란이 있다. 예를 들어 21년 '샤넬'의 고객 개인정보 유출사실 공지에 있어 올린 시간이 방문자가 거의 없는 시간대에 올린 점, 사과문 게재 위치가 '팝업' 방식이 아니라 2번 click을 해야 되는 홈페이지 상단에 작은 글씨의 '개인정보 유출 관련 공지사항란'인 점, 유출의 구체적인 규모나 피해사례 혹은 대책 비공지 등은 문제다.

> 제34조(개인정보 유출통지 등) ① 개인정보처리자는 개인정보가 유출되었음을 알게 되었을 때에는 지체 없이 해당 정보주체에게 다음 각 호의 사실을 알려야 한다. 1. 유출된 개인정보의 항목 2. 유출된 시점과 그 경위 3. 유출로 인하여 발생할 수 있는 피해를 최소화하기 위하여 정보주체가 할 수 있는 방법 등에 관한 정보 4. 개인정보처리자의 대응조치 및 피해 구제절차 5. 정보주체에게 피해가 발생한 경우 신고 등을 접수할 수 있는 담당부서 및 연락처 ② 개인정보처리자는 개인정보가 유출된 경우 그 피해를 최소화하기 위한 대책을 마련하고 필요한 조치를 하여야 한다. ③ 개인정보처리자는 대통령령으로 정한 규모 이상의 개인정보가 유출된 경우에는 제1항에 따른 통지 및 제2항에 따른 조치 결과를 지체 없이 보호위원회 또는 대통령령으로 정하는 전문기관에 신고하여야 한다. 이 경우 보호위원회 또는 대통령령으로 정하는 전문기관은 피해 확산방지, 피해 복구 등을 위한 기술을 지원할 수 있다. ④ 제1항에 따른 통지의 시기, 방법 및 절차 등에 관하여 필요한 사항은 대통령령으로 정한다.

V. 개인정보파일 등록제도

공공기관이 보유하고 있는 개인정보파일은 목적, 근거, 기간 등 일정사항을 행정안전부 장관에게 등록하고 그 장관은 이를 공개하도록 하고 있다. 최소한으로 수집 관리하고 보유목적이 경과한 이후에는 파기하도록 하고 있다. 제32조의 예외적인 사항에 있어서는 등록 및 공개가 제한이 된다.

■ 제32조(개인정보파일의 등록 및 공개) ① 공공기관의 장이 개인정보파일을 운용하는 경우에는 다음 각 호의 사항을 보호위원회에 등록하여야 한다. 등록한 사항이 변경된 경우에도 또한 같다. 1. 개인정보파일의 명칭 2. 개인정보파일의 운영 근거 및 목적 3. 개인정보파일에 기록되는 개인정보의 항목 4. 개인정보의 처리방법 5. 개인정보의 보유기간 6. 개인정보를 통상적 또는 반복적으로 제공하는 경우에는 그 제공받는 자 7. 그 밖에 대통령령으로 정하는 사항

② 다음 각 호의 어느 하나에 해당하는 개인정보파일에 대하여는 제1항을 적용하지 아니한다. 1. 국가 안전, 외교상 비밀, 그 밖에 국가의 중대한 이익에 관한 사항을 기록한 개인정보파일 2. 범죄의 수사, 공소의 제기 및 유지, 형 및 감호의 집행, 교정처분, 보호처분, 보안관찰처분과 출입국관리에 관한 사항을 기록한 개인정보파일 3. 「조세범처벌법」에 따른 범칙행위 조사 및 「관세법」에 따른 범칙행위 조사에 관한 사항을 기록한 개인정보파일 4. 공공기관의 내부적 업무처리만을 위하여 사용되는 개인정보파일 5. 다른 법령에 따라 비밀로 분류된 개인정보파일

③ 보호위원회는 필요하면 제1항에 따른 개인정보파일의 등록사항과 그 내용을 검토하여 해당 공공기관의 장에게 개선을 권고할 수 있다. ④ 보호위원회는 제1항에 따른 개인정보파일의 등록 현황을 누구든지 쉽게 열람할 수 있도록 공개하여야 한다. ⑤ 제1항에 따른 등록과 제4항에 따른 공개의 방법, 범위 및 절차에 관하여 필요한 사항은 대통령령으로 정한다. ⑥ 국회, 법원, 헌법재판소, 중앙선거관리위원회(그 소속 기관을 포함)의 개인정보파일 등록 및 공개에 관하여는 국회규칙, 대법원규칙, 헌법재판소규칙 및 중앙선거관리위원회규칙으로 정한다.

VI. 개인정보영향평가

환경영향평가처럼 공공기관은 개인정보 파일운용으로 정보주체의 개인정보 침해가 우려되는 경우 '개인정보영향평가'를 의무적으로 수행하도록 하여 위험요인을 사전에 차단하도록 제도화하였다. 영향평가를 실시하기 위해 공공기관은 개인정보파일 등록 시 평가결과를 제출하게 하는 등 개인정보의 초기 구축단계에서부터 오

남용의 가능성을 점검하고 있다. 민간기관은 자율영역이다. 통합이 바람직하다.

VII. 민감정보 및 고유식별정보

민감정보 및 고유식별정보의 처리는 정보주체의 동의 혹은 법령에 따라 처리가 가능하다. 주민등록번호의 처리는 동의에 의해서는 안 되고 법령에 의해서만 된다.

> 제23조(민감정보의 처리 제한) ①개인정보처리자는 사상·신념, 노동조합·정당의 가입·탈퇴, 정치적 견해, 건강, 성생활 등에 관한 정보, 그 밖에 정보주체의 사생활을 현저히 침해할 우려가 있는 개인정보로서 대통령령으로 정하는 정보(이하 "민감정보")를 처리하여서는 아니 된다. 다만, 다음 각 호의 어느 하나에 해당하는 경우에는 그러하지 아니하다. 1. 정보주체에게 제15조 제2항 각 호 또는 제17조제2항 각 호의 사항을 알리고 다른 개인정보의 처리에 대한 동의와 별도로 동의를 받은 경우 2. 법령에서 민감정보의 처리를 요구하거나 허용하는 경우
> ② 개인정보처리자가 제1항 각 호에 따라 민감정보를 처리하는 경우에는 그 민감정보가 분실·도난·유출·위조·변조 또는 훼손되지 아니하도록 제29조에 따른 안전성 확보에 필요한 조치를 하여야 한다.
> 제24조(고유식별정보의 처리 제한) ① 개인정보처리자는 다음 각 호의 경우를 제외하고는 법령에 따라 개인을 고유하게 구별하기 위하여 부여된 식별정보로서 대통령령으로 정하는 정보("고유식별정보")를 처리할 수 없다. 1. 정보주체에게 제15조 제2항 각 호 또는 제17조 제2항 각 호의 사항을 알리고 다른 개인정보의 처리에 대한 동의와 별도로 동의를 받은 경우 2. 법령에서 구체적으로 고유식별정보의 처리를 요구하거나 허용하는 경우
> ③ 개인정보처리자가 제1항 각 호에 따라 고유식별정보를 처리하는 경우에는 그 고유식별정보가 분실·도난·유출·위조·변조 또는 훼손되지 아니하도록 대통령령으로 정하는 바에 따라 암호화 등 안전성 확보에 필요한 조치를 하여야 한다. ④ 보호위원회는 처리하는 개인정보의 종류·규모, 종업원 수 및 매출액 규모 등을 고려

하여 대통령령으로 정하는 기준에 해당하는 개인정보처리자가 제3항에 따라 안전성 확보에 필요한 조치를 하였는지에 관하여 대통령령으로 정하는 바에 따라 정기적으로 조사하여야 한다. ⑤ 보호위원회는 대통령령으로 정하는 전문기관으로 하여금 제4항에 따른 조사를 수행하게 할 수 있다.

제24조의2(주민등록번호 처리의 제한) ① 제24조 제1항에도 불구하고 개인정보처리자는 다음 각 호의 어느 하나에 해당하는 경우를 제외하고는 주민등록번호를 처리할 수 없다. 1. 법률·대통령령·국회규칙·대법원규칙·헌법재판소규칙·중앙선거관리위원회규칙 및 감사원규칙에서 구체적으로 주민등록번호의 처리를 요구하거나 허용한 경우 2. 정보주체 또는 제3자의 급박한 생명, 신체, 재산의 이익을 위하여 명백히 필요하다고 인정되는 경우 3. 제1호 및 제2호에 준하여 주민등록번호 처리가 불가피한 경우로서 보호위원회가 고시로 정하는 경우

② 개인정보처리자는 제24조 제3항에도 불구하고 주민등록번호가 분실·도난·유출·위조·변조 또는 훼손되지 아니하도록 암호화 조치를 통하여 안전하게 보관하여야 한다. 이 경우 암호화 적용대상 및 대상별 적용시기 등에 관하여 필요한 사항은 개인정보의 처리 규모와 유출 시 영향 등을 고려하여 대통령령으로 정한다. ③ 개인정보처리자는 제1항 각 호에 따라 주민등록번호를 처리하는 경우에도 정보주체가 인터넷 홈페이지를 통하여 회원으로 가입하는 단계에서는 주민등록번호를 사용하지 아니하고도 회원으로 가입할 수 있는 방법을 제공하여야 한다. ④ 보호위원회는 개인정보처리자가 제3항에 따른 방법을 제공할 수 있도록 관계 법령의 정비, 계획의 수립, 필요한 시설 및 시스템의 구축 등 제반 조치를 마련·지원할 수 있다.

VIII. 영상정보처리기기

영상정보처리기기(CCTV 등)는 특별히 공익적 필요가 있는 경우에 한해 공개된 장소에 설치 및 운영하도록 처리기준을 통일하였다. 즉 법령에서 구체적으로 허용하는 경우, 범죄예방 및 수사, 시설안전 및 화재예방, 교통단속 및 교통정보의 수집 분석 및 제공을 위한 경우 외에는 해당 기기를 설치할 수 없도록 하고 있다. 그 기

기를 설치하는 경우에도 공청회, 설명회 등 전문가와 이해관계인의 의견수렴을 제도화하고 정보주체가 쉽게 인식할 수 있도록 안내판을 설치하기도 하며, 설치목적과 다른 목적으로 임의조작을 하거나 녹음기능을 사용할 수 없도록 규정하고 있다. 또한 목욕탕, 화장실 등 개인의 사생활 침해 우려가 큰 장소에는 해당 기기 설치를 금지하고 있다.

> ■■ 제25조(영상정보처리기기의 설치·운영 제한) ① 누구든지 다음 각 호의 경우를 제외하고는 공개된 장소에 영상정보처리기기를 설치·운영하여서는 아니 된다. 1. 법령에서 구체적으로 허용하고 있는 경우 2. 범죄의 예방 및 수사를 위하여 필요한 경우 3. 시설안전 및 화재 예방을 위하여 필요한 경우 4. 교통단속을 위하여 필요한 경우 5. 교통정보의 수집·분석 및 제공을 위하여 필요한 경우 ② 누구든지 불특정 다수가 이용하는 목욕실, 화장실, 발한실, 탈의실 등 개인의 사생활을 현저히 침해할 우려가 있는 장소의 내부를 볼 수 있도록 영상정보처리기기를 설치·운영하여서는 아니 된다. 다만, 교도소, 정신보건 시설 등 법령에 근거하여 사람을 구금하거나 보호하는 시설로서 대통령령으로 정하는 시설에 대하여는 그러하지 아니하다. ③ 제1항 각 호에 따라 영상정보처리기기를 설치·운영하려는 공공기관의 장과 제2항 단서에 따라 영상정보처리기기를 설치·운영하려는 자는 공청회·설명회의 개최 등 대통령령으로 정하는 절차를 거쳐 관계 전문가 및 이해관계인의 의견을 수렴하여야 한다. ④ 제1항 각 호에 따라 영상정보처리기기를 설치·운영하는 자("영상정보처리기기운영자")는 정보주체가 쉽게 인식할 수 있도록 다음 각 호의 사항이 포함된 안내판을 설치하는 등 필요한 조치를 하여야 한다. 다만, 「군사기지 및 군사시설 보호법」 제2조 제2호에 따른 군사시설, 「통합방위법」 제2조 제13호에 따른 국가중요시설, 그 밖에 대통령령으로 정하는 시설에 대하여는 그러하지 아니하다. 1. 설치목적 및 장소 2. 촬영범위 및 시간 3. 관리책임자 성명 및 연락처 4. 그 밖에 대통령령으로 정하는 사항 ⑤ 영상정보처리기기운영자는 영상정보처리기기의 설치목적과 다른 목적으로 영상정보처리기기를 임의로 조작하거나 다른 곳을 비춰서는 아니 되며, 녹음기능은 사용할 수 없다. ⑥ 영상정보처리기기운영자는 개인정보가 분실·도난·유출·위조·변조 또는 훼손되지 아니하도록 제29조에 따라 안전성 확보에 필요한 조치를 하여야 한다.

제3절
가명정보 처리의 특례

개인정보처리자는 '통계작성, 과학적 연구, 공익적 기록보존 등'을 위해 정보주체의 동의 없이 가명정보를 처리할 수 있다. 이를 통해 정보의 상업적 처리가 가능하다. 오남용을 막기 위해 서로 다른 개인정보처리자 간의 가명정보의 결합은 보호위원회 또는 관계 중앙행정기관의 장이 지정하는 전문기관이 수행한다.

개인정보처리자는 가명정보의 처리 시 원래의 상태로 복원하기 위한 추가정보를 별도로 분리하여 보관 및 관리하는 등 해당 정보가 분실·도난·유출·위조·변조 또는 훼손되지 않도록 안전성 확보에 필요한 기술적, 관리적 및 물리적 조치를 해야 한다. 이 조항이 법 제29조의 조치와 동일한지 논란이 있다. 또 누구든지 특정 개인을 알아보기 위한 목적으로 가명정보를 처리해서는 아니 된다. 개인정보처리자는 가명정보를 처리하는 과정에서 특정 개인을 알아볼 수 있는 정보가 생성된 경우에는 즉시 해당 정보의 처리를 중지하고, 지체없이 회수 및 파기하여야 한다.

> ■ 제28조의2(가명정보의 처리 등) ① 개인정보처리자는 통계작성, 과학적 연구, 공익적 기록보존 등을 위하여 정보주체의 동의 없이 가명정보를 처리할 수 있다.
> ② 개인정보처리자는 제1항에 따라 가명정보를 제3자에게 제공하는 경우에는 특정 개인을 알아보기 위하여 사용될 수 있는 정보를 포함해서는 아니 된다.
> 제28조의3(가명정보의 결합 제한) ① 제28조의2에도 불구하고 통계작성, 과학적 연구, 공익적 기록보존 등을 위한 서로 다른 개인정보처리자 간의 가명정보의 결합

은 보호위원회 또는 관계 중앙행정기관의 장이 지정하는 전문기관이 수행한다. ② 결합을 수행한 기관 외부로 결합된 정보를 반출하려는 개인정보처리자는 가명정보 또는 제58조의2에 해당하는 정보로 처리한 뒤 전문기관의 장의 승인을 받아야 한다. ③ 제1항에 따른 결합 절차와 방법, 전문기관의 지정과 지정 취소 기준·절차, 관리·감독, 제2항에 따른 반출 및 승인기준·절차 등 필요한 사항은 대통령령으로 정한다.

제28조의4(가명정보에 대한 안전조치의무 등) ① 개인정보처리자는 가명정보를 처리하는 경우에는 원래의 상태로 복원하기 위한 추가 정보를 별도로 분리하여 보관·관리하는 등 해당 정보가 분실·도난·유출·위조·변조 또는 훼손되지 않도록 대통령령으로 정하는 바에 따라 안전성 확보에 필요한 기술적·관리적 및 물리적 조치를 하여야 한다. ② 개인정보처리자는 가명정보를 처리하고자 하는 경우에는 가명정보의 처리목적, 제3자 제공 시 제공받는 자 등 가명정보의 처리 내용을 관리하기 위하여 대통령령으로 정하는 사항에 대한 관련 기록을 작성하여 보관하여야 한다.

제28조의5(가명정보 처리 시 금지의무 등) ① 누구든지 특정 개인을 알아보기 위한 목적으로 가명정보를 처리해서는 아니 된다. ② 개인정보처리자는 가명정보를 처리하는 과정에서 특정 개인을 알아볼 수 있는 정보가 생성된 경우에는 즉시 해당 정보의 처리를 중지하고, 지체 없이 회수·파기하여야 한다.

제28조의6(가명정보 처리에 대한 과징금 부과 등) ① 보호위원회는 개인정보처리자가 제28조의5제1항을 위반하여 특정 개인을 알아보기 위한 목적으로 정보를 처리한 경우 전체 매출액의 100분의 3 이하에 해당하는 금액을 과징금으로 부과할 수 있다. 다만, 매출액이 없거나 매출액의 산정이 곤란한 경우로서 대통령령으로 정하는 경우에는 4억원 또는 자본금의 100분의 3 중 큰 금액 이하로 과징금을 부과할 수 있다. ② 과징금의 부과·징수 등에 필요한 사항은 제34조의2 제3항부터 제5항까지의 규정을 준용한다.

제28조의7(적용범위) 가명정보는 제20조, 제21조, 제27조, 제34조 제1항, 제35조부터 제37조까지, 제39조의3, 제39조의4, 제39조의6부터 제39조의8까지의 규정을 적용하지 아니한다.

제4절
정보주체의 권리

I. 열람, 정정·삭제권, 처리정지권

1. 열람권과 제한

■ 제35조(개인정보의 열람) ① 정보주체는 개인정보처리자가 처리하는 자신의 개인정보에 대한 열람을 해당 개인정보처리자에게 요구할 수 있다. ② 제1항에도 불구하고 정보주체가 자신의 개인정보에 대한 열람을 공공기관에 요구하고자 할 때에는 공공기관에 직접 열람을 요구하거나 대통령령으로 정하는 바에 따라 보호위원회를 통하여 열람을 요구할 수 있다. ③ 개인정보처리자는 제1항 및 제2항에 따른 열람을 요구받았을 때에는 대통령령으로 정하는 기간 내에 정보주체가 해당 개인정보를 열람할 수 있도록 하여야 한다. 이 경우 해당 기간 내에 열람할 수 없는 정당한 사유가 있을 때에는 정보주체에게 그 사유를 알리고 열람을 연기할 수 있으며, 그 사유가 소멸하면 지체 없이 열람하게 하여야 한다.
④ 개인정보처리자는 다음 각 호의 어느 하나에 해당하는 경우에는 정보주체에게 그 사유를 알리고 열람을 제한하거나 거절할 수 있다. 1. 법률에 따라 열람이 금지되거나 제한되는 경우 2. 다른 사람의 생명·신체를 해할 우려가 있거나 다른 사람의 재산과 그 밖의 이익을 부당하게 침해할 우려가 있는 경우 3. 공공기관이 다음 각 목의 어느 하나에 해당하는 업무를 수행할 때 중대한 지장을 초래하는 경우 가. 조세의 부과·징수 또는 환급에 관한 업무 나.「초·중등교육법」및「고등교육법」에 따른 각급 학교,「평생교육법」에 따른 평생교육시설, 그 밖의 다른 법률에 따라

설치된 고등교육기관에서의 성적 평가 또는 입학자 선발에 관한 업무 다. 학력·기능 및 채용에 관한 시험, 자격 심사에 관한 업무 라. 보상금·급부금 산정 등에 대하여 진행 중인 평가 또는 판단에 관한 업무 마. 다른 법률에 따라 진행 중인 감사 및 조사에 관한 업무

2. 정정과 삭제권

제36조(개인정보의 정정·삭제) ① 제35조에 따라 자신의 개인정보를 열람한 정보주체는 개인정보처리자에게 그 개인정보의 정정 또는 삭제를 요구할 수 있다. 다만, 다른 법령에서 그 개인정보가 수집대상으로 명시되어 있는 경우에는 그 삭제를 요구할 수 없다. ② 개인정보처리자는 제1항에 따른 정보주체의 요구를 받았을 때에는 개인정보의 정정 또는 삭제에 관하여 다른 법령에 특별한 절차가 규정되어 있는 경우를 제외하고는 지체 없이 그 개인정보를 조사하여 정보주체의 요구에 따라 정정·삭제 등 필요한 조치를 한 후 그 결과를 정보주체에게 알려야 한다. ③ 개인정보처리자가 제2항에 따라 개인정보를 삭제할 때에는 복구 또는 재생되지 아니하도록 조치하여야 한다. ④ 개인정보처리자는 정보주체의 요구가 제1항 단서에 해당될 때에는 지체 없이 그 내용을 정보주체에게 알려야 한다. ⑤ 개인정보처리자는 제2항에 따른 조사를 할 때 필요하면 해당 정보주체에게 정정·삭제 요구사항의 확인에 필요한 증거자료를 제출하게 할 수 있다.

열람 후 정정 및 삭제권의 인정은 지나친 행정편의적인 규정이기에 삭제가 바람직하다.

3. 처리정지권

■ 제37조(개인정보의 처리정지 등) ① 정보주체는 개인정보처리자에 대하여 자신의 개인정보 처리의 정지를 요구할 수 있다. 이 경우 공공기관에 대하여는 제32조에 따라 등록 대상이 되는 개인정보파일 중 자신의 개인정보에 대한 처리의 정지를 요구할 수 있다. ② 개인정보처리자는 제1항에 따른 요구를 받았을 때에는 지체 없이 정보주체의 요구에 따라 개인정보 처리의 전부를 정지하거나 일부를 정지하여야 한다. 다만, 다음 각 호의 어느 하나에 해당하는 경우에는 정보주체의 처리정지 요구를 거절할 수 있다. 1. 법률에 특별한 규정이 있거나 법령상 의무를 준수하기 위하여 불가피한 경우 2. 다른 사람의 생명·신체를 해할 우려가 있거나 다른 사람의 재산과 그 밖의 이익을 부당하게 침해할 우려가 있는 경우 3. 공공기관이 개인정보를 처리하지 아니하면 다른 법률에서 정하는 소관 업무를 수행할 수 없는 경우 4. 개인정보를 처리하지 아니하면 정보주체와 약정한 서비스를 제공하지 못하는 등 계약의 이행이 곤란한 경우로서 정보주체가 그 계약의 해지 의사를 명확하게 밝히지 아니한 경우
③ 개인정보처리자는 제2항 단서에 따라 처리정지 요구를 거절하였을 때에는 정보주체에게 지체 없이 그 사유를 알려야 한다. ④ 개인정보처리자는 정보주체의 요구에 따라 처리가 정지된 개인정보에 대하여 지체 없이 해당 개인정보의 파기 등 필요한 조치를 하여야 한다.

4. 손해배상

■ 제39조(손해배상책임) ① 정보주체는 개인정보처리자가 이 법을 위반한 행위로 손해를 입으면 개인정보처리자에게 손해배상을 청구할 수 있다. 이 경우 그 개인정보처리자는 고의 또는 과실이 없음을 입증하지 아니하면 책임을 면할 수 없다. ③ 개인정보처리자의 고의 또는 중대한 과실로 인하여 개인정보가 분실·도난·유출·위조·변조 또는 훼손된 경우로서 정보주체에게 손해가 발생한 때에는 법원

은 그 손해액의 3배를 넘지 아니하는 범위에서 손해배상액을 정할 수 있다. 다만, 개인정보처리자가 고의 또는 중대한 과실이 없음을 증명한 경우에는 그러하지 아니하다. ④ 법원은 제3항의 배상액을 정할 때에는 다음 각 호의 사항을 고려하여야 한다. 1. 고의 또는 손해 발생의 우려를 인식한 정도 2. 위반행위로 인하여 입은 피해 규모 3. 위법행위로 인하여 개인정보처리자가 취득한 경제적 이익 4. 위반행위에 따른 벌금 및 과징금 5. 위반행위의 기간·횟수 등 6. 개인정보처리자의 재산상태 7. 개인정보처리자가 정보주체의 개인정보 분실·도난·유출 후 해당 개인정보를 회수하기 위하여 노력한 정도 8. 개인정보처리자가 정보주체의 피해구제를 위하여 노력한 정도

제39조의2(법정손해배상의 청구) ① 제39조제1항에도 불구하고 정보주체는 개인정보처리자의 고의 또는 과실로 인하여 개인정보가 분실·도난·유출·위조·변조 또는 훼손된 경우에는 300만원 이하의 범위에서 상당한 금액을 손해액으로 하여 배상을 청구할 수 있다. 이 경우 해당 개인정보처리자는 고의 또는 과실이 없음을 입증하지 아니하면 책임을 면할 수 없다. ② 법원은 제1항에 따른 청구가 있는 경우에 변론 전체의 취지와 증거조사의 결과를 고려하여 제1항의 범위에서 상당한 손해액을 인정할 수 있다. ③ 제39조에 따라 손해배상을 청구한 정보주체는 사실심의 변론이 종결되기 전까지 그 청구를 제1항에 따른 청구로 변경할 수 있다.

II. 집단분쟁조정과 단체소송

정보주체는 해당 공공기관 또는 행정안전부 장관에게 자신의 개인정보 처리에 대한 열람, 정정, 삭제, 처리정지를 요구할 수 있고, 해당 기관은 열람을 허용하는 경우 해당 업무수행에 중대한 지장을 초래할 우려가 있는 경우에는 정보주체에게 그 사유를 알리고 제한 및 거절을 할 수 있다.

민간분야의 분쟁을 조정했던 '개인정보분쟁조정위원회'의 분쟁대상을 공공기관에까지 확대하고 분쟁조정의 효력을 민법상 화해에서 '재판상 화해'로 강화하였다.

개인정보 침해사고가 다수에게 소액으로 발생하는 점을 감안하여 '집단분쟁조정제도'를 도입하여 신속하고 공정한 권리구제가 가능하도록 하였다.

개인정보처리자로 하여금 개인정보 수집·이용, 제공에 대한 준법정신과 경각심을 높이고, 동일유사 소송에 따른 사회적 비용을 절감하고자 '권리침해 중지·정지 단체소송'을 도입하였다. 다만 단체소송이 남발되는 것을 막기 위해 단체소송 전에 집단분쟁조정제도를 거치도록 하고 '재산피해 구제 단체소송'은 도입을 보류하였다.

제5절
개인정보보호위원회

I. 규정

법은 국무총리 소속(구 대통령 소속)의 개인정보보호위원회를 설치하여 주요 정책 사안을 심의 및 의결하고, 보호위원회의 안정적인 업무수행을 위해 집행기구로서 사무국도 설치하도록 하고 있다.

> ■ 제7조의8(보호위원회의 소관 사무) 보호위원회는 다음 각 호의 소관 사무를 수행한다.
> 1. 개인정보의 보호와 관련된 법령의 개선에 관한 사항
> 2. 개인정보 보호와 관련된 정책·제도·계획 수립·집행에 관한 사항
> 3. 정보주체의 권리침해에 대한 조사 및 이에 따른 처분에 관한 사항
> 4. 개인정보의 처리와 관련한 고충처리·권리구제 및 개인정보에 관한 분쟁의 조정
> 5. 개인정보 보호를 위한 국제기구 및 외국의 개인정보 보호기구와의 교류·협력
> 6. 개인정보 보호에 관한 법령·정책·제도·실태 등의 조사·연구, 교육 및 홍보에 관한 사항
> 7. 개인정보 보호에 관한 기술개발의 지원·보급 및 전문인력의 양성에 관한 사항
> 8. 이 법 및 다른 법령에 따라 보호위원회의 사무로 규정된 사항
>
> 제7조의9(보호위원회의 심의·의결 사항 등) ① 보호위원회는 다음 각 호의 사항을 심의·의결한다.
> 1. 제8조의2에 따른 개인정보 침해요인 평가에 관한 사항

2. 제9조에 따른 기본계획 및 제10조에 따른 시행계획에 관한 사항
3. 개인정보 보호와 관련된 정책, 제도 및 법령의 개선에 관한 사항
4. 개인정보의 처리에 관한 공공기관 간의 의견조정에 관한 사항
5. 개인정보 보호에 관한 법령의 해석·운용에 관한 사항
6. 제18조 제2항 제5호에 따른 개인정보의 이용·제공에 관한 사항
7. 제33조 제3항에 따른 영향평가 결과에 관한 사항
8. 제28조의6, 제34조의2, 제39조의15에 따른 과징금 부과에 관한 사항
9. 제61조에 따른 의견제시 및 개선권고에 관한 사항
10. 제64조에 따른 시정조치 등에 관한 사항
11. 제65조에 따른 고발 및 징계권고에 관한 사항
12. 제66조에 따른 처리 결과의 공표에 관한 사항
13. 제75조에 따른 과태료 부과에 관한 사항
14. 소관 법령 및 보호위원회 규칙의 제정·개정 및 폐지에 관한 사항
15. 개인정보 보호와 관련하여 보호위원회의 위원장 또는 위원 2명 이상이 회의에 부치는 사항
16. 그 밖에 이 법 또는 다른 법령에 따라 보호위원회가 심의·의결하는 사항

② 보호위원회는 제1항 각 호의 사항을 심의·의결하기 위하여 필요한 경우 다음 각 호의 조치를 할 수 있다. 1. 관계 공무원, 개인정보 보호에 관한 전문지식이 있는 사람이나 시민사회단체 및 관련 사업자로부터의 의견 청취 2. 관계 기관 등에 대한 자료제출이나 사실조회 요구 ③ 제2항 제2호에 따른 요구를 받은 관계 기관 등은 특별한 사정이 없으면 이에 따라야 한다. ④ 보호위원회는 제1항 제3호의 사항을 심의·의결한 경우에는 관계 기관에 그 개선을 권고할 수 있다. ⑤ 보호위원회는 제4항에 따른 권고내용의 이행 여부를 점검할 수 있다.

II. 독립성 보장

인사, 조직, 예산상의 독립을 적극적으로 보장할 필요가 있다. 관련 법령의 해석 및 운영에 있어 법제처와 충돌의 가능성이 있다.

제10장

디지털 사회와 정보공개법

제1절
공공기관의 정보공개제도

정보공개제도는 '공적 기록은 정보 민주주의의 핵심적인 자산이고 공공재산이라는 인식하에 중앙정부 및 지방자치단체를 포함한 공공기관이 보유한 문서 및 정보를 국민에게 적극적으로 공개하는 것을 의무화한 제도'다.

"공공기관의 정보공개에 관한 법률" 제9조에 따라 정보공개의 대상이 되는 정보는 '공공기관이 보유 및 관리하는 정보'이다. 공공기관의 공개정보는 이해당사자나 국민의 청구가 없어도 사전에 인터넷을 통해 정보목록 외에 원문정보까지 공개하도록 의무화되어 있다.

'공공기관'이라 함은 '국가 및 지방자치단체, 정부투자자관리기본법 제2조의 규정에 의한 정부투자기관 및 기타 대통령령이 정하는 기관'을 말한다(제2조).

집행기관인 행정기관뿐만 아니라 의결기관(지방의회), 위원회(중앙인사위원회, 국가청렴위원회, 국민권익위원회 등)와 각종 자문회의(국가안전보장자문회의, 민주평화통일자문회의 등)를 포함해서 국회·법원·헌법재판소·유치원·사립학교도 공공기관에 포함된다. 다만, 국가안전보장에 관련되는 정보 및 보안업무를 관장하는 기관에서 국가안전보장과 관련된 정보분석을 목적으로 수집되거나 작성된 정보에 대하여는 이 법을 적용하지 아니한다. 그러나 정보목록의 작성, 비치 및 공개에 대하여는 그러하지 아니하다(제4조 제3항).

정보공개 청구권자를 누구로 할 것인가는 정보공개제도의 목적과 밀접한 관련이 있다. 정보공개제도가 알 권리의 실질적 충족을 위한 제도라면 정보공개청구권이 인정되는 '모든 국민'에는 자기 자신을 기준으로 정보공개 이익(관련)유무를 떠나 '대한민국 국적을 소유한 자연인뿐만 아니라 법인 및 법인격 없는 단체(대표자의 명의)도 포함'된다. 현 정보공개법은 청구인의 청구적격 심사에 있어 '법률상 이익'이나 '이해관계' 유무를 따지지 않고 있다. 미국도 동일하다. 따라서 청구인의 정보공개청구는 이해관계가 없는 공익을 위한 경우, 예를 들어 시민단체의 공익과 관련해서 정보공개청구도 가능하다.

'정보공개심의회'는 정보의 공개 여부, 이의신청 기타 정보공개제도의 운영에 관한 사항을 심의하는 제도이다. 이의신청 시는 심의의무가 있다. 위원장 1인을 포함하여 5인-7인의 위원으로 구성한다. 외부전문가 비율은 기존 1/2에서 2/3다. 위원장도 외부전문가 중에서 위촉한다. 반면에 대통령 소속의 '정보공개위원회'는 정보공개에 관한 정책수립 및 제도개선 등에 관한 사항을 심의 및 조정하는 제도이다. 위원장과 부위원장 각 1인을 포함한 9인의 위원으로 구성한다. 위원장을 포함한 5인은 공무원이 아닌 자로 위촉한다.

정보공개는 공공기관의 미정보공개를 이용한 정보악용 등의 부작용을 극복하고 국민의 알 권리 충족과 정보공개를 활용한 국정통제 및 국정운영의 투명성 실현을 통한 실질적인 국민지배의 실현에 그 목적이 있다. 선진국에서는 정보공개 운동을 'sunshine act'라고 지칭한다. 햇빛은 곰팡이와 부패를 막는 역할을 하기 때문이다. 이를 위해 정보공개법 외에 공공기록물관리법, 대통령기록물법, 법원의 법원기록물 관리규칙 등의 규범이 제정 및 시행되고 있다. 대법원은 '확정된 형사재판 기록은 정보공개법상의 정보공개 청구대상에 포함되지 않으므로 재판확정기록의 열람 및 등사절차 등을 규정하고 있는 형사소송법 절차에 따라야 한다.'는 입장이다. 즉, "정보공개법 제4조 제1항은 '정보의 공개에 관하여는 다른 법률에 특별한 규정이 있는 경우를 제외하고는 이 법이 정하는 바에 의한다.'라고 규정하고 있다. 다른 법률에 특별한 규정이 있는 경우에 해당해 정보공개법의 적용을 배제하기 위해서는 그 특별한 규정이 '법률'이어야 하고, 나아가 그 내용이 정보공개의 대상 및 범위, 정보공개의 절차, 비공개대상정보 등에 관해 정보공개법과 달리 규정하고 있는 것이어야 한다. 재판확정기록의 열람 또는 등사는 자기의 재판기록이라고 할지라도 그 절차와 제한사유 등을 형소법 제59조의2가 규정하고 있기에 정보공개법의 적용이 배제돼 정보공개법에 의한 공개청구가 허용되지 않는다."는 입장이다.

제2절
정보공개법의 적용범위

I. 제4조 제1항(일반법)

> 제4조(적용 범위) ① 정보의 공개에 관하여는 다른 법률에 특별한 규정이 있는 경우를 제외하고는 이 법에서 정하는 바에 따른다. ② 지방자치단체는 그 소관 사무에 관하여 법령의 범위에서 정보공개에 관한 조례를 정할 수 있다. ③ 국가안전보장에 관련되는 정보 및 보안업무를 관장하는 기관에서 국가안전보장과 관련된 정보의 분석을 목적으로 수집하거나 작성한 정보에 대해서는 이 법을 적용하지 아니한다. 다만, 제8조 제1항에 따른 정보목록의 작성·비치 및 공개에 대해서는 그러하지 아니한다.

제4조(적용 범위) ① 정보의 공개에 관하여는 다른 법률에 특별한 규정이 있는 경우를 제외하고는 이 법에서 정하는 바에 따른다. ② 지방자치단체는 그 소관 사무에 관하여 법령의 범위에서 정보공개에 관한 조례를 정할 수 있다. ③ 국가안전보장에 관련되는 정보 및 보안업무를 관장하는 기관에서 국가안전보장과 관련된 정보의 분석을 목적으로 수집하거나 작성한 정보에 대해서는 이 법을 적용하지 아니한다. 다만, 제8조 제1항에 따른 정보목록의 작성·비치 및 공개에 대해서는 그러하지 아니한다.

정보공개법 제4조 제1항에 따라 이 법은 정보공개에 관한 일반법이다. 정보공개법에 따라 정보공개 결정을 하면서 공개되는 정보가 개인의 정보를 포함하고 있을 경우 개인정보보호법, 신용정보법, 정보통신망법 등과 충돌을 할 수 있다고 생각할 수 있으나, 충돌이 가능하다고 생각되는 법들은 규율목적과 규율대상 비교에 있어 각각 규범영역이 서로 다르기에 충돌이라고 보기는 힘들다.

II. 제2항(정보공개조례)

정보공개법 제4조 제2항에 따라 지방자치단체는 정보공개법에 반하지 않는 한도 내에서 독자적으로 정보공개조례를 제정할 수 있다. 헌법재판소와 대법원에 따르면 이 규정은 확인적 규정에 불과하다는 것이다. 따라서 광역 및 기초 지방자치단체와 교육위원회의 정보공개조례는 권리를 제한하거나 의무를 부과하는 규범이 아니므로 법령의 위임이 없어도 제정될 수 있다.

III. 제3항(적용배제)

제4조 제3항은 "국가안전보장에 관련되는 정보 및 보안업무를 관장하는 기관에서 국가안전보장과 관련된 정보분석을 목적으로 수집되거나 작성된 정보에 대하여는 정보공개법을 적용하지 아니한다."라고 규정하고 있다. 다만 "정보목록의 작성·비치 및 공개에 대해 적용된다."라고 규정하고 있다.

정보공개법은 비적용되는 기관을 "국가안전보장에 관련되는 정보 및 보안업무를 관장하는 기관"으로 한정하여 규정하고 있다. 이와 관련하여 해당되는 기관을 형식적으로 또는 실질적으로 판단할 것이냐의 문제가 제기된다. 국가정보원은 이에 포함된다고 볼 수가 있겠지만 검찰청과 경찰청, 청와대나 행정안전부, 외교통상부 등의 국가안전보장에 해당이 되는 기관의 하위 해당 업무부서에도 이 규정이 적용될 것인가의 문제점이 그것이다. 정보공개법의 비적용기관을 실질적으로 판단해야 한다. 해당 조항에서 명시적으로 비적용기관을 명시하지 않았고 국가안전보장 업무를 형식적 및 실질적으로 통괄하여 유일하게 특정 기관에서 행하는 사례는 현실적으로 없을 것으로 보기 때문이다.

문맥상 "국가안전보장에 명백하게 손해를 끼칠 정보"로 한정하여 정보공개법의 적용대상 유무를 판정하는 것이 올바른 해석이다. 또한 헌법재판소와 대법원의 판례에 따르면 정보공개법은 헌법상의 기본권인 알권리를 구체화한 확인적 규범이기 때문에 정보공개법이 없어도 알권리를 근거로 해당 공공기관에 정보공개 청구를 할 수 있다. 따라서 "국가안전보장에 관련되는 정보 및 보안업무를 관장하는 기관에서 국가안전보장과 관련된 정보분석을 목적으로 수집되거나 작성된 정보"는 명백하게 위해성이 있는 정보에 한해 정보공개법의 적용이 배제될 뿐이며 그 자체로서 자동적으로 비밀정보가 되는 것은 아니므로 알권리에 직접 근거하여 정보공개 청구가 가능하다고 볼 수 있다. 제3항의 단서 조항인 "정보목록의 작성·비치 및 공개에 대해서는 적용된다."라고 규정하고 있는 의미도 이러한 해석의 타당성을 뒷받침 해주고 있다.

제3항에서 국가안전보장과 관련된 정보이기 때문에 정보공개법의 적용이 배제된다고 하더라도 예를 들어 정권의 정책성 홍보 등을 위하여 스스로 공개될 수도 있다. 이는 진실하고 왜곡 없이 공개하는 조건이라면 정보공개법이 추구하고 있는 국민의 알권리에 부합할 수가 있다. 현실에서 충분히 가능한 일이라고 본다. 예를 들어 과거의 "평화의 댐" 관련 정보는 국가안전보장과 관련된 사안이었지만 도리어 정보공개를 통해 진실에 근거한 국민의 합의점을 모을 수도 있었다.

제3절
청구절차

I. 공개청구와 접수

청구인은 원칙적으로 청구하고자 하는 정보를 보유·관리하고 있는 공공기관에 '정보공개 청구서'를 제출한다. 잘못 청구된 공개청구를 접수한 공공기관은 이 청구서를 올바른 공공기관에 즉시 이첩시켜야 한다.

정보공개 청구서는 공공기관에 직접 방문하여 제출하거나 우편·모사(fax)통신 또는 인터넷을 통하여 제출할 수도 있다. 단, 행정처분의 사실관계를 명확히 하기 위하여 '전화에 의한 청구'는 인정하지 않고 있다. 제10조 제2항의 담당자의 면전에서 구술해야 한다는 규정 때문에 그러하지만, 제2항의 관련 규정을 삭제하여 전화로도 정보공개 청구를 인정하는 것이 바람직하다. 또한 대리인에 의한 청구 및 그에게 공개가 가능하다. 대리인에 의해서 청구 시 본인에 의한 공개와 동일한 방법으로 본인 및 대리인의 확인절차가 필요하다. '도장 및 팩스 문화'는 정보사회와 전통보존 외에는 어울리지가 않는다.

II. 공개여부 결정

해당 공공기관은 청구를 받은 날부터 '10일 이내'에 공개여부를 결정해야 한다. 공공기관은 동법 시행령에서 정한 부득이한 사유로 10일 내 공개여부를 결정할 수

> 제10조(정보공개의 청구방법) ① 정보의 공개를 청구하는 자("청구인")는 해당 정보를 보유하거나 관리하고 있는 공공기관에 다음 각 호의 사항을 적은 정보공개 청구서를 제출하거나 말로써 정보의 공개를 청구할 수 있다. 1. 청구인의 성명·생년월일·주소 및 연락처(전화번호·전자우편주소 등을 말한다.). 다만, 청구인이 법인 또는 단체인 경우에는 그 명칭, 대표자의 성명, 사업자등록번호 또는 이에 준하는 번호, 주된 사무소의 소재지 및 연락처). 2. 청구인의 주민등록번호(본인임을 확인하고 공개 여부를 결정할 필요가 있는 정보를 청구하는 경우로 한정) 3. 공개를 청구하는 정보의 내용 및 공개방법 ② 제1항에 따라 청구인이 말로써 정보의 공개를 청구할 때에는 담당 공무원 또는 담당 임직원("담당공무원 등")의 앞에서 진술하여야 하고, 담당공무원 등은 정보공개 청구조서를 작성하여 이에 청구인과 함께 기명날인하거나 서명하여야 한다.

없을 때는 그 기간의 만료일 다음 날부터 가산하여 '10일'의 범위 내에서 공개여부 결정기간을 연장할 수 있다. 날짜 계산은 "민원처리에 관한 법률"에 따른다.

정보공개법에서는 10일을 얘기하고 있지만 정보공개 청구자 입장에서는 그리 짧은 기간이 아니다. 반면에 주 담당자 입장에서는 정보공개 전문가이기에 정보공개 접수를 받자마자 사안별로 소요 기간의 예측은 가능하다. 이는 법에서 정한 10일 기간 전의 '자발적인 사전예고제' 도입의 필요성과 실현 가능성을 말해준다.

공개대상정보의 '전부 또는 일부가 제3자와 관련이 있다고 인정되는 경우' 공개 청구된 청구사실을 관련 있는 제3자에게 지체 없이 통지해야 한다. 비공개 결정에도 동 통지조항이 적용이 되는 지는 논란이 있다. 필요시 관련 있는 제3자 의견을 청취할 수 있다. 공개청구 된 사실을 통지받은 제3자는 의견이 있을 경우 통지받은 날부터 3일 이내에 당해 공공기관에 공개하지 아니할 것을 요청할 수 있다. 그러나 정보공개심의회는 이의 요청에 구속되지 않는다(대법원). 공개 유무 결정에 관한 해당 심의회의 결정에 해당 공공기관장은 구속 역시 받지 않는다.

■ 제11조(정보공개 여부의 결정) ① 공공기관은 제10조에 따라 정보공개의 청구를 받으면 그 청구를 받은 날부터 10일 이내에 공개 여부를 결정하여야 한다. ② 공공기관은 부득이한 사유로 제1항에 따른 기간 이내에 공개 여부를 결정할 수 없을 때에는 그 기간이 끝나는 날의 다음 날부터 기산(起算)하여 10일의 범위에서 공개 여부 결정기간을 연장할 수 있다. 이 경우 공공기관은 연장된 사실과 연장 사유를 청구인에게 지체 없이 문서로 통지하여야 한다. ③ 공공기관은 공개 청구된 공개 대상 정보의 전부 또는 일부가 제3자와 관련이 있다고 인정할 때에는 그 사실을 제3자에게 지체 없이 통지하여야 하며, 필요한 경우에는 그의 의견을 들을 수 있다. ④ 공공기관은 다른 공공기관이 보유·관리하는 정보의 공개 청구를 받았을 때에는 지체 없이 이를 소관 기관으로 이송하여야 하며, 이송한 후에는 지체 없이 소관 기관 및 이송 사유 등을 분명히 밝혀 청구인에게 문서로 통지하여야 한다. ⑤ 공공기관은 정보공개 청구가 다음 각 호의 어느 하나에 해당하는 경우로서 「민원 처리에 관한 법률」에 따른 민원으로 처리할 수 있는 경우에는 민원으로 처리할 수 있다. 1. 공개 청구된 정보가 공공기관이 보유·관리하지 아니하는 정보인 경우 2. 공개 청구의 내용이 진정·질의 등으로 이 법에 따른 정보공개 청구로 보기 어려운 경우

III. 정보공개 여부 결정의 통지

해당 공공기관이 공개청구 된 정보에 대한 공개여부를 결정한 때에는 청구인에게 지체 없이 통지해야 한다. 공개일시 및 공개장소, 공개방법, 수수료 금액 및 납부방법 등을 명시하여 통지한다. 공공기관은 정보의 비공개결정을 한 때에도 그 내용을 청구인에게 지체 없이 통지해야 한다. 이 경우에도 비공개사유, 불복방법 및 불복절차 등을 명시해야 한다.

반복 청구되는 정보공개에는 제11조의2에 따라 종합적 고려 후 해당 청구를 종결처리를 할 수 있다. 공개목적의 공개된 정보에 대해서는 그 정보 소재를 안내하고 종결처리를 할 수 있다.

> 제11조의2(반복 청구 등의 처리) ① 공공기관은 제11조에도 불구하고 제10조 제1항 및 제2항에 따른 정보공개 청구가 다음 각 호의 어느 하나에 해당하는 경우에는 정보공개 청구 대상 정보의 성격, 종전 청구와의 내용적 유사성·관련성, 종전 청구와 동일한 답변을 할 수밖에 없는 사정 등을 종합적으로 고려하여 해당 청구를 종결 처리할 수 있다. 이 경우 종결 처리 사실을 청구인에게 알려야 한다. 1. 정보공개를 청구하여 정보공개 여부에 대한 결정의 통지를 받은 자가 정당한 사유 없이 해당 정보의 공개를 다시 청구하는 경우 2. 정보공개 청구가 제11조 제5항에 따라 민원으로 처리되었으나 다시 같은 청구를 하는 경우 ② 공공기관은 제11조에도 불구하고 제10조 제1항 및 제2항에 따른 정보공개 청구가 다음 각 호의 어느 하나에 해당하는 경우에는 다음 각 호의 구분에 따라 안내하고, 해당 청구를 종결 처리할 수 있다. 1. 제7조 제1항에 따른 정보 등 공개를 목적으로 작성되어 이미 정보통신망 등을 통하여 공개된 정보를 청구하는 경우: 해당 정보의 소재(所在)를 안내 2. 다른 법령이나 사회통념상 청구인의 여건 등에 비추어 수령할 수 없는 방법으로 정보공개 청구를 하는 경우: 수령이 가능한 방법으로 청구하도록 안내

IV. 정보공개 방법 및 비용부담

해당 공공기관에 행정정보의 공개를 결정한 경우에는 청구인에게 통지한 공개일시 및 공개장소에서 공개한다. 다만, 청구인 본인 또는 그 대리인을 직접 확인할 필요가 없는 경우에는 청구인의 요청에 의하여 우편 또는 기타의 방법으로 송부할 수 있다.

공개방법에는 ① 문서, 대장, 도면, 카드류는 열람 또는 사본의 교부 ② 녹음테이프, 녹화테이프, 슬라이드는 시청 또는 복제물의 교부 ③ 영화필름은 시청 ④ 마이크로필름은 열람 또는 사본 복제물의 교부 ⑤ 사진은 열람 또는 사본의 교부 ⑥ 사진필름은 열람 또는 인화물 복제물의 교부 ⑦ 컴퓨터 처리정보는 매체의 열람 시청 또는 사본(출력물) 복제물의 교부 등의 방법이 있다.

정보공개 방법에 있어 대법원은 일관되게 "공공기관으로서는 청구인인 선택한 공개방법에 따라 정보를 공개해야 하므로 그 공개방법을 선택할 재량권이 없다." 라고 판단하고 있다. 다만 제13조 제1항에 해당한다면 예외이다. 따라서 국회의 공개청구 정보의 양의 많아 정상 업무수행에 지장을 초래할 수 있다고 판단하여 교부청구를 방문열람으로 제한한 국회처분은 특별한 사정이 없는 한 신청자의 공개청구 방법에 따라야 하기에 열람을 제한 한 국회의 처분은 위법하다. 판례도 동일하다.

해당 공공기관은 전자적 형태로 보유 및 관리하는 정보에 대하여 청구인이 전자적 형태로 공개하여 줄 것을 요청하는 경우 당해 정보의 성질상 현저히 곤란한 경우를 제외하고는 청구인의 요청에 응해야 한다. 공공기관은 전자적 형태로 보유·관리하지 아니하는 정보에 대하여 청구인이 전자적 형태로 공개해 줄 것을 요청한 경우 정상적인 업무수행에 현저한 지장을 초래하거나 당해 정보의 성질이 훼손될 우려가 없는 한 그 정보를 전자적 형태로 변환하여 공개할 수 있다.

정보공개 청구인이 자료를 공개결정 후 10일 동안 찾아가지 않으면 해당 관공서는 '자체 종결' 결정을 내리면서 준비한 자료는 쓸모가 없어진다. 정보공개 청구신청을 한 후 별다른 이유가 없이 정보공개 수수료를 내지 않거나 정보를 찾아가지 않아 발생하는 낭비를 줄이기 위해 자료신청 때 수수료 받기로 정책전환을 했다. 그동안 정보공개가 결정되면 사본제작 등 공개할 정보를 미리 준비했다가 청구인이 수수료를 납부하는 동시에 정보를 제공했다.

법 제17조에 따라 정보의 공개 및 우송 등에 소요되는 비용은 실비 범위 안에서 수익자부담원칙에 따라 청구인이 부담한다(제1항). 다만 공개를 청구하는 정보의 사용목적이 공공복리의 유지 및 증진을 위하여 필요하다고 인정되는 경우 제1항의 규정에 의한 비용을 감면할 수 있다(제2항). 수수료에 대한 구체적인 세부기준 설정은 해당 공공기관의 재량사항이다. 사적 목적으로 공개청구를 한 폐회로텔레비전의 제3자에 대한 모자이크 처리작업은 비용은 적지가 않다. 영상이 공개대상이 돼도 청구인에게 부담할 비용을 알려주면 대부분 청구를 포기하곤 한다. 그 때문에 공공기관이 영상정보에 대한 비용을 분담하는 법적 근거를 구체적으로 마련할 필요가 있다.

V. 정보공개심의회

비공개 결정에 대한 이의신청에 대해 정보공개심의회를 통해 재차 결정이 된다. 정보공개심의회는 공공기관은 정보공개를 청구한 국민이 비공개 혹은 부분공개 결정에 불복해 이의신청 시 심의회를 설치하고 이를 심의토록 하고 있다. 의결기구가 아닌 심의기구다. 공개유무 결정에 관한 해당 심의회의 결정에 해당 공공기관장은 구속 역시 받지 않는 것처럼 정보공개심의회의 결정은 청구인이나 제3자의 요청에 구속되지 않는다. 정보공개심의회 외부전문가 비율은 기존 1/2에서 2/3로 확대하고, 위원장도 외부전문가 중에서 위촉하도록 했다. 악의적인 청구권자를 법 개정을 통해 막을 필요가 있다.

■ 제12조(정보공개심의회) ① 국가기관, 지방자치단체, 「공공기관의 운영에 관한 법률」 제5조에 따른 공기업 및 준정부기관, 「지방공기업법」에 따른 지방공사 및 지방공단("국가기관 등")은 제11조에 따른 정보공개 여부 등을 심의하기 위하여 정보공개심의회(이하 "심의회")를 설치·운영한다. 이 경우 국가기관 등의 규모와 업무성격, 지리적 여건, 청구인의 편의 등을 고려하여 소속 상급기관(지방공사·지방공단의 경우에는 해당 지방공사·지방공단을 설립한 지방자치단체를 말한다)에서 협의를 거쳐 심의회를 통합하여 설치·운영할 수 있다. ② 심의회는 위원장 1명을 포함하여 5명 이상 7명 이하의 위원으로 구성한다. ③ 심의회의 위원은 소속 공무원, 임직원 또는 외부 전문가로 지명하거나 위촉하되, 그 중 3분의 2는 해당 국가기관등의 업무 또는 정보공개의 업무에 관한 지식을 가진 외부 전문가로 위촉하여야 한다. 다만, 제9조 제1항 제2호 및 제4호에 해당하는 업무를 주로 하는 국가기관은 그 국가기관의 장이 외부 전문가의 위촉 비율을 따로 정하되, 최소한 3분의 1 이상은 외부 전문가로 위촉하여야 한다. ④ 심의회의 위원장은 위원 중에서 국가기관등의 장이 지명하거나 위촉한다.

제4절

비공개대상정보(제9조 제1항)

I. 제1호(법률, 위임명령 등)

> 제9조(비공개 대상정보) ① 공공기관이 보유·관리하는 정보는 공개 대상이 된다. 다만, 다음 각 호의 어느 하나에 해당하는 정보는 공개하지 아니할 수 있다.
> 1. 다른 법률 또는 법률에서 위임한 명령(국회규칙·대법원규칙·헌법재판소규칙·중앙선거관리위원회규칙·대통령령 및 조례로 한정)에 따라 비밀이나 비공개 사항으로 규정된 정보

제1호에 따라 다른 법률 또는 법률이 위임한 명령에 의해 비밀로 유지되거나 비공개사항으로 규정된 정보는 비공개대상정보다. 재산등록의무자의 재산등록사항, 공판개정 전 소송에 관한 서류 등이 이에 속한다. 물론 동 재산등록사항이나 공판개정 전 소송서류 등은 공익 및 재판당사자들의 이익에 따라 공개가 가능하다.

기획재정부의 '예산 및 기금운영계획 지침'을 근거로 집행되는 공공기관의 '특수활동비'는 '정보 및 사건수사, 그밖에 이에 준하는 국정 수행활동에 직접 소요되는 경비'를 말한다. 집행총액만 부처별로 책정하고 지출내역에 대해선 영수증 제출의무가 없어 목적 외의 활용이 사실상 가능한 비용으로 비공개가 원칙이다. 기밀유지가 필요하다면 비공개라도 기록으로 남기고, 특정 기간 내에 제한적으로라도 공개하는 방법으로 운영이 개선될 필요가 있다. 비밀이 만능이 아니기 때문이다. 국회

사무처의 특수활동비 비공개 관행에 대해 '국회 특수활동비 내역 및 수령인의 사성명은 비공개 대상정보가 아니다.'라는 것이 대법원의 입장이다. 국회 사무처의 고도의 정치활동이라는 주장을 수용하지 않았다. 필요하다면 특수활동비로 편성하지 않고 투명성이 보장되는 일반업무추진비로 편성을 할 필요가 있다. 악의적 비공개는 위법성이 인정되어 민사상 손해배상 대상이 된다. 업무추진비, 입법정책 개발비, 예비금도 동일한 문제를 가지고 있다.

II. 제2호(국가안전보장 등)

> 제9조(비공개 대상정보) ① 공공기관이 보유·관리하는 정보는 공개 대상이 된다. 다만, 다음 각 호의 어느 하나에 해당하는 정보는 공개하지 아니할 수 있다.
> 2. 국가안전보장·국방·통일·외교관계 등에 관한 사항으로서 공개 시 국가의 중대한 이익을 현저히 해칠 우려가 있다고 인정되는 정보

제2호 규정에 의해 국가안전보장·국방·통일·외교관계 등 국가의 중대한 이익을 해할 우려가 있다고 인정되는 정보도 비공개대상정보에 속한다. 예를 들어 대북한 관련 정보수집·분석자료, 전군 주요 지휘관 회의록, 통일 관련 장관회의 회의록, 비밀외교협정 관계문서, 조세정책의 기획 입안서류 등이다. 자체적인 공개는 가능하고 상호 비교형량에 따라 공개가 가능하다.

법원은 '한미자유무역협정 한글본의 번역오류를 공개'하라고 판결하고 있다. 외교통상부의 협정문 정오표 공개 사건(오역 166건, 맞춤법 오기 9건, 번역누락 65건 등 총 296건의 오류 정정)에 있어 "협정문의 번역오류로 인한 개정내용이 객관적으로 투명하게 공표되면 한미자유무역협정 협상에 관한 사회적 합의 형성의 여건이 마련될 수 있어 고도의 공익적 성격이 있다. 미국 내 인준 절차에 어려움이 생길 가능성이 있다는 외교부의 주장이 법률상 공개거부 사유인 '국가의 중대한 이익을 현저히 해

칠 우려'에 해당한다고 보기 어렵고, 소송진행 중 미국 내 인준절차는 마무리됐다."
고 판단을 했다.

법원은 '법무부의 난민심사 지침은 공개될 경우 국익에 영향이 있는 정보들인 구체적인 나라 이름 등을 제외한 나머지 부분은 공개할 필요가 있다.'의 입장이다. 난민 신청자는 세부기준은 물론이고 대략적으로라도 어떤 점을 봐야 한다는 점조차 알 수 없는 상황은 예측 가능성을 현저하게 떨어뜨리는 상황에서 유엔 난민협약 가입국으로써 난민들의 생사가 걸린 일에 '밀실행정'을 고집할 필요는 없다.

III. 제3호(생명·신체, 재산 보호)

> ■ 제9조(비공개 대상정보) ① 공공기관이 보유·관리하는 정보는 공개 대상이 된다. 다만, 다음 각 호의 어느 하나에 해당하는 정보는 공개하지 아니할 수 있다.
> 3. 공개될 경우 국민의 생명·신체 및 재산의 보호에 현저한 지장을 초래할 우려가 있다고 인정되는 정보

제3호는 '공개될 경우 국민의 생명·신체 및 재산의 보호에 현저한 지장을 초래할 우려가 있다고 인정되는 정보 또한 비공개대상정보에 속한다.'고 규정하고 있다. 범죄의 피의자, 참고인 또는 통보자 명단, 개인의 납세실적(종합부동산세 납부자 등), 감염병예방, 식품·환경·약사 등의 위생감사(원산지 조사) 등이 이에 속한다. 공개를 위한 비교형량 대상이 된다.

검찰보존사무규칙 제22조 제2호에서 정한 "기록의 공개로 인하여 사건 관계인의 명예나 사생활의 비밀 또는 생명·신체의 안전이나 생활의 평온을 현저히 해칠 우려가 있다."는 이유로 불기소사건 기록 중 피의자신문조서 등에 대한 정보공개청구를 거부한 사안에서 개인식별정보(피의자, 참고인, 조사자의 인적 사항에 관한 정보, 특히

이름, 주민등록번호, 직장, 직위, 주거, 전화번호, 휴대전화번호 등)를 제외한 조서내용 등 나머지 정보들에 대한 거부처분은 위법하다고 판단했다.

IV. 제4호(재판, 수사, 공소제기 등)

> ■ 제9조(비공개 대상정보) ① 공공기관이 보유·관리하는 정보는 공개 대상이 된다. 다만, 다음 각 호의 어느 하나에 해당하는 정보는 공개하지 아니할 수 있다.
> 4. 진행 중인 재판에 관련된 정보와 범죄의 예방, 수사, 공소의 제기 및 유지, 형의 집행, 교정, 보안처분에 관한 사항으로서 공개될 경우 그 직무수행을 현저히 곤란하게 하거나 형사피고인의 공정한 재판을 받을 권리를 침해한다고 인정할 만한 상당한 이유가 있는 정보

제4호에 따라 진행 중인 재판에 관련된 정보와 범죄의 예방 및 수사, 공소의 제기 및 유지, 형의 집행, 교정, 보안처분에 관한 사항으로서 직무수행을 현저히 곤란하게 하거나 형사 피고인의 공정한 재판을 받을 권리를 침해한다고 인정할 만한 상당한 이유가 있는 정보도 비공개대상정보에 속한다. 무기·화약·마약·독극물 등의 제조·운반·처리에 관한 정보, 수형자 신분기록(공인 예외)에 관한 정보가 이에 속한다. 동일하게 비교형량 대상이 된다. 공개 시 피의사실공표죄 논란이 있다.

대법원은 '진행 중인 재판'의 판단에 있어 "법원 이외의 공공기관이 진행 중인 재판에 관련된 정보에 해당한다는 사유로 정보공개를 거부하기 위해서는 반드시 그 정보가 진행 중인 재판의 소송기록 그 자체에 포함된 내용의 정보일 필요는 없다. 진행 중인 재판의 심리 또는 재판의 결과에 '구체적으로' 영향을 미칠 위험이 있는 정보로 한정이 된다."는 입장이다. 그 구체성에 대해서는 별도의 언급이 없었다.

대법원은 "범죄사실과 적용 법조문, 고소인과 피고소인의 진술, 수사결과 등 고

소사건에 대한 경찰의 수사의견서와 법률검토 내용 중 개인 인적 사항을 제외한 나머지는 원칙적으로 고소인에게 공개해야 한다."고 보고 있다. 행정법원도 "불기소로 종료된 사건의 기록은 이를 공개한다고 해도 공소제기 및 유지를 방해하거나 수사에 관한 직무수행을 현저히 곤란하게 할 염려가 있다고 볼 수 없다."는 입장이다.

V. 제5호(감사·내부검토 과정 등)

> ■ 제9조(비공개 대상정보) ① 공공기관이 보유·관리하는 정보는 공개 대상이 된다. 다만, 다음 각 호의 어느 하나에 해당하는 정보는 공개하지 아니할 수 있다. 5. 감사·감독·검사·시험·규제·입찰계약·기술개발·인사관리에 관한 사항이나 의사결정 과정 또는 내부검토 과정에 있는 사항 등으로서 공개될 경우 업무의 공정한 수행이나 연구·개발에 현저한 지장을 초래한다고 인정할 만한 상당한 이유가 있는 정보. 다만, 의사결정 과정 또는 내부검토 과정을 이유로 비공개할 경우에는 의사결정 과정 및 내부검토 과정이 종료되면 제10조에 따른 청구인에게 이를 통지하여야 한다.

감사의 범위·방법·시기·장소 등, 국가고시 및 자격시험의 채점, 입찰예정가격, 직원의 인사기록 등이 이에 속한다. 법원은 '감사 및 징계처분서 등'은 공정한 업무수행에 현저한 지장을 가져온다는 이유로 비공개정보라고 판단을 하고 있다.

'의사결정과정 또는 내부 검토과정에 있는 사항'은 정보보유자와 공개요구자 사이에 논란이 일어날 수밖에 없다. 권위주의 사회에서는 그런 정보에 대해 일반적으로 비공개의 관행이 자리를 잡고 있다. 성숙화 민주사회에서는 해당 정보의 공개에 대한 폭이 상대적으로 넓힐 필요가 있다.

기관이 청구된 정보공개를 의사결정 및 내부검토 등을 이유로 비공개 처리할 때는 현재의 과정 단계와 종료 예정일을 청구자에게 알리도록 했다.

대법원은 '회의참석자들이 자신 발언의 내용에 관한 공개에 대한 부담으로 인한 심리적 압박 때문에 회의에서 솔직하고 자유로운 의사교환을 할 수 없고, 심지어 당사자나 외부의 의사에 영합하는 발언을 하거나 침묵으로 일관할 우려가 있는 경우'에도 제5호의 비공개대상정보라고 판단을 하고 있다.

VI. 제6호(성명 등 사생활의 비밀)

> 제9조(비공개 대상정보) ① 공공기관이 보유·관리하는 정보는 공개 대상이 된다. 다만, 다음 각 호의 어느 하나에 해당하는 정보는 공개하지 아니할 수 있다.
> 6. 해당 정보에 포함되어 있는 성명·주민등록번호 등 개인에 관한 사항으로서 공개될 경우 사생활의 비밀 또는 자유를 침해할 우려가 있다고 인정되는 정보. 다만, 다음 각 목에 열거한 개인에 관한 정보는 제외한다. 가. 법령에서 정하는 바에 따라 열람할 수 있는 정보 나. 공공기관이 공표를 목적으로 작성하거나 취득한 정보로서 사생활의 비밀 또는 자유를 부당하게 침해하지 아니하는 정보 다. 공공기관이 작성하거나 취득한 정보로서 공개하는 것이 공익이나 개인의 권리구제를 위하여 필요하다고 인정되는 정보 라. 직무를 수행한 공무원의 성명·직위 마. 공개하는 것이 공익을 위하여 필요한 경우로서 법령에 따라 국가 또는 지방자치단체가 업무의 일부를 위탁 또는 위촉한 개인의 성명·직업

제6호도 비공개정보라고 하더라도 다목 혹은 마목이나 특별법, 예를 들어 인사청문회법처럼 비교형량에 따라 공개가 가능하다. 대법원도 '공공기관이 작성하거나 취득한 정보로서 공개하는 것이 공익 또는 개인의 권리구제를 위하여 필요하다고 인정되는 정보'는 제외된다고 규정하고 있는데, 여기에서 '공개하는 것이 개인의 권리구제를 위하여 필요하다고 인정되는 정보'에 해당하는지 여부는 비공개에 의하여 보호되는 개인의 사생활 비밀 등의 이익과 공개에 의하여 보호되는 개인의 권리구제 등의 이익을 비교형량을 하여 구체적 사안에 따라 개별적으로 판단하여야 한다는 입장이다.

서울행정법원은 '공공기관의 폐쇄회로(CCTV) 녹화물도 정보공개법에 따른 공개 대상 정보에 포함되지만, 일반인의 얼굴은 사생활 보호를 위해 모자이크 처리 등을 통해 알 수 없게 해야 한다.'고 판단하고 있다.

VII. 제7호(경영상, 영업상 비밀)

> 제9조(비공개 대상정보) ① 공공기관이 보유·관리하는 정보는 공개 대상이 된다. 다만, 다음 각 호의 어느 하나에 해당하는 정보는 공개하지 아니할 수 있다. 7. 법인·단체 또는 개인(이하 "법인 등")의 경영상·영업상 비밀에 관한 사항으로서 공개될 경우 법인 등의 정당한 이익을 현저히 해칠 우려가 있다고 인정되는 정보. 다만, 다음 각 목에 열거한 정보는 제외한다. 가. 사업활동에 의하여 발생하는 위해로부터 사람의 생명·신체 또는 건강을 보호하기 위하여 공개할 필요가 있는 정보 나. 위법·부당한 사업활동으로부터 국민의 재산 또는 생활을 보호하기 위하여 공개할 필요가 있는 정보

제7호에 따라 생산기술 또는 영업상의 정보, 경영방침, 경리 및 인사 등 내부관리사항, 법인 등이 거래하는 금융기관의 계좌번호에 관한 정보 등이 비공개 대상이 된다. 공개청구에 있어 비교형량 대상이 된다.

서울고법은 '정부는 유전자변형농산물(GMO)을 수입한 업체의 이름을 공개'하라는 입장이다. 즉, "농수산물과 그 가공식품은 국민의 건강과 직접 관련 있는 물품으로 그 기초정보를 충분히 제공해 소비자의 자기결정권과 식품에 대한 선택의 기회를 보호할 필요가 있다. 식약처의 주장처럼 인체에 유해하지 않은 유전자변형농산물이 수입되고 있다면 소비자의 생명과 신체·건강에 위해를 입히는 것이 아니므로 수입업체가 공개되더라도 업체의 정당한 이익을 해친다고 볼 수 없다."는 입장이다. 식약처는 '수입업체명은 공공기관의 정보공개에 관한 법률 제9조 1항 7호에

따라 공개될 경우 법인 등의 정당한 이익을 현저히 해칠 우려가 있는 정보에 해당하므로 공개할 수 없다며 품목과 수입량만 공개한다.'는 입장이었다.

VIII. 제8호(이익 및 불이익 정보)

> ▇▇▇ 제9조(비공개 대상정보) ① 공공기관이 보유·관리하는 정보는 공개 대상이 된다. 다만, 다음 각 호의 어느 하나에 해당하는 정보는 공개하지 아니할 수 있다.
> 8. 공개될 경우 부동산 투기, 매점매석 등으로 특정인에게 이익 또는 불이익을 줄 우려가 있다고 인정되는 정보

제8호에 따라 공개될 경우 부동산 투기 및 매점매석 등으로 특정인에게 이익 또는 불이익을 줄 우려가 있다고 인정되는 정보는 비공개대상 정보에 속한다.

법원은 '토지소유자가 자신의 땅에 있는 무허가 건물의 소유자 정보(무허가 건물 소유자의 인적 사항과 건물면적, 구조 등)를 알기 위한 정보공개를 청구 시 제8호를 근거로 한 구청의 거부는 부당하다.'는 입장이다.

제11장

디지털 사회와 디지털 저작권

제1절
정보의 공유

헌법 제22조 제2항에 따라 저작자의 저작물은 보호의 대상이다. 지식기반 사회에서 저작권을 비롯한 지식재산권의 보호 없이는 사회 및 문화발전을 기대하기는 어렵기에 헌법으로 보호하고 있다. 한국은 지식재산권 강국이다.

> ■ 헌법 제22조 ② 저작자·발명가·과학기술자와 예술가의 권리는 법률로써 보호한다.

저작권자의 과소 보호 외에도 과한 보호도 역시 문제가 된다. 사회의 발전에 기대 나타난 저작물을 근대의 소유권처럼 배타적이거나 절대적인 독점권이 강화되면 될수록 해당 저작물을 이용한 표현의 자유와 저작권 산업의 발전은 지체가 되기 때문이다. 저작물을 사용, 수익 및 처분을 저작권자 한 사람이 다 소유하는 '배타적인 소유권'일 필요는 없다. 산업 외에도 '보편적인 가치로서의 저작물 양성'도 중요하다. 따라서 법원이 한국음악저작권협회가 '음악저작물 사용계약이 갱신되지 않은 상태에서 음원 등을 사용한 방송사에 합의 전까지 사용중단을 요구하는 것은 권리남용에 해당한다.'고 판단한 것은 극히 적절하다.

대법원에서 저작물은 저작물성이 없거나 저작권 침해의 요건을 갖추지 못하여 저작권법에 의한 보호가 주어지지 못하는 경우 민법 제750조의 불법행위 법리를 적용하여 손해배상을 인정하면서 금지청구까지 인정하는 판결이 나타나고 있다.

신중을 기할 필요가 있다. 개별 저작권법에서 보호하지 않는 정보는 '사실상 공공영역'으로 누구나 자유롭게 이용할 수 있는 원칙에 반하다는 주장은 설득력이 있다. 저작권법에 의해 보호받지 못하는 정보나 아이디어, 표현 등은 그것이 재산적 가치를 갖는다고 하더라도 개별적 상황에 따라 사회 전체를 위해 자유로운 모방과 이용이 가능하다고 보는 것이 옳다. 타르드의 '모방이론'에 따르면 저작 및 발명이나 혁신 대부분은 이전 본보기들의 조합으로(有에서 有로), 모방을 통해 사회변화가 적극적으로 구현될 수 있다는 주장은 유의미하다. '온라인 공개강좌'(MOOC)처럼 공유(共有)는 주인이 없는 것이 아니라 소유자가 존재하지만 다른 사람에게도 광범위한 이용을 허락할 수가 있다. 양자의 관계는 긴장관계에 있을 수가 있다. '공정이용'(fair use)의 범위를 넓혀 저작권자와 사회의 균형을 찾고 있는 시기다.

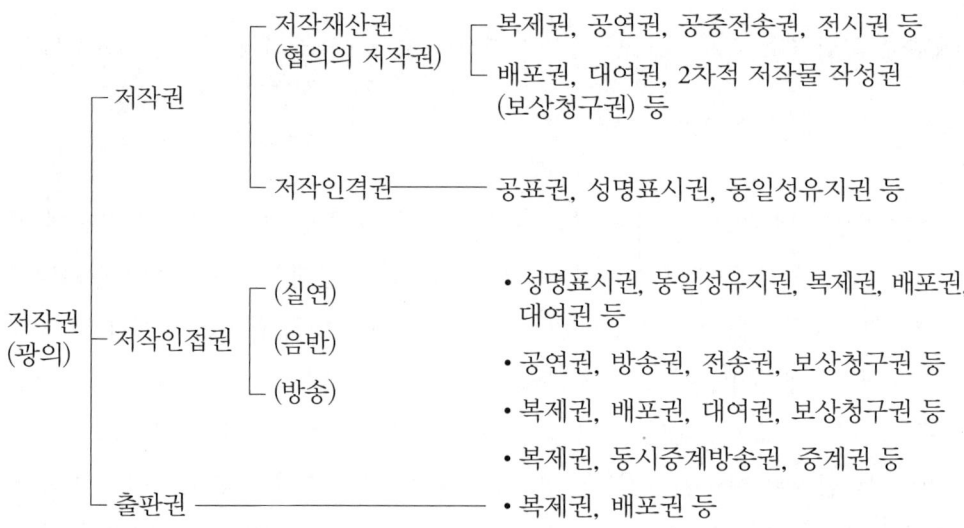

제2절 저작권법의 흐름

I. 친고죄 제한 시도

저작권법은 대부분 친고죄로 구성되어 있다. 침해는 당사자간의 문제의 성격이 강하기 때문이다. 그러나 저작권자의 권리보호가 강하게 보호되어야 한다는 입장에서 저작권법(제140조)은 영리목적 '또는' 상습적인 행위일 경우 권리자의 고소가 없이도 처분이 가능하도록 개정되었다(과거에는 '및').

> ■ 제140조(고소) 이 장의 죄에 대한 공소는 고소가 있어야 한다. 다만, 다음 각 호의 어느 하나에 해당하는 경우에는 그러하지 아니하다. 1. 영리를 목적으로 또는 상습적으로 제136조 제1항 제1호, 제136조 제2항 제3호 및 제4호(제124조 제1항 제3호의 경우에는 피해자의 명시적 의사에 반하여 처벌하지 못한다)에 해당하는 행위를 한 경우

II. 저작권의 산업재산권화

저작권은 문화 및 예술적 가치 보호에서 산업적이고 상업적인 가치 보호로 급격하게 이동하고 있다(저작권의 산업재산권화). 저작권법 제1조도 과거와 달리 저작자의 권리와 이에 인접하는 권리를 보호하고 저작물의 공정한 이용을 도모함으로써 '문화 및 관련 산업의 향상발전에 이바지함을 목적'으로 한다고 개정되었다. 예를 들

어 저작권법은 상업용 음반 및 영상저작물을 입장료를 받지 않는 시설에서 공연할 경우 저작권을 행사하지 못하도록 제한하고 있다. 그러나 전통시장 및 면적 50㎡ (15평) 미만의 소규모 영업장은 면제되지만, 단란 및 유흥주점, 대형마트, 백화점 외에도 공공기관, 영업에서 음악 중요도가 높은 커피숍, 호프집, 헬스클럽 등과 대규모 점포 가운데 복합쇼핑몰과 기타 대규모 점포(3천㎡이상)도 음반 저작권 행사대상에 추가됐다. 크리스마스 캐럴이 거리에서 줄어든 주요 이유다.

저작권 보호의 흐름은 '저작인격권'으로까지 확대되고 있다. '구단 응원가'를 동의가 없이 원곡을 편곡하거나 개사하는 방식으로 만들어진 경우라면 저작권 외에도 동일성유지권이라는 저작인격권 침해다. 게임업계의 'streamer'(인터넷 방송인)의 결말 혹은 중요 내용의 공개, 게임 영상의 편집 및 배포도 저작권법 위반이다. 고등법원은 '공사를 완료한 뒤 조각품의 소유권을 시에 이전했다고 하더라도 조각품을 다른 장소로 옮겨 전시하기 위해 해체했다 재설치하는 과정에서 원래 모습과 다르게 바뀌었다면 조각가의 저작인격권을 침해한 것으로 위자료를 줘야 한다.'는 입장이다.

한국저작권보호원을 중심으로 저작물의 강한 보호를 위해 불법저작물의 유통방지를 위한 첨단기술도 사용되고 있다('권리정보 및 권리의 집중관리제도', ICOP-I와 II, DRM 등).

III. 불법수익물의 몰수와 추징

"범죄수익 은닉의 규제 및 처벌에 관한 법률"에 따라 저작물을 통한 불법수익에 대해 몰수 혹은 추징이 가능하다. 외국 서버를 이용한 웹툰 불법 사이트 '밤토끼'처럼 웹상에서 광고를 통해 얻은 수익은 범죄수익에 해당이 된다.

현 몰수제도 하에서는 범인의 사망, 소재 불명, 공소시효 도과 등으로 범인을 기소할 수 없는 경우 몰수가 불가능하다. 또 몰수대상이 명백한 재산이라도 기소할 수 없다면 범죄이득도 환수하지 못해 불법재산이 증가하고 있다. 범인이 취득한 불법재산이 확정판결 후에 발견된 경우 재산이 없어 몰수가 불가능한 상황도 발생하고 있다. 범죄수익의 철저한 환수를 위해 법원이 주된 형벌과 상관없이 몰수만을 독립적으로 선고할 수 있도록 하고(독립몰수제도), 범인에 대한 판결확정 후 발견된 불법수익과 이로부터 유래한 재산도 몰수할 수 있도록 할 필요가 있다.

IV. 저작권 파파라치 제도

저작권 침해자를 적발하는 파파라치 제도는 어느 정도 효용성이 있다. 그러나 저작권자와 사회를 상호 적대시하게 할 수도 있는 정책이다. 그 완화정책으로 법무부는 고의 및 과실 유무에 상관이 없이 적용되는 청소년 및 성인을 대상으로 '교육조건부 기소유예제도' 및 저작권법 위반전력이 없는 청소년이 우발적으로 저작권을 침해한 경우 1회에 한해 조사가 없이 각하처분을 하는 '청소년 저작권침해 고소 사건 각하제도'를 시행 중이다.

V. 부정경쟁방지법

국내의 저작권법은 열거주의 방식으로 저작물 보호를 행하고 있다. 그 단점을 극복하기 위해 대법원은 논란이 있지만 '저작권법상 보호받지 못하는 저작물을 민법이나 부정경쟁방지법으로 보호도 가능하다.'고 판시하고 있다.

VI. 손해배상과 법정손해배상제도

1. 손해배상(제125조)

> 제125조(손해배상의 청구) ① 저작재산권 그 밖에 이 법에 따라 보호되는 권리(저작인격권 및 실연자의 인격권을 제외)를 가진 자(이하 "저작재산권자 등")가 고의 또는 과실로 권리를 침해한 자에 대하여 그 침해행위에 의하여 자기가 받은 손해의 배상을 청구하는 경우에 그 권리를 침해한 자가 그 침해행위에 의하여 이익을 받은 때에는 그 이익의 액을 저작재산권자 등이 받은 손해의 액으로 추정한다. ② 저작재산권자 등이 고의 또는 과실로 그 권리를 침해한 자에게 그 침해행위로 자기가 받은 손해의 배상을 청구하는 경우에 그 권리의 행사로 통상 받을 수 있는 금액에 상응하는 액을 저작재산권자 등이 받은 손해의 액으로 하여 그 손해배상을 청구할 수 있다. ③ 제2항에도 불구하고 저작재산권자 등이 받은 손해의 액이 제2항에 따른 금액을 초과하는 경우에는 그 초과액에 대해서도 손해배상을 청구할 수 있다. ④ 등록되어 있는 저작권, 배타적발행권(제88조 및 제96조에 따라 준용되는 경우를 포함), 출판권, 저작인접권 또는 데이터베이스제작자의 권리를 침해한 자는 그 침해행위에 과실이 있는 것으로 추정한다.

권리를 침해한 자가 그 침해행위에 의해 이익을 받은 때에는 그 이익의 액을 저작재산권자 등이 받은 손해의 액으로 추정한다(제1항). 저작재산권자 등이 자기가 받은 손해의 배상을 청구하는 경우에 그 권리의 행사로 통상 받을 수 있는 금액에 상당하는 액을 저작재산권자 등이 받은 손해의 액으로 하여 그 손해배상을 청구할 수 있다(제2항). 그 초과액에 대하여도 손해배상을 청구할 수 있다(제3항). '등록'되어 있는 저작권(등록저작물), 배타적발행권, 출판권, 저작인접권 또는 데이터베이스제작자의 권리를 침해한 자는 그 침해행위에 과실이 있는 것으로 추정한다(제4항).

2. 법정손해배상(제125조의2)

> 제125조의2(법정손해배상의 청구) ① 저작재산권자 등은 고의 또는 과실로 권리를 침해한 자에 대하여 사실심의 변론이 종결되기 전에는 실제 손해액이나 제125조 또는 제126조에 따라 정하여지는 손해액을 갈음하여 침해된 각 저작물 등마다 1천만원(영리를 목적으로 고의로 권리를 침해한 경우에는 5천만원) 이하의 범위에서 상당한 금액의 배상을 청구할 수 있다. ② 둘 이상의 저작물을 소재로 하는 편집저작물과 2차적 저작물은 제1항을 적용하는 경우에는 하나의 저작물로 본다. ③ 저작재산권자 등이 제1항에 따른 청구를 하기 위해서는 침해행위가 일어나기 전에 제53조부터 제55조까지의 규정(제90조 및 제98조에 따라 준용되는 경우를 포함한다)에 따라 그 저작물 등이 등록되어 있어야 한다. ④ 법원은 제1항의 청구가 있는 경우에 변론의 취지와 증거조사의 결과를 고려하여 제1항의 범위에서 상당한 손해액을 인정할 수 있다.
>
> 제126조(손해액의 인정) 법원은 손해가 발생한 사실은 인정되나 제125조 규정에 따른 손해액을 산정하기 어려운 때에는 변론취지 및 증거조사의 결과를 참작하여 상당한 손해액을 인정할 수 있다

영미법상의 제도인 '법정손해배상제도'를 시행 중이다(제125조의2). 저작권자가 실제 손해를 입증하지 않고 법원이 적정한 배상액수를 판단할 수 있는 제도이다. 제125조의2(법정손해배상의 청구)에 따라 '등록된 저작물 등'에 대해 저작재산권자 등은 고의 또는 과실로 권리를 침해한 자에 대하여 사실심의 변론이 종결되기 전에는 실제 손해액이나 침해자의 이익에 따라 정하여지는 손해액을 갈음하여 침해된 각 저작물 등마다 1천만원(영리목적으로 고의로 권리를 침해한 경우에는 5천만원) 이하의 범위에서 상당한 금액의 배상을 청구할 수 있다(제1항). 법원은 변론의 취지와 증거조사의 결과를 고려하여 상당한 손해액을 인정할 수 있다(제4항).

VII. 포괄적 공정이용(제35조의3)

> 제35조의5(저작물의 공정한 이용) ① 제23조부터 제35조의4까지, 제101조의3부터 제101조의5까지의 경우 외에 저작물의 통상적인 이용 방법과 충돌하지 아니하고 저작자의 정당한 이익을 부당하게 해치지 아니하는 경우에는 저작물을 이용할 수 있다. ② 저작물 이용 행위가 제1항에 해당하는지를 판단할 때에는 다음 각 호의 사항 등을 고려하여야 한다. 1. 이용의 목적 및 성격 2. 저작물의 종류 및 용도 3. 이용된 부분이 저작물 전체에서 차지하는 비중과 그 중요성 4. 저작물의 이용이 그 저작물의 현재 시장 또는 가치나 잠재적인 시장 또는 가치에 미치는 영향

미국식의 이용자 보호조항인 '공정이용' 보장은 '저작물의 통상적인 이용방법과 충돌하지 않고, 저작자의 정당한 이익을 부당하게 해치지 않는 경우에 보도, 비평, 교육, 연구 등을 위해 저작물을 이용할 수 있다.'는 것을 말한다(포괄적 공정이용).

저작권법 제35조의5 제1항에서는 공정이용의 판단기준을 '저작물의 통상적인 이용방법과 충돌하지 않을 것', '저작자의 정당한 이익을 부당하게 해치지 않을 것'이라는 전제하에 '보도·비평·교육·연구 등을 위하여 저작물을 이용할 것'을 규정하고 있다. 제2항에서는 제1항의 판단의 고려사항으로 '저작물의 이용목적 및 성격'(영리성 여부), '저작물의 종류 및 용도', '이용된 부분이 저작물 전체에서 차지하는 비중과 그 중요성', '저작물의 이용이 저작물의 현재 또는 잠재적인 시장이나 가치에 미치는 영향'이라고 규정하고 있다. 개별적 공정이용 조항과 충돌 시 판례의 축적이 필요한 영역이다.

제3절

저작권의 보호

I. 저작물 보호의 시기와 방법

저작권의 저작물 보호의 시기는 '저작자가 저작물을 저작한 때'로부터 발생하며 '무방식주의'다. 법원은 저작권 침해시기를 프로그램인 경우 '사용유무에 상관이 없이 설치 시'로 판단하고 있다. 제3자보다 저작권자의 보호에 치중한 규정이다. 반면에 '침해행위의 과실 추정 및 법정손해배상'은 공공기관에 등록된 저작물에 한해 가능하다.

II. 저작자의 저작물

1. 저작자

(1) 저작물 창작자

저작권은 '저작자'의 '저작물'을 보호한다. '저작물을 창작한 자'가 저작자다. 저작자는 저작물의 창작에 실질적으로 관여한 자만을 의미한다('창작자 원칙'). '보조자'는 제외된다. 동의를 무력화 시키는 강행규정이다. 외국인의 저작물은 '상호주의'에 의하여 보호가 된다. 소급적으로 적용되는 '회복저작물'은 예외적인 경우다.

■ 제2조(정의) 1. "저작물"은 인간의 사상 또는 감정을 표현한 창작물을 말한다. 2. "저작자"는 저작물을 창작한 자를 말한다.

(2) 공동저작자

제2조 제21호는 '공동저작물'을 '2인 이상이 공동으로 창작한 저작물로서 각자 이바지한 부분을 분리하여 이용할 수 없는 것을 말한다.'로 규정하고 있다. 대법원은 '2인 이상이 저작물의 작성에 관여한 경우'의 저작자 인정 시 당사자 간에 계약 등을 통해 창작자가 아닌 자를 저작자로 하기로 합의한 경우에도 '창작적인 표현형식 자체에 기여한 자'만이 그 저작물의 저작자가 되는 것으로 판단하고 있다. '감수 및 교열'도 보정이나 가필 등의 방법을 통해 창작에 실질적으로 참가한 경우에만 공동저작자가 된다. '단순 데이터 혹은 아이디어 제공자'는 논문 공저자가 아니다.

법원은 '무용극 저작권자가 공동저작권자의 동의 없이 무용극을 재공연하더라도 저작권을 침해한 것은 아니다.'라는 입장이다. 즉, 저작권법 제48조 제1항은 '공동저작물의 저작재산권은 그 저작재산권자 전원의 합의에 의하지 아니하고는 이를 행사할 수 없다.'고 규정하고 있다. 즉, '공동저작자가 다른 공동저작자와의 합의 없이 공동저작물을 이용했더라도 지식재산권의 행사방법을 위반한 것에 그칠 뿐 다른 공동저작자의 저작재산권을 침해하는 행위까지 된다고 볼 수 없다.'는 것이다. 법원은 '학회지에 실린 논문에 뒤늦게 오류가 있다는 사실이 발견됐더라도 명백히 불합리하다고 볼 수 없다면 함께 저술한 전원 동의가 없다면 논문의 게재철회를 할 수 없다.'는 입장이다(제48조 제1항). 결과적으로 사회의 이익을 대변한 판결이 됐다.

제48조(공동저작물의 저작재산권의 행사) ① 공동저작물의 저작재산권은 그 저작재산권자 전원의 합의에 의하지 아니하고는 이를 행사할 수 없으며, 다른 저작재산권자의 동의가 없으면 그 지분을 양도하거나 질권의 목적으로 할 수 없다. 이 경우 각 저작재산권자는 신의에 반하여 합의의 성립을 방해하거나 동의를 거부할 수 없다. ② 공동저작물의 이용에 따른 이익은 공동저작자 간에 특약이 없는 때에는 그 저작물의 창작에 이바지한 정도에 따라 각자에게 배분된다. 이 경우 각자의 이바지한 정도가 명확하지 아니한 때에는 균등한 것으로 추정한다. ③ 공동저작물의 저작재산권자는 그 공동저작물에 대한 자신의 지분을 포기할 수 있으며, 포기하거나 상속인 없이 사망한 경우에 그 지분은 다른 저작재산권자에게 그 지분의 비율에 따라 배분된다. ④ 제15조 제2항 및 제3항의 규정은 공동저작물의 저작재산권의 행사에 관하여 준용한다.

2. 저작물

(1) 저작물의 요건 -창작성-

제2조(정의) 1. "저작물"은 인간의 사상 또는 감정을 표현한 창작물을 말한다. 2. "저작자"는 저작물을 창작한 자를 말한다.

저작물은 '인간의 사상 또는 감정을 표현한 창작물'이다. 인간으로 한정이 되어 있다. 비인간인 동물 혹은 AI에 의해 생산된 작품의 저작권은 국가마다 다르며 국내는 이에 대한 규정이 없다.

대법원은 '창작성은 완전한 의미의 독창성 및 단순한 모방은 아니지만 저작물에 그 저작자 나름대로의 정신적 노력의 소산으로서의 특성이 부여되어 있고 다른 저작자의 기존의 작품과 구별할 수 있을 정도이면 충분하다.'고 보고 있다. '누가 하더라도 같거나 비슷할 수밖에 없는 표현'은 창작의 저작물은 아니다.

'민간의 사상 또는 감정을 표현한 창작물'인 저작물에 대해 '주제와 소재, 주인공, 사건 등 아이디어는 차용을 하면서 표현만 바꾸는 방법'은 문제다. 2011년 '석굴암 그 이념과 미학' vs 소설 '김대성 사건'과 2014년 뮤지컬 '무궁화의 여왕, 선덕' vs MBC 드라마 '선덕여왕 사건'에서 논란이 됐었다. 자유자재로 쉽게 변화가 가능한 음악저작물의 표절 판단은 논란이다. 법원은 '로보트 태권브이'(V)는 일본 만화 캐릭터 '마징가 제트'(Z) 및 '그레이트 마징가'와 달리 '태권브이는 태권도를 바탕으로 하고 있어 일본문화에 기초해 만들어진 마징가 등과는 저작물로서의 특징이나 개성도 차이가 있다. 태권브이는 마징가 등과 구별되는 독립적 저작물이거나 이를 변형 및 각색한 2차적 저작물에 해당하기에 독립적 저작물'이라는 입장이다.

창작과 대비되는 것이 표절이다. '자기표절'은 형사처벌의 대상은 아닐지라도 과거와 달리 연구윤리규정에 의해 표절로 인정되고 있다. 남의 책 표지만 바꿔 자신의 저서로 출간하거나 이를 묵인한 일명 '표지갈이'도 저작자의 동의가 있다고 하더라도 창작성이 전혀 없는 표절행위다. 'copy killer'의 검증 결과는 상황에 따른 한계가 있기에 표절의 결정적 증거가 될 수는 없다는 것이 법원의 입장이다.

법원은 '개역개정판은 개역한글판에서 맞춤법, 어휘 등 사소한 부분을 수정 및 변경해 작성된 것으로 창작성을 결여해 저작권법 보호대상이 아니다.'는 주장(한국성경공회, 바른성경)을 받아들이지 않고, '개역개정판을 이용한 개정이라고 하더라도 대한성서공회가 출판한 개역개정판(표준새번역)은 문장과 문체를 변경하는 등 번역저작물로서의 창작성을 지니고 있다.'는 것이다.

'편집저작물'은 소재의 선택과 배열 또는 구성에 창작성이 있어야 한다. 법 그 자체는 저작권은 없지만 중요한 법령의 각 조문 아래에 참조 조문을 적어 이용자에게 편리함을 주는 즉, 신구 법조문 및 미시행법 등을 동시에 수록해 보여주는 이런 편집 방식을 법원은 '편집저작권'으로 인정하고 있다. 하급 법원은 '성형시술 전후

(before/after)의 사진은 광고효과를 극대화하려는 실용적 목적이 강하고, 촬영자의 창작성이 발휘되는 부분이 크지 않아 저작권의 인정이 힘들다.'는 입장이다.

> 제5조(2차적 저작물) ① 원저작물을 번역·편곡·변형·각색·영상제작 그 밖의 방법으로 작성한 창작물("2차적 저작물")은 독자적인 저작물로서 보호된다. ② 2차적 저작물의 보호는 그 원저작물의 저작자의 권리에 영향을 미치지 아니한다. 제6조(편집저작물) ① 편집저작물은 독자적인 저작물로서 보호된다. ② 편집저작물의 보호는 그 편집저작물의 구성 부분이 되는 소재의 저작권 그 밖에 이 법에 따라 보호되는 권리에 영향을 미치지 아니한다.

(2) 저작물의 종류

> 제4조(저작물의 예시 등) ① 이 법에서 말하는 저작물을 예시하면 다음과 같다. 1. 소설·시·논문·강연·연설·각본 그 밖의 어문저작물 2. 음악저작물 3. 연극 및 무용·무언극 그 밖의 연극저작물 4. 회화·서예·조각·판화·공예·응용미술저작물 그 밖의 미술저작물 5. 건축물·건축을 위한 모형 및 설계도서 그 밖의 건축저작물 6. 사진저작물(이와 유사한 방법으로 제작된 것 포함) 7. 영상저작물 8. 지도·도표·설계도·약도·모형 그 밖의 도형저작물 9. 컴퓨터 프로그램저작물

저작권법에 따라 저작물의 예시 종류로는 '어문, 음악, 연극, 미술, 건축, 사진, 영상 및 컴퓨터 프로그램 등'이 있다. 저작권법 제4조에 구체적으로 규정하고 있다. 첨단기술(첨단기술의 설계도면 등)의 외국유출 방지대상의 기술은 저작권법 외에도 "부정경쟁방지법 및 영업비밀보호 등에 관한 법률"이 적용된다.

대법원은 '저작권법 관련 규정상 건축물이 아닌 경우 설계도면에 따라 입체 모형을 만들더라도 저작권법상 복제에 해당하지 않는다.'는 주장을 받아들이지 않고 '도

면으로만 존재하는 작품도 미술저작물에 해당하므로 이를 무단으로 활용해 조형물을 만들면 설계도의 무단복제에 해당한다.'는 입장이다. "미술품의 유통 및 감정에 관한 법률"을 통해 위작미술품을 제작 및 유통을 시킨 자는 처벌대상이 된다.

제7조에 따라 공공의 이익을 위해 '보호받지 못하는 저작물'도 있다. 판례에 따라 부정경쟁방지법 혹은 민법에 의해 보호가 가능하다.

> ■ 제7조(보호받지 못하는 저작물) 다음 각 호의 어느 하나에 해당하는 것은 이 법에 의한 보호를 받지 못한다. 1. 헌법·법률·조약·명령·조례 및 규칙 2. 국가 또는 지방자치단체의 고시·공고·훈령 그 밖에 이와 유사한 것 3. 법원의 판결·결정·명령 및 심판이나 행정심판절차 그 밖에 이와 유사한 절차에 의한 의결·결정 등 4. 국가 또는 지방자치단체가 작성한 것으로서 제1호 내지 제3호에 규정된 것의 편집물 또는 번역물 5. 사실의 전달에 불과한 시사보도

(3) 응용미술저작물

저작권법상 '응용미술저작물'은 물품에 동일한 형상으로 복제될 수 있는 미술저작물로서 그 이용된 물품과 구분되어 독자성을 인정할 수 있는 것을 말한다. '디자인 등을 포함한다고 규정'하면서 디자인의 저작권법상 보호를 긍정하고 있다.

저작권법에서 말하는 응용미술저작물의 요건을 보면, '디자인의 손잡이'처럼 '물품과 결합되어 분리되지 아니하며 기능의 제한을 받는 미적인 부분은 저작권법상 응용미술저작물로서 보호받을 수 없다. 하지만 '물품에 새겨진 무늬나 도안 등'은 물품과 분리되어 해당 무늬나 도안만으로도 존재할 수 있기에 저작권법상 보호받을 창작성이 존재한다면 응용미술저작물로 보호가 가능하다. 법원은 '히딩크 넥타이' 사건을 통해서도 염직도안을 응용미술저작물로 적극적으로 인정하고 있기도 하다. 또 가방 디자인에 대한 저작권법상의 보호는 가방이라는 물품과 분리되지 않는 부분을 제외한 '가방의 염직도안, 가방 디자인 내에 캐릭터나 장신구 등'에 한하

여 가능하다.

(4) 아이템과 avatar

'avatar'(avatar, 분신, 힌두어)는 그 머리모양과 얼굴표정이 단순하고 제한적이어서 대부분의 경우 저작권법상의 창작성을 갖추고 있다고 보기 힘들 수는 있겠으나, 그 개발과 공급에 자본 및 시간의 투자가 요구되고 그 경제적 가치 또한 무시할 수가 없어 무단복제나 도용방지의 필요성이 높아지고 있다. 법원도 과거와 달리 보호의 필요성을 인정하고 있다. 저작권자는 아이템(game item)을 만든 자이다. 이용자는 만들어진 아이템을 이용할 뿐이다. 아이템의 무단변경 및 사용은 저작권 침해이다.

(5) 서체(書體)와 서체파일(font)

글자체인 '서체'(도안, 초서 및 해서 등 글자체)는 그 자체의 실용적인 기능과 별도로 '예술의 범위에 속하는 창작물에 해당하는 경우에만 저작물로써 보호된다.'는 것이 법원의 입장이다. 따라서 '예술적 특성이 없는 서체'의 경우에는 저작물에 해당되지 않는다. 서체를 문화창작의 도구로 보고 있기 때문이다. 그러나 그 명확한 기준을 법원은 제시하지 않고 있다.

'서체파일(font)' 예를 들어 박난희체, 윤폰트, 산돌체 등의 서체파일 등은 컴퓨터 프로그램으로서 저작권법의 보호를 받는다. 저작권법 위반은 폰트가 아닌 '폰트 프로그램을 사용한 것'에 한정된다. 따라서 간판 등 이미지 자체에 폰트가 쓰인 경우에는 저작권 위반이라고 보기는 힘들지만, 홈페이지에 게시한 외주업체 제작 포스터에 특정 서체업체의 폰트가 포함이 된 경우 저작권법 위반이다. 내려받은 폰트프로그램이 불법인 경우 이를 컴퓨터에 설치하여 광고물에 사용한 행위는 저작권 침해에 해당되지만, 폰트를 이용해 만들어진 광고물은 설사 적법하지 않은 폰트를 사용하더라도 저작권의 침해물이 되는 것은 아니다. 또 합법적으로 구매한 프로그램 폰트가 포함되었다고 해도 해당 프로그램 설치 시 폰트의 사용범위를 제한하는 약관에 어긋난 행위 혹은 제작업체가 서체 프로그램을 가지고 있어도 온라인 게시에 대한 권한이 없는 경우는 저작권법 위반이 아닌 계약위반에 해당이 된다.

(6) 출판물

대법원은 책 '용선생'을 책 '한국사 편지'의 표절로 판단을 했다(어린이역사책인 '한국사 편지'와 '용선생 한국사'). 즉, 널리 알려진 역사적 사실을 서술한 부분은 저작권의 보호대상이 아니라는 주장을 받아들이지 않고, '아동의 역사적 사실에 대한 이해를 돕기 위해 저작자가 사용한 예시나 역사적 사실을 풀어서 설명하는 방식, 아동의 눈높이에 맞춘 구어체의 독창적 문체 등은 사상과 감정을 창작적으로 표현한 것으로 볼 수가 있어 저작권의 보호대상이 된다.'는 입장이다.

(7) 공모전

공정거래위원회(귀속조항에 대한 공정거래위원회의 판단)는 공모전 저작권과 관련한 안내문 가운데 '수상작의 저작권, 소유권, 사용권은 모두 공모전 주최 측에 귀속된다.'는 내용은 불공정 약관조항에 해당하기에 무효라고 판단을 했다. '응모작품의 모든 권리는 지원자에게 있다. 공모전 주최 사업자가 응모자의 지식재산권을 대가 지급 없이 양수한다는 내용이기에 응모자에게 부당한 차별'이라고 판단을 했다. 또한 '수상작에 대해 지급되는 상금이나 상품 등의 수상혜택도 수상작에 대한 권리양수에 대한 대가를 미리 정한 것으로 보기 어렵다.'고 봤다. 따라서 수상자와 별도의 약정을 체결해 사용할 수 있도록 시정을 했다. 다만 수상작의 사용범위가 구체적으로 특정되고 그 사용범위가 공모전 홍보, 전시 등 개최목적이나 일반적인 거래의 관행 등에 비추어 적정하다면 불공정하지 않은 것이라고 보았다. 따라서 '저작권이 창작자에게 있다. 3개월간 주최 측에서 자유롭게 배포할 수 있다.'는 단서에 대해서는 가능하다는 입장이다.

(8) 자연물 대상의 사진

대법원이 아이디어와 표현의 분리를 엄격하게 지지하고 있는 상황에서 '사진 영역'을 중심으로 자연물을 대상으로 한 각종 저작물의 창작성 여부는 논란거리다. 자연물은 인간의 창작행위와는 무관하게 자연발생 하는 상황에서 모든 이에게 자연물을 창작행위에 이용할 수 있도록 해야 하기에 자연물을 대상으로 한 저작물의 보호를 무제한적으로 인정할 수만은 없다.

특정 사진을 있는 그대로 복사하거나 임의로 사용해 문제가 불거지는 경우는 해결이 쉽다.

대법원은 '사진저작물은 피사체 선정, 구도 설정, 빛의 방향과 양의 조절, 카메라 각도의 설정, 셔터의 속도, 셔터 찬스의 포착, 기타 촬영방법, 현상 및 인화 등의 과정에서 촬영자의 개성과 창조성이 인정돼야 저작권법에 의해 보호되는 저작물에 해당된다.'고 판단하고 있다. '솔섬(강원 삼척시) 사건'에 있어 즉, 자연물을 사진의 피사체로 삼는 것의 저작권성을 인정할 수 있는지에 대해 법원은 '솔섬과 그 주위 경관을 피사체로 선택하고 사진의 구도를 설정한 것 등은 모두 아이디어 영역에 해당하는 것이므로 저작권의 보호대상에 해당하지 않는다. 또 자연경관은 만인에게 공유되는 창작의 소재로서 촬영자가 피사체에 어떠한 변경을 가하는 것이 사실상 불가능하기에 자연경관을 사진의 피사체로 삼는 것의 저작권성을 인정하는 것은 다른 저작자나 예술가의 창작 기회 및 자유를 심하게 박탈하는 결과를 초래할 것이라는 점을 강조'하고 있다.

'골프장 사건'에 있어 법원은 '골프장은 홀의 위치와 배치, 골프 코스가 돌아가는 흐름 등을 어떻게 정하느냐에 따라 다른 골프장과 구분되는 개성이 드러날 수 있기에 골프장도 저작권의 보호대상인 저작물에 해당한다.'고 판단을 했다. '골프장'은 자연물에 약간의 변형을 가한 것에 불과하므로 저작물성을 인정할 수 없다는 주장은 받아들여지지 않았다.

법원은 '제품 광고용 사진'의 저작물성 유무에 대해 광고용 catalog의 제작을 위하여 제품 자체만을 충실하게 표현한 사진('제품 사진')은 창작성이 인정되지 않아 저작권법에 의해 보호되는 저작물이 아니다. 다만 '이미지 사진'은 단순한 제품 사진과는 달리 제품의 이미지를 부각을 시켜 광고의 효과를 극대화하기 위하여 촬영된 것으로 피사체의 조화로운 배치 등에 사진작가의 창작성이 발현되었기에 사진저작물에 해당하고 특히 촬영목적이 광고라고 하더라도 저작물로 인정할 수 있다고 판단하고 있다.

(9) 영화음악

대법원은 '영화 상영때마다 극장이 영화음악에 대한 저작권을 낼 필요는 없다는 판단'을 하고 있다. 즉, "저작권법 제99조 제1항은 '저작재산권자(예: 음원)가 저작물의 영상화를 다른 사람에게 허락한 경우에 특약이 없는 때에는 공개 상영을 목적으로 한 영상저작물을 공개 상영을 하는 등의 권리를 포함하여 허락한 것으로 추정한다.'라고 규정하고 있다. '영상화'에는 영화의 주제곡이나 배경음악과 같이 음악저작물을 특별한 변형이 없이 사용하는 것도 포함된다."라는 것이다. 그러나 별도의 계약이 있다면 결론은 달라진다.

> ■ 제99조(저작물의 영상화) ① 저작재산권자가 저작물의 영상화를 다른 사람에게 허락한 경우에 특약이 없는 때에는 다음 각 호의 권리를 포함하여 허락한 것으로 추정한다. 1. 영상저작물을 제작하기 위하여 저작물을 각색하는 것 2. 공개상영을 목적으로 한 영상저작물을 공개상영하는 것 3. 방송을 목적으로 한 영상저작물을 방송하는 것 4. 전송을 목적으로 한 영상저작물을 전송하는 것 5. 영상저작물을 그 본래의 목적으로 복제·배포하는 것 6. 영상저작물의 번역물을 그 영상저작물과 같은 방법으로 이용하는 것 ② 저작재산권자는 그 저작물의 영상화를 허락한 경우에 특약이 없는 때에는 허락한 날부터 5년이 경과한 때에 그 저작물을 다른 영상저작물로 영상화하는 것을 허락할 수 있다.

(10) Hot News Doctrine

저작권법은 '보호받지 못하는 저작물'로 '사실전달에 불과한 시사보도'(Hot News Doctrine)를 제시하고 있다. 그러나 다른 언론사의 긴급기사나 속보성 뉴스를 무단으로 복제해 자사 독자들에게 자동 서비스하는 시스템을 운영하는 언론사들의 관행은 논란이 된다. 윤리성을 넘어 주장이 아닌 단순 사실 전달에 관한 뉴스라도 취재기자의 노고가 들어간 속보성, 특종 기사를 그대로 베끼면 저작권을 침해하는 것일 수가 있다.

표현의 자유와의 충돌 때문에 무제한적인 인정은 힘들다. 미 연방대법원의 그것이 인정되는 경우를 보면 '정보의 가치가 극히 시간에 민감할 것, 해당 정보를 수집 및 창출하는 데 들인 비용과 노력에 무임승차, 정보제공자와 이용자가 직접적인 경쟁 관계에 있을 것, 기사를 베낌으로써 원본기사의 존재나 품질이 실질적으로 위협받는 경우' 등이다. 미 대법원은 AP 통신이 동부지역 신문에 공표한 뉴스를 타 언론사가 복제해 서부 지역에 먼저 공표한 사건과 미국프로농구(NBA) 경기결과를 휴대용 무선호출기를 통해 송고한 사건 등에서 '핫뉴스 독트린'을 적용해 판결했다.

(11) parody

영화, 연극, 광고 및 출판 등 문화 전반에 걸쳐 많은 패러디(parody, 창조적 모방)가 발생하고 있다. 그 개념을 사전에서는 '엄숙한 작품의 장중한 스타일을 기교로 모방하면서 그것을 경쾌하고 익살스러운 작품으로 꾸며 야유 및 풍자한 것' 혹은 '익살 또는 풍자적 효과를 위하여 행하는 문학, 음악, 작곡 등 중요 작품의 모방'이라고 보고 있다. 문학에서 시작했다. 권력 및 사회의 중심부가 정당성을 확보하지 못하는 혼란의 시기 혹은 사회적 이슈로 찬반이 극심한 시기에 환영받는 특징이 있다. 중세에는 성서나 교회에 대한 조소와 조롱의 형태로, 현대에서는 공인 또는 작품에 대한 야유 및 장난과 조소 및 조롱을 위한 표현으로 활용이 되곤 한다. 패러디는 사람들에게 즐거움을 선사하곤 한다.

사람들의 이목을 끌기 위한 수단이지만 패러디는 2차적 창작물이다. 창조성을 지닌 저작물로 저자 의도를 외부로 표현하기 위해 만들어 진다. '서편제, 쉬리, 친구, 신라의 달밤 등'을 패러디한 '재밌는 영화' 혹은 '소나기'를 패러디한 '엽기적인 그녀' 및 '박하사탕'을 패러디한 '불후의 명작', '조선일보를 디지털 딴지일보 혹은 디지털 수세미일보' 등이 대표적이다. 단순히 베끼기의 수준은 넘었다.

패러디의 조건은 원작이 무엇인지를 쉽게 알 수 있어야 하고, 원작과 다른 의미를 가진 독창성을 갖추어야 하고, 풍자와 익살 등이 있어야 한다. 성공 유무는 그 내용(콘텐트)에 달려 있고, 그 수단으로 사회의 '다르게 보기' 및 '까발리기' 분위기가 중요한 요소로 사용이 되곤 한다. 소재의 은밀 혹은 거대한 공적 인물 및 사안일수록 그 효과는 커지곤 한다.

(12) Embedded Link

'임베디드 링크'(Embedded Link)는 동영상이나 음악 등의 멀티미디어 파일(source file)을 특정 페이지에서 직접 재생할 수 있도록 플레이어를 직접 게시물에 구현하는 것을 말한다. 해당 동영상 파일만을 링크해서 직접 재생하므로 전송권 침해 혹은 방조로써 저작권 침해에 해당할 수가 있다.

대법원은 'Embedded Link'에 대해 전송권의 방조죄 인정을 하고 있다. 즉, 복제된 방송프로그램이 저장된 곳은 국내 사이트가 아니라 해외 동영상 공유사이트('allatv.net')이기 때문에 책임을 물을 수 있는지가 문제된 사건에서 '해외 사이트 링크에 직접 들어가지 않고도 자신의 사이트에서 직접 동영상을 재생해 볼 수 있는 '임베디드 링크' 방식으로 지상파 방송프로그램을 무단으로 복제한 해외사이트 링크를 국내 사이트로 끌어와 재생을 가능하게 했다면 직접적인 전송권 침해는 아니더라도 전송권 침해를 방조한 것이기 때문에 손해를 배상해야 한다.'는 입장이다. 또 대법원은 '저작권을 침해(부동의)해 불법유통된 영화, 드라마 등을 시청할 수 있는 인터넷 링크를 게시한 것도 저작권법 공중송신권 위반 방조죄에 해당할 수 있다.'는 입장이다. 이를 통해 불법복제물 유통에 상당 부분 제한이 가능하다.

유럽사법재판소(ECJ, 2014.10.)는 인터넷에서 동영상을 '끼워넣기'(embedding, source code 삽입) 방식으로 공유하는 것은 원본영상이 저작권이 있더라도 저작권법에 위배가 되는 행위가 아니라는 입장이다. 저작권이 있는 타인의 콘텐트를 마음대로 웹에 공개하는 것은 저작권 침해에 해당하지만, 합법 혹은 불법을 떠나 일단 공개된 작품을 끼어넣기 방식으로 공유하는 것 자체는 저작권 침해에 해당하지 않는다는 것이다.

(13) 모바일 게임규칙

'모바일 게임에 대한 저작권 침해소송 사건'에서 대법원은 창작성 판단기준을 '게임의 창작성 여부 판단 시 각 구성요소의 창작성 외에도 제작 의도와 시나리오 등 전체적으로 다른 게임과 구별되는 창작성을 가졌는지 여부를 따져야 한다. 게임규칙이 게임전개와 표현형식에 영향을 미친다면 게임규칙도 보호대상인 저작물에 포함된다.'는 입장이다. 게임물 개발 관행에 많은 영향을 미칠 것이다.

(14) 음식조리법(recipe)

짜고 맵고 시고 단, 복잡미묘한 여러 가지 맛을 섞어서 새로운 맛을 만드는 일은 창작의 결과물이지만 그런 음식조리법을 글이나 음악처럼 저작권 보호를 받을 수 있는 지는 논란이다. 음식조리법은 창작물의 결과가 아니라 창작 전 단계인 '아이디어'로 보기 때문에 법적 보호대상이 아니다. 그러나 특정 메뉴가 인기를 끌면 유사 메뉴를 출시해 경쟁하는 시대이며 최소한의 상도의가 필요한 시대이기도 하다. 조리법도 창작물로 보고 저작권법으로 보호해야 한다면 특정한 재료와 계량을 보호해야 한다. 하지만 재료는 쉽게 더하거나 뺄 수 있고, 볶는 온도나 양념을 변형했을 때 저작권 침해인지 새로운 창작물 인지를 판가름하기가 어렵다. 폭넓은 보장 시 다양한 실험을 막아 후속 창작을 막는 셈이 되면서 후발 주자의 권리를 지나치게 침해할 수도 있다. 현실적으로 업계의 자정능력과 상식, 출처 공지 및 보상 등 '예의'가 필요하다.

저작권법은 아이디어(음식조리법)와 표현의 분리가 기본원칙이기에 '아이디어는 보호의 대상이 아니지만, 그것을 활용한 표현은 보호대상'이라는 입장이다. 음식조리법은 어떤 결과물(음식)을 얻기 위한 기능적인 설명에 불과한 경우 보호대상이 아니지만, 창작적 방법에 의해 표현되어지는 경우에 한하여 저작권 보호를 받는다. 즉, '음식조리법 자체는 보호대상이 아니지만 음식조리를 표현한 독특한 공정과정이나 기술, 해설이나 묘사, 그림 등'은 보호의 대상이 될 수 있다.

제4절
저작권의 제한

I. 개별적 및 포괄적 공정이용

제3자의 공정한 이용(제1조)을 위해 저작권은 법률로 제한할 수 있다. 제3자 입장에서는 해당 저작물에 대해 동의 없는 활용이 가능하다는 의미이다. 그러나 보상문제는 별도의 문제다. 저작권법은 저작물의 공정이용을 위해 특정한 저작물 이용방식에 대하여 개별적으로 공정이용을 인정하는 방식(제23조-제37조)과 미국식의 일정한 기준을 충족한 경우 포괄적으로 공정이용을 인정하는 방식(제35조의5)을 혼용하고 있다.

저작권상의 법률을 통한 개별적인 제한의 종류로서는 재판절차 등에서의 복제(제23조), 정치적 연설 등의 이용(제24조), 학교교육 목적 등의 이용(제25조), 시사보도를 위한 이용(제26조), 시사적인 기사 및 논설의 복제(제27조), 공표된 저작물의 인용(제28조), 영리를 목적으로 하지 않는 공연이나 방송(제29조), 사적 이용을 위한 복제(제30조), 도서관 등에서의 복제(제31조), 시험문제로서의 복제(제32조), 시각장애인 등을 위한 복제(제33조), 방송사업자의 일시적 녹음·녹화(제34조), 미술저작물 등의 전시 또는 복제(제35조), 번역 등에 의한 이용(제36조) 등이 있다.

공유저작물 확대가 되고 있다. 공유저작물 제도의 종류로는 법령을 통한 그 인정 범위(영역)는 '저작권 만료 저작물', '공공저작물', '기증저작물', '휴면저작물', 자율규제 형식인 'CCL'이 있다.

① 저작권 보호기간인 저작자 사후 70년이 지난 저작물은 저작권 만료 저작물로 공유대상이 된다(법 제39조 제1항). 다만 저작인격권(이름, 인생 흔적 및 평가 등)은 별도의 보호기간을 규정하고 있지 않아 명예훼손 등이 논란이 될 수가 있다(영화 등에서 의도적인 사실왜곡을 통한 인물의 비하 등, 인조나 신숙주 등).

> ■ 제39조(보호기간의 원칙) ① 저작재산권은 이 관에 특별한 규정이 있는 경우를 제외하고는 저작자가 생존하는 동안과 사망한 후 70년간 존속한다. ② 공동저작물의 저작재산권은 맨 마지막으로 사망한 저작자가 사망한 후 70년간 존속한다.

② 저작권법 제24조의2에 따라 공공저작물의 자유이용은 보장돼 있다. 국가 또는 지방자치단체가 업무상 작성하여 공표한 저작물이나 계약에 따라 지식재산권의 전부를 보유한 저작물은 허락 없이 이용할 수 있다. 다만, 국가안전보장에 관련되는 정보를 포함하는 경우, 개인의 사생활 또는 사업상 비밀에 해당하는 경우, 다른 법률에 따라 공개가 제한되는 정보를 포함하는 경우, 제112조에 따른 등록된 저작물로서 국유재산법에 따른 '국유재산법' 또는 '공유재산 및 물품관리법'에 따른 공유재산으로 관리되는 경우는 예외다(제1항). 그러나 국가 또는 지방자치단체는 그 공공저작물 중 자유로운 이용을 위하여 필요하다고 인정하는 경우 국유재산법 또는 공유재산 및 물품관리법에도 불구하고 대통령령으로 정하는 바에 따라 사용하게 할 수 있다(제3항).

> ■ 제24조의2(공공저작물의 자유이용) ① 국가 또는 지방자치단체가 업무상 작성하여 공표한 저작물이나 계약에 따라 저작재산권의 전부를 보유한 저작물은 허락 없이 이용할 수 있다. 다만, 저작물이 다음 각 호의 어느 하나에 해당하는 경우에는 그러하지 아니하다. 1. 국가안전보장에 관련되는 정보를 포함하는 경우 2. 개인의 사생활 또는 사업상 비밀에 해당하는 경우 3. 다른 법률에 따라 공개가 제한되는 정보를 포함하는 경우 4. 제112조에 따른 한국저작권위원회(이하 제111조까지 "위원

> 회")에 등록된 저작물로서 「국유재산법」에 따른 국유재산 또는 「공유재산 및 물품 관리법」에 따른 공유재산으로 관리되는 경우
>   ② 국가는 「공공기관의 운영에 관한 법률」 제4조에 따른 공공기관이 업무상 작성하여 공표한 저작물이나 계약에 따라 저작재산권의 전부를 보유한 저작물의 이용을 활성화하기 위하여 대통령령으로 정하는 바에 따라 공공저작물 이용활성화 시책을 수립·시행할 수 있다. ③ 국가 또는 지방자치단체는 제1항 제4호의 공공저작물 중 자유로운 이용을 위하여 필요하다고 인정하는 경우 「국유재산법」 또는 「공유재산 및 물품 관리법」에도 불구하고 대통령령으로 정하는 바에 따라 사용하게 할 수 있다.

제3자의 공정이용의 활성화를 위해 정책 중의 하나가 '공공'의 개념을 포함한 '공유저작물' 활성화 정책이다. 정부에서는 '공유저작물 이용활성화를 위한 실행전략의 수립', '공유저작물 포털 서비스 운영'(공유마당), '공공저작물 자유이용허락 '공공누리'(KOGL) 도입 및 운영', '공공정보의 민간활용 촉진을 위한 활동'(행정안전부의 '공공정보 제공지침') 등의 정책을 운영하고 있다. 그 구체적인 공유방식은 아날로그 형식으로 이뤄진 공유저작물의 디지털화, 공유저작물 웹 운영과 표시(mark)의 사용이나 보호기간의 완료확인 수월성 보장 등이 있다. 대부분의 위의 정책들은 중복으로 인한 비효율과 행정규칙에 불과해 상위법인 법률의 개정을 필요로 한다는 공통점이 있다.

공개되는 저작물에는 사진이나 동영상, 각종 간행물과 보고서 등이 모두 포함되면서 공공저작물을 상업적으로 활용하거나 변형하는 것도 허용된다. 그러나 '법령'은 공공저작물이지만 저작권법의 보호대상이 아니라고 규정하고 있다.

공공저작물, 특히 '국가나 지방자치단체가 업무상 작성한 저작물'에 저작권을 부여하는 것은 일반적으로 배타적 권리를 부여하여 창작 의욕을 높인다는 저작권법의 취지에 부합하지를 않는다. 오히려 저작물의 이용을 제한함으로써 이용자가 공공저작물을 향유하거나 이에 기초하여 새로운 창작을 하는 것을 가로막을 개연성

이 크다. 따라서 공공저작물은 자유이용을 허용하는 것이 바람직하다. 미국의 경우도 연방정부 저작물은 미국 시민이 세금으로 사용료를 낸 것이라 생각해 저작권 보호대상이 아니다.

문화체육관광부는 정부·지방자치단체·공공기관이 보유한 공공저작물의 자유이용을 활성화하기 위해 "공공저작물 자유이용 허락표시 기준"을 개정하면서, 공공저작물 자유이용의 직접적인 근거인 저작권법 제24조의2를 좀 더 구체화하고 있다. 출처표시를 할 때 기관 명칭과 저작물명은 물론 작성 연도와 개별 저자까지 표시하도록 했다. 출처 등은 첫 페이지처럼 눈에 잘 띄는 곳에 표시해야 한다. 아울러 공공저작물의 변경이용 과정에서 발생할 수 있는 저작인격권을 존중하는 범위 내에서만 변경이용이 가능하도록 했다. 예를 들어 공공저작물을 외설적 광고에 이용해 원작자의 명예를 훼손하거나 연구 성과나 통계수치를 수정해 제3자로 하여금 착오를 불러일으키는 행위, 일부를 잘라 이용한 사진저작물이 원저작자가 표현하고자 하는 내용과 현저한 차이를 가져오는 경우 등을 하면 안 된다. 또 이용된 저작물이 기관 웹에서 무료로 다운로드가 가능한 자료인 경우 이를 표시하여 소비자의 선택권을 높일 수 있도록 했다.

③ 법 제135조에서는 저작권자가 자신의 권리를 문화체육관광부 장관에게 기증할 수 있다(기증저작물). 기증된 저작물은 지정단체에 의해 관리하도록 하고 있다.

> 제135조(저작재산권 등의 기증) ① 저작재산권자 등은 자신의 권리를 문화체육관광부 장관에게 기증할 수 있다. ② 문화체육관광부 장관은 저작재산권자 등으로부터 기증된 저작물 등의 권리를 공정하게 관리할 수 있는 단체를 지정할 수 있다. ③ 제2항에 따라 지정된 단체는 영리를 목적으로 또는 해당 저작재산권자 등의 의사에 반하여 저작물 등을 이용할 수 없다.

④ 법 제50조에서는 이용자가 상당한 노력을 기울였으나 저작권자의 거소 또는

주소를 알 수 없어 저작물 이용허락을 받을 수 없는 경우 장관의 승인을 얻은 후 일정한 보상금을 공탁하고 이를 이용할 수 있는 '저작물 이용의 법정허락'을 규정하고 있다(휴면저작물). 기간단축을 위해 저작권법 시행령 제18조에서는 저작권위원회에 저작권등록부를 조회하고, 저작권위탁관리업자의 권리정보목록을 조회하며, 저작권위원회의 '권리자 찾기 웹'이 3월 이상 공고하는 등의 요건을 충족한 경우라면 개인이 별도의 노력을 하지 않더라도 '공탁 후 이용'할 수 있도록 하고 있다.

> ■ 제50조(저작재산권자 불명인 저작물의 이용) ① 누구든지 대통령령으로 정하는 기준에 해당하는 상당한 노력을 기울였어도 공표된 저작물의 저작재산권자나 그의 거소를 알 수 없어 그 저작물의 이용허락을 받을 수 없는 경우에는 대통령령으로 정하는 바에 따라 문화체육관광부 장관의 승인을 얻은 후 문화체육관광부 장관이 정하는 기준에 의한 보상금을 위원회에 지급하고 이를 이용할 수 있다.

그 외 특별법인 콘텐츠산업진흥법에 따라 국가 및 지방자치단체와 공공기관의 장은 해당 기관이 보유 및 관리하고 있는 정보를 콘텐트사업자가 콘텐트 제작 등이 이용할 수 있도록 규정하고 있다. 공공기관의 정보공개에 관한 법률의 비공개정보는 예외이다.

"이러닝(전자학습) 산업발전 및 이러닝 활용 촉진에 관한 법률"에 따라 동 사업자가 공공정보를 이러닝 콘텐트로 제작 시 비공개 대상정보를 제외한 정보를 활용하도록 규정하고 있다.

"공간정보산업진흥법 및 공공데이터의 제공 및 이용 활성화에 관한 법률"에 따라 국가공간정보센터 또는 관리기관이 보유하고 있는 공간정보를 해당 사업자에게 유상 및 무상으로 제공할 수 있도록 규정하고 있다. 'V-World'가 대표적이다. 2015년 '김기사'가 다음카카오에 인수된 사례는 민간영역에서 오픈 데이터를 통한 성공한 사업모델을 만든 사례다. 이를 공공기관에 확대한 법률이 '공공데이터의 제공 및 이용활성화에 관한 법률'이다(2013). 공공기관이 보유한 공공데이터의 개방이 시행되면서 개방성은 높아졌지만 활용 용이성은 저조하다. 이는 정책적 연속성은 양호하지만 데이터가 적시에 제공 혹은 실제로 활용되고 있는 지에 관해서는 저조하다는 것이다. 공공 데이터의 미흡한 품질과 수요자가 아닌 공급자 중심의 개방추진 등이 주요 이유로 지적되곤 한다.

II. 제30조(사적 이용 복제)

> 제30조(사적 이용을 위한 복제) 공표된 저작물을 영리를 목적으로 하지 아니하고 개인적으로 이용하거나 가정 및 이에 준하는 한정된 범위 안에서 이용하는 경우에는 그 이용자는 이를 복제할 수 있다. 다만, 공중의 사용에 제공하기 위하여 설치된 복사기기, 스캐너, 사진기 등 문화체육관광부령으로 정하는 복제기기에 의한 복제는 그러하지 아니하다.

1. 사전녹화 예약과 '엔탈 사건'

법원은 VTR로 방송물을 녹화해 두었다가 편리한 시간대에 시청을 하는 '시청시간의 조정'(time shifting)은 사적 이용 또는 공정이용으로 인정하고 있다. 방송 저작물 저작자의 방송의 예상시간과는 달리 해당 저작물에 대한 시청자의 특정성이 가능하다는 것을 인정하고 있는 것이다. 법원은 '스마트폰 등을 통해 불특정 다수에게 재송신되는 경우'는 어느 정도 이용자간의 친밀성을 요구하는 '가정 및 이에 준하는' 경우에 해당되지는 않는다고 보고 있다. 더불어 법원은 '복제물이 저작권을 침해해 복제된 것임을 알면서 복제하는 경우'는 면책대상에서 제외되는 것으로 보고 있다. 이용자들에게 불법복제물인지의 확인의무를 사실상 부과하고 있다.

'엔탈'(ental.co.kr) 인터넷 사이트를 개설하여 가입 회원들이 TV 프로그램 녹화예약

신청을 하면 방영 중인 TV 프로그램을 동영상 파일로 인코딩하여 위 웹 서버에 저장한 후 내려받을 수 있도록 송신하는 서비스를 제공한 것에 대해 대법원은 저작권 침해를 인정했다.

2. 시험지 복사와 배포, scan

동의 없는 글 내용의 '퍼나르기'는 배포에 관한 저작권 침해이다. 따라서 토익 혹은 토플시험 시 수험생을 고용해 문제를 외워 오게 한 후 문제를 만들거나 브로커로부터 미국대학수학능력시험(SAT) 문제를 입수한 뒤 수험생에게 '기출문제'라고 해서 강의하는 행위는 각각 배포의 저작권법 및 업무방해죄로 처벌이 가능하다.

학교의 허가 없이 시험지를 복제해서 영리목적으로 사용하는 것은 저작권법 위반이다. 예를 들어 중고등학생을 대상으로 시험지 수집행사를 한다는 명목으로 학교 시험지를 우편으로 보내면 문화상품권을 주는 것은 즉, 일부 출판사와 학원이 학생들을 상대로 학교 시험지를 사들인 경우 출판사와 학원은 시험지를 복제하지 않고 받기만 한 경우 책임을 피할 수는 있지만(배포 시 처벌), 학생은 저작물을 학교의 허락 없이 배포한 셈이 되기 때문에 저작권 위반 소지가 있다.

'북스캔 사업'의 전자책 파일 서비스는 제3자 이용의 효과는 크다. 파일이 제3자로의 무분별한 유포의 개연성 외에도 스캔 그 자체가 저작권법 위반이라는 것이 문화체육관광부와 복사전송권협회의 유권해석이다. 2004년 12월 구글의 '디지털 도서관 프로젝트('구글 프린트')'를 통해 미 도서관의 저작권 만료 혹은 모든 도서에 대해 디지털화 하고자 하는 것에 대해 2013년 11월 미 법원은 도서관 책을 스캔한 뒤 디지털로 변환하는 것은 저작권법의 '공정이용'에 해당한다고 판결했다. 재판부는 구글 북스가 책의 가치를 더해주고 찾기 쉽게 해주어 책 판매와 이용을 촉진하면서 저작권자 및 공공의 이익에도 기여를 할 것으로 판시했다. '조선왕조실록', '승정원일기' 및 '고려사절요'는 자체 웹에서는 볼 수 있지만 검색 시 나타나지 않는 정책은 실수다.

3. link

링크 설정자의 링크행위는 정보수집 출처제공의 기능이다. 따라서 제한이 없이 링크설정자의 저작권법상의 책임을 현재 묻기는 어렵다. 부정경쟁방지법상의 위반과는 별도의 문제다. 링크를 '링크된 웹사이트나 파일의 인터넷 주소 또는 경로를 나타내는 것에 불과하여 그 링크에 의해 연결된 웹사이트나 특정 파일의 내용 등을 전시하는 행위 자체에 해당하지 않는다고 보는 입장'에서는 링크를 저작권법상의 '복제 및 전송과 전시'로 보지를 않는다. 반면에 링크를 '정보의 단순한 연결기능을 넘어 실질적으로 링크된 웹페이지의 내용을 이용자에게 직접 전달하는 것과 마찬가지의 기능을 수행하고 있다고 보는 입장'에서는 링크를 '전송 및 전시(展示) 혹은 광고'라고 볼 수도 있다. 이는 법원이 음란물이나 부정경쟁행위 유무에 있어 판단하는 링크의 효과다.

대법원은 home page(초기화면) 또는 main page에 대한 '단순(simple)링크'의 경우에는 복제 또는 전송에 의한 저작권 침해가 발생하지 않는다는 입장이다. '심층링크(deep link) 또는 직접링크(direct link)' 역시 저작권법이 규정하는 복제 및 전송에 해당한다고 보기는 힘들다. 원칙적으로 서버에 저장된 개개의 저작물 등의 웹 위치정보 또는 경로를 나타낸 것에 불과하다고 링크기능을 보기 때문이다. '공직선거법상 문자메시지에 포함된 출판기념회 강의 동영상 링크'는 게시물의 위치정보나 경로를 나타낸 것에 불과해 이를 동영상에 첨부해 '전송'한 것으로 볼 수는 없다고 판결을 하기도 했다. 대법원은 '공중송신권'에 대해서 "저작물의 전송의뢰를 하는 지시 혹은 의뢰의 준비행위로 볼 수 있을지언정 저작권법상의 '송신하거나 이용에 제공하는 것'에 해당되지도 않는다."고도 했다. 독일도 링크 그 자체에 대해서 저작권법상의 공중송신권 침해라고 보지를 않았다. 웹상에 '중간 끼워넣기'(embedding/inline linking, source code 삽입)'에 대해서는 유럽사법재판소(2014)는 일반적인 동영상의 '끼워넣기'의 방식은 원본영상에 저작권이 있더라도 저작권법상 위반은 아니라는 판단을 하고 있다. 변경의 개연성이 높은 판결이다.

대법원은 '만화를 무료로 볼 수 있는 인터넷 웹에 곧바로 연결되도록 링크 글을 게시한 것은 저작물의 복제 및 전송이 아니므로 저작권 침해 및 방조로 처벌할 수 없다.'고 판단을 했다. 그러나 해당 저작물이 불법저작물인지에 대해 인식 또는 인식가능성이 있고, 관련 당사자로부터 삭제 또는 접근금지 등의 요구가 있고, 경제적이나 기술적으로 그러한 요구에 응하는 것이 가능한 경우 상황이 다르다. 종범의 공동불법행위 책임의 개연성이 크다. 유럽사법재판소는 '불법으로 게시된 저작물에 상업적 목적으로 링크를 설정하는 행위는 저작권을 침해한다.'는 입장이다.

4. 검색제공 서비스

보도나 비평, 교육과 연구 등을 위해 정당한 범위 내에서 공정한 관행에 합치되게 타인의 저작물을 인용할 수 있다고 저작권법은 규정하고 있다. 그러한 목적 외에 서비스제공자가 제공하는 '검색기능'을 통하여 이용자들이 저작권 침해의 게시물을 쉽게 찾을 수 있다 하더라도 검색기능의 서비스제공자에게 온전하게 게시물에 대한 저작권 침해의 불법행위 책임을 지울 수는 없다. 공개된 정보의 활용이기 때문이다. 그러나 불법성이 명백하고 피해자로부터 삭제 및 차단요구를 받은 경우 또는 받지 않았다 하더라도 그 상황을 구체적으로 인식했거나 가능성이 있었으면서 기술적 또는 경제적으로 관리 및 통제의 수월성이 가능하다면 사업자는 적절한 조치의무가 있다.

검색엔진을 통한 이미지 파일의 검색제공이 공정이용 범위 내에 포함하는지 여부에 대해 대법원은 '단순 위치정보의 제공이고 비영리목적이면서 작품시장에 있어 저작자의 수익활동에 불이익이 없다는 판단과 함께 공정이용의 범위라고 하여 이를 긍정'하고 있다. 그러나 '도서'에 있어 검색엔진을 통한 상세한 내용공개는 미국의 'Google book Search 사건'에서 보듯이 관련 당사자간의 상세하고 정밀한 합의서 교환이 필요할 정도로 공정이용의 범위가 좁혀지고 있다.

III. 제29조 등(공연 및 방송 등)

> 제29조(영리를 목적으로 하지 아니하는 공연·방송) ① 영리를 목적으로 하지 아니하고 청중이나 관중 또는 제3자로부터 어떤 명목으로든지 반대급부를 받지 아니하는 경우에는 공표된 저작물을 공연(상업용 음반 또는 상업적 목적으로 공표된 영상저작물을 재생하는 경우를 제외한다) 또는 방송할 수 있다. 다만, 실연자에게 통상의 보수를 지급하는 경우에는 그러하지 아니하다. ② 청중이나 관중으로부터 당해 공연에 대한 반대급부를 받지 아니하는 경우에는 상업용 음반 또는 상업적 목적으로 공표된 영상저작물을 재생하여 공중에게 공연할 수 있다. 다만, 대통령령이 정하는 경우에는 그러하지 아니하다.

> 제76조의2(상업용 음반을 사용하여 공연하는 자의 실연자에 대한 보상) ① 실연이 녹음된 상업용 음반을 사용하여 공연을 하는 자는 상당한 보상금을 그 실연자에게 지급하여야 한다. 다만, 실연자가 외국인인 경우에 그 외국에서 대한민국 국민인 실연자에게 이 항의 규정에 따른 보상금을 인정하지 아니하는 때에는 그러하지 아니하다.
> 제83조의2(상업용 음반을 사용하여 공연하는 자의 음반제작자에 대한 보상) ① 상업용 음반을 사용하여 공연을 하는 자는 상당한 보상금을 해당 음반제작자에게 지급하여야 한다. 다만, 음반제작자가 외국인인 경우에 그 외국에서 대한민국 국민인 음반제작자에게 이 항의 규정에 따른 보상금을 인정하지 아니하는 때에는 그러하지 아니하다. ② 제1항에 따른 보상금의 지급 및 금액 등에 관하여는 제25조 제7항부터 제11항까지 및 제76조제3항·제4항을 준용한다.

1. 매장음악 서비스

기존 대법원은 '판매용 음반'의 개념을 '시중에 판매할 목적으로 제작된 음반'을 의미하는 것으로 해석하고 있었다. 매장음악 서비스(Music Manager)를 통해 스트리밍 방식으로 제공되는 음악을 백화점 내 매장에서 재생한 사건에서 대법원은 '디지털 음원을 실시간으로 재생했을 뿐 저장하거나 재전송하지는 않았다고 하더라도 즉, 백화점이나 쇼핑몰 등 매장에서 스트리밍 서비스로 음악을 틀 때도 연주자와 제작자 등에게 저작권 사용료를 줘야 한다.'고 판단을 했다. 즉, 저작권법이 음반을 '음이 유형물에 고정된 것'으로 정의해 곧 CD 등 물리적 매체로 해석하는 상황에서 스트리밍 음악을 '판매용 음반'으로 볼 수 있는지 여부에 대해 대법원은 "'판매용'을 '시판용'에 국한하지 않고 '판매를 통해 거래된 음반'으로 넓게 해석하면서 스트리밍 과정에서도 매장의 컴퓨터에 일시적 유형물로 고정되기 때문에 판매용 음반으로 봐야 한다."고 기존과 다른 판단을 했다.

저작인접권자들에 대한 보호 및 음악 산업의 발전을 도모하기 위해 저작인접권자들에게 국제적인 보호수준에 맞춘 공연보상청구권을 부여하는 내용으로 저작권법 제76조의2 제1항, 제83조의2 제1항이 신설됐다.

IV. 제25조(교육목적 등 이용)

> ■ 제25조(학교교육 목적 등에의 이용) ① 고등학교 및 이에 준하는 학교 이하의 학교의 교육목적상 필요한 교과용도서에는 공표된 저작물을 게재할 수 있다. ② ③ ④ ⑤ ⑥ 제1항부터 제4항까지의 규정에 따라 공표된 저작물을 이용하려는 자는 문화체육관광부장관이 정하여 고시하는 기준에 따른 보상금을 해당 저작재산권자에게 지급하여야 한다. 다만, 고등학교 및 이에 준하는 학교 이하의 학교에서 복제 등을 하는 경우에는 보상금을 지급하지 아니한다.

1. 참고서와 문제집

저작권법 제25조 제1항은 공표된 문학작품 등을 교과서에 사용할 때 중점적으로 적용되는 조항이다. 법원은 저작권법 제25조 제1항의 '교과용 도서'의 범위를 좁게 한정하고 있다.

저작권법(제25조)상 교과서에 수록된 문학작품은 저자에게 이용 허락을 받지 않아도 된다. 즉, 사용 후 문화체육관광부가 고시한 보상금을 저자에게 지급하면 된다. 영리보다는 교육목적이 크기 때문이다. 하지만 '교과서를 기반으로 만든 참고서'는 판례에 따르면 저작권법 적용대상이다. 따라서 참고서 출판 전에 교과서 속 문학작품 저자에게 이용 허락을 받은 뒤 저작권료를 내야 한다. 또 '교과서에 실린 내용을 무단으로(동의 없이) 문제집에 인용하는 행위'도 저작권을 침해한 것이라는 법원(제1심)의 판단이다.

2. 저작물이용 보상금 제도

한국복사전송권협회는 "대학에서 용인돼오던 교재복사나 동영상 상영 등을 활용한 수업관행은 저작권법 위반이다. 즉, 해당 규정이 대학 강의 등 수업시간에 사용하는 저작물의 경우 일정 금액의 보상금을 내면(한국복사전송권협회) 저작권자의 사전 허락 없이 사용할 수 있도록 한다는 내용을 담고 있기 때문이다. 따라서 대학강의의 경우 교수(수업 등)나 학교 차원에서 논문이나 책 등을 복사하는 행위가 모두 보상금 지급의 근거가 된다. 음악수업 시간에 교수가 음악을 들려주는 경우나 무용과 학생들이 연습용으로 음악을 틀어놓는 경우도 저작권 문제가 생긴다. 수업의 이해도를 높이기 위해 동영상이나 영화 등을 틀어주는 경우도 저작권 보상의 대상이다. 그러나 수업에서 타인의 저작물을 직접 복사, 배포, 전송하면 보상금을 내야 하지만 학생들이 개별적으로 수업자료를 찾아서 사용하는 것은 괜찮다. 학생들이 개별적으로 일정 부분만 복사하는 경우는 저작권법 제외의 대상이 되기 때문이다."고 주장하고 있다. 문화체육부도 이에 동조하고 있다.

보상금 지급의 규정은 저작권자의 이익에 치우친 정책 혹은 저작물의 공공성의 가치를 너무 폄하한다는 비판은 설득력이 있다.

3. 학원의 동영상 강의

법원은 "동영상 강의는 수강생들이 반복적으로 동영상 강의를 시청할 수도 있다는 점에서 상당한 정도의 계속성과 파급력을 지니고 있다. 동영상 강의가 영리적·상업적으로 이용됨에 따라 교재의 저작권자들이 온라인 강의시장에서 누릴 수 있는 잠재적 가치가 상당히 훼손될 가능성이 있다. 동영상 강의제공의 목적 및 영리성, 동영상 강의에서 교재가 인용된 부분이 차지하는 비중과 중요성, 동영상 강의의 제공에 따른 교재의 잠재적 시장가치 훼손 가능성 등에 비추어보면, 동영상 강의를 수강생들에게 유료로 제공한 행위가 저작물의 통상적인 이용방법과 충돌하지 않고 저작자의 정당한 이익을 부당하게 해치지 않는 경우로서 저작권법에서 정하고 있는 저작물의 공정한 이용에 해당한다고 볼 수 없다. 교재를 이용해 동영상 강의를 제작해 수강생들에게 제공한 행위는 교재에 대한 창비의 복제권 및 2차적 저작물 작성권 등을 침해하는 행위에 해당한다."는 것이다.

V. 제35조의5(공정한 이용)

제35조의5(저작물의 공정한 이용) ① 제23조부터 제35조의4까지, 제101조의3부터 제101조의5까지의 경우 외에 저작물의 통상적인 이용 방법과 충돌하지 아니하고 저작자의 정당한 이익을 부당하게 해치지 아니하는 경우에는 저작물을 이용할 수 있다. ② 저작물 이용행위가 제1항에 해당하는지를 판단할 때에는 다음 각 호의 사항 등을 고려하여야 한다. 1. 이용의 목적 및 성격 2. 저작물의 종류 및 용도 3. 이용된 부분이 저작물 전체에서 차지하는 비중과 그 중요성 4. 저작물의 이용이 그 저작물의 현재 시장 또는 가치나 잠재적인 시장 또는 가치에 미치는 영향

도서의 디지털 파일로의 전환 및 검색기능 추가 서비스에 대해 미국 뉴욕 연방 고등법원은 "책을 디지털로 저장해 검색할 수 있는 데이터베이스를 만드는 디지털 도서관은 저작물의 공정한 사용에 해당한다. 또 시각장애인들이 책을 읽을 수 있도록 책 내용을 audio 형태 등으로 전환하는 것도 저작권 침해도 아니다."라는 판단을 하고 있다. 즉, 'DB에 대해 책을 복제한 것이 아니라 변형된 형태로 사용할 수 있게 한 공정이용의 영역'이라고 판단했다.

고등법원은 '대학수학능력시험을 주관하는 한국교육과정평가원이 문학작품 등을 시험문제 출제에 자유롭게 이용할 수 있다고 하더라도 시험이 종료된 후 시험문제를 해당 작품 저작권자의 허락 없이 시험응시자 외에 접근이 가능한 홈페이지에 게시했다면 공정이용에 해당하는 행위라고 보기 어렵기에 저작권 침해에 해당한다.'는 입장이다. 즉, 시험문제에 저작물을 자유이용할 수 있는 범위는 응시자의 학습능력 등에 대한 평가를 위한 시험목적에 필요한 범위에 한정된다. 평가원의 게시행위는 시험출제와 성적제공까지 완료된 후에 기간의 제한 없이 시험응시자 외의 불특정 다수인에게 시험에 이용된 저작물을 저작권자 허락 없이 전송하는 것으로서 공중송신이 추가된 현행 저작권법 제32조에 의하더라도 허용되는 행위라고 볼 수 없다는 것이다.

VI. 그 외 사례

1. 교과서 저작계약

2008년 출판사의 근현대사 교과서를 둘러싼 '좌편향' 논란의 과정에서 '교육부의 수정지시로 출판사가 교과서를 수정 및 발행해 동일성 유지권을 침해당했다.'며 출판사를 상대로 낸 저작인격권 침해정지 소송에서 대법원은 '출판계약에서 교육부 지시가 있을 경우 교과서 내용을 수정 및 개편해야 한다고 약정한 점 등을 감안하면 교과서 변경에 동의한 것으로 볼 수 있다.'고 판시했다. 즉, '좌편향' 논란을 빚은 자사 근/현대사 교과서에 대한 교육부의 수정지시를 받아들여 출판사가 저자의 동의가 없이 교과서를 수정 및 발행한 것은 저자들의 저작인격권을 침해한 것이 아니라고 판단했다. '교과서의 수정지시를 이행하는 범위 내에서의 묵시적인 동의'로 보았기 때문이다.

2. 'Open Access'(OA)

2012년부터 인문사회과학 등을 중심으로 한국연구재단의 학술비 지원을 받은 학회에 등재된 논문(KCI)은 연구재단의 홈페이지에서 무상으로 내려받기가 가능하다. 재단은 '온라인 접근성'을 평가항목에 넣어 원문 무료공개 시 가점을 주는 형태로 OA를 유도하고 있다. 원문을 유료로 판매해온 DBpia, KISS 같은 민간 학술 DB 서비스 업체들은 무상배포에 대해 반대하고 있다.

전자저널의 구독료 문제는 '학술정보는 과연 누구의 것인가'라는 근본 물음을 던지고 있다. 이는 저작권 vs 정보공유의 충돌이기도 하다. 연구보고서 작성을 위한 연구비의 대부분은 정부예산 등 공적인 자금에서 나오고, 연구는 연구자가 하고 논문도 연구자가 쓰고 논문심사도 동료 연구자가 하는데, 출판물의 수익은 출판사가 가져가는 구조는 설득력이 약하다. 누구나 지식의 결과물에 접근할 수 있게 하자는 '공개접근(OA)' 운동이 전자저널 구독료 문제를 개선하는 대안으로 떠오르고 있다. 논문출판 단계에서 '논문을 무료 공개한다.'는 조건으로 출판사에 출판비용(APC)을 주고, 출판 이후에는 연구자와 아마추어 연구자 등 누구나 학술논문에 자유롭게 접근할 수 있게 하자는 것이다. 출판비는 연구지원기관이나 정부, 도서관 등에서 분담해 조성할 수 있다. 국내는 협상체제의 합리적 조정에 주로 관심을 두고 있지만, 세계적인 흐름은 OA 방식이다.

3. 복제와 배포, 디지털 음성송신

(1) 저작물의 발행('복제 및 배포')

대법원은 '다른 사람의 저작권을 침해해 책을 발간했더라도 책이 유통되지 않고 창고에 보관만 돼 있었다면 '복제·배포'로 보기 어렵기에 저작권법 위반으로 처벌할 수 없다.'는 입장이다('표지갈이 사건', 저작권법 제137조 제1항).

(2) 전송과 디지털 음성송신

저작권법 제2조 제10호는 '전송'을 '공중송신 중 공중의 구성원이 개별적으로 선택한 시간과 장소에서 접근할 수 있도록 저작물 등을 이용에 제공하는 것을 말하며, 그에 따라 이루어지는 송신을 포함한다.'로 제11호는 '디지털 음성송신'을 '공중송신 중 공중으로 하여금 동시에 수신하게 할 목적으로 공중의 구성원의 요청에 의하여 개시되는 디지털 방식의 음의 송신을 말하며, 전송을 제외한다.'로 규정하고 있다. 저작권법에 따른 '전송'(저작권법 제2조 제10호)은 음반 제작자에게 배타적 권리가 인정된다. 음반 제작자의 사전 허락 없이 음반을 전송하는 경우 음반제작자의 권리를 침해한 것이 되어 민사상의 불법행위책임 혹은 형사상 책임이 가능하다. 반면에 '디지털 음성송신'의 경우 음반 제작자들의 배타적 권리를 인정하지 않고, 이용자에게 이후 채권적인 보상청구권만을 인정하고 있다(저작권법 제83조).

법원은 "이용자가 채널을 만들어 원하는 음악을 플레이리스트 형식으로 선곡표에 담아 설정 순서대로 들을 수 있고, 다른 이용자도 해당 채널에 접속해 음원을 청취할 수 있는 스마트폰 뮤직 앱 'DJ FEED 서비스'(딩가라디오)는 '디지털 음성송신'이 아니라 저작권법상 '전송'에 해당하기에 음반 제작자의 사전 허락 없이는 음원을 사용할 수 없다."는 입장이다. 즉, '디지털 음성송신과 전송은 음원을 청취함에 있어 모든 이용자들이 같은 시점에 같은 내용을 청취할 수밖에 없는지(디지털 음성송신) 혹은 개별 이용자들이 자신이 선택한 시간과 장소에서 음원을 개별적으로 선택해 청취할 수 있는지(전송) 등 동시성의 유무에 따라 구별을 한다. DJ FEED 서비스는 이용자 요청에 의해 개시되기는 하나 이용자는 어디까지나 개별적으로 선택한 시간과 장소에서 음원을 청취할 수 있는 것이다. DJ FEED 서비스는 상충되는 여러 특성들이 혼재돼 있기는 하지만 그 주된 기능으로 볼 때 동시성을 결여한 것으로서 디지털음성송신이 아닌 전송에 해당한다.'는 것이다.

다른 유사한 사례를 보면 '다운로드 방식에 의한 서비스'는 저작권법상 '전송'에 해당하고, '스트리밍 방식에 의한 VOD 및 AOD 등의 서비스'도 이용자가 같은 시점에서 같은 내용을 보거나 들을 수밖에 없는 방식(실시간 형)이 아닌 이용자가 선택한 시간에 개별적으로 보거나 들을 수 있는 방식(주문형)으로 서비스를 할 경우에는 저작권법상 '디지털 음성송신'이 아니라 '전송'에 해당될 수가 있다. '아프리카 TV의 디지털 음성송신 혹은 매장음악 서비스자의 음원 서비스'는 저작권법상의 '전송'과 '디지털 음성송신'의 경계에 위치하고 있다.

VII. 자율규제(계약과 CCL)

1. 제휴계약

자율규제의 기본은 당사자간의 '자유로운 계약'이다. 따라서 법률에 위배되지 않는 범위 내에서의 저작권과 관련된 계약의 체결과 이행은 인정된다. 대법원은 "저작권자 스스로 서비스제공자 등과 제휴계약을 체결하고, up-loader 제휴사실을 공지한 것은 사전에 저작물 업로드에 관해 승낙한 것으로 봐야 하기에 회원이 '파일온' 사이트에서 영화 '육혈포 강도단'의 up-load 행위는 무단배포행위로 볼 수 없다."고 판단했다. 즉, 파일공유 사이트 운영자와 저작권자 사이에 제휴계약이 체결된 콘텐트의 경우에 일반인(제3자)들이 해당 콘텐트를 up-load를 통해 여러 명이 다운받더라도 저작권법 위반이 아니라는 것이 대법원 입장이다.

다른 사건에서 법원은 "저작권자의 허락 없이 제휴가격보다 훨씬 저렴한 가격으로 영화파일을 사이트에 저장하는 방식의 up-load 행위는 복제권 및 전송권을 침해하는 행위에 해당한다."고 판단을 했다. 동시에 웹 하드사업자가 가입자 확충을 위해 PC방 등에서 쉽게 접할 수 있는 비제휴 콘텐트 내려받기용 '무료쿠폰' 배포행위는 위법한 행위로 판단하고 있다(저작권 침해 방조).

2. 집단지성의 저작물

집단지성을 통해 만들어진 저작물의 경우 저작권법에 규정이 없다. '위키피디아'에 올려진 문서는 출처만 밝히면 영리적 활용이 가능하도록 약관에 규정하고 있다. 개별 저작권을 갖는 집단 창작물에 대해 저작권 문제를 이렇게 해소하고 있는 중이다. 따라서 위키피디아에 자신의 저작물을 올리는 행위는 약관에서 규제가 없다면 제3자가 그 저작물을 영리적 목적까지를 포함해 자유로운 이용을 할 수 있다.

3. CCL(Creative Commons License)

현 저작권법 체계의 주된 비판의 하나가 모든 저작물을 동일하게 취급하고 있다는 것이다. 현행법은 저작물의 창작자가 누구인지 상관하지 않으며 저작물의 질(수준), 목적, 형태 등을 고려하지 않는다. 즉, 저작자는 모든 것을 다 통제하려는 마음을 가지고 있는 것으로 생각하면서 보호를 하고 있다. 'all rights reserved'라는 표현이 그것이다. 이를 완화하기 위해 '사전 포괄적 이용허락 계약'인 CCL은 창작자가 저작권에 대한 자신의 권리행사 범위를 스스로 설정하는 규약을 만들고 이를 시스템으로 지원하는 약관(표준계약서) 성격을 가지고 있다. 이용자의 권리를 극도로 제한하는 저작권법과 달리 이는 창작자와 이용자의 자율성을 최대한 보장하려고 한다. 즉, CCL을 통해 저작자들이 자신들의 저작물에 대한 포괄적 사전적인 이용허락계약을 체결하는 것이다.

CCL은 '위키피디아'와 동영상 강연 '테드'(TED), 프레젠테이션 공유 '슬라이드 셰어', 무료사진 등처럼 창작자가 자신의 저작물을 누구나 자유롭게 이용할 수 있도록 라이선스를 나눠준다는 의미에서 '창작과 나눔'이라고 볼 수가 있다.

저작권자가 해당 저작물에 대해 CCL 표지를 달아 인터넷에 올리면 이용자는 저작권자가 원하는 조건을 지키는 한 자유롭게 그 작품을 복사하거나 배포 등을 할 수 있다. 저작권료는 낼 필요가 없는 것이다. 저작권자는 '작가(저자)가 나라는 걸 인용해 주세요'라든지 '영리(혹은 비영리) 목적으로 쓸 수 있어요'라든지 '복사는 가능하지만 변형하진 말아주세요' 같은 조건 중에 하나 혹은 복수를 선택할 수 있다. CCL의 유형을 보면 '저작자표시'(BY), '변경금지'(ND), '비영리'(NC), '동일조건변경허락'(SA), CCZero 및 CCPlus가 있다. 각각의 조합을 통한 조건설정도 가능하다.

CCL 제도는 생계를 위한 창작활동을 하는 사람들에게는 달갑지 않다. 따라서 창작의욕의 저하도 일정 부분 피할 수가 없다. 그러나 디지털시대에서는 많은 이용자, 즉 넓은 의미의 저작자들에게는 저작권에 의한 재산권 보호보다는 CCL을 통한 제한이 적은 공유가 오히려 인지도 상승을 이용한 상업적 이익 창출의 기회를 제공할 수도 있다. 제한된 범위 내에서도 재정적 지원도 가능하다.

제5절

비친고죄(제140조)

> ■ 제140조(고소) 이 장의 죄에 대한 공소는 고소가 있어야 한다. 다만, 다음 각 호의 어느 하나에 해당하는 경우에는 그러하지 아니하다. 1. 영리를 목적으로 또는 상습적으로 제136조 제1항 제1호, 제136조 제2항 제3호 및 제4호(제124조 제1항 제3호의 경우에는 피해자의 명시적 의사에 반하여 처벌하지 못한다)에 해당하는 행위를 한 경우 2. 제136조 제2항 제2호 및 제3호의2부터 제3호의7까지, 제137조 제1항 제1호부터 제4호까지, 제6호 및 제7호와 제138조 제5호의 경우

저작권의 경우 권리를 침해당한 피해자는 손해배상만 받으면 처벌을 원하지 않는 경우가 대부분이다. 친고죄의 존재 이유다. 반면에 1. 영리를 목적으로 또는 상습적으로 제136조 제1항 제1호, 제136조 제2항 제3호 및 제4호(제124조 제1항 제3호의 경우에는 피해자의 명시적 의사에 반하여 처벌하지 못한다)에 해당하는 행위를 한 경우 혹은 2. 제136조 제2항 제2호 및 제3호의2부터 제3호의7까지, 제137조 제1항 제1호부터 제4호까지, 제6호 및 제7호와 제138조 제5호의 경우는 법에 따라 친고죄의 배제의 사유다.

1957년 제정된 저작권법의 친고죄 흐름에서 2006년 저작권법 개정에 따라 광범위하게 저작권 침해행위가 비친고죄로 변경된 후에 제3자에 의한 저작권 관련 형사고발이 급증해 선의의 피해자가 양산되고 있다. 즉, 일반인들이 단순히 퍼나른 것에 대해서도 저작권법 위반 형사사건과 손해배상청구를 들먹이며 상당액의 합의

금을 받아내는 사례가 빈발하고 있어 조건부 기소유예로는 한계가 있다. 법원(인천지법, 2016.4.)은 '저작권법 위반을 이유로 민사소송을 제기하면서 합의금을 주면 소를 취하해 주겠다는 내용을 통보한 사건'에 대해 '합의금 장사'라고 일컬어지는 형태의 기획소송에 해당 된다고 판단해 사건을 각하했다. 즉, "원고가 상호간에 전혀 무관한 피고들에게 속칭 '합의금 장사'를 하기 위해 공동소송을 제기한 것은 위법하다. 피고들에 대한 손해배상 소송은 원칙적으로 소액사건심판법에 따라 각개의 소송절차가 간단하며 신속하게 진행되는 것이 온당한 것이기에 이러한 경우 지방법원 합의부로서는 사물관할에 관한 소송절차의 현저한 침탈을 시정하기 위해 소권 남용에 관한 법률 및 법리를 준용해 원고의 피고들에 대한 소를 모두 각하할 수 있다."고 판시했다(민사소송법 제65조).

제6절

음란물의 저작물성

판례 변경을 통해 법원은 음란물도 저작물로 인정하고 있다. 대법원은 '외부에 표현된 창작적인 표현형식이라면 저작물이기에 그 표현돼 있는 내용, 즉 사상 또는 감정 그 자체의 윤리성 여하는 문제되지 않는다고 보면서 설령 부도덕하거나 위법한 부분이 포함돼 있다 하더라도 저작물로의 보호대상임'을 판시하고 있다. '영상물이 비록 성행위 장면 등을 내용으로 하더라도 단순히 녹화만 했거나 몰래 촬영한 것이 아니라면 그 창작성을 부인할 수 없다. 영상물이 음란물에 해당돼 형법과 정보통신망법 등에 의해 배포·판매·전시 등의 행위가 처벌되고 배포권과 판매권, 전시권 등 권리행사에 제한을 받을 수 있지만, 저작권자의 의사에 반해 저작물이 유통되는 것을 막아달라는 청구까지 제한되는 것은 아니다.'라는 것이다.

온라인 세계에서 벌어지는 모든 불법행위에 대해 서비스제공자가 모든 것을 부담하라고 하는 것은 행위의 책임 원칙에 부합하지를 않는다. 법원은 '웹 하드업체에 이용자들이 일본 음란 동영상을 무단으로 게재하는 행위를 전면 차단해 줄 것을 요구할 수는 없다. 즉, "웹 하드 이용자들이 무단게재를 통해 일본 성인 영상물 제작사의 저작권을 침해하고 있지만, 웹 하드 이용자의 저작권 침해행위를 확실하게 방조했다고 볼 수는 없기에 이용자들의 불법전송을 차단할 의무까지 지는 것은 아니다. 이를 강제할 수는 없다."는 것이다.

제7절

사업자의 책임 제한

I. 제102조(자발적 조치)

■ 제102조(온라인서비스제공자의 책임제한) ① 온라인서비스제공자는 다음 각 호의 행위와 관련하여 저작권, 그 밖에 이 법에 따라 보호되는 권리가 침해되더라도 그 호의 분류에 따라 각 목의 요건을 모두 갖춘 경우에는 그 침해에 대하여 책임을 지지 아니한다. 1. 내용의 수정 없이 저작물 등을 송신하거나 경로를 지정하거나 연결을 제공하는 행위 또는 그 과정에서 저작물 등을 그 송신을 위하여 합리적으로 필요한 기간 내에서 자동적·중개적·일시적으로 저장하는 행위 가. 온라인서비스제공자가 저작물 등의 송신을 시작하지 아니한 경우 나. 온라인서비스제공자가 저작물 등이나 그 수신자를 선택하지 아니한 경우 다. 저작권, 그 밖에 이 법에 따라 보호되는 권리를 반복적으로 침해하는 자의 계정(온라인서비스제공자가 이용자를 식별·관리하기 위하여 사용하는 이용권한 계좌를 말한다. 이하 이 조, 제103조의2, 제133조의2 및 제133조의3에서 같다)을 해지하는 방침을 채택하고 이를 합리적으로 이행한 경우 라. 저작물 등을 식별하고 보호하기 위한 기술조치로서 대통령령으로 정하는 조건을 충족하는 표준적인 기술조치를 권리자가 이용한 때에는 이를 수용하고 방해하지 아니한 경우 2. 서비스이용자의 요청에 따라 송신된 저작물 등을 후속 이용자들이 효율적으로 접근하거나 수신할 수 있게 할 목적으로 그 저작물 등을 자동적·중개적·일시적으로 저장하는 행위 가. 제1호 각 목의 요건을 모두 갖춘 경우 나. 온라인서비스제공자가 그 저작물 등을 수정하지 아니한 경우 다. 제공되는 저작물 등에 접근하기 위한 조건이 있는 경우에는 그 조건을 지킨 이용자에게만 임

시저장된 저작물 등의 접근을 허용한 경우 라. 저작물 등을 복제·전송하는 자(이하 "복제·전송자")가 명시한, 컴퓨터나 정보통신망에 대하여 그 업계에서 일반적으로 인정되는 데이터통신규약에 따른 저작물 등의 현행화에 관한 규칙을 지킨 경우. 다만, 복제·전송자가 그러한 저장을 불합리하게 제한할 목적으로 현행화에 관한 규칙을 정한 경우에는 그러하지 아니한다. 마. 저작물 등이 있는 본래의 사이트에서 그 저작물 등의 이용에 관한 정보를 얻기 위하여 적용한, 그 업계에서 일반적으로 인정되는 기술의 사용을 방해하지 아니한 경우 바. 제103조 제1항에 따른 복제·전송의 중단요구를 받은 경우, 본래의 사이트에서 그 저작물 등이 삭제되었거나 접근할 수 없게 된 경우, 또는 법원, 관계 중앙행정기관의 장이 그 저작물 등을 삭제하거나 접근할 수 없게 하도록 명령을 내린 사실을 실제로 알게 된 경우에 그 저작물 등을 즉시 삭제하거나 접근할 수 없게 한 경우 3. 복제·전송자의 요청에 따라 저작물 등을 온라인서비스제공자의 컴퓨터에 저장하는 행위 또는 정보검색도구를 통하여 이용자에게 정보통신망상 저작물 등의 위치를 알 수 있게 하거나 연결하는 행위 가. 제1호 각 목의 요건을 모두 갖춘 경우 나. 온라인서비스제공자가 침해행위를 통제할 권한과 능력이 있을 때에는 그 침해행위로부터 직접적인 금전적 이익을 얻지 아니한 경우 다. 온라인서비스제공자가 침해를 실제로 알게 되거나 제103조 제1항에 따른 복제·전송의 중단요구 등을 통하여 침해가 명백하다는 사실 또는 정황을 알게 된 때에 즉시 그 저작물등의 복제·전송을 중단시킨 경우 라. 제103조 제4항에 따라 복제·전송의 중단요구 등을 받을 자를 지정하여 공지한 경우 4. 삭제 〈2020. 2. 4.〉

② 제1항에도 불구하고 온라인서비스제공자가 제1항에 따른 조치를 취하는 것이 기술적으로 불가능한 경우에는 다른 사람에 의한 저작물 등의 복제·전송으로 인한 저작권, 그 밖에 이 법에 따라 보호되는 권리의 침해에 대하여 책임을 지지 아니한다. ③ 제1항에 따른 책임 제한과 관련하여 온라인서비스제공자는 자신의 서비스 안에서 침해행위가 일어나는지를 모니터링하거나 그 침해행위에 관하여 적극적으로 조사할 의무를 지지 아니한다.

온라인서비스제공자(OSP)의 자발적 행위에 대한 임의적 면책규정이다. 침해사실을 알고 그 후 적절한 방지책(방지 또는 중단)을 행한 경우 감면의 대상이 될 수도 있다는 의미이다. 사실상 감면이 되고 있다. 또한 동 법 제2항에서는 그러한 방지책을 행하고자 하는 경우 '기술적 수준으로 불가능할 경우'는 필수적인 책임면제 대상이 됨을 규정하고 있다(필요적 감면).

침해사실 인지가 일반적인지 개별적인지 및 적절한 방지책이 어느 정도의 성공인지에 대한 규정이 없다. 또한 기술불가능의 동 조항은 OSP의 특권 또는 면책조항이라고도 불린다. '기술적으로 불가능'을 어떤 기준으로 확정할지에 대한 기준은 없다. '동종 업계의 최고기술' 등의 규정이 필요하다.

법원은 '사업자의 간접적인 표현 대신 소극적인 필터링 방식을 전제로 한 대책만으로는 저작인접권의 침해방지를 위한 기술적인 조치를 전부 이행했거나 더 이상의 침해 또는 중단기술은 불가능하다고 보기는 힘들다고 판단'하고 있다. 정도의 범위를 높이라는 의미다.

II. 제103조-제103조의3(타의적 조치)

> ■ 제103조(복제·전송의 중단) ① 온라인서비스제공자(제102조 제1항 제1호의 경우는 제외)의 서비스를 이용한 저작물 등의 복제·전송에 따라 저작권, 그 밖에 이 법에 따라 보호되는 자신의 권리가 침해됨을 주장하는 자("권리주장자)는 그 사실을 소명하여 온라인서비스 제공자에게 그 저작물 등의 복제·전송을 중단시킬 것을 요구할 수 있다. ② 온라인서비스 제공자는 제1항에 따른 복제·전송의 중단요구를 받은 경우에는 즉시 그 저작물 등의 복제·전송을 중단시키고 권리주장자에게 그 사실을 통보하여야 한다. 다만, 제102조 제1항 제3호의 온라인서비스 제공자는 그 저작물 등의 복제·전송자에게도 이를 통보하여야 한다. ③ 제2항에 따른 통보를 받은 복제·전송자가 자신의 복제·전송이 정당한 권리에 의한 것임을 소명하여

그 복제·전송의 재개를 요구하는 경우 온라인서비스 제공자는 재개요구사실 및 재개예정일을 권리주장자에게 지체 없이 통보하고 그 예정일에 복제·전송을 재개시켜야 한다. 다만, 권리주장자가 복제·전송자의 침해행위에 대하여 소를 제기한 사실을 재개예정일 전에 온라인서비스 제공자에게 통보한 경우에는 그러하지 아니하다. ④ 온라인서비스 제공자는 제1항 및 제3항의 규정에 따른 복제·전송의 중단 및 그 재개의 요구를 받을 자(이하 이 조에서 "수령인"이라 한다)를 지정하여 자신의 설비 또는 서비스를 이용하는 자들이 쉽게 알 수 있도록 공지하여야 한다. ⑤ 온라인서비스 제공자가 제4항에 따른 공지를 하고 제2항과 제3항에 따라 그 저작물 등의 복제·전송을 중단시키거나 재개시킨 경우에는 다른 사람에 의한 저작권 그 밖에 이 법에 따라 보호되는 권리의 침해에 대한 온라인서비스 제공자의 책임 및 복제·전송자에게 발생하는 손해에 대한 온라인서비스 제공자의 책임을 면제한다. 다만, 이 항의 규정은 온라인서비스 제공자가 다른 사람에 의한 저작물 등의 복제·전송으로 인하여 그 저작권 그 밖에 이 법에 따라 보호되는 권리가 침해된다는 사실을 안 때부터 제1항에 따른 중단을 요구받기 전까지 발생한 책임에는 적용하지 아니한다. ⑥ 정당한 권리 없이 제1항 및 제3항의 규정에 따른 그 저작물 등의 복제·전송의 중단이나 재개를 요구하는 자는 그로 인하여 발생하는 손해를 배상하여야 한다.

제103조의2(온라인서비스 제공자에 대한 법원명령의 범위) ① 법원은 제102조 제1항 제1호에 따른 요건을 충족한 온라인서비스 제공자에게 제123조 제3항에 따라 필요한 조치를 명하는 경우에는 다음 각 호의 조치만을 명할 수 있다. 1. 특정 계정의 해지 2. 특정 해외 인터넷 사이트에 대한 접근을 막기 위한 합리적 조치 ② 법원은 제102조 제1항 제2호부터 제4호까지의 요건을 충족한 온라인서비스 제공자에게 제123조 제3항에 따라 필요한 조치를 명하는 경우에는 다음 각 호의 조치만을 명할 수 있다. 1. 불법복제물의 삭제 2. 불법복제물에 대한 접근을 막기 위한 조치 3. 특정 계정의 해지 4. 그 밖에 온라인서비스 제공자에게 최소한의 부담이 되는 범위에서 법원이 필요하다고 판단하는 조치

제103조의2(온라인서비스 제공자에 대한 법원 명령의 범위) ① 법원은 제102조 제1항 제1호에 따른 요건을 충족한 온라인서비스 제공자에게 제123조 제3항에 따라 필요한 조치를 명하는 경우에는 다음 각 호의 조치만을 명할 수 있다. 1. 특정 계정의 해지 2. 특정 해외 인터넷 사이트에 대한 접근을 막기 위한 합리적 조치 ② 법원은

> 제102조 제1항 제2호 및 제3호의 요건을 충족한 온라인서비스 제공자에게 제123조 제3항에 따라 필요한 조치를 명하는 경우에는 다음 각 호의 조치만을 명할 수 있다. 1. 불법복제물의 삭제 2. 불법복제물에 대한 접근을 막기 위한 조치 3. 특정 계정의 해지 4. 그 밖에 온라인서비스 제공자에게 최소한의 부담이 되는 범위에서 법원이 필요하다고 판단하는 조치

당사자의 중단요구 또는 재개요구 등에 대한 타의적인 온라인서비스제공자의 책임규정이다. 제103조는 제102조에 관한 특별법 규정이다.

저작권 그 밖에 이 법에 따라 보호되는 자신의 권리가 침해됨을 주장하는 자는 그 사실을 소명(입증)하여 온라인서비스 제공자에게 그 저작물 등의 복제 및 전송을 중단시킬 것을 요구할 수 있다. 온라인서비스 제공자는 제1항의 규정에 따른 복제전송의 중단 요구가 있는 경우에는 '즉시' 그 저작물 등의 복제전송을 중단시키고 당해 저작물 등을 복제 및 전송하는 자 및 권리주장자에게 그 사실을 통보해야 한다. 제2항의 규정에 따른 통보를 받은 복제전송자가 자신의 복제전송이 정당한 권리에 의한 것임을 소명하여 그 복제전송의 재개를 요구하는 경우 온라인서비스 제공자는 재개요구 사실 및 재개예정일을 권리주장자에게 지체 없이 통보하고 그 예정일에 복제전송을 재개시켜야 한다. 제4항에 따라 온라인서비스 제공자는 온라인서비스 제공자가 다른 사람에 의한 저작물 등의 복제전송으로 인하여 그 저작권 그 밖에 이 법에 따라 보호되는 권리가 침해된다는 사실을 안 때부터 제1항의 규정에 따른 중단을 요구받기 전까지 발생한 책임에는 적용하지 않는다. 인지 후부터 특정 행위 전까지 발생한 손해배상은 책임을 진다는 의미이다.

동 조항의 핵심은 주장하는 자가 제출한 입증의 진실성이지만 서비스 제공자의 그 심의와 관련된 명백한 규정이 없다. 따라서 서비스 제공자에게 과다한 부담을 지울 수가 있다.

III. 제104조(특수한 유형)

> 제104조(특수한 유형의 온라인서비스 제공자의 의무 등) ① 다른 사람들 상호 간에 컴퓨터를 이용하여 저작물 등을 전송하도록 하는 것을 주된 목적으로 하는 온라인서비스제공자("특수한 유형의 온라인서비스 제공자")는 권리자의 요청이 있는 경우 해당 저작물 등의 불법적인 전송을 차단하는 기술적인 조치 등 필요한 조치를 하여야 한다. 이 경우 권리자의 요청 및 필요한 조치에 관한 사항은 대통령령으로 정한다. ② 문화체육관광부 장관은 제1항의 규정에 따른 특수한 유형의 온라인서비스 제공자의 범위를 정하여 고시할 수 있다. ③ 문화체육관광부 장관은 제1항에 따른 기술적인 조치 등 필요한 조치의 이행 여부를 정보통신망을 통하여 확인하여야 한다. ④ 문화체육관광부 장관은 제3항에 따른 업무를 대통령령으로 정하는 기관 또는 단체에 위탁할 수 있다.

사실상 필터링 등의 의무규정인 제104조는 특수한 유형의 온라인서비스 제공자의 의무를 규정하고 있다. 정부의 확인의무도 새로이 부과하고 있다. torrent 및 blockchain 등 P2P에 대한 적용조항이다. 문화체육관광부 장관은 특수한 유형의 온라인서비스 제공자의 범위 및 필요한 조치 등을 정하여 '고시'할 수 있다(제1항). 또한 제1항에 따라 다른 사람들 상호 간에 컴퓨터 등을 이용하여 저작물 등을 전송하도록 하는 것을 주된 목적으로 하는 온라인서비스 제공자는 권리자의 요청 시 당해 저작물 등의 불법적인 전송을 차단하는 기술적인 조치 등 필요한 조치를 해야 한다.

전기통신사업법 개정을 통해 웹 하드 사업자 등(특수유형 부가통신사업자)은 불법 음란정보 검색 및 송수신 제한 등 기술적 조치를 의무화해야 한다고 규정하고 있다. 따라서 웹 하드 사업자 등은 저작권 침해가 발생하기 전이라도 저작권자가 요청한 저작물에 대한 필터링 조치를 취해야 한다.

특수한 유형의 온라인서비스 제공자에 대한 과태료 처분사건에서 저작권법 제

104조 제1항 및 시행령 제46조 제1항의 의미를 대법원은 "취지는 저작물 등의 불법적인 전송으로부터 저작권 등을 보호하기 위해 특수한 유형의 온라인서비스 제공자에게 가중된 의무를 지우면서도 다른 한편, 이러한 입법목적을 고려하더라도 기술적 한계 등으로 인하여 불법적인 전송을 전면적으로 차단할 의무를 부과할 수는 없다는 점을 고려하여 '권리자의 요청'이 있는 경우에 대통령령으로 규정하고 있는 '필요한 조치'를 취하도록 제한된 의무를 부과하려는 것이다. 법령의 문언과 입법취지 등을 종합하여 보면 특수한 유형의 온라인서비스 제공자가 저작권법 시행령 제46조 제1항이 규정하고 있는 '필요한 조치'를 취하였다면 저작권법 제104조 제1항에 따른 필요한 조치를 한 것으로 보아야 하고, 실제로 불법적인 전송이라는 결과가 발생하였다는 이유만으로 달리 판단하여서는 안 된다."고 판단하고 있다.

저작권법 제104조와 관련해서 '유럽ISP협회'는 국내의 사전규제(과도한 필터링) 형식의 웹 하드 저작권 규제가 한-EU FTA 제10.66조를 위반하고 있다고 문제를 제기하고 있다. 이는 일반적 감시의무를 위법한다고 본 유럽사법재판소의 판결과 일치한다. 그러나 이를 수용할 지는 국내 법원의 재량사항이다.

IV. 판례

1. '소리바다' 사건

'소리바다'의 불법전송 차단의무 부과사건에서 헌법재판소는 "저작권법 제104조는 저작물 등의 불법적인 전송을 차단함으로써 저작권 등을 보호하고, 문화 및 관련 산업을 향상·발전시키기 위한 것으로서 정당한 목적달성에 기여한 적합한 수단에 해당하며, 권리자의 요청이 있는 경우에 해당 저작물에 대한 불법적인 전송을 차단하는 조치를 취할 것을 요구할 뿐인 점, 기술적으로 불가능한 조치를 요구하는 것은 아닌 점, 인터넷을 통한 저작권 등 침해의 현실 등을 고려할 때 입법목적 달성에 동일하게 기여하는 덜 침해적인 수단이 존재한다고 보기 어렵기에 침해의 최소성 원칙에 위배가 되지를 않는다. 또 저작권 등 침해행위를 기술적으로 통제하고 감독할 수 있는 지위에 있다고 할 특수한 유형의 온라인서비스 제공자에게 한정된 범위에서 기술적 의무 등을 부과한 것이 온라인서비스 제공자의 직업의 자유에 대한 중대한 제한이 된다고 보기는 어렵지만, 달성되는 공익은 매우 중요하다는 점에서 법익 균형성의 원칙에도 위반되지 않는다. 따라서 이 사건 조항들은 과잉금지원칙에 위배하여 직업의 자유(저작권법 제104조 제1항, 제2항 및 저작권법 제104조 제1항에 위반한 경우 과태료를 부과하도록 한 저작권법 제142조 제1항과 제2항)를 침해하지 않는다.

저작물 등의 불법적인 전송을 차단할 일정한 책임을 지는 '특수한 유형의 온라인서비스 제공자의 범위' 및 특수한 유형의 온라인서비스 제공자에 대한 저작권자 등 '권리자의 요청', 특수한 유형의 온라인서비스 제공자가 취해야 하는 기술적인 조치 등 '필요한 조치'는 그 규율영역의 특성상 법률에서 이를 구체적 또는 서술적으로 열거하는 것이 입법기술상 곤란하고, 탄력적으로 규율돼야 할 필요성 있다고 할 것이므로 문화체육관광부 장관 고시 및 하위법령에의 위임의 필요성이 인정되며, 저작권법의 입법목적 및 이 사건 법률조항들의 입법취지, 관련 규정 등에 비추어 보면, 문화체육관광부 장관 고시 및 하위법령에 규정될 내용을 충분히 예측할 수 있다고 할 것이므로 저작권법 제104조 제1항 및 제2항은 포괄위임 입법금지의 원칙에 위반되지 않는다."고 판단했다.

2. '하이디스크 사건'(조약 효력)

법원(1심)은 대한민국이 미국과 유럽연합(EU)과 맺은 자유무역협정(FTA)이 국내에서 개인이나 회사에 바로 적용되지는 않는다고 판단하고 있다. 즉, 자유무역협정을 위반하더라도 법원의 판단에 따른 국내법 위반이 아니면 법적 구속력이 없다는 뜻이다.

법원은 파일공유 사이트 '하이디스크'가 제기한 이의신청에 대해 한-유럽연합이나 한-미자유무역협정을 바로 적용할 수 없고 법원 판단에 따라 적용이 결정된다고 판결했다. 법원은 "미국은 국내법과 한-미 자유무역협정 충돌 시 한-미자유무역협정의 효력이 없고, 사인이 재판절차에서 한-미 자유무역협정을 직접 원용할 수 없도록 입법을 통해 해결했다. 유럽재판소는 사인은 원칙적으로 세계무역기구협정 그 자체뿐만 아니라 세계무역기구 분쟁해결기구의 결정도 회원국 국내법원에서 재판상 원용할 수 없다고 판시했다. 국내의 경우 한-유럽연합과 한-미자유무역협정이 국내법과 같은 효력을 가진다고 하더라도 '양 당사국만' 위 각 협정에 따른 직접적인 권리 및 의무의 주체가 된다고 봄이 상당하다."고 밝혔다. 즉, 한-유럽연합 및 한-미자유무역협정 조항이 정부에는 적용되지만, 개인과 법인에는 직접 적용되지 않는다는 것이다. 미국이 이행법으로 자국법과 한-미자유무역협정이 충돌할 경우 자유무역협정의 효력이 없도록 하고, 유럽연합 역시 개인이 법원에서 자유무역협정을 근거로 소송을 제기할 수 없는 것과 마찬가지로 상호주의 원칙을 적용한 것이다. 다만 한-미자유무역협정의 '투자자-국가소송제(ISD)에 따른 소송제기'는 예외다.

3. 형사책임 감면 준용

대법원은 서비스이용자의 저작권 침해행위에 대하여 '서비스제공자의 책임감면 규정인 제102조 제1항 및 제2항과 제103조 제5항의 형사책임에도 적용된다.'는 판단을 하고 있다.

V. 기술적 보호조치 무력화 금지 등

■ 제104조의2(기술적 보호조치의 무력화 금지) ① 누구든지 정당한 권한 없이 고의 또는 과실로 제2조 제28호 가목의 기술적 보호조치를 제거·변경하거나 우회하는 등의 방법으로 무력화하여서는 아니 된다. 다만, 다음 각 호의 어느 하나에 해당하는 경우에는 그러하지 아니하다. 1. 암호 분야의 연구에 종사하는 자가 저작

물 등의 복제물을 정당하게 취득하여 저작물 등에 적용된 암호 기술의 결함이나 취약점을 연구하기 위하여 필요한 범위에서 행하는 경우. 다만, 권리자로부터 연구에 필요한 이용을 허락받기 위하여 상당한 노력을 하였으나 허락을 받지 못한 경우로 한정한다. 2. 미성년자에게 유해한 온라인상의 저작물 등에 미성년자가 접근하는 것을 방지하기 위하여 기술·제품·서비스 또는 장치에 기술적 보호조치를 무력화하는 구성요소나 부품을 포함하는 경우. 다만, 제2항에 따라 금지되지 아니하는 경우로 한정한다. 3. 개인의 온라인상의 행위를 파악할 수 있는 개인 식별 정보를 비공개적으로 수집·유포하는 기능을 확인하고, 이를 무력화하기 위하여 필요한 경우. 다만, 다른 사람들이 저작물 등에 접근하는 것에 영향을 미치는 경우는 제외한다. 4. 국가의 법 집행, 합법적인 정보수집 또는 안전보장 등을 위하여 필요한 경우 5. 제25조 제3항 및 제4항에 따른 학교·교육기관 및 수업지원기관, 제31조 제1항에 따른 도서관(비영리인 경우로 한정) 또는 「공공기록물 관리에 관한 법률」에 따른 기록물관리기관이 저작물등의 구입 여부를 결정하기 위하여 필요한 경우. 다만, 기술적 보호조치를 무력화하지 아니하고는 접근할 수 없는 경우로 한정한다. 6. 정당한 권한을 가지고 프로그램을 사용하는 자가 다른 프로그램과의 호환을 위하여 필요한 범위에서 프로그램코드역분석을 하는 경우 7. 정당한 권한을 가진 자가 오로지 컴퓨터 또는 정보통신망의 보안성을 검사·조사 또는 보정하기 위하여 필요한 경우 8. 기술적 보호조치의 무력화 금지에 의하여 특정 종류의 저작물 등을 정당하게 이용하는 것이 불합리하게 영향을 받거나 받을 가능성이 있다고 인정되어 대통령령으로 정하는 절차에 따라 문화체육관광부 장관이 정하여 고시하는 경우. 이 경우 그 예외의 효력은 3년으로 한다.

 제104조의3(권리관리정보의 제거·변경 등의 금지) ① 누구든지 정당한 권한 없이 저작권, 그 밖에 이 법에 따라 보호되는 권리의 침해를 유발 또는 은닉한다는 사실을 알거나 과실로 알지 못하고 다음 각 호의 어느 하나에 해당하는 행위를 하여서는 아니 된다. 1. 권리관리정보를 고의로 제거·변경하거나 거짓으로 부가하는 행위 2. 권리관리정보가 정당한 권한 없이 제거 또는 변경되었다는 사실을 알면서 그 권리관리정보를 배포하거나 배포할 목적으로 수입하는 행위 3. 권리관리정보가 정당한 권한 없이 제거·변경되거나 거짓으로 부가된 사실을 알면서 해당 저작물 등의 원본이나 그 복제물을 배포·공연 또는 공중송신하거나 배포를 목적으로 수입하는 행

> 위 ② 제1항은 국가의 법집행, 합법적인 정보수집, 안전보장 등을 위하여 필요한 경우에는 적용하지 아니한다.
> 　제104조의4(암호화된 방송 신호의 무력화 등의 금지) 제104조의5(라벨 위조 등의 금지) 제104조의6(영상저작물 녹화 등의 금지) 제104조의7(방송전 신호의 송신금지)

정당한 권한이 없이 누구도 법에 의한 경우가 아니면 기술적 보호조치 혹은 권리 관리정보의 무력화 혹은 제거나 변경은 안 된다.

제12장

디지털 공유경제

제1절
디지털 기술과 공유경제

I. 개념과 가치

디지털 공유경제는 '협력경제, 구독경제와 같은 on-demand 경제, 긱(gig) 경제 등'으로 불리면서 디지털 생태계를 통해 발전하고 있는 경제모델이다.

공유경제 운영에 있어 사업자의 이익 중심의 가격 외에도 '이용자(소비자)와의 상호 신뢰 및 작용 혹은 사회적 가치라는 공동체적 요소'를 무시할 수 없다. 산업사회 전의 긴밀한 공동체에서 행해지던 교환 및 행동이 디지털 기술을 통해 디지털 공동체로 발현되고 있다고도 볼 수가 있다.

II. 특징과 종류

경제학자인 머스그레이브(Musgrave)는 특정 상품과 특정 서비스를 분류하는 기준으로 '경합성'(rivalness)과 '배제성'(excludability)이라는 개념을 사용한다. '경합성'은 수량이 한정된 특정한 상품 및 서비스를 먼저 차지하기 위한 개별 소비자들 간의 경쟁성을 말한다. 많은 특정한 상품 및 서비스는 이런 경합성을 가지고 있으면서 수요공급의 또는 한계효용 체감성의 법칙이 작동될 수 있다. '배제성'은 특정 소비자가 특정한 상품 및 서비스를 소비할 때 다른 소비자들의 소비 가능성의 배제된다는 것을 말한다. 최첨단 반도체 기술이나 인공지능 기술 혹은 자율주행자동차의 핵심기술 등 사유재는 경합성과 배제성을 가지고 있다. 그러나 디지털 기술은 공급되는 수량이나 질적인 제한이 사실상 없어 비경합성(non-rivalness)과 비배제성(non-excludability)을 가지고 있다.

디지털 공유경제는 디지털 기술을 활용한 플랫폼 경제를 통해 더 활성화가 되고 있다. 플랫폼 경제에서는 다량의 데이터 수집 및 분석을 통한 활용하는 능력이 중요하다. 일정 수 이상의 이용자를 확보한 플랫폼은 네트워크 효과와 쏠림 현상 등에 의해 더 많은 이용자를 확보하기 쉽고, 그 결과 데이터의 접근이나 수집이 경쟁 플랫폼보다 용이해질 수 있는 선순환으로 들어갈 수 있다. 그러나 지속적인 신규 이용자들의 진입이 있어야 하는 어려움이 있다. 또 독과점인 상황에서 자신의 플랫폼에 대한 의존도를 이용해 거래상대방에게 불공정한 거래의 조건을 부과할 유인이 높고, 경쟁기업과 소비자의 데이터 접근의 적극적 제한을 통해 반경쟁행위가 발생할 수도 있다.

공유경제의 종류를 본다면 건물, 도로 혹은 주차장의 '공공재의 공유'를 1차 공유로, 물건을 함께 쓰는 '협력적 소비'를 2차 공유로, 사람의 '지식이나 경험과 재능의 공유'를 3차 공유라고 분류할 수 있다. '공동주방의 사용'처럼 저성장 및 1-2인 가구 시대와 공유경제와의 관계도 밀접하지만, IoT 및 지식재산권, 첨단 지식 등 정보사회에서는 3차 공유의 필요성이 커질 것이다.

순수한 공공재의 디지털 공유경제도 있지만, 사유재와 결합된 혼합적인 성격의 공유경제가 더 많다. web browser를 보면 이용의 모습은 공공재에 가깝지만, 그 법적 소유는 완전히 사유재다.

디지털 기술은 콘텐트를 담아 나르는 주요한 도구일 뿐 콘텐트를 만들어내는 것은 여전히 사람이기에 결국은 그 성공은 그 사회 구성원의 '공유'라는 의식의 변화가 내포된 문화의 성숙도에 따라 공유경제의 성공이 좌우될 개연성이 크다.

III. 효과

디지털 공유경제는 이전의 전통적인 공공재와는 달리 '공유지의 비극'이 나타날 개연성이 적다. 어느 정도의 사적 소유가 인정되면서도 그 활용에 있어서 공공의 이익을 위해 독점권의 제한이 많기 때문이다.

디지털 공유경제의 부정적 면을 보면 전통산업의 위축이나 진정한 공유라는 말과 달리 플랫폼 사업자가 공유경제의 바탕이 되는 정보독점을 이끄는 '폐쇄된 공유경제'가 나타나기도 한다. 또 기존 산업과의 충돌로 인해 사실상의 실직을 의미하는 강제적인 구조조정과 사업구조 개편, 소수자의 소외 확산, 국가나 대규모 플랫폼 사업자의 감시활동 수월성과 광범위성, 사실상의 노동시간 연장, 마녀사냥(ostracism)이나 흑색선전(matador) 확산, 디지털 기기 중독과 디지털 문맹의 확대, 반사회적 콘텐트(폭력 및 자살 찬양, 허위조작정보, 포르노그라피 등 확산) 확산이 사회적 문제가 되고 있다.

정보공유의 속도와 폭이 빨라지고 넓어지면 동시에 양질의 사회적 지식의 공유가 활발히 일어나기도 한다. 이는 자원이용의 효율화, 환경오염의 최소화, 사회적 생산성의 향상 등을 통해 지속가능한 경제에 이바지할 수가 있다. 또 디지털 공유경제는 고도화된 정보사회에서 문화발전을 위한 '마중물 효과'(pumping effect)를 제공하기도 한다. youtube를 통한 '싸이의 강남스타일' 및 BTS 유행처럼 문화적인 측면 특히 디지털 저작권 영역에서 두드러지게 나타나고 있다. 디지털 공유경제는 전자지도 활용의 경우처럼 시공간적 이동에 따르는 각종 비용을 절감시키기에 개인과 사업자에게 좀 더 여유로운 생활을 주기도 한다.

IV. 구독경제로의 전환 가능성

'구독경제'는 기존 산업계가 자신들의 주도로 자신들의 판매방식을 구독모델로 변화시키는 것에서 출발하기에 큰 충돌은 없다. 기존에는 한 번의 계산과 함께 자신들의 제품이나 서비스의 소유권을 소비자에게 넘겼다면, 이제 일정 이용 기간만큼 구독료를 지불하면 제품이나 서비스의 사용 권한을 소비자에게 부여하는 방식으로 판매방식이 변화됐기 때문이다. 일시적으로 가격을 받았던 것에 비해서는 그 수익이 줄어들지만, 공유경제에서의 수익보다는 낫다. 사업자 능력에 따라 구독이라는 판매방식 변화를 통해 소비자를 더 확보할 가능성도 있다.

모든 사업은 시대 발전의 산물로 디지털 시대의 구독모델도 예외가 아니다. 이 시기의 구독경제로의 공유경제는 개인 차원에서의 자원공유로 한정되는 것이 아니고 산업 생태계의 자원까지 포괄하는 개념으로 발전도 하고 있다. 따라서 필요한 기술이나 인력과 데이터, 소프트웨어, 하드웨어를 공유해 활용하는 것은 자연스럽다. 아마존 킨들, 넷플릭스, 온라인 공개수업인 MOOC, crowd funding 형식의 구독 서비스로도 가능하다.

구독모델이 디지털 시대와 함께 다양한 분야로 확산이 되는 주요 원인에는 '데이터와 알고리즘'이 있다. 소유권 판매와 달리 저렴한 사용권 임대를 통해 실시간으로 대규모 사용자 데이터를 수집할 수 있고, 알고리즘을 이용해 판매결정 등 의사결정의 효율성을 높일 수 있다. 이는 구독자와의 지속적인 관계 유지로 이어진다. 지속성은 곧 선순환으로 이어지고, 구독모델에서는 더 많은 수익을 위해 가격을 올릴 필요도 없다. 기존 고객을 유지하고, 새로운 고객을 유치하기 위한 서비스 개선에만 신경 쓰면 충분하다. 갱신율이 높아질수록 고객이 느끼는 만족은 높아지지만, 고객 유지에 들어가는 비용은 시간이 지날수록 급격히 낮아지기 때문이다.

'구독경제'의 구독모델은 기업과 구독자 사이의 약속으로 일정 기간 기업이 제공하는 구독 서비스를 사용하는 것에 대해 구독자가 정기적으로 비용을 지불하기로 약속한 것을 의미한다. 전통적인 일회성 구매 모델은 거래가 종료되는 즉시 기업과 고객의 관계 역시 기본적으로 종료가 된다. 반면 구독모델에서 기업과 고객 관계의 본질은 거래가 아니라 서비스에 있기에 기업과 고객 간의 관계가 일회성으로 끝나는 것이 아니라 월간, 분기 혹은 연간 단위로 이어지는 중장기적인 관계로 변화된다. 기업이 고객에게 지속적인 양질의 서비스를 제공해야만 하기에 기업 입장에서는 부담이 될 수 있다. 고객 중심주의의 질적인 전환으로 순환적 관계로 갈 개연성이 크다.

구독모델에서 고객이 소비자이면서 생산하는 주체가 된다. 고객과 기업은 가치를 함께 만들어낸다. 넷플릭스의 인공지능을 통한 고객 취향 분석 후 개별 맞춤형 추천 모델이 대표적이다. 이러한 데이터의 축적은 매칭을 넘어 '넷플릭스 오리지널'이라는 콘텐트 생산으로까지 이어진다. 구독경제를 C2B(소비자 대 기업 간 거래) 모델로 정의하는 이유이기도 하다. 그 과정에서 기존 이해집단과의 충돌, 노동시장의 급변과 개인정보의 보호 등의 문제들이 발생한다. 성공적인 문제의 해결이 디지털 사회의 공유경제 성공 유무를 좌우할 것이다.

제2절
승차공유와 차량공유

I. 자가용 자동차의 노선운행 금지

공유경제에는 크게 보면 ICT 기술을 접목한 '승차공유'(car-pool) 및 '차량공유'(car-sharing) 경제가 있다. 국내 차량공유 사업은 '타다', '쏘카' 및 '그린카', '플러스' 등이 있다.

시내외 버스노선 결정은 황금노선 지향의 무분별한 혼란을 막기 위해 국토교통부와 지방자치단체의 관리를 받는다. 자가용 자동차나 렌터카는 노선운행 및 알선이 금지된다. "여객자동차운수사업법"에 따라 국내법상 자가용 자동차나 렌터카 업체(자동차대여사업자)가 운행 중 요금을 받고 승객을 태우는 것은 알선을 포함해서 금지되어 있다. 따라서 개인 자동차를 택시처럼 영업하는 '우버엑스 서비스'는 국내에서는 금지 서비스다. 고등법원은 '카풀 앱을 통해 자신과 출퇴근 동선이 다른 승객을 태워주고 돈을 받은 운전자에게 지방자치단체가 운행정지 처분을 한 것은 적법'하다는 입장이다. 그러나 학생들의 등하교나 학원수송, 천재지변으로 인해 수송력 증가가 급히 필요한 경우에는 법에 따라 자가용 자동차나 자동차대여사업체의 소유 차량을 유상 운송용으로 일시적으로는 사용할 수 있다.

공유경제에서 많이 인용되는 플랫폼 택시의 승객 합승 유무는 국토교통부의 "택시 운송사업의 발전에 관한 법률 시행규칙"에서 정하고 있다. 이 규칙에는 합승 서비스를 운영하려는 플랫폼 가맹업자 및 중개사업자가 갖춰야 하는 승객의 안전 및

> ■ 제82조(자가용 자동차의 노선운행 금지) ① 누구든지 고객을 유치할 목적으로 노선을 정하여 자가용자동차를 운행하거나 이를 알선하여서는 아니 된다. 다만, 다음 각 호의 어느 하나에 해당하는 경우에는 노선을 정하여 운행하거나 이를 알선할 수 있다. 1. 학교, 학원, 유치원, 「영유아보육법」에 따른 어린이집, 호텔, 교육·문화·예술·체육시설(「유통산업발전법」 제2조 제3호에 따른 대규모 점포에 부설된 시설은 제외), 종교시설, 금융기관 또는 병원 이용자를 위하여 운행하는 경우 2. 대중교통 수단이 없는 지역 등 대통령령으로 정하는 사유에 해당하는 경우로서 시장·군수·구청장의 허가를 받은 경우

보호의 기준을 정하고 있다. 택시 기사가 임의로 승객을 합승하도록 하는 행위는 금지된다. 이에 따르면 사업자는 승객 모두가 플랫폼을 통해 신청한 경우에만 합승을 중개해야 하며, 신청한 승객의 본인 확인을 거쳐야 한다. 합승하는 모든 승객이 상대방의 탑승 시점과 위치도 알 수 있어야 한다. 앉을 수 있는 좌석정보도 탑승 전 승객에게 알려야 한다. 경형, 소형, 중형택시 차량을 통한 합승은 같은 성별끼리만 가능하다. 다만 대형택시(6인승 이상 승용차 및 승합차)의 경우 별도의 성별 제한은 없다. 차량 내에서 위험상황이 발생하면 경찰이나 고객센터에 긴급 신고할 수 있는 기능을 갖춰야 하며, 신고방법도 승객에 고지를 해야 한다.

II. rent car 사업의 제한

택시업계의 강한 반발로 개정된 여객자동차운수사업법은 제34조에서 '렌터카'를 빌려 유상으로 운송에 사용하거나 다시 남에게 대여해서는 안 되고 누구든지 이를 '알선'을 해서는 안 된다. 제81조에는 '자가용 자동차'를 유상으로 운송용으로 제공하거나 임대하면 안 되고 누구든지 이를 '알선'해서는 안 된다고 명시했다. 시행령 개정을 통해 렌터카를 빌린 사람을 위한 운전자 알선 허용범위도 '렌터카 업자는 외국인, 장애인, 65세 이상자, 국가 및 지자체, 6개월 이상 장기 임차 법인, 관광목

적의 11-15인승 승합차 임차인, 본인의 결혼식 및 부대행사에 이용하고자 3천cc 이상 승용차를 빌렸을 때만 운전자 알선'이 가능하도록 규정을 했다. 국내 사업자는 '알선의 예외'를 이용하여 '6개월 이상 장기임차 법인, 관광목적의 11-15인승 승합차 임차인' 규정을 이용하여 사업을 하고 있다. 강한 제한의 결과 플랫폼 사업자는 택시 회사의 인수라는 경영을 통해 사업영역을 확대하고 있다.

> ■ 여객자동차운수사업법 제34조(유상운송의 금지 등) ① 자동차대여사업자의 사업용 자동차를 임차한 자는 그 자동차를 유상으로 운송에 사용하거나 다시 남에게 대여하여서는 아니 되며, 누구든지 이를 알선하여서는 아니 된다. ② 누구든지 자동차대여사업자의 사업용 자동차를 임차한 자에게 운전자를 알선하여서는 아니 된다. 다만, 다음 각 호의 어느 하나에 해당하는 경우에는 운전자를 알선할 수 있다. 1. 자동차대여사업자가 다음 각 목의 어느 하나에 해당하는 자동차 임차인에게 운전자를 알선하는 경우 가. 외국인 나. 「장애인복지법」 제32조에 따라 등록된 장애인 다. 65세 이상인 사람 라. 국가 또는 지방자치단체 마. 자동차를 6개월 이상 장기간 임차하는 법인 바. 관광을 목적으로 승차정원 11인승 이상 15인승 이하인 승합자동차를 임차하는 사람. 이 경우 대여시간이 6시간 이상이거나, 대여 또는 반납 장소가 공항 또는 항만인 경우로 한정한다. 사. 본인의 결혼식 및 그 부대행사에 이용하는 경우로서 본인이 직접 승차할 목적으로 배기량 3천cc 이상인 승용차동차를 임차하는 사람 ③ 자동차대여사업자는 다른 사람의 수요에 응하여 사업용자동차를 사용하여 유상으로 여객을 운송하여서는 아니 되며, 누구든지 이를 알선하여서는 아니 된다.

III. 자가용 자동차의 유상운송 금지

여객자동차운수사업법 제81조에 따라 승차공유(카풀 중개업)과 차량공유 서비스('플러스', '우버쉐어' 등) 사업자들의 '주 5일, 하루 8시간'에서 벗어난 비정형 개인별 근로환경에 맞춰 출퇴근 시간을 선택해 이용할 수 있도록 한 서비스 확충(유연근무제)

> 제2조(정의) 2. "여객자동차 운수사업"이란 여객자동차운송사업, 자동차대여사업, 여객자동차터미널사업 및 여객자동차운송플랫폼사업을 말한다. 3. "여객자동차운송사업"이란 다른 사람의 수요에 응하여 자동차를 사용하여 유상(有償)으로 여객을 운송하는 사업을 말한다.
>
> 제81조(자가용 자동차의 유상운송 금지) ① 사업용 자동차가 아닌 자동차("자가용 자동차")를 유상(자동차 운행에 필요한 경비를 포함)으로 운송용으로 제공하거나 임대하여서는 아니 되며, 누구든지 이를 알선하여서는 아니 된다. 다만, 다음 각 호의 어느 하나에 해당하는 경우에는 유상으로 운송용으로 제공 또는 임대하거나 이를 알선할 수 있다. 1. 출·퇴근시간대(오전 7시부터 오전 9시까지 및 오후 6시부터 오후 8시까지를 말하며, 토요일, 일요일 및 공휴일인 경우는 제외) 승용자동차를 함께 타는 경우 2. 천재지변, 긴급수송, 교육목적을 위한 운행, 그 밖에 국토교통부령으로 정하는 사유에 해당되는 경우로서 시장·군수·구청장의 허가를 받은 경우

은 제81조 제1항의 '출퇴근 시' 규정(오전 5시부터 11시, 오후 5시부터 다음날 새벽 2시까지)과의 저촉 논란이 있다. 출퇴근 조항에는 출퇴근 시간대, 요일과 횟수 등에 대해 특별한 제한의 규정이 없기 때문이다. 이에 대해 서울시는 차량이 혼잡할 때 혼잡완화 목적인 도입 취지에 어긋난 것이라는 입장이다. '출퇴근은 평일, 오전 출근 저녁 퇴근'으로 접근하고 있다. 반면에 서비스사업자 측은 출퇴근 시간 자체가 법적으로 정해진 것도 아니며, 운전자가 자신의 경로 이외 구역에서 영업활동을 하겠다는 취지도 아니기 때문에 법적으로 위반될 사항이 아니라는 것이다.

대법원은 "법 제2조 제3호는 여객자동차운송사업은 다른 사람의 수요에 응하여 자동차를 사용하여 유상으로 여객을 운송하는 사업을 말한다고 정의하고 있다. 어떤 법인이나 단체의 대표자가 일정한 구간을 반복하여 자동차를 운행하는 경우 그것이 단체 구성원들의 의사에 따라 그 단체 구성원들만을 대상으로 한 것이라면 이용자들로부터 개별비용을 수령을 하였다 하더라도 그 운송사업은 단체의 대표자

로서 한 행위일 뿐 불특정 또는 다수 타인의 수요에 응하여 여객을 운송하는 사업을 경영하였다고는 볼 수 없다. 아파트입주자대표회의가 실질적으로 아파트 주민들 전체의 소유인 버스를 버스운영위원회를 조직하여 주민들의 의사에 기해 주민들을 대상으로 운행하면서 이용자들로부터 개별비용을 수령한 경우는 그 운영위원 및 버스의 등록명의자가 불특정 또는 다수 타인의 수요에 응해 여객을 운송하는 사업을 경영하였다고 볼 수 없다."는 입장이다.

IV. 한정면허를 이용한 차량공유

여객자동차운수사업법 제4조(면허 등) ③ 국토교통부 장관 또는 시·도지사는 제1항에 따라 면허나 대통령령으로 정하는 여객자동차운송사업을 등록하는 경우에 필요하다고 인정하면 국토교통부령으로 정하는 바에 따라 운송할 여객 등에 관한 업무의 범위나 기간을 한정하여 면허("한정면허")를 하거나 여객자동차운송사업의 질서를 확립하기 위해 필요한 조건을 붙일 수 있다.

시행규칙 제17조(한정면허) ① 법 제4조 제3항에 따른 여객자동차운송사업의 한정면허는 다음 각 호의 어느 하나에 해당하는 경우에 할 수 있다.
 1. 다음 각 목의 어느 하나에 해당하는 노선 여객자동차운송사업을 경영하려는 경우
  가. 여객의 특수성 또는 수요의 불규칙성 등으로 인하여 노선운송사업자가 노선버스를 운행하기 어려운 경우로서 다음의 어느 하나에 해당하는 경우
  1) 공항, 도심공항터미널 또는 국제여객선터미널을 기점 또는 종점으로 하는 경우로서 공항, 도심공항터미널 또는 국제여객선터미널 이용자의 교통불편을 해소하기 위해 필요하다고 인정되는 경우 2) 관광지를 기점 또는 종점으로 하는 경우로서 관광의 편의를 제공하기 위해 필요하다고 인정되는 경우 3) 고속철도 정차역을 기점 또는 종점으로 하는 경우로서 고속철도 이용자의 교통편의를 위하여 필요하다고 인정되는 경우 4) 국토교통부 장관이 정하여 고시하는 출퇴근 또는 심야 시간대에 대중교통 이용자의 교통불편을 해소하기 위하여 필요하다고 인정되는 경우
  나. 수익성이 없어 노선운송사업자가 운행을 기피하는 노선으로서 관할관청이

> 법 제50조 제2항에 따라 보조금을 지급하려는 경우 다. 버스전용차로의 설치 및 운행계통의 신설 등 버스교통체계 개선을 위하여 시·도의 조례로 정한 경우 라. 신규 노선에 대해 운행형태가 광역급행형인 시내버스운송사업을 경영하려는 자의 경우
> 　2. 수요응답형 여객자동차운송사업을 경영하려는 경우
> 　④ 한정면허의 기간은 6년 이내로 한다.

'한정면허'는 여객자동차운수사업법에 의해 특정한 목적의 버스노선에 최대 6년 이내에서 부여되는 면허이다. 보조금 수령이 가능하고, 주로 리무진버스와 시티투어버스가 이 제도를 이용하고 있다. 시내버스 노선은 드물다. 수요예측이 어렵거나 차량총량제를 시행하는 지방자치단체에서 유연한 차량 증차를 위해 한정면허로 운행하는 경우가 있다. 요금이 싸지는 않다. 도로교통법에서는 특정 조건을 준수할 것을 전제로 하여 발급하는 면허로 법 제80조 제3항에 따라 '자동변속기 한정면허' 등이 있다.

> ■ 도로교통법 제80조 ③ 시·도경찰청장은 운전면허를 받을 사람의 신체 상태 또는 운전 능력에 따라 행정안전부령으로 정하는 바에 따라 운전할 수 있는 자동차 등의 구조를 한정하는 등 운전면허에 필요한 조건을 붙일 수 있다.

한정면허를 활용한 차량공유는 가능하다. '한국형 승차공유 스타트업'이 기존 교통시스템이 충족시키지 못하는 수요에 대응하고 있다. 예컨대 '위즈돔(wisdom)' 사업자는 신도시를 중심으로 수도권 시민의 수요가 손익분기점을 넘길 수 있는 노선을 파악한 뒤 전세버스 업체와 계약을 맺고 월 단위 혹은 일회성 예약제로 차량을 운영하고 있다. 위즈돔은 '한정면허 제도'를 활용하고 있다. 대중교통보다 이용요금이 다소 높아도 만족도가 높다. '벅시'는 스마트폰 앱에서 회원가입한 이용자가 시간·장소·인원 등을 예약하면 목적지가 비슷한 이들을 모아 운전자가 포함된 승합차를 공동대여할 수 있도록 한다.

제3절

공유숙박

I. 개념과 장단점

공유숙박은 자신이 거주하는 주택이나 빈방을 활용하여 저렴한 가격으로 수요자에게 숙박 또는 단기 임대 서비스를 제공하는 것을 의미한다. 파리, 런던, 베를린, 로마, 바르셀로나, 암스테르담 등 유럽 주요 도시 중심으로 'Airbnb'로 전문적인 공유숙박 영업을 하는 집들이 늘어나고 있다. 국내도 동일하다. 유휴 공간을 활용하는 공유경제의 일종인 '공유숙박업'은 동남아시아 및 유럽 등 대부분 국가에서 제도권에 안착하고 있다. 사용 방법의 다양성 즉, 자신의 SNS와 단체 채팅창을 통해 Airbnb 'no show' 지원 방식을 통해 우크라이나 지원으로 사용되기도 한다.

공유숙박은 한정적인 남아도는 자원을 효율적인 재분배를 통해 경제의 효율성을 높이는 효과가 있다. 공유숙박 정보의 집적화와 유통을 위한 플랫폼 시장의 발달, 공유숙박을 제공하는 경제주체의 부가소득 창출, 숙박 선택의 다양화 및 저렴한 가격으로 인한 소비자 후생 증가의 긍정적인 영향도 있다. 그러나 공유숙박의 제한 없는 확대는 정주환경의 훼손과 gentrification으로 지역공동체를 와해할 우려가 있고, overtourism 등으로 사생활 침해가 발생할 우려가 크다. 기존 관광숙박업이 경제적 타격을 입을 가능성이 있다.

주거공간이라는 특수성과 단속 인력의 한계로 위반 및 불법행위의 단속과 관리가 쉽지 않아 투숙객의 안전성 확보와 소비자 피해 보호에 한계가 있기도 하다. 미

등록 및 불법시설에서의 공유숙박 확산과 탈세 등 기존 숙박업과의 형평성 문제가 제기되고 있다.

II. 숙박업소의 약관법상 사업자 유무

숙박업소의 약관법에 따른 사업자 유무 판단에 있어 고등법원은 '숙박계약의 당사자는 숙박업체와 고객이다. 글로벌 사업자 회사는 플랫폼 사업자로서 중개인에 불과하므로 숙박계약의 당사자가 아니다. 사업자 회사가 환불불가 조항 형성에 관여했다거나 숙박예약과 관련된 업무를 일부 수행했다는 사정만으로 숙박계약의 당사자가 될 수 없다. 사업자 회사가 약관법에 따른 사업자가 아니라면 공정거래위원회의 시정명령은 위법'이라는 입장이다. 즉, "사업자가 약관법 제2조 제2호에서 정한 사업자가 되기 위해서는 고객이 숙박을 위해 체결한 계약의 한쪽 당사자여야 하고, 고객에게 자신의 약관을 위 계약의 내용으로 할 것을 제안하는 자여야 하는데, 사업자 회사가 숙박업체와 체결한 숙박시설 등록계약, 고객과 체결한 플랫폼 이용계약, 고객과 숙박업체가 체결한 숙박계약의 내용 및 취지, 회사가 예약 과정에서 고객에게 고지한 내용, 숙박예약의 거래 방법, 숙박조건을 결정하고 숙박서비스를 제공하며 숙박대금을 수령하는 주체가 모두 숙박업체인 점, 환불불가로 인한 손해배상 예정금의 귀속주체도 숙박업체인 점 등을 종합하면, 환불불가 조항은 숙박계약에 포함되는 내용이고 숙박계약의 당사자는 숙박업체와 고객이므로 사업자 회사는 숙박계약의 한쪽 당사자에 해당하지 않고, 환불불가 조항을 숙박조건에 포함시킬지 여부는 숙박업체가 결정하므로 환불불가 조항은 숙박업체의 약관이지 사업자 회사의 약관이라고 보기 어려워 사업자 회사는 고객에게 자신의 약관으로서 환불불가 조항을 제안하는 자라고 볼 수도 없으므로 사업자 회사는 환불불가 조항과 관련하여 약관법상 사업자가 아니다."라는 것이다.

III. 현행 정책과 법

법은 공유숙박을 "관광진흥법", "공중위생관리법" 및 "농어촌정비법" 등에서 인가를 받은 호텔업, 전문 휴양업, 숙박업 등 주거목적이 아닌 건축물에서 시설을 갖추고 숙박 서비스를 제공하는 형태로 제한적으로 인정하고 있다. 즉, '외국인 관광 도시민박업 및 한옥체험업', '농어촌 민박사업'과 같이 주거목적 외의 건축물에서 숙박 서비스를 제공하는 형태이다. 행정청의 인가가 없이 공유숙박업의 운영은 공중위생관리법의 처벌의 대상이 되면서 화재 등 피해의 경우 피해의 보상이 어렵다.

도시지역의 공유숙박은 "관광진흥법"의 적용을 받는다. 합법화된 건 '외국인 관광객에 한해 특정 유형의 거주 주택'에 한해서다('국토의 계획 및 이용에 관한 법률상의 도시지역의 주민'에 의한 '외국인 관광 도시민박업'). 내국인 관광객이 이용하거나 거주하지 않은 주택을 공유숙박업에 활용하는 경우 등은 불법이다.

농어촌정비법 개정에 따라 농어촌 민박사업자가 성폭력범죄 특별법 위반 시 해당 사업장의 폐쇄 또는 정지가 가능하고 폐쇄명령 후 2년 이내는 해당 사업에서 배제가 된다.

원래의 '집주인이 빈집을 짧게 임대하거나 주인이 있을 때 빈방을 내주는 개념'에서 영리의 목적으로 연중 내내 영업용으로만 돌리는 전문 숙박업으로 변화는 집값 상승의 주요 요인 중 하나이기에 사회문제가 되고 있다. 국가 및 지방자치단체들은 대여 기간의 제한을 통해 이를 관리하고자 한다. 공유숙박 업체가 1년에 집을 대여할 수 있는 기간을 런던은 60일, 바르셀로나는 90일, 파리는 120일 정책이 시행 중이다(2021년 기준).

에어비앤비는 집주인(host)의 외국인관광 도시민박업의 등록확인이나 내국인 이용제한 조치를 하지 않고 있어 정확한 통계를 알 수가 없지만 외국인관광 도시민박업의 내국인 이용, 미등록 숙박시설이나 불법시설에서의 공유숙박 등 현행법에 저촉되는 사례가 상당할 것이다.

IV. 개선 방향

현행 외국인관광 도시민박업에서 내국인 이용 등의 경우 인력의 부족으로 단속과 제재에는 한계가 있다. 현 관광진흥법 체계에서 합리적인 등록기준과 외국 사례를 참조하여 내국인 영업한도 등을 규정할 필요가 있다. 발의된 "관광진흥법" 개정안은 내국인 대상의 경우 연 180일의 영업일 제한을 두고 있다. "도시민박 입법안"도 있다.

또 공유숙박 확대에 따라 정주환경 보호를 위한 안전성 확보 등 사업자 의무사항 강화, 중개 플랫폼 사업자에 대한 등록과 이에 대한 합리적인 관리 및 감독 실시, 불법숙박 근절을 위한 중개 플랫폼 사업자 등의 등록증 확인 및 등록번호 게시 의무화 등 보완책도 필요하다.

과학기술정보통신부는 2019년 공유숙박 서비스에 대하여 서울 지하철역 반경 1km 이내에서 4,000명 host에 한정하여 연 180일 이내에서 내외국인 공유숙박 서비스를 제공할 수 있도록 규제 sand box 일환에서 임시적으로 실증 특례를 허용하였다. 이는 "정보통신 진흥 및 융합 활성화 등에 관한 특별법" 제38조의2에 따라 신규 정보통신융합 등 기술 및 서비스가 다른 법령의 규정에 의해 허가 등을 신청하는 것이 불가능한 경우에 할 수 있는 특례로 유효기간은 2년으로 1회에 한해 연장이 가능하고, 이후에는 법령의 개정이 필요하다.

제4절
cloud computing와 개인정보

I. cloud computing 시대

클라우드 컴퓨팅 기술은 컴퓨팅 자원을 소유하는 형태가 아니고 그 자원을 서로 이용하는 방식의 공유경제 형태다. 클라우드 컴퓨팅에서는 이용자가 필요하거나 원하는 때에 클라우드 서비스를 기반으로 컴퓨팅 자원에 접근하여 자유롭게 이용할 수 있다. 그 때문에 효율성이 뛰어나다. 클라우드 컴퓨팅 데이터 센터에서는 저장된 데이터가 가상화되고 분산되어 저장되기도 하고 대량의 데이터가 실시간으로 국외로 이전되기도 하지만 기본적으로 중앙집권식 시스템이다. 클라우드 컴퓨팅 서비스라는 중앙의 컴퓨터를 거쳐 정보를 공유하게 된다.

II. 개선방향과 법제

1. 개선방향

개인정보의 법제와 관련해서 "클라우드 컴퓨팅 발전 및 이용자 보호에 관한 법률"(클라우드법)은 제4조에 따라 개인정보보호법에 대해 특별법적 지위를 갖는다. 정보통신망법상의 개인정보 보호와 관련해서는 이 법은 개인정보보호법으로 흡수통합되었기에 적용은 없다.

클라우드법 제26조에 따르면 '이용자 정보'가 어느 국가에 저장되는지를 이용자가 서비스제공자에게 알려줄 것을 요구할 수 있다. '이용자 정보'는 이용자가 소유 혹은 관리하고 있는 정보로 여기에는 민감정보 등이 포함이 된다. 이는 개인정보보호 수준이 국내보다 약한 국가로 이전의 경우에 문제가 된다. 클라우드법에서는 이에 대한 규정이 없고 개인정보보호법의 국외 이전 규정이 적용이 된다. 개인정보보호법 제17조는 정보주체의 정보를 국외의 제3자에게 제공 시 개인정보처리자는 법적 요구사항을 정보주체에게 알려주고 정보주체의 동의를 얻어야 한다고 규정하고 있다. 제3항과 비교해서 제1항을 국내로 굳이 한정할 필요는 없다. 또 정보통신서비스제공자에게 적용이 되는 법 제39조의12도 동일하다. 이러한 규정들은 서로 중복되기에 중복되는 규정은 클라우드 시장의 효율성과 법적 안정성을 위해 개인정보보호법으로 단일화하여 통합할 필요가 있다.

2. 법제

> 클라우드 컴퓨팅 발전 및 이용자 보호에 관한 법률 제2조(정의) 1. "클라우드컴퓨팅"(Cloud Computing)이란 집적·공유된 정보통신기기, 정보통신설비, 소프트웨어 등 정보통신자원("정보통신자원")을 이용자의 요구나 수요 변화에 따라 정보통신망을 통하여 신축적으로 이용할 수 있도록 하는 정보처리체계를 말한다. 2. "클라우드컴퓨팅기술"이란 클라우드컴퓨팅의 구축 및 이용에 관한 정보통신기술로서 가상화 기술, 분산처리 기술 등 대통령령으로 정하는 것을 말한다. 3. "클라우드컴퓨팅서비스"란 클라우드컴퓨팅을 활용하여 상용(商用)으로 타인에게 정보통신자원을 제공하는 서비스로서 대통령령으로 정하는 것을 말한다. 4. "이용자 정보"란 클라우드컴퓨팅서비스 이용자가 클라우드컴퓨팅서비스를 이용하여 클라우드컴퓨팅서비스를 제공하는 자("클라우드컴퓨팅서비스 제공자")의 정보통신자원에 저장하는 정보(지능정보화기본법 제2조 제1호에 따른 정보)로서 이용자가 소유 또는 관리하는 정보를 말한다.
> 제4조(다른 법률과의 관계) 이 법은 클라우드컴퓨팅의 발전과 이용 촉진 및 이용자

보호에 관하여 다른 법률에 우선하여 적용하여야 한다. 다만, 개인정보 보호에 관하여는 개인정보보호법, 정보통신망법 등 관련 법률에서 정하는 바에 따른다.

제26조(이용자 보호 등을 위한 정보 공개) ① 이용자는 클라우드컴퓨팅서비스 제공자에게 이용자 정보가 저장되는 국가의 명칭을 알려 줄 것을 요구할 수 있다. ② 정보통신서비스(정보통신망법 제2조 제2호에 따른 정보통신서비스)를 이용하는 자는 정보통신서비스제공자에게 클라우드컴퓨팅서비스 이용 여부와 자신의 정보가 저장되는 국가의 명칭을 알려 줄 것을 요구할 수 있다. ③ 과학기술정보통신부 장관은 이용자 또는 정보통신서비스 이용자의 보호를 위하여 필요하다고 인정하는 경우에는 클라우드컴퓨팅서비스 제공자 또는 정보통신서비스 제공자에게 제1항 및 제2항에 따른 정보를 공개하도록 권고할 수 있다. ④ 과학기술정보통신부 장관이 제3항에 따라 정보를 공개하도록 권고하려는 경우에는 미리 방송통신위원회의 의견을 들어야 한다.

제27조(이용자 정보의 보호) ① 클라우드컴퓨팅서비스 제공자는 법원의 제출명령이나 법관이 발부한 영장에 의하지 아니하고는 이용자의 동의 없이 이용자 정보를 제3자에게 제공하거나 서비스 제공 목적 외의 용도로 이용할 수 없다. 클라우드컴퓨팅서비스 제공자로부터 이용자 정보를 제공받은 제3자도 또한 같다. ② 클라우드컴퓨팅서비스 제공자는 이용자 정보를 제3자에게 제공하거나 서비스 제공 목적 외의 용도로 이용할 경우에는 다음 각 호의 사항을 이용자에게 알리고 동의를 받아야 한다. 다음 각 호의 어느 하나의 사항이 변경되는 경우에도 또한 같다. 1. 이용자 정보를 제공받는 자 2. 이용자 정보의 이용 목적(제공 시에는 제공받는 자의 이용목적) 3. 이용 또는 제공하는 이용자 정보의 항목 4. 이용자 정보의 보유 및 이용 기간(제공 시에는 제공받는 자의 보유 및 이용 기간을 말한다) 5. 동의를 거부할 권리가 있다는 사실 및 동의 거부에 따른 불이익이 있는 경우에는 그 불이익의 내용 ③ 클라우드컴퓨팅서비스 제공자는 이용자와의 계약이 종료되었을 때에는 이용자에게 이용자 정보를 반환하여야 하고 클라우드컴퓨팅서비스 제공자가 보유하고 있는 이용자 정보를 파기하여야 한다. 다만, 이용자가 반환받지 아니하거나 반환을 원하지 아니하는 등의 이유로 사실상 반환이 불가능한 경우에는 이용자 정보를 파기하여야 한다. ④ 클라우드컴퓨팅서비스 제공자는 사업을 종료하려는 경우에는 그 이용자에게 사

업 종료 사실을 알리고 사업 종료일 전까지 이용자 정보를 반환하여야 하며 클라우드컴퓨팅서비스 제공자가 보유하고 있는 이용자 정보를 파기하여야 한다. 다만, 이용자가 사업 종료일 전까지 반환받지 아니하거나 반환을 원하지 아니하는 등의 이유로 사실상 반환이 불가능한 경우에는 이용자 정보를 파기하여야 한다.

■ 개인정보보호법 제17조(개인정보의 제공) ① 개인정보처리자는 다음 각 호의 어느 하나에 해당되는 경우에는 정보주체의 개인정보를 제3자에게 제공(공유 포함)할 수 있다. 1. 정보주체의 동의를 받은 경우 2. 제15조 제1항 제2호·제3호·제5호 및 제39조의3 제2항 제2호·제3호에 따라 개인정보를 수집한 목적 범위에서 개인정보를 제공하는 경우 ② 개인정보처리자는 제1항 제1호에 따른 동의를 받을 때에는 다음 각 호의 사항을 정보주체에게 알려야 한다. 다음 각 호의 어느 하나의 사항을 변경하는 경우에도 이를 알리고 동의를 받아야 한다. 1. 개인정보를 제공받는 자 2. 개인정보를 제공받는 자의 개인정보 이용 목적 3. 제공하는 개인정보의 항목 4. 개인정보를 제공받는 자의 개인정보 보유 및 이용 기간 5. 동의를 거부할 권리가 있다는 사실 및 동의 거부에 따른 불이익이 있는 경우에는 그 불이익의 내용 ③ 개인정보처리자가 개인정보를 국외의 제3자에게 제공할 때에는 제2항 각 호에 따른 사항을 정보주체에게 알리고 동의를 받아야 하며, 이 법을 위반하는 내용으로 개인정보의 국외 이전에 관한 계약을 체결하여서는 아니 된다. ④ 개인정보처리자는 당초 수집 목적과 합리적으로 관련된 범위에서 정보주체에게 불이익이 발생하는지 여부, 암호화 등 안전성 확보에 필요한 조치를 하였는지 여부 등을 고려하여 대통령령으로 정하는 바에 따라 정보주체의 동의 없이 개인정보를 제공할 수 있다

제5절

전동킥보드

I. 개념 및 법 적용

전동킥보드는 개인형 이동장치의 일부이다. 도로교통법 제2조 제19호의2는 "개인형 이동장치는 원동기장치자전거 중 시속 25km 이상으로 운행 시 전동기가 작동하지 아니하고 차체 중량이 30kg 미만인 이동장치('PM', Personal Mobility)"라고 규정하고 있다. 시행규칙 제2조의2는 개인형 이동장치의 기준은 '전동킥보드, 전륜이동평행차, 전동기의 동력만으로 움직일 수 있는 자전거'로 한정을 하면서 "전기용품 및 생활용품 안전관리법"에 따라 안전확인 신고가 된 것을 말한다고 규정하고 있다. 속도장치의 변환을 통해 시속 25km이 넘어도 이는 전동킥보드에 속한다.

전동킥보드의 '형태'는 규정이 없기에 사업자의 자율적 사항에 속한다. 현재 운전되고 있는 상황을 보면 신발에 장착하여 사용할 수 있는 장착형, 바퀴가 1개인 외발형, 바퀴가 2개 이상이고 제품 위에 서서 운행해야 하는 직립형, 앉아서 운행할 수 있는 안장이 장착된 안장형, 자동차형으로 분류할 수 있다. 의료기구로 보행보조 기구의 성격을 갖는 '전동휠체어'는 개인형 이동장치의 범위에 포함되지 않는다.

도로교통법 제2조 제21의2에서는 "자전거 등이란 자전거와 개인형 이동장치를 말한다."라고 규정하고 있다. 즉, 전동킥보드에 대해 도로교통법은 개인형 이동장치이면서도 자전거와 동일한 취급을 하고 있어 전동킥보드에 대한 관리처분에 있어 도로교통법 외에도 "자전거 이용 활성화에 관한 법률"이 전동킥보드에 부분적으로 적용이 된다. 자전거와 전동킥보드도 도로교통법상 '차'에 속한다.

과한 안전성 확보수단 요구 및 그 비용의 사업자로의 전적인 전가의 현실은 규제가 상대적으로 적은 직접적으로 전기자동차 이용 활성화로 이어지는 현실을 보면 적절한 안전성 범위는 지속적으로 논의가 될 것이다. 유사한 논의가 '길이 9m 이상 승합차 및 20t 초과 화물·특수차량'에 대한 주행 도중 차량이 차선경고 제도인 '차로이탈경고장치(LDWS)' 설치 의무화 과정 중에 있었다.

II. 안전성 확보수단

1. 고속도로 진입금지 등

전동킥보드 운전자는 도로이용에 있어 도로교통법 제2조 제21조의2와 제58조 등에 따라 자동차 전용도로와 고속도로 진입은 불가능하다. 인도의 주행도 안 된다. 헌법재판소는 도로교통법 제58조에 따라 긴급자동차를 제외한 이륜자동차와 원동기장치자전거에 대하여 고속도로 또는 자동차전용도로의 통행금지에 대해 합헌이라고 판단하고 있다.

"자전거 이용 활성화에 관한 법률" 제13조의2에 따라 전동킥보드 운전자는 자전거도로를 통행할 수 있고, 자전거와 동일한 통행방법이 적용된다. 즉, 전동킥보드에 대해 자전거도로 통행, 일반차도 우측 가장자리, 자전거 횡단도 이용 등 자전거와 동일한 통행방법이 적용된다. 골목길에 들어설 때 일방통행 도로를 확인하지 않고 반대로 진입했다가 사고 시 역주행으로 간주될 수 있다. 일반도로를 횡단할 수 있도록 안전표지로 표시한 도로의 부분인 '자전거횡단도'의 경우 전동킥보드에서 내려서 횡단도 해야 한다. 또 자전거와 전동킥보드도 도로교통법상 '차'에 속하기에 '차'에 대한 주의의무는 전동킥보드에도 동일하게 적용이 된다.

2. 음주운전 금지와 운전면허 필요

도로교통법 제44조 제2항 및 제3항에 따라 전동킥보드 운전자는 음주상태에서의 운전은 금지되고 음주운전 측정거부를 할 수가 없다. 전동킥보드에 대한 음주운전 규제는 도로교통법 제148조의2에 따른다('자전거'가 아닌 '자전거 등'). 혈중알코올농도 0.08% 이상 0.2% 미만으로 술에 취한 채 자동차 등을 운전한 사람에게 1년 이상 2년 이하의 징역이나 500만원 이상 1000만원 이하의 벌금에 처하도록 하고 있으나 '개인형 이동장치 운전 시 제외'다. 따라서 범죄이력 및 혈중알코올농도에 따른 가중처벌 없이 20만원 이하의 벌금, 구류, 과료의 처벌만 받는다. 자동차와 동일한 정도로 처벌을 규정한 입법안이 계류 중이다.

'음주운전과 무면허운전의 죄'는 형법 제40조의 상상적 경합관계에 있다. 대법원은 '무면허로 승용차 음주운전 시 승용차 면허의 취소에는 당연히 제2종 원동기장치자전거의 운전까지 금지하는 취지가 포함된 것이라고 보고 제2종 원동기장치자전거면허를 함께 취소할 수 있다.'고 판단하고 있다. 이는 전동킥보드 운전 시 동일하게 적용이 가능하다. 또 '경찰관이 음주측정을 위해 하차요구와 차량 블랙박스 확인요구는 음주측정에 관한 직무 중 '운전'여부 확인을 위한 임의동행 요구에 해당하기에 음주측정에 관한 일련의 직무집행 과정에서 이뤄진 행위로써 이는 정당한 직무집행에 해당한다.'는 판단을 하고 있다.

도로교통법 제43조 "누구든지 제80조에 따라 시·도경찰청장으로부터 운전면허를 받지 아니하거나 운전면허의 효력이 정지된 경우 자동차 등을 운전하여서는 아니 된다."에 따라 면허가 필요하다. 전동킥보드는 '원동기장치자전거(만 16세 이상) 혹은 2종 보통 이상의 면허'가 필요하다. 입법론으로 별도의 고유면허 논의가 있다.

3. 장구착용과 승차제한

제50조는 질병 등으로 인하여 좌석 안전띠를 매는 것이 곤란한 경우 등 외에는

자동차 운전자 및 동승자에게는 준수사항이라고 하여 좌석 안전띠 맬 의무가 부과되어 있다. 이륜자동차와 원동기장치자전거에도 이는 동일하게 적용이 된다. 위반 시 범칙금 부과대상이 된다. 제3항에 따라 안전모 등 인명보호 장구의 착용운행도 강제다.

전동킥보드 운전자는 제50조 제10항에 따라 승차정원을 초과하여 동승자를 태우고 개인형 이동장치를 운전하여서는 안 된다. 초과탑승 금지규정으로 시행규칙 제33조의3에서는 전동킥보드의 경우는 1명으로 제한을 하고 있다. 제156조 제1호, 제6호 및 제13호와 제160조 제2항 제3호에 따라 야간 전조등, 미등 및 발광장치 등화, 승차정원 초과탑승 금지, 약물 등 경우 운전금지를 규정하고 있다. 위반 시 20만원 이하의 벌금이나 구류 또는 과료 처분대상이 된다.

4. 사고 시 구호조치와 보험처리

자전거 운전으로 인한 사고발생 시 운전자는 즉시 정차하여 사상자를 구호하는 등 필요한 조치를 해야 한다. 또 사람을 사상하거나 물건을 손괴한 경우 그 자전거의 운전자는 경찰공무원이 현장에 있을 때에는 그 경찰공무원에게, 경찰공무원이 현장에 없을 때에는 가장 가까운 경찰서(지구대, 파출소 및 출장소 포함)에 사고가 일어난 곳, 사상자 수 및 부상 정도, 손괴한 물건 및 손괴 정도, 그 밖의 조치사항 등을 지체 없이 신고해야 한다. 그러나 자전거 대 자전거 사고로서 사람은 다치지 않고 자전거만 손괴됐고 도로에서의 위험방지와 원활한 소통을 위하여 필요한 조치를 한 경우에는 경찰에 신고하지 않아도 된다. 이러한 구호조치 및 신고의무는 전동킥보드에게도 동일하게 적용이 된다.

중앙정부와 지방자치단체는 도로에서의 전동킥보드 이용개선을 위해 주행유도 노면표시 신설 및 안전표지의 확대, 도로 포장상태의 수시점검 등을 확대할 필요가 있다. 법원은 '밤에 자전거를 타고 자전거도로를 달리던 사람이 움푹 패인 곳에 걸려 넘어지면서 옆차로에서 달리던 차량에 부딪쳐 사망한 경우 도로를 제때 보수하지 않은 지방자치단체에 70%의 책임을 인정'하고 있다.

전동킥보드 운전은 보험가입을 해야지만 탈 수 있는 강제보험의 대상은 아니다. 보험업계와의 협력을 통해 전동킥보드에 대한 사고발생 시 피해자 본인 혹은 가족이 가입한 자동차보험으로 보장이 가능하도록 하고 있다. 즉, 무보험 전동킥보드 운전 시 보행자 치료비용은 보행자 본인이나 가족의 자동차보험으로 우선 지불하게 된다. 다친 보행자 본인이 차가 없거나 자동차보험 계약자가 아니더라도 부모나 자녀 등 가족의 자동차보험 무보험차 상해특약으로 치료받을 수 있다. 보험사는 보행자에게 치료비를 지급한 후 킥보드 운전자에게 구상권을 청구하는 방법이다.

5. 불법주정차 금지와 관리처분 등

서울시의 공유자전거 '따릉이'는 별도 주차구역이 있지만, 전동킥보드의 사실상 자유로운 주정차(free-floating)는 사고의 위험성을 높이면서 자유로운 통행을 방해하기도 한다. 서비스업체는 장차 지하나 건물 내, 아파트 단지 및 차량주차구역 등을 주차금지 구역으로 지정해 관리한다고 하지만 그 실효성은 적다.

자전거 규정은 전동킥보드에도 부분적으로 적용이 된다. 서울시는 "자전거 이용 활성화에 관한 법률"에 근거를 둔 "서울특별시 정차 및 주차위반차량 견인 등에 관한 조례"에 따라 무단으로 방치된 전동킥보드에 대해 견인비 부과가 가능하다. 과태료 부과는 도로교통법 개정사항이지만 비용의 사업자 부담은 논란이 된다.

도로교통법은 자전거를 자동차와 대등하게 '차'로 규정하면서도 전동킥보드와 달리 자전거도로에서의 역주행을 제한하는 규정과 자전거 속도에 대한 단속근거 규정이 없다.

"자전거 이용 활성화에 관한 법률" 제20조 제1항은 누구든지 도로, 자전거 주차장, 그 밖의 공공장소에 자전거를 무단으로 방치하여 통행을 방해해서는 안 된다고 규정하고 있지만 이는 전동킥보드에는 적용되지를 않는다. 도로교통법 제2조 제21의2에서 규정한 것처럼 위 규정에서 '자전거 등'이라는 표현이 없기 때문이다.

III. 운전 시 주의의무 정도(판례)

전동킥보드와 관련된 직접적인 대법원 판례는 별로 없다. 자전거와 전동킥보드는 도로교통법상 '차'에 속하기에 도로교통법상 '차'에 대한 주의의무는 전동킥보드에도 동일하게 적용이 된다. 법적 개념인 '주의의무'는 어떤 행위를 할 때에 일정한 주의를 기울여 행위 해야 할 의무를 말한다. 인명과 관련된 영역은 재산적 영역보다 더 높은 주의의무를 요구하고 있다. 이반 시 과실의 책임을 진다.

대법원에 따르면 '교통사고 시 운전자의 주의의무 인정 정도에 있어 운전자는 타인 역시 교통법규를 준수하리라 신뢰하고 행동하는 것으로 충분하고, 타인이 법규를 어기는 경우까지 예상해 방어조치를 취할 의무는 없다. 사고지점은 교차로이고 차량통제가 행해지고 있다는 것을 자전거 운전자가 알고 있다면 운전자는 속도를 더 줄이며 통행에 유의했어야 할 주의의무'가 있다. 또 대법원은 '횡단보행자용 신호기가 설치되지 않은 횡단보도를 횡단하는 보행자가 있을 경우에 모든 차의 운전자는 그대로 진행하더라도 보행자의 횡단을 방해하지 않거나 통행에 위험을 초래하지 않을 경우를 제외하고는 횡단보도에 차가 먼저 진입하였는지 여부와 관계없이 차를 일시적으로 정지하는 등의 조치를 취함으로써 보행자의 통행이 방해되지 않도록 할 의무'가 있다는 입장이다. 자전거도로를 운행하는 자전거의 운전자가 진로변경 시 '다른 자전거의 정상적인 통행에 장애를 줄 우려가 있는 때에는 진로를 변경하여서는 안 되고, 그 운전자 주위에 다른 자전거의 운전자가 근접하여 운행하고 있는 때에는 손이나 적절한 신호방법으로 진로를 변경한다는 것을 표시할 주의의무'가 있다고 판단하고 있다.

IV. 개선방향

1. 개조금지, 속도와 승차제한 등

개인형 이동장치를 '최고속도 시속 25km 미만, 총 중량 30kg 미만'을 초과하는 속도제한을 해제하는 방법은 간단하고 인터넷으로 손쉽게 찾아볼 수 있음에도 불구하고 해당 광고의 차단은 정보통신서비스제공자의 법적 의무사항도 아니고 속도개조 시 처벌조항이 없다. 개인형 이동장치의 불법개조와 해당 광고를 처벌 혹은 금지하는 조항을 둘 필요가 있다. 도로교통법이나 정보통신망법 제44의7에 신설이 가능하다. 자동차나 오토바이, 전기자전거 등을 불법개조 시 도로교통법에 따라 징역형까지 처해지는 것과 대비된다.

운전금지자의 운전 시 단속인력 부족 등으로 인해 이를 실질적으로 막을 방도가 적다. 가정이나 학교교육 혹은 사회교육 등을 통해 안전교육과 운전금지의 권유 외에는 마땅한 대책이 없다. 국회 속기록에 따르면 향후 전동킥보드 고유의 전용면허 신설을 권유하고 있다. 속도제한 즉, 최고 시속 25㎞에서 시속 20㎞로 제한도 사업자의 자율시행 외에 규범을 통한 관리방향으로 고려할 필요가 있다.

도로교통법 제50조 제10항 및 시행규칙 제33조의3에 따라 전동킥보드 운전 시 승차정원은 1명이다. 위반 시 20만원 이하의 벌금이나 구류 또는 과료의 처분대상이 된다. 다른 위반행위와 달리 초과탑승은 자신과 타인의 사고발생과 직결될 수 있다고 보기에 벌금형 규정의 상향으로의 개정도 생각해 볼만하다.

전동킥보드에는 속도초과의 경우 자동으로 전력공급이 끊기는 장치가 부착되어 있다. 고속운전 시 갑자기 전력공급이 이뤄지지 않아 운전자의 사고가 발생할 수 있다. 속도초과라고 하더라도 사고의 최소화를 고려한다면 무조건적인 자동적인 전력차단보다는 경고음 부착 및 저속운전은 일정 부분 가능하도록 하는 정책이 필요하다.

2. 적절한 보험상품 개발

전동킥보드 운전자가 가해자로서 피해자에게 배상하는 경우 실질적인 피해구제를 위해 보험은 중요하다. 현재 킥보드 운전자는 자동차운전보험 강제가입 대상이 아니라 사고발생 시 손해는 킥보드 운전자가 부담해야 한다. 보험사는 킥보드 보험이 손해나는 영역이기에 특약조항을 통해 배상을 배제하거나 높은 비용을 요구하곤 한다. 현재 피해자 본인 혹은 가족이 가입한 모든 자동차보험이 아니라 '무보험차 상해보험'을 통해 보장이 가능하도록 하고 있지만, 이는 배상책임이 없는 피해자와 보험사로의 책임전가라는 비판이 가능하다. 그 때문에 지방자치단체가 시행하고 있는 가칭 시민안전보험 혹은 자전거 보험의 활용도 생각할 필요가 있다.

대법원은 전동휠 사고로 사망한 킥보드 운전자의 보험금 지급 사건에서 '전동휠'에 대해 '이는 이륜자동차 또는 원동기장치자전거에 해당하는 만큼 계약 후 통지의무 사항이기에 보험계약자가 보험사에 전동킥보드를 이용한다는 통지의무를 지키지 않았다는 이유로 전동휠 사고로 사망한 피해자 킥보드 운전자의 보험금을 보험사가 주지 않아도 된다.'는 입장이다. 보험사에 유리한 판결이다. 금융감독원은 이륜차나 원동기장치자전거를 '계속' 이용 시 고지의무(계약 전 알릴 의무)와 통지의무(계약 후 알릴 의무) 내용을 전동킥보드까지 추가하는 즉, 전동킥보드의 개인형 이동장치를 '출퇴근 용도나 동호회 활동 등으로 계속 이용 시' 보험사에 알려야 한다는 내용을 보험약관(상해보험 표준약관)에 신설을 하고자 한다.

제 13 장

인공지능

제1절
개념과 종류

　인공지능에 대한 명확한 개념은 아직 없다. 일반적으로 인간이 가진 판단 능력을 포함한 지적 능력을 컴퓨터를 통해 구현하는 기술 혹은 지능을 가진 것처럼 행동하는 기계로 불리고 있다.

　'강 인공지능'(strong AI)과 '약 인공지능'(weak AI)로 구분을 한다. '강 AI'는 사람처럼 자유로운 사고가 가능한 자아를 지닌 인공지능을 말한다. 인간처럼 여러 가지 일을 수행할 수 있다고 해서 '범용인공지능'(AGI, Artificial General Intelligence)이라고도 한다. 강 AI는 인간과 같은 방식으로 사고하고 행동하는 '인간형 인공지능'과 다른 방식으로 사고하는 '비인간형 인공지능'으로 다시 구분할 수 있다. '약 AI'는 자의식이 없는 인공지능을 말한다. 주로 의료, 바둑 등 특정 분야에 특화된 형태로 개발되어 인간의 한계를 보완하고 생산성을 높이기 위해 활용된다(AlphaGo, Watson 등).

　인공지능 기술(AI)은 챗봇 등 로봇, 드론 및 자율주행자동차 등 이미 여러 분야에서 적극적으로 사용되고 있고 한 국가의 국력의 척도로 사용되기도 한다. 예를 들어 보이스 피싱을 막기 위해 인공지능을 이용해 인출 시 안경 혹은 마스크를 벗게 하고 행동을 분석한 후 예금액 인출 가능을 결정하기도 한다. 스마트폰을 끄게 한 후 기계의 인출 거절은 논란이 된다. 미국과 중국이 선도하는 기술 중의 하나다. 인공지능 기술은 단순한 발전을 위한 기술에 그치지 않고 사회변화의 핵심적인 동력이다. 따라서 공공 혹은 민간의 구분없이 협력을 강화하고 있고, 국내에서도 "인공지능 R&D 전략" 및 "데이터 및 AI 경제 활성화 계획"을 통해 제도 및 법 개선을 통해 신기술을 확보하려고 하고 있다.

제2절

현행 제도와 법

I. 국내 법제

　인공지능 관련 법제로는 자율주행자동차와 관련된 "자동차관리법, 도로교통법, 자율주행자동차 상용화 촉진 및 지원에 관한 법률", "지능형 로봇개발 및 보급촉진법", "스마트도시 조성 및 산업진흥 등에 관한 법률", "중소기업 기술혁신 촉진법", "제약산업 육성 및 지원에 관한 특별법", "정보통신 진흥 및 융합 활성화 등에 관한 특별법"('신속처리' 및 '임시처리' 제도, '실증을 위한 규제특례' 제도 도입), "지능형 로봇개발 및 보급촉진법" 및 "산업융합촉진법"(규제신속확인 제도' 등) 등이 있다.

　"자동차관리법"은 자율주행자동차의 종류에 따른 정의규정과 안전기준 규정을, "도로교통법"은 자율주행자동차의 도로운행 근거 및 운행기록 보고를 규정하고 있다. "자율주행자동차 상용화 촉진 및 지원에 관한 법률"은 자율주행을 부분과 완전 자율주행으로 구분하면서, 자율주행시스템을 정의하고 있다. 집중관리 및 시범운행지구 도입 및 규제특례를 부여하고 있다. 자율주행자동차 허가 및 등록, 운행근거 마련, 사고발생 시 책임귀속, 기록장치 강화, 도로 및 교통안전시설 정비, 정보수집 수월성 규정이 있다.

　로봇, 스마트도시, 의료, 스마트공장, 저작권 영역을 보면 "지능형 로봇개발 및 보급촉진법"에서 '지능형 로봇'의 정의에 소프트웨어를 포함시키고 있다. "스마트도시 조성 및 산업진흥 등에 관한 법률"에서는 국가시범도시 지정 및 지원근거를 마련하고, 개인정보 이용 및 제공, 자율주행자동차 운행, 드론 활용 등에 있어 기존 규제를 완화하는 특례를 두며, 공공소프트웨어 발주에 대기업이 참여하도록 하고, 자가전기통신설비의 설치목적과 용도를 확대할 수 있도록 하고 있다. "중소기업 기술혁신 촉진법"은 '스마트공장'을 정의하고 중소기업에 스마트공장의 보급 및 확산을 지원하는 법적 근거를 마련하는 내용으로 구성되어 있다. "제약산업 육성 및 지원에 관한 특별법"은 제약산업 육성 및 지원 종합계획에 인공지능을 이용한 신약개발 지원계획을 포함하고 있다.

저작권 영역에 있어 인공지능에 의한 손해발생의 경우 법적 책임이나 창작물의 권리의 경우 아직은 소유권자 혹은 이용자 등 인간에게 귀속되는 것으로 하면서, 향후 개별적인 로봇이나 인공지능 개체에 부여하는 방안도 연구해볼 수 있을 것으로 보인다. 그러나 현재 인공지능 기술이 특정 분야에서 사람보다 뛰어난 능력을 보이긴 하지만, 인간의 지적 활동 전반을 대체할 정도로 성숙되지 않아 별도의 법 인격 논의는 아직 이르다.

법조 영역에서는 DB 수준 혹은 업무효율을 위한 보조수단을 넘어 독립적인 판단까지 내리는 인공지능 판사의 시대는 아직 이르다. 비용상의 문제로 변호사 선임이 어려운 다수의 민사 소액사건 혹은 단순 반복 업무(파산을 위한 재산조회 신청 시, 분할 비율이 정해진 이혼사건의 재산분할 내역결정 등), 상담 중심의 생활법률 서비스 제공은 가능할 수도 있다.

II. 외국 법제

유럽연합 GDPR 제22조는 정보주체가 자신에 관하여 법적 효력을 주거나 이와 유사한 중대한 효과를 미치는 자동화된 처리(프로파일링 포함)에만 근거한 결정에 따르지 않을 권리를 규정하고 있다. EU 의회는 2017년 "로봇법 제정을 위한 권고안"을 의결하였다. 그 권고안에는 로봇으로 인한 손해발생 시 적용법리로 '무과실책임'(strict liability)과 '위험관리'(risk management approach)를 고려할 수 있고, 로봇이 인간의 안전, 프라이버시, 존엄성, 자율성, 데이터 소유권 등에 위협을 가하지 못하도록 개발자가 준수해야 할 '로봇 엔지니어 행동강령'을 마련하도록 권고하고 있다. EU 집행위원회에게 로봇 및 인공지능 관련 기술, 윤리, 규제에 관한 자문을 제공하는 기관(European Agency For Robotics & AI)을 설치할 것을 요청하고 있기도 하다. 그러나 초안에서 논의되었던 로봇세 부과, 기본소득제, 로봇작성 저작물의 권리 인정 여부 등에 대해 결론을 내리지 못했다. EU 집행위원회는 윤리적인 접근으로서 2018년 인공지능 윤리 연구를 위한 독립적인 '전문가 그룹'을 구성하고, 2019년 '인공지능 윤리 guideline'을 발표했다.

독일은 2017년 5월 "연방 도로교통법"을 개정하여 자율주행자동차 운전자의 주의의무 및 면책규정, 자율주행 관련 데이터의 수집 의무화 등 관련 규정을 마련했다. 즉, 인간 운전자가 자율주행 시스템을 적절히 관리하고 주의의무를 충분히 했을 시 면책되는 것으로 규정하였으며, 안전성 제고 및 배상책임의 적절한 배분을 위해 자율주행 시 발생하는 정보의 수집 및 보관을 의무화하고 이를 교통당국이나 피해자 측에서 활용하도록 규정하고 있다.

제3절
개정안 발의와 개선 방향

I. 개정안 발의

자율주행자동차 영역에서는 자율주행자동차 운행 시 개인정보 수집 및 이용규제의 완화, 자율주행자동차 제조사 및 개발사의 보험가입 의무화, 운전자의 의무, 자율주행자동차의 윤리적 설계기준에 대한 것이 있다. "제조물책임법"에는 제조물의 정의에 '소프트웨어'를 추가하여 인공지능 또는 소프트웨어의 결함으로 인한 손해 발생 시 피해자 보호를 강화하는 내용의 법률안이 발의되어 있다.

드론 영역에서는 "드론 활용의 촉진 및 기반조성에 관한 법률"과 "항공안전법"을 통해 드론 전용 비행구역의 확대 및 조정증명 완화 등이 논의되고 있다. 또 드론에 의한 개인정보 침해방지를 위해 드론을 개인정보보호법 제25조 영상정보처리기기에 포함시키는 방안이 제시되고 있다.

저작권과 관련해서 인공지능이 저작물을 기반으로 기계학습을 하는 경우 저작물의 복제를 허용하는 내용과 인공지능이 창작한 저작물에 대하여 저작재산권을 인정하는 내용, 인공지능 저작물 및 저작자 개념, 재산권 존속기간은 공표된 때로부터 5년, 인공지능 저작물 표시의무 등이 저작권법 개정안이 발의되어 있다. 저작물의 기계학습 시 저작권 침해 유무 판단에 있어 공정이용 차원에서 일정 부분 복제를 허용할 필요가 있지만, 기계학습을 위한 복제를 광범위하게 허용하는 경우 웹 전체를 상당 기간 복제해 둔다거나 학습한 인공지능이 기존 저작물과 유사한 저작물을 창작하는 등 저작재산권자의 권리가 침해될 우려는 없는지 확인이 필요하다.

II. 개선 방향

2020년 챗봇 '이루다 사건'으로 드러난 인공지능 기술을 통한 차별 및 혐오표현에 있어 국가인권위원회의 '민간기업의 서비스이기에 국가의 인권침해 및 차별행위가 아님'의 판단은 국가인권위원회법 제30조 제1항 제2호가 법인, 단체 또는 사인에 의하여 발생하는 차별행위를 진정사건 조사대상으로 규정하고 있어 설득력이 약하다. 또 '이루다'가 법적인 인격체가 아니므로 그 혐오표현을 조사대상과 책임부과로 삼을 수 없음의 입장은 인공지능과 책임에 대한 회피성 결정이라는 비판은 타당하다. 현재 시점에서 인공지능의 적극적 활용은 사람 판단의 실수를 가려내는 데는 도움이 될 수 있다. 그러나 중요 결정을 내리는 데서 아직 인간을 대체할 수는 없다. 학습(machine/deep learning)에 기반하기에 불확실성과 불투명성으로 인한 오류의 가능성은 경계의 대상이다. 중국의 상하이 검찰은 'AI System 206'을 신용카드 사기, 도박, 난폭 운전, 고의 상해, 공무집행 방해, 절도, 사기 및 소란유발' 범죄에 한해 기소에 활용하고 있다(2021).

사법부에서의 인공지능의 활용은 사람을 구속하는 권한을 인공지능에 어디까지 맡겨야 할까? 인공지능 기소 시스템의 오류 시 그 책임은 누가 져야 할까? 훈련받은 과거 사건 자료를 근거로 현재의 달라진 환경에서 벌어진 사건을 어느 범위까지 처리하는 게 옳은가? 등의 문제가 생겨나고 있다. 또 인공지능에 의한 인간노동 대체, 개인정보 및 사생활 침해, 빈부의 양극화 심화 등도 유의해야 한다.

인공지능 기술의 책임성과 투명성 확보를 통해 사회적 수용성 제고를 위해 기술적, 법적, 윤리적 방안과 관련하여 사회적 논의를 활성화하고, 그에 기반한 입법 및 정책이 이뤄질 필요가 있다. 인공지능 알고리즘이 공개되어도 해석이 힘들 수도 있고, 영업비밀 등 지식재산권 보호 필요성이 있어 공개가 어려울 수 있고, 그 유동성으로 인해 사후적 감사도 곤란할 수 있겠지만, 인공지능을 통한 의사결정 시 어떠한 근거로 결정을 내렸는지 설명하도록 하여 시스템의 불확실성과 불투명성을 줄이는 '설명가능한 인공지능'(eXplainable AI, XAI) 도입, 인공지능 제품 및 서비스의 예상치 못한 동작에 대응하기 위해 비상정지 시키거나 제어권을 사람이 가져오는 'Kill Switch' 도입, 알고리즘 편향성을 줄이기 위한 학습 데이터 관리 및 적대적 공격에 대한 취약점을 극복하기 위한 알고리즘 고도화 등은 필요하다. 또 인공지능 기술에 의한 손해발생 시 법적 책임귀속 명확화가 필요하고, 인공지능에 특화된 보험 등 불확실성을 줄이는 방향으로 "제조물책임법"이나 "자동차손해배상보장법"의 개정이 필요하다.

데이터의 수집과 이용, 제공 등 처리(machine/deep learning)가 필수인 인공지능에 있어 개인정보보호와의 조화가 필요하다. 구체적으로 이는 개인정보 활용에 대한 실질적 동의의 존재와 가명처리 시 안전성 조치 확보와 관련되어 있다. 개인정보 수집 시 정보주체에게 너무 많은 조건과 설명을 제공하여 구체적인 내용을 인지하기 어렵게 하거나, 그 내용을 변경할 실질적인 협상력을 주지 않아서 모든 항목에 형식적으로 동의운영을 하는 것은 정보주체의 자기결정권 보장이 아니라 개인정보처리자의 개인정보 수집 정당화의 수단으로 사용될 수 있다. 또 일상 대화나 영상과 같은 비정형 데이터에 대한 가명처리가 충분히 이루어지지 않기에 식별이 가능하다면 문제다. 개발자의 적절하지 못한 대응부족이 주요 원인이겠지만, 비정형 데이터에 대한 가명처리 기준 미흡도 문제다. 개인정보보호위원회가 가명처리로 인한 정보주체 재식별 위험을 줄이기 위해 2020년 9월 "가명정보 처리 가이드라인"(2020.9.)을 제시하고 있지만, 비정형 데이터의 가명처리 기준으로 사용하기에는 부족하다.

제14장

드론

제1절

개념

 드론법 제2조 제1항 제1호에서는 드론을 '조종자가 탑승하지 아니한 상태로 항행할 수 있는 비행체로 항공안전법 제2조 제3호의 무인비행장치(제2조 제3호)를 말한다. 즉, 국토교통부령인 동 법 시행규칙 제5조 제5호에서 중량에 따라 제5호에서 무인비행장치를 사람이 탑승하지 아니하는 것으로서 ① 연료의 중량을 제외한 자체중량이 150kg 이하인 무인비행기, ② 무인헬리콥터 또는 무인멀티콥터 등의 무인동력비행장치와 ③ 연료의 중량을 제외한 자체중량이 180kg 이하이고 길이가 20m 이하인 무인비행선으로 구분하고 있다. 항공안전법은 ④ 연료를 제외한 자체중량에 따라 12 이하 혹은 12-25kg 이하의 드론은 사업용과 비사업용에 따라 각각 장치신고의무 및 조종자 증명과 안전성 인증에 차이를 두고 있다.

 드론은 비행하는 기기 혹은 장치이지 항공기가 아니다. 민간영역에서 드론 활용의 빈도를 높이기 위해 항공안전법상 무인비행장치를 초경량비행장치에서 분리해서 그 개념 정의를 드론법에서 마련을 할 필요가 있다.

> ■ 드론법 제2조(정의) ① 이 법에서 사용하는 용어의 뜻은 다음과 같다. 1. "드론"이란 조종자가 탑승하지 아니한 상태로 항행할 수 있는 비행체로서 국토교통부령으로 정하는 기준을 충족하는 다음 각 목의 어느 하나에 해당하는 기기를 말한다. 가.「항공안전법」제2조 제3호에 따른 무인비행장치 나.「항공안전법」제2조 제6호에 따른 무인항공기다. 그 밖에 원격·자동·자율 등 국토교통부령으로 정하는 방식에 따라 항행하는 비행체

'드론 산업'은 빅 데이터, 자율운행자동차, 인공지능 및 IoT 등 ICT와 결합이 되는 영역이다. 그 파급효과가 커서 단순한 항공산업으로 보기가 힘들다. 2019년 "드론활용의 촉진 및 기반조성에 관한 법률"이 제정되어 있다.

드론은 미국에서 특정한 군사목적 달성을 위해 개발되었고 쿠웨이트 및 2022년 러시아와 우크라이나 전쟁에서 보듯이 여전히 유효하다. 남북한 모두 드론부대를 운영하고 있다.

민간부분까지 그 사용이 확대되고 있다. 농부·꿀벌·청소드론, 해양쓰레기 등 환경감시, 토지정보와 공간정보에 대한 항공측량, 농작물 병해충 드론공동 방역 및 방제 등 재해예방, 치안 및 안전진단, 우편 및 택배 등 배송, 드론 택시 운영 등을 통해 공공 및 민간영역에서 노동력·시간·예산 절감효과가 나타나면서 조례를 통해 지방자체단체에서는 전담 조직도 생겨나고 있다. 레저용 혹은 개인 취미용 등으로 확대되고 있다. 동시에 그 기기 자체 내의 위험 혹은 추락 및 충돌 등으로 인한 사람과 재산에 대한 위험이 있다. 주변 환경과의 부적응(과다한 소음 등), 범죄수단으로의 활용의 용이성과 부착한 카메라에 의한 무단촬영으로 사생활 및 개인정보의 침해도 발생하고 있다.

제2절
드론의 안전사항

I. 항공안전법의 규정 차용

 드론의 안전성을 항공안전법의 특별규정을 통해 규제를 하고 있다. 항공안전법은 국제민간항공기구(ICAO)의 국제민간항공협약과 그 부속서(SARPs)에 채택된 내용에 따라 드론의 안전성을 담보하고 있다. 항공안전법은 드론사고의 사전방지 및 사후구제의 수월성을 위해 비행 전에 무인비행장치신고 및 변경신고, 기체 안전성 검사, 비행승인, 조종사 증명, 사업등록 등 일련의 안전검증을 자체 중량에 따라 거친 후 운영토록 규정하고 있다. 드론운영의 활성화를 위해 드론의 무게와 영리 혹은 비영리라는 사업목적에 따라 장치신고와 조종자격을 면제하기도 한다.

 드론의 안전사항에 관한 규제에 대한 보편적인 규정은 없다. 드론의 비행, 안전 및 책임 등에 대한 국제적인 표준규약이 없다. 국제민간항공기구(ICAO)를 중심으로 관련 규정을 마련 중이다. 유럽연합에서도 'Regulation' 및 드론규칙'(common European rules on drones)을 통해 통일적인 입법을 시행하려고 하고 있다.

II. 신고, 변경 및 말소신고

 초경량비행장치 신고규정인 항공안전법 제122조에 따라 초경량비행장치를 소유하거나 사용할 수 있는 권리가 있는 자는 초경량비행장치의 종류, 용도, 소유자의 성명, 개인정보 및 개인위치정보의 수집 가능 여부 등을 국토교통부 장관에게 신고하여야 한다. 다만, 대통령령으로 정하는 초경량비행장치는 그러하지 아니하다. 시행령 제24조에 따라 현실적으로 '12kg 이하의 비사업용(항공기대여업·항공레저스포츠사업 또는 초경량비행장치사용사업 등) 드론'은 해당 신고의무가 없다.

국토교통부 장관은 초경량비행장치의 신고를 받은 경우 그 초경량비행장치 소유자 등에게 신고번호를 발급하여야 한다. 신고내용에 문제가 없다면 신고번호를 반드시 발급해야 하는 의무규정이다. 신고번호를 발급받은 초경량비행장치 소유자 등은 그 신고번호를 해당 초경량비행장치에 표시하여야 한다. 반면에 고의 혹은 과실로 인한 신고번호의 불명확성으로 인해 제3자의 인식이 어려움에 대한 관리규정이 없는 것은 문제다. 이와 대조적으로 도로교통법 및 자동차관리법에서는 차량 번호판의 흐릿함 등에 대한 것은 처벌대상이 된다. 독일처럼 화제발생 시 연소되지 않는 금속판의 식별표지 사용은 적극적으로 고려할 수가 있다.

신고자는 신고내용에 변경이 있을 경우 변경신고의 의무가 있다. 또 초경량비행장치 소유자 등은 신고한 초경량비행장치가 멸실되었거나 그 초경량비행장치를 해체(정비 등, 수송 또는 보관하기 위한 해체는 제외)한 경우에는 그 사유가 발생한 날부터 15일 이내에 국토교통부 장관에게 말소신고를 하여야 한다. 신고번호가 말소된 때에는 그 사실을 해당 초경량비행장치 소유자 등 및 그 밖의 이해관계인에게 알려야 한다.

III. 안전성 인증

드론의 사용도 항공활동의 한 종류이다. 드론 무게에 따라 다르겠지만 대형 사고의 우려로 인해 일반적인 기본안전규칙으로 '드론을 특정 고도 아래로 비행해야 할 의무, 사람들과 최소한 거리유지 의무, 항상 드론과 시각적 접촉의 유지의무, 드론의 신고의무, 특정 지역(도시, 공항, 경기장 등)을 가로지르는 차단 혹은 밤이나 특정

기상조건에서의 비행차단 특히 낮은 고도에서 다른 항공기를 방해하는 비행금지' 등이 있다.

항공안전법 시행규칙에 따라 '12kg 이하의 비사업용 드론'은 안전성 인증대상이 아니다. 안전사고와 활용의 균형점을 설정한 규정이지만 일반인들이 가장 많이 접하는 드론인 상황에서 위험에 대한 경시라는 비판은 타당하다.

초경량비행장치 안전성 인증규정인 항공안전법 제124조에 따라 시험비행 등 국토교통부령으로 정하는 경우로서 국토교통부 장관의 허가를 받은 경우를 제외하고는 동력비행장치 등 국토교통부령으로 정하는 초경량비행장치를 사용하여 비행하려는 사람은 국토교통부령으로 정하는 기관 또는 단체의 장으로부터 그가 정한 안전성 인증의 유효기간 및 절차, 방법 등에 따라 그 초경량비행장치가 국토교통부 장관이 정하여 고시하는 비행안전을 위한 기술상의 기준에 적합하다는 안전성 인증을 받지 아니하고 비행하여서는 안 된다. 시행규칙 제304조에 따라 국토교통부 장관은 신청서를 접수받은 경우 초경량비행장치 기술기준에 적합한지의 여부를 확인한 후 적합하다고 인정하면 신청인에게 시험비행을 허가하여야 한다.

유럽연합 2019년 6월의 '드론규칙'(common European rules on drones)은 한 국가에서 드론활용에 대한 인증을 받으면 다른 회원국의 별도의 인증절차는 필요가 없도록 하고 있다.

IV. 조종자 증명

항공안전법 제125조에 따라 동력비행장치 등 국토교통부령으로 정하는 초경량비행장치를 사용하여 비행하려는 사람은 국토교통부령으로 정하는 기관 또는 단체의 장으로부터 그가 정한 해당 초경량비행장치별 자격기준 및 시험의 절차·방법에 따라 해당 초경량비행장치의 조종을 위하여 발급하는 증명('초경량비행장치 조종자 증명')을 받아야 한다.

항공안전법 제125조에 따라 '12kg 이하의 비사업용 드론'은 해당 증명면제 대상이다. 드론운영 시 관계 법령의 이해부족 및 조종자 준수사항의 미준수가 많은 사항에서 '위험인지성 낮음'이라는 비판도 여기서도 타당하다. 드론법이 정한 '특별자유화구역'에서의 조종자 증명의 완화는 위험의 감소가 보장되기에 가능하다.

국토교통부 장관은 초경량비행장치 조종자 증명을 받은 사람이 거짓이나 그 밖의 부정한 방법으로 초경량비행장치 조종자 증명을 받은 경우, 이 법을 위반하여 벌금 이상의 형을 선고받은 경우, 초경량비행장치의 조종자로서 업무수행 시 고의 또는 중대한 과실로 초경량비행장치사고를 일으켜 인명피해나 재산피해를 발생시킨 경우, 초경량비행장치 조종자의 준수사항을 위반한 경우, 주류 등의 영향으로 초경량비행장치를 사용하여 비행을 정상적으로 수행할 수 없는 상태에서 초경량비행장치를 사용하여 비행한 경우, 초경량비행장치를 사용하여 비행하는 동안에 주류 등을 섭취하거나 사용한 경우, 주류 등의 섭취 및 사용 여부의 측정요구에 따르지 아니한 경우, 초경량비행장치 조종자 증명의 효력정지기간에 초경량비행장치를 사용하여 비행한 경우 초경량비행장치 조종자 증명을 취소하거나 1년 이내의 기간을 정하여 그 효력의 정지 혹은 초경량비행장치 조종자 증명을 취소하여야 한다.

V. 비행승인

최대 이륙중량 25kg 이하의 드론은 비행금지구역 및 관제권을 제외한 공역에서 고도 150m 미만에서는 비행승인이 필요가 없지만, 가시권 내 비행 및 야간비행을 원칙적으로 금지하고 있다. 따라서 예를 들어 서울의 야경을 드론으로 촬영해 인터넷상 공개한 촬영물은 특별 승인이 없이 촬영된 것이 많아 그 촬영 자체가 위법한 행위일 수가 있다. 초경량비행장치 전용구역 내에서는 중량과 상관이 없이 드론의 비행은 승인이 없이 가능하지만, 수도권의 대부분 지역은 비행제한공역이기에 드론비행은 힘들다. 드론법상의 '특별자유화구역'에서는 완화도 가능하다.

항공안전법 제127조에 따라 국토교통부 장관은 초경량비행장치의 비행안전을 위하여 필요하다고 인정하는 경우에는 초경량비행장치의 비행을 제한하는 공역('초경량비행장치 비행제한공역')을 지정하여 고시할 수 있다. 동력비행장치 등 국토교통부령으로 정하는 초경량비행장치를 사용하여 국토교통부 장관이 고시하는 초경량비행장치 비행제한공역에서 비행하려는 사람은 국토교통부령으로 정하는 바에 따라 미리 국토교통부 장관으로부터 비행승인을 받아야 한다. 다만, 비행장 및 이착륙장의 주변 등 대통령령으로 정하는 제한된 범위에서 비행하려는 경우는 제외하고 있다. 국토교통부령으로 정하는 고도 이상에서 비행하는 경우 및 관제공역·통제공역·주의공역 중 국토교통부령으로 정하는 구역에서 비행하는 경우 비행승인 대상이 아닌 경우라 하더라도 국토교통부 장관의 비행승인을 받아야 한다.

항공안전법 제128조에 따라 초경량비행장치를 사용하여 초경량비행장치 비행제한공역에서 비행하려는 사람은 안전한 비행과 초경량비행장치사고 시 신속한 구조 활동을 위하여 국토교통부령으로 정하는 장비를 장착하거나 휴대하여야 한다. 다만, 무인비행장치 등 국토교통부령으로 정하는 초경량비행장치는 해당되지 않기 때문에 위험의 사각지대에 놓이게 된다. 그리고 구조장비의 최소한의 범위가 논란이 되겠지만 일정 부분의 장비의 장착 혹은 휴대는 필요하다.

VI. 조종자 준수사항

항공안전법 제129조에 따라 초경량비행장치의 조종자는 초경량비행장치로 인하여 인명이나 재산에 피해가 발생하지 아니하도록 국토교통부령으로 정하는 준수사항을 지켜야 한다. 초경량비행장치 조종자는 무인자유기구를 비행시켜서는 아니 된다. 다만, 국토교통부령으로 정하는 바에 따라 국토교통부 장관의 허가를 받은 경우에는 그러하지 아니하다. 초경량비행장치 조종자는 초경량비행장치사고가 발생하였을 때에는 국토교통부령으로 정하는 바에 따라 지체 없이 국토교통부 장관에게 그 사실을 보고하여야 한다. 다만, 초경량비행장치 조종자가 보고할 수 없을 때에는 그 초경량비행장치소유자 등이 초경량비행장치사고를 보고하여야 한다. 무인비행장치 조종자는 무인비행장치를 사용하여 개인정보보호법 제2조 제1호에 따른 또는 위치정보의 보호 및 이용 등에 관한 법률 제2조 제2호에 따른 개인위치정보 등 개인의 공적·사적 생활과 관련된 정보를 수집하거나 이를 전송하는 경우 타인의 자유와 권리를 침해하지 아니하도록 하여야 하며 형식, 절차 등 세부적인 사항에 관하여는 각각 해당 법률에서 정하는 바에 따른다. 초경량비행장치 중 무인비행장치 조종자로서 야간에 비행 등을 위하여 국토교통부령으로 정하는 바에 따라 국토교통부 장관의 승인을 받은 자는 그 승인범위 내에서 비행할 수 있다. 이 경우 국토교통부 장관은 장관이 고시하는 무인비행장치 특별비행을 위한 안전기준에 적합한지 여부를 검사하여야 한다. 또한, 위반 시 형사벌이 아닌 단순 과태료 대상이다.

항공안전법 제130조에 따라 국토교통부 장관은 초경량비행장치사용사업의 안전을 위하여 필요하다고 인정되는 경우 초경량비행장치사용사업자에게 초경량비행장치 및 그 밖의 시설 개선, 초경량비행장치의 비행안전에 대한 방해요소를 제거하기 위해 필요한 사항으로서 국토교통부령으로 정하는 사항을 명할 수 있다.

VII. 준용과 특례규정

초경량비행장치에 대한 준용규정인 항공안전법 제131조에 따라 초경량비행장치 소유자 등 또는 초경량비행장치를 사용하여 비행하려는 사람에 대한 주류 등의 섭취, 사용제한에 관한 규정(제57조)의 적용을 받는다.

무인비행장치의 적용특례 규정인 항공안전법 제131조의2에 따라 군용, 경찰용 또는 세관용 무인비행장치와 이에 관련된 업무에 종사하는 사람에 대해 이 법을 적용하지 아니한다. 국가기관 등이 소유하거나 임차한 무인비행장치를 재해, 재난 등으로 인한 수색, 구조, 화재의 진화, 응급환자 후송, 그 밖에 국토교통부령으로 정하는 공공목적으로 긴급히 비행(훈련을 포함)하는 경우(국토교통부령으로 정하는 바에 따라 안전관리 방안을 마련한 경우 한정)에는 조종자 준수사항인 동법 제129조 제1항, 제2항, 제4항 및 제5항을 적용하지 아니한다. 즉, 비행에 대한 별도의 승인이 필요가 없다. 그러나 관제권 및 비행금지 및 제한구역 내 위험방지, 군 방공작전 보장 등 안전 및 안보와 관련 시 무인비행장치 통보 등 자발적인 협력이 필요하다. 비행금지 등의 이유로 비행거절 통보를 받은 경우 일괄적용 배제로 규정하고 있다.

제3절
개선방향

I. 법제 통폐합, 안전성과 범죄예방

드론법이 드론산업의 활성화를 하는 것이 주요 목적이라면 사전에 위험에 대한 안전도를 평가하여 안전성이 담보된 활용이라면 관련된 드론 법률의 드론법으로의 통폐합이 필요하다.

항공안전법 제70조 제1항은 폭발성이나 연소성이 높은 물건인 위험물을 항공기를 통해 운송하는 경우는 허가 및 그 절차 및 방법에 대해 규정하고 있지만, 이 규정은 일본과 미국과는 달리 드론에는 적용되지를 않는다.

드론은 범죄수단으로의 전환이 수월하다. 12kg 이하의 비사업용의 무인동력비행장치는 장치신고의무를 면제해 주고 있다. 사후 피해구제의 수월성을 위해 드론조종자 및 개발자의 인적 사항을 수사기관은 문제발생 시 적시에 알 필요가 있고, 사용자의 책임성 강화에도 도움을 줄 수가 있기에 장치신고 의무면제 크기의 조정과 명확한 불연소의 재료의 사용에 관한 규제도 필요하다.

II. 개인정보의 보호

드론에 카메라 또는 기타 유사한 장치가 장착되어 있고 사람들의 사진, 대화, 위치 등을 포함한 사생활 혹은 개인정보를 수집 및 전송 시 관련 법률이 적용된다.

항공안전법 제129조 제4항은 개인정보의 처리에 있어 명문적으로 '수집 및 전송'에 한정한다고 규정하고 있다. 처벌조항이기에 엄격한 해석이 필요한 부분이다. 입법미비사항이다. '수집 및 전송 등 처리'로 수정돼야 한다. 정보통신망법 제28조와 개인정보보호법 제29조는 암호화 등 물리적 및 기술적 조치와 관리적 조치 등 안전성 조치를 사전에 조치할 것을 요구하고 있다. 시장에서는 이를 인식조차 하지 못하고 있다.

III. 손해배상

손해배상책임에 대한 국내의 관련 규정은 항공안전법과 항공사업법에는 없고, 상법 제896조 및 시행령 제47조는 초경량비행장치로의 적용은 제외되고 있다. 다만 항공안전법 제312조의2 제1항 제7호에서 특별비행승인신청 시 보험 혹은 공제 등의 가입증명서류를 요구함으로써 간접적으로 보험 혹은 공제를 강제화하고 있지만 영리목적의 드론사업으로 한정이 되어 있다. 항공보험 가입의무 규정인 항공사업법 제70조 제4항도 초경량비행장치를 초경량비행장치사용사업, 항공기대여업 및 항공레저스포츠사업에 사용하려는 자로 보험가입이 한정되어 있다. 이는 드론산업이 일반 개인까지 확대될 것을 예상하지 못한 상태에서 만들어진 규범이다. 무게를 포함한 위험도에 따라 제3자 책임보험 강제가입과 드론조종자의 비행 전의 입증대책의 마련이 필요하다. 일부 유럽연합 회원국에서는 이러한 보험가입은 의무적이며 비행 전에 입증이 있어야 한다.

제15장

자율주행자동차

제1절
개념과 작동원리 등

I. 개념과 구성요소

자율주행자동차(autonomous driving vehicle)에 대해 자동차관리법과 자율주행자동차법은 '자율주행자동차는 운전자 또는 승객의 조작 없이 자동차 스스로 운행이 가능한 자동차를 말한다.'고 정의하고 있다.

구성요소로는 GPS와 sensor(인식장치), 정보처리장치인 processor(연산제어장치), 자동차를 통제하는 제어알고리즘(algorithm) 및 물리적인 구동장치에 해당하는 actuator(작동장치)가 있다. 운전자의 탑승 유무는 본질적인 요소는 아니다. 고속도로주행지원시스템(HDA, Highway Driving Assist), 혼잡주행지원시스템(TJA, Traffic Jam Assist), 자동긴급제동(AEB, Autonomous Emergency Braking), 자율주차(Automatic Parking)를 중심으로 자율주행 관련 기술개발이 이뤄지고 있다.

> ■ 자동차관리법 제2조 1의3. "자율주행자동차"란 운전자 또는 승객의 조작 없이 자동차 스스로 운행이 가능한 자동차를 말한다.
> 자율주행자동차 상용화 촉진 및 지원에 관한 법률 제2조 1. "자율주행자동차"란 「자동차관리법」 제2조 제1호의3에 따른 운전자 또는 승객의 조작 없이 자동차 스스로 운행이 가능한 자동차를 말한다.

II. 작동원리

주행과정은 자동 시스템의 작동에 맞춰 인식, 판단, 제어로 분류할 수 있다.

'인식'(인지) 단계에서 GPS는 자동차의 위치정보를 제공하고 목적지를 정확히 인지할 수 있도록 한다. 또 Lidar(Light Detection and Ranging), 카메라, 레이더, 센서 등은 자동차 주변 환경정보(보행자, 교행 또는 선행하는 자동차와의 거리, 신호, 도로정보 등)를 제공한다. 자율주행시스템이 스스로 수집한 정보 외에 주변 사물이나 다른 주행 중인 자동차가 확보한 정보를 통신을 통해 제공받은 후 이를 통합하여 판단을 내리는 '협력지능형 교통시스템'(Cooperative Intelligent Transport System, C-ITS)까지 발전하고 있다.

'판단' 단계는 인식한 정보를 자율주행자동차에 탑재된 자율주행시스템의 프로그램과 알고리즘에 대입하여 이상적인 주행전략을 스스로 결정하고 이를 바탕으로 자동차에 설치된 다양한 장치들의 조작을 통해 자동차를 주행하게 하는 단계이다.

'제어' 단계는 인공지능시스템이 종합적 분석 후 결정된 사항에 따라 조향, 가속 및 감속, 정지 등의 작동을 실행하는 단계이다.

III. 기술발전 단계에 따른 구분

1. 자율주행자동차법

자율주행자동차에 대한 기술단계의 설정과 검증에 대한 국제적인 통일 기준은 없다. 국가마다 다르다. 미 연방교통부(Department of Transportation, 'DOT') 산하 도로교통안전청(National HighwayTraffic Safety Administration, 'NHTSA')에 의한 구분, 독일 연방교통부(BMVI) 등에서도 분류하고 있지만, 국제자동차기술자협회(SAE International)의 자율주행의 단계가 세계적인 표준단계로 인정을 받고 있다.

"자율주행자동차 상용화 촉진 및 지원에 관한 법률" 제2조 제2항에서는 부분 자율주행자동차와 완전 자율주행자동차로 구분하고 있다. 국토교통부령의 세분화 내용은 아직 없다.

> ■ 제2조 ② 자율주행자동차의 종류는 다음 각 호와 같이 구분하되, 그 종류는 국토교통부령으로 정하는 바에 따라 세분할 수 있다. 1. 부분 자율주행자동차: 자율주행시스템만으로는 운행할 수 없거나 운전자가 지속적으로 주시할 필요가 있는 등 운전자 또는 승객의 개입이 필요한 자율주행자동차 2. 완전 자율주행자동차: 자율주행시스템만으로 운행할 수 있어 운전자가 없거나 운전자 또는 승객의 개입이 필요하지 아니한 자율주행자동차

2. SAE International

국제자동차기술자협회(SAE International)는 NHTSA의 4단계 중 2단계와 3단계를 세분화하여 총 5단계로 나누고 있다. 주된 구별 기준은 인간과 인공지능이 담당하는 역할의 정도다.

① 0 단계(Level 0)
0단계는 자동차의 운행에 필요한 모든 사항을 사람이 직접 입력해야 하는 기술단계로 현재의 자동차와 차이가 없다. 빅 데이터의 machine learning을 이용하며 인공지능 기술의 활용은 없다.

② 1단계(Level 1)
1단계도 보조적으로 가속과 조향이 자동으로 처리되는 단계로 Level 1의 단계도 사람의 입력으로 일정한 기술이 지속적으로 유지되는 단계이다. 구체적으로는 차선을 유지하는 Lane Keeping Assist 및 일정한 속도를 유지하는 Cruise Control의 기술수준이다. 시스템이 전후·좌우 어느 하나의 차량제어에 관련한 운전자의 운전조

작의 일부 실시가 된다.

③ 2단계(Level 2)

Level 1이 일정한 속도를 유지하는 기술에 머물렀다면 Level 2는 가속 및 감속과 정지 등 속도의 변화가 가능한 단계이다. 주행하던 자동차가 장애물을 인식하고 속도를 스스로 줄였다가 장애물이 사라지면 설정된 속도로 다시 가속이 가능한 기술수준이다. 일정 시간 후에는 다시 인간의 조작이 필요한 단계다. 시스템이 전후·좌우 양방의 차량제어에 관련해서 운전자의 운전조작 일부 실시가 된다.

④ 3단계(Level 3)

Level 2보다 오랜 시간 인간의 조작이 필요가 없는 단계다. Level 2에서 발전하여 censor 및 radar를 통해 자율적으로 도로를 분석하여 주행변화가 가능한 단계다. 시스템이 모든 운전작업을 하지만 작동곤란 시 운전자의 적절한 대응이 필요하다.

⑤ 4단계(Level 4)

자동차 자율적으로 통제된 상태로 주행이 가능한 기술단계다. 운전자는 자동차의 조작에 신경 쓰지 않고 미리 지정된 장소까지 인간의 개입 없이 이동하는 것이 가능하다. 이 단계도 돌발상황 등 인간이 개입할 수 있도록 설계되어 있다. 지리적·환경적·교통상황 등이 예측범위 내로 한정된 경우이다. 시스템으로부터의 요청 등에 대한 응답이 제한적으로 필요하다. 시스템이 모든 운전작업을 실시하지만 작동곤란 시 운전자의 대응이 필요가 없고 자동으로 이뤄진다.

⑥ 5단계(Level 5)

인간의 개입이 필요 없는 완전한 자율주행의 단계이다. 인간이 탑승하고는 있으나 운전대 등의 조작을 위한 장치는 없고, 인간이 방향전환이나 가속과 감속 등을 할 필요가 없다. 지리적·환경적·교통상황 등이 한정되지 않은 경우이다. 시스템으로부터의 요청 등에 대한 응답도 불필요하다.

3. 미국 NHTSA

미국 도로교통안전청(NHTSA)에서는 자율주행기술의 기술수준과 기능을 'Level 0 부터 Level 4'까지의 5단계로 구분하고 있다.

'0단계'(Level 0)는 비자동화(No-Automation) 즉, 완전수동운전으로 운전자가 모든 사항을 제어하기 때문에 제동, 조향, 감속 및 동력과 같은 주요 자동차 조종과 관련된 역할을 수행하며, 도로상황 등과 관련한 주행감시 및 안전운행의 역할을 담당한다. 자동시스템은 차량의 전방충돌 경고(FCW), 차선이탈 경고(LDWS), 사각지역 감시와 같은 수준이기 때문에 자동화된 운전요소가 없다. '1단계'(Level 1)는 일정한 기능만이 자동으로 구동되는 단계로 정속주행 시스템(Smart Cruise Control)이나 차선유지 지원시스템 등이 자동화된 단계다. '2단계'(Level 2)는 2가지 이상의 자동화 기능이 작동하는 단계로 자율적인 주행기술들이 복합적으로 통합되어 기능하는 단계이다. 2단계까지는 운전자의 감시와 운전조작이 동시에 요구되는 단계이다. '3단계'(Level 3)는 특정한 환경이나 조건하에서 자동화가 이루어진 단계로 가속, 조타, 제동이 자동으로 수행되는 부분적(제한적) 자율주행단계로 일상적인 경우에는 운전자의 조작 없이 부분적으로 자율주행이 가능하다. 돌발상황 시 운전자가 개입하는 단계이다. '4단계'(Level 4)는 완전한 자율주행단계로 시동부터 목적지에 도착한 후의 주차까지 완전 자동화된 운전시스템에 의해 차량운전이 이루어진다. 자동화에 의한 차량호

자동화 단계	일반 주행	주행환경감시	비상 시 백업
0단계 완전 수동 운전	인간	인간	인간
1단계 운전 지원 (조향 및 가속 및 감속의 제어보조）	인간/기계	인간	인간
2단계 일부 자동화 (조향 및 가속 및 감속의 제어 통합보조)	기계	인간	인간
3단계 고도 자동화 (자율주행/돌발상황 시 수동전환)	기계	기계	인간
4단계 완전 자동화(완전한 자율주행)	기계	기계	기계

출 등도 가능하게 되는 기술수준을 의미한다.

4. 국내: 성능과 기준에 관한 규칙

국토교통부 "자동차 및 자동차 부품의 성능과 기준에 관한 규칙"(유엔 '자동차안전기준국제조화포럼' 참조)은 '레벨 3'(비상 시 운전자 운전의 조건부 자동화 자율주행) 자율차 안전기준의 내용을 정하고 있다.

자율주행 '레벨 2와 3'은 단순한 운전보조기능에 해당한다. 차량이 대신 운전해준다고 믿다가 사고가 나면 상당 부분 운전자 책임에 속할 수 있다. 따라서 운전자는 항상 주행 상황을 모니터링하고, 보조 시스템이 도로변화를 감지하지 못하면 즉시 개입해야 한다. 자율주행이라는 용어가 혼동을 빚어 낸 경우다.

레벨 구분	Lv.0	Lv.1	Lv.2	Lv.3	Lv.4	Lv.5
명칭	無 자율주행 (NO Autonomation)	운전자 지원 (Driver Assistance)	부분 자동화 (Partial Automation)	조건부 자동화 (Conditional Automation)	고도 자동화 (High Automation)	완전 자동화 (Full Automation)
운전주시	항시 필수	항시 필수	항시 필수 (조향핸들을 상시 잡고 있어야 함)	시스템 요청시 (조향핸들을 잡을 필요 x 비상시에만 운전자가 운전)	작동구간 내 불필요 (비상시에도 시스템에 대응)	전 구간 불필요
자동화 구간	-	특정구간	특정구간	특정구간 (예: 고속도로, 자동차 전용도로 등)	특정구간	전 구간
예시	사각지대 경고	조향 또는 감가속 중 하나	조향 또는 감가속 동시작동	고속도로 혼잡구간 주행지원시스템	지역(Local) 무인택시	운전자 없는 완전자율주행

자율주행 상황에서 가속 혹은 제동장치를 조작하는 경우 곧 자율주행이 해제되게 돼 있는 상황에서 해제를 위한 조작방식의 세분화를 통해 자율주행 해제방식의 다양성을 인정하고 있다.

'핸들을 잡은 상태에서 가속 혹은 감속 페달을 조작하는 경우' 자율주행이 해제되도록 했다. 아울러 '페달을 조작하는데 자율주행 기능이 지속되는 상태라면 즉시 운전자에게 운전전환을 요구'하도록 했다. 또 자율주행 상황에서 고속도로 출구 등 운전자의 개입이 필요한 시점의 15초 전에 운전자에게 운전전환을 요구하도록 한 상황에서 복잡한 운행상황 등을 고려해 '운전전환 요구시점은 제작사가 자율적'으로 정할 수 있도록 했다. 최고 속도의 경우 국제기준은 시속 60㎞로 제한돼 있지만, 국내 기준은 각 도로의 제한속도까지 허용하고 있다.

자율주행 상황에서 운전자가 운전 전환 요구에 대응할 수 있는 시간이 충분치 않으면 비상운행을 시작하게 돼 있는데 이 조건이 불분명하다는 비판을 수용해서 비상운행 조건을 '최소 제동성능인 $5m/s^2$(현행 안전 기준상 최소 제동 성능)를 초과해 감속'하는 것으로 명확히 했다.

자율주행시스템 작동상태 알림 방식과 관련해선 계기판 외에 핸들 테두리 등에도 별도의 시각(조향) 장치를 추가하고 자율주행 해제 시에도 운전자에게 별도 알림 서비스를 제공하도록 하고 있다. 자율주행 해제 시 영화나 게임 등 영상장치가 자동으로 종료되도록 해 안전운전을 강화하고 있다.

제2절

자동차관리법

　자율주행자동차의 관련 법 체계는 도로교통법, 자동차관리법, 제조물책임법, 자동차손해배상보장법, 민법, 상법, 형법, 자율주행자동차 상용화 촉진 및 지원에 관한 법률, 개인정보보호법, 위치정보의 보호 및 이용에 관한 법률 등에 흩어져 있다. 사고 발생 시 운전자와 차량 부품업체를 포함한 제조업체간 책임을 명확히 가르기가 어렵다. 운전자 주행을 중심으로 설계된 만큼 운전자 개입이 없는 자율주행 사고의 원인을 규명하기가 쉽지 않기 때문이다. 긴급상황 시 차량 스스로 대처가 가능한 레벨 4-5 단계는 운전자와 제조업체 간 책임 공방이 커질 수밖에 없다. 제조물책임법은 일반 완성차의 결함으로 사고가 발생했을 경우 완성차업체의 책임을 물을 수 있는 근거가 되지만, 소프트웨어는 제조물책임법상 제조물에서 제외돼 있어 제조업체의 책임을 따지기가 어렵다.

　자동차관리법과 그 시행규칙은 자율주행자동차의 정의와 임시운행을 위한 요건 및 절차를 마련하고 있다. 자율주행자동차 임시운행을 위해 그 차량은 자동차관리법 제30조 제1항에 따라 자동차 자기인증이 완료된 자동차이어야 한다. 시스템 우선모드에서도 도로법, 도로교통법을 포함한 모든 공공도로주행 관련 제반 법령을 준수하도록 제작되어야 한다(제3조).

　손해배상 및 보험과 관련해서는 자율주행자동차를 시험·연구목적으로 임시운행 허가를 받으려는 자동차 소유자나 자동차를 사용할 권리가 있는 사람("자율주행자동차 임시운행허가 신청인")은 해당 차량의 운행으로 발생된 교통사고 피해에 대하여 자동차손해배상보장법 제3조에 따른 손해배상책임을 져야 하며 교통사고 피해에 대한 적절한 손해배상을 보장하기 위하여 자동차손해배상보장법 제5조 제1항 및 제2항에 따른 보험 등에 가입하여야 한다(제4조). 또 자율주행자동차 임시운행허가 신청인은 자율주행기능의 작동을 확인할 수 있도록 시험시설 등에서 충분한 사전 주행을 실시하여야 하며 시험품 및 관련 자료를 성능시험대행자에게 제출하도록 하고 있다(제5조).

자율주행자동차 임시운행허가 신청인은 시험연구의 필요성 및 목적, 임시운행기간, 자율주행자동차의 주행모드에 관한 사항을 시험·연구계획서에 명시하여야 자율주행자동차의 후면에 자율주행자동차의 시험운행임을 표시하는 표지를 부착해야 한다(제6조). 자율주행자동차의 구조 및 기능과 관련하여 조종장치를 갖추어야 하며(제10조) 운행모드와 시스템의 고장여부를 운전자에게 알려주기 위한 표시장치를 부착하도록 하고 있다(제12조).

그 외에도 자율주행자동차는 시동 시 항상 운전자 우선모드로 설정되도록 해야 하며(제11조), 기능고장을 자동으로 감지하기 위한 구조의 필요성(제13조), 시각 및 청각 또는 촉각에 의한 수단 중 시각을 포함하여 2개 이상의 조합으로 구성된 경고장치의 필요성(제14조), 최고속도 제한 및 전방충돌방지 기능의 필요성(제16조), 운행과 관련된 각종 기록을 저장하기 위한 운행기록장치와 영상기록장치의 설치에 대해서도 규정하고 있다(제17 및 제18조).

임시운행과 관련해서 해당 자율주행자동차를 안전하게 운행할 수 있고 고장 등 비상 시 대응이 가능한 자율주행자동차의 특징과 기능에 대하여 충분히 습득하고 있는 자를 운전자로 지정할 것과 자율주행자동차 운전자가 자율주행자동차가 주행하는 동안 주변 교통상황 확인, 자율주행시스템 정상 작동 여부 확인, 시스템의 운전자전환요구에 대한 즉각적인 대응, 운전자의 상황 판단에 따른 비상상황 시 운전자우선모드로의 전환 등 주행상황에 따른 적절한 대응을 통해 자율주행자동차가 안전운행 의무를 지켜 운행될 수 있도록 해야 한다는 규정(제19조)을 마련하고 있다.

자동차관리법 제27조 제1항에 따라 자율주행자동차를 시험 및 연구목적으로 운행하려는 자는 허가대상, 고장감지 및 경고장치, 기능해제장치, 운행구역, 운전자 준수사항 등과 관련하여 국토교통부령으로 정하는 안전운행 요건을 갖추어 국토교통부 장관의 임시운행 허가를 받아야 한다. 그 안전운행 요건은 자동차관리법 시행규칙 제26조의2(자율주행자동차의 안전운행요건)에서 규정하고 있다. ① 자율주행기능을 수행하는 장치에 고장이 발생한 경우 이를 감지하여 운전자에게 경고하는 장치를 갖출 것 ② 운행 중 언제든지 운전자가 자율주행기능을 해제할 수 있는 장치를 갖출 것 ③ 어린이, 노인과 장애인 등 교통약자의 보행 안전성 확보를 위하여 자율주행자동차의 운행을 제한할 필요가 있다고 국토교통부 장관이 인정하여 고시한 구역에서는 자율주행기능을 사용하여 운행하지 아니할 것 ④ 운행정보를 저장하고 저장된 정보를 확인할 수 있는 장치를 갖출 것 ⑤ 자율주행자동차임을 확인할 수 있는 표지를 자동차 외부에 부착할 것 ⑥ 자율주행기능을 수행하는 장치에 원격으로 접근·침입하는 행위를 방지하거나 대응하기 위한 기술이 적용되어 있을 것 ⑦ 그밖에 자율주행자동차의 안전운행을 위하여 필요한 사항으로서 국토교통부 장관이 정하여 고시하는 사항으로 하고 있다.

시행규칙 제26조 제1항에 따라 자율주행자동차의 임시운행허가 신청이 이루어지면, 국토교통부 장관은 법 제32조 제3항에 따라 성능시험을 대행하는 자로 하여금 제1항에 따른 안전운행 요건에 적합한지 여부를 확인하게 한 후 안전운행 요건에 적합하다고 인정하는 경우 임시운행 허가를 하여야 하도록 규정하고 있다.

> ■ 자동차관리법 제27조(임시운행의 허가) ① 자동차를 등록하지 아니하고 일시 운행을 하려는 자는 대통령령으로 정하는 바에 따라 국토교통부 장관 또는 시·도지사의 임시운행허가("임시운행허가")를 받아야 한다. 다만, 자율주행자동차를 시험·연구목적으로 운행하려는 자는 허가대상, 고장감지 및 경고장치, 기능해제장치, 운행구역, 운전자 준수사항 등과 관련하여 국토교통부령으로 정하는 안전운행 요건을 갖추어 국토교통부 장관의 임시운행허가를 받아야 한다.

② 국토교통부 장관 또는 시·도지사는 임시운행허가의 신청을 받은 경우에는 국토교통부령으로 정하는 바에 따라 이를 허가하고 임시운행허가증 및 임시운행허가번호판을 발급하여야 한다. 다만, 수출목적으로 운행구간을 정하여 임시운행 허가 기간을 1일로 신청한 자의 요청이 있는 경우로서 임시운행허가번호판을 붙이지 아니하고 운행할 필요가 있다고 인정되는 때에는 이를 발급하지 아니할 수 있다. ⑤ 제1항 단서에 따라 임시운행허가를 받은 자는 자율주행자동차의 안전한 운행을 위하여 주요 장치 및 기능의 변경 사항, 운행기록 등 운행에 관한 정보 및 교통사고와 관련한 정보 등 국토교통부령으로 정하는 사항을 국토교통부령으로 정하는 바에 따라 국토교통부 장관에게 보고하여야 한다. ⑦ 국토교통부 장관은 제6항에 따른 조사 결과 제1항 단서에 따른 안전운행요건에 부적합하거나 교통사고를 유발할 가능성이 높다고 판단되는 경우에는 시정조치 및 운행의 일시정지를 명할 수 있다. 다만, 자율주행자동차의 운행 중 교통사고가 발생하여 안전운행에 지장이 있다고 판단되는 경우에는 즉시 운행의 일시정지를 명할 수 있다.

제3절

자율주행자동차법

"자율주행자동차 상용화 촉진 및 지원에 관한 법률"은 자율주행자동차의 도입 및 확산과 안전한 운행을 위한 운행기반 조성 및 지원 등에 필요한 사항을 규정하고 있다. 또 제14조의 규제신속확인제도와 제19조 책임보험 가입의 강제 및 제20조 개인정보 보호도 규정하고 있다. 그러나 법은 상용화 촉진과 운행기반 조성, 자율주행자동차의 시험 및 개발에 대한 규정만 한정해 규율하고 있어 상용화된 평상시의 상황에 대한 역할은 없다.

> ■ 제14조(규제신속확인) ① 시범운행지구에서 자율주행자동차를 운행하려는 자는 이를 규제하는 법령의 적용 여부 및 해석 등의 확인("규제확인")을 국토교통부장관에게 요청할 수 있다. ② 제1항에 따라 규제확인 요청을 받은 국토교통부 장관은 권한의 범위 내에서 규제확인을 할 수 있다. 이 경우 요청을 받은 날부터 30일 이내에 회신하여야 한다. ③ 국토교통부 장관은 제1항에 따른 요청이 다른 행정기관의 소관 사항인 경우 해당 행정기관의 장에게 통보하여야 한다. ④ 해당 행정기관의 장은 제3항에 따른 통보를 받은 날부터 30일 이내에 검토하여 이를 요청한 자와 국토교통부장관에게 회신하여야 한다. ⑤ 제2항 및 제4항에 따른 규제확인에 관한 사항을 검토하기 위하여 규제확인을 요청한 자에게 자료보완을 요구한 경우에는 그 보완에 걸린 기간은 해당 기간에서 제외한다.
> 제19조(보험가입 의무) 시범운행지구에서 자율주행자동차에 관한 연구·시범운행을 하는 자는 연구·시범운행으로 인해 발생할 수 있는 인적·물적 손해

를 배상하기 위하여 대통령령으로 정하는 보험("책임보험")에 가입하여야 한다.

제20조(익명처리된 개인정보 등의 활용에 대한 다른 법령의 배제) 자율주행자동차를 운행하는 과정에서 수집한 다음 각 호의 정보의 전부 또는 일부를 삭제하거나 대체하여 다른 정보와 결합하는 경우에도 더 이상 특정 개인을 알아볼 수 없도록 익명처리하여 정보를 활용하는 경우에는 「개인정보보호법」, 「위치정보의 보호 및 이용 등에 관한 법률」 및 「정보통신망 이용촉진 및 정보보호 등에 관한 법률」의 적용을 받지 아니한다.

제4절
포렌식과 증거배제의 법칙

I. 제조사 책임

1. 제조물책임법상 책임

완성차인 경우 자율주행자동차도 제조물책임법의 적용대상이다. 제조물책임법 제3조는 "제조업자는 제조물의 결함으로 생명·신체 또는 재산에 손해(그 제조물에 대하여만 발생한 손해는 제외)를 입은 자에게 그 손해를 배상하여야 한다."라고 규정하고 있다. 제2조 제3호에 따라 수입업자, 원재료 혹은 부품 제조업자도 제조업자 범위에 포함된다. 법 제5조는 "동일한 손해에 대하여 배상할 책임이 있는 자가 2인 이상인 경우에는 연대하여 그 손해를 배상할 책임이 있다."라고 규정하고 있다.

제조물책임법 제2조는 그 결함에 대해 '제조상의 결함', '설계상의 결함'과 '표시상의 결함'으로 구분하고 있지만, 그 결함의 피해자의 입증은 쉽지가 않다.

'제조상의 결함'은 '제조업자가 제조물에 대하여 제조상 가공상의 주의의무를 이행하였는지에 관계없이 제조물이 원래 의도한 설계와 다르게 제조 및 가공됨으로써 안전하지 못하게 된 경우'를 말한다. 대법원은 '기능이상 법리'에 따라 "소비자 측에서 그 사고가 제조업자의 배타적 지배하에 있는 영역에서 발생한 것임을 입증하고, 그러한 사고가 어떤 자의 과실 없이는 통상 발생하지 않는다고 하는 사정을 증명한다면 합리적 안전성을 갖추지 못한 결함이 있었고, 그 결함으로 말미암아 사고가 발생하였다고 추정할 수 있다."라고 판단하였다.

'설계상의 결함'은 '제조업자가 합리적인 대체설계를 채용하였더라면 피해나 위험을 줄이거나 피할 수 있었음에도 대체설계를 채용하지 아니하여 해당 제조물이 안전하지 못하게 된 경우'를 말한다. 대법원은 "일반적으로 제조물을 만들어 판매하는 자는 제조물의 구조, 품질, 성능 등에 있어서 현재의 기술수준과 경제성 등에 비추어 기대가능한 범위 내의 안전성을 갖춘 제품을 제조하여야 하고, 이러한 안전성을 갖추지 못한 결함으로 인하여 그 사용자에게 손해가 발생한 경우에는 불법행위로 인한 배상책임을 부담하게 된다. 그 결함 중 주로 제조자가 합리적인 대체설계를 채용하였더라면 피해나 위험을 줄이거나 피할 수 있었음에도 대체설계를 채용하지 아니하여 제조물이 안전하지 못하게 된 경우를 말하는 소위 설계상의 결함이 있는지 여부는 제품의 특성 및 용도, 제조물에 대한 사용자의 기대의 내용, 예상되는 위험의 내용, 위험에 대한 사용자의 인식, 사용자에 의한 위험회피의 가능성, 대체설계의 가능성 및 경제적 비용, 채택된 설계와 대체설계의 상대적 장단점 등의 여러 사정을 종합적으로 고려하여 사회통념에 비추어 판단하여야 할 것"이라는 입장이다. 설계상의 결함은 현재 자율주행 기술설계의 폭이 작아 '합리적인 대체설계'를 찾기 힘들다. 그 책임은 사업자에게 유리하다.

'표시상의 결함'은 '제조업자가 합리적인 설명 지시, 경고 또는 그 밖의 표시를 하였더라면 해당 제조물에 의하여 발생할 수 있는 피해나 위험을 줄이거나 피할 수 있었음에도 이를 하지 아니한 경우'를 말한다. 이는 제조업자가 소비자에게 위험을 경고하는 것과 제조업자가 소비자에게 합리적인 취급 방법을 설명, 지시하는 것으로 나눌 수 있다. 오지 등 GPS가 제대로 작동하지 않는 곳에 당도하였을 때 소비자에게 오작동의 위험을 알리는 것은 전자에 해당하고, 소비자에게 낯선 첨단 기술인 자율주행을 이용하는 방법을 설명하는 것은 후자에 해당한다. '표시상의 결함'은 2-3단계의 자율주행이 운전자를 보조하며 비상상황 발생 시 운전자의 대응을 전제로 하며, 그 비상상황의 발생을 운전자에게 경고하는 것이 주된 기능이기에 논란이 된다. 4단계 이상의 기술이 등장한다면 '표시상의 결함'의 중요성은 떨어진다.

제조물책임법은 합리적인 면책사유 및 입증이 있다면 사업자 손해배상의 책임은 없다. 제조업자가 해당 제조물을 공급하지 아니하였다는 사실, 제조업자가 해당 제조물을 공급한 당시의 과학 및 기술 수준으로는 결함의 존재를 발견할 수 없었다는 사실, 제조물의 결함이 제조업자가 해당 제조물을 공급한 당시의 법령에서 정하는 기준을 준수함으로써 발생하였다는 사실, 원재료나 부품의 경우에는 그 원재료나 부품을 사용한 제조물 제조업자의 설계 또는 제작에 관한 지시로 인하여 결함이 발생하였다는 사실 등이 대표적인 면책사유다. 논란이 되는 '당시의 과학 및 기술수준'의 면책은 '개발위험의 항변'에 관한 문제이다. 개발위험의 항변이 인정되지 않는다면 기술개발이 저해되거나 소비자의 실질적인 이익을 저해할 수 있기에 책임면제사유로 규정하고 있다. 소비자에게는 불리한 환경이다. 이익은 사업자가 취하고 손해는 사회적으로 배분되는 상황이다.

제조물책임법 제3조 제2항은 제조업자가 제조물의 결함을 알면서도 그 결함에 대하여 필요한 조치를 취하지 아니한 결과로 생명 또는 신체에 중대한 손해를 입은 자가 있는 경우에는 그 자에게 발생한 손해의 3배를 넘지 아니하는 범위에서 배상책임을 진다(법정손해배상제도)고 규정하고 있다. 제조업자는 그 제조물에 결함이 있거나 있을 수 있다는 것을 알고도 조치를 취하지 않으면 면책을 주장할 수 없다. 생명 또는 신체에 중대한 손해를 입은 자가 있는 경우에는 배상책임을 부담한다. 현실적으로 피해자의 결함입증은 불가능하기에 법정손해배상의 실현은 어렵다. 피해자 구제를 위해 원자력손해배상법 제3조처럼 완전 무과실책임인정 도입도 쉽지가 않기에 '입증책임의 전환'을 고려할 필요가 있다. 자율주행자동차의 경우 제조업체만이 증거로 삼을 수 있는 운행기록을 보유하는 등 제조업체의 배타적 지배영역에 있기에 'Discovery 제도'의 도입도 고려할 필요가 있다.

자율주행기술의 '알고리즘'은 sensor와 GPS 등을 통해 수집한 각종 정보들을 처리하여 자동차 운전에 필요한 계획을 수립하고 판단을 내리고, 이를 위한 자동차 제어에 필요한 명령을 내려 '작동기'를 통해 구동장치와 조향장치를 조작하는 소프트웨어 프로그램이다. 안전을 위한 필수적 요소다. 소프트웨어 오류가 발생할 경우 사고 위험성도 증가한다는 문제가 발생한다. 소프트웨어의 제조물 인정 유무가 논의가 된다. 소프트웨어를 제조물로 볼 수 없다. 제조물책임법은 동산을 대상으로 하기에 소프트웨어는 인간의 지적 창작물로서 관리 가능한 자연력이 아니기에 동산으로 볼 수가 없다. 자율주행 소프트웨어의 경우 운행의 필수적인 요소로서 작용한다는 점에서 자율주행소프트웨어를 제조물로 인정하는 입법이 필요하다.

2. 자동차관리법상 책임

자동차관리법은 자율주행자동차에 대하여 시험 및 연구목적의 임시운행과 자율주행자동차를 임시 운행하려는 자에 대한 국토교통부 장관의 임시운행허가만을 다루고 있을 뿐이다. 시행규칙 제26조의2 제1항은 법 제27조에 자율주행자동차 임시운행허가 발급을 위해 반드시 갖추어야 한다고 규정된 '안전운행 요건'을 규정하고 있다.

자동차관리법은 자동차의 구조 및 장치에 대한 '자동차 안전기준'을 규정하고 있다. 제29조에서 자동차에 사용되는 부품 및 장치 또는 보호장구의 안전기준 부합 여부를 엄격하게 판단하여, 안전운행의 저해를 촉발시킬 것으로 판단되는 경우 운행 자체를 금지한다. 이때 자동차가 안전기준에 해당하기 위해 필요한 부품 및 장치는 대통령령으로써 정하고, 자동차손해배상법에서 중요하게 다루어지는 결함의 요인이 된다. 이를 자율주행자동차에도 그대로 적용이 된다.

3. 자동차손해배상보장법상 책임

자동차손해배상보장법 제29조는 자동차의 결함으로 인하여 사고가 발생하였을 시와는 별개로 '운행자 책임으로 발생한 사고'에 대해 보험회사 등이 이미 보험금 등을 지급하였을 때 해당 사고에 대하여 손해배상책임이 있는 자에게 금액구상이 가능한 경우(구상권)를 규정하고 있다(제29조의2). 도로교통법에 따른 자동차를 운행할 수 있는 자격을 갖추지 아니한 상태(자격의 효력이 정지 포함)에서 자동차를 운행하다가 일으킨 사고, 도로교통법 제44조 제1항을 위반하여 술에 취한 상태에서 자동차를 운행하다가 일으킨 사고, 도로교통법 제54조 제1항에 따른 조치를 하지 아니한 사고의 경우다. 동 법은 운행자 책임위주의 규정이어서 고도화된 자율주행의 경우 운전자의 개입은 줄어들기에 법적 책임 영역이 불명확해지는 경우가 많다.

제39조의17 제4항은 "자율주행자동차 사고로 인한 피해자, 자율주행자동차의 제작자 등 또는 자율주행자동차 사고로 인하여 피해자에게 보험금 등을 지급한 보험회사 등은 대통령령으로 정하는 바에 따라 사고조사위원회에 대하여 사고조사위원회가 확보한 자율주행정보 기록장치에 기록된 내용 및 분석·조사결과의 열람 및 제공을 요구할 수 있다."라고 규정되어 있다. 따라서 동 법 제29조의2에서 다루고 있는 자율주행자동차사고 원인으로서의 결함에 대한 책임의 소재는 우선 사고조사위원회의 조사를 거치는 과정 필요하다. 자율주행자동차사업 관계자 및 기술자가 사고조사위원회 과반수 구성의 경우 자율주행자동차 사고의 피해자에게 불리한 상황이 조성될 가능성이 높다.

승객이 아닌 자가 그러한 사상의 피해를 입었을 때 운행자 및 운전자가 그 운행에 주의를 게을리 하지 않았고, 피해자 또는 제3자에게 고의 및 과실이 있으며, 자동차 구조상 결함이나 기능상 장해의 부재를 증명하였을 경우 혹은 승객이 고의로 그러한 피해 시 운행자에게 책임을 묻지 않는다. 이때 자율주행자동차 사고가 운전자의 부주의가 원인이 되어 발생한 것이 아니고, 자율주행자동차 자체의 '결함'으로 인하여 발생한 경우 운행자 및 당해 보험회사는 면책이 된다. 그러므로 차체의 결함으로 인해 발생한 사고는 제조자의 책임으로 보며, 보험회사 등은 제조물책임을 물어 제조사에 대하여 이미 지급한 보험금 등을 구상할 수 있다.

일반 자동차의 제작결함의 시정에 대해서는 제31조 제1항 법문에서 "자동차 또는 자동차부품이 자동차 안전기준 또는 부품 안전기준에 적합하지 아니하거나 안전운행에 지장을 주는 등의 결함이 있는 경우 … 그 사실을 공개하고 시정조치를 하여야 한다."라고 규정하고 있다. 그러나 자율주행자동차의 '결함'에 대해 자동차손해배상

보장법은 별도의 규정을 두고 있지 않다. 준용 유무에 대한 논란이 가능하다.

II. 운행자 책임

1. 교통사고처리특례법

교통사고처리특례법은 업무상 과실 또는 중대한 과실로 교통사고를 일으킨 운전자에 관한 형사처벌 등의 특례를 정함으로써 교통사고로 인한 피해의 신속한 회복을 촉진하고 국민생활의 편익을 증진함을 목적으로 하고 있다.

자율주행자동차의 사고 시 제2조 제17호에 따라 면제 등에 관한 교통사고처리특례법이 적용이 가능하다. 자율주행자동차의 운행자가 보험 등에 가입하였다면 동법 제3조에 규정된 예외적인 경우에 해당하는 경우가 아니라면 동 법의 특례를 적용하여 그의 형사적 책임에 대한 공소는 제기할 수 없다. 운행을 위해 보험가입은 강제적인 상황에서 동 법은 인간의 운행을 전제로 만든 법이기에 인간의 개입이 사실상 없는 고도화된 자율주행 단계에서의 적용을 위한 별도의 규정이 필요하다.

> 제3조(처벌 특례) ① 차의 운전자가 교통사고로 인하여 「형법」 제268조의 죄를 범한 경우에는 5년 이하의 금고 또는 2천만원 이하의 벌금에 처한다. ② 차의 교통으로 제1항의 죄 중 업무상과실치상죄 또는 중과실치상죄와 「도로교통법」 제151조의 죄를 범한 운전자에 대하여는 피해자의 명시적인 의사에 반하여 공소를 제기할 수 없다. 다만, 차의 운전자가 제1항의 죄 중 업무상과실치상죄 또는 중과실치상죄를 범하고도 피해자를 구호하는 등 「도로교통법」 제54조 제1항에 따른 조치를 하지 아니하고 도주하거나 피해자를 사고 장소로부터 옮겨 유기하고 도주한 경우, 같은 죄를 범하고 「도로교통법」 제44조 제2항을 위반하여 음주측정 요구에 따르지 아니한 경우(운전자가 채혈 측정을 요청하거나 동의한 경우는 제외)와 다음 각 호의 어

느 하나에 해당하는 행위로 인하여 같은 죄를 범한 경우에는 그러하지 아니하다. 1. 「도로교통법」 제5조에 따른 신호기가 표시하는 신호 또는 교통정리를 하는 경찰공무원 등의 신호를 위반하거나 통행금지 또는 일시정지를 내용으로 하는 안전표지가 표시하는 지시를 위반하여 운전한 경우 2. 「도로교통법」 제13조 제3항을 위반하여 중앙선을 침범하거나 같은 법 제62조를 위반하여 횡단, 유턴 또는 후진한 경우 3. 「도로교통법」 제17조 제1항 또는 제2항에 따른 제한속도를 시속 20킬로미터 초과하여 운전한 경우 4. 「도로교통법」 제21조 제1항, 제22조, 제23조에 따른 앞지르기의 방법·금지시기·금지장소 또는 끼어들기의 금지를 위반하거나 같은 법 제60조 제2항에 따른 고속도로에서의 앞지르기 방법을 위반하여 운전한 경우 5. 「도로교통법」 제24조에 따른 철길건널목 통과방법을 위반하여 운전한 경우 6. 7. 8. 도로교통법 제44조 제1항을 위반하여 술에 취한 상태에서 운전을 하거나 같은 법 제45조를 위반하여 약물의 영향으로 정상적으로 운전하지 못할 우려가 있는 상태에서 운전한 경우 9. 도로교통법 제13조 제1항을 위반하여 보도가 설치된 도로의 보도를 침범하거나 같은 법 제13조 제2항에 따른 보도 횡단방법을 위반하여 운전한 경우 10. 도로교통법 제39조 제3항에 따른 승객의 추락 방지의무를 위반하여 운전한 경우 11. 도로교통법 제12조 제3항에 따른 어린이 보호구역에서 같은 조 제1항에 따른 조치를 준수하고 어린이의 안전에 유의하면서 운전하여야 할 의무를 위반하여 어린이의 신체를 상해에 이르게 한 경우 12. 도로교통법 제39조 제4항을 위반하여 자동차의 화물이 떨어지지 아니하도록 필요한 조치를 하지 아니하고 운전한 경우

제4조(보험 등에 가입된 경우의 특례) ① 교통사고를 일으킨 차가 보험업법 제4조, 제126조, 제127조 및 제128조, 「여객자동차 운수사업법」 제60조, 제61조 또는 「화물자동차 운수사업법」 제51조에 따른 보험 또는 공제에 가입된 경우에는 제3조 제2항 본문에 규정된 죄를 범한 차의 운전자에 대하여 공소를 제기할 수 없다. 다만, 다음 각 호의 어느 하나에 해당하는 경우에는 그러하지 아니하다. 1. 제3조 제2항 단서에 해당하는 경우 2. 피해자가 신체의 상해로 인하여 생명에 대한 위험이 발생하거나 불구가 되거나 불치 또는 난치의 질병이 생긴 경우 3. 보험계약 또는 공제계약이 무효로 되거나 해지되거나 계약상의 면책 규정 등으로 인하여 보험회사, 공제조합 또는 공제사업자의 보험금 또는 공제금 지급의무가 없어진 경우

2. 도로교통법

도로교통법 제151조는 "차 또는 노면전차의 운전자가 업무상 필요한 주의를 게을리하거나 중대한 과실로 다른 사람의 건조물이나 그 밖의 재물을 손괴한 경우에는 2년 이하의 금고나 500만원 이하의 벌금에 처한다."를 규정하고 있다. 이때의 '필요한 주의'에 대해 제49조는 어린이가 보호자 없이 도로를 횡단할 때 등 어린이에 대한 교통사고의 위험이 있는 것을 발견할 경우, 앞을 보지 못하는 사람이 도로를 횡단하고 있는 경우, 운전자가 운전 중 휴대용 전화(자동차용 전화를 포함)를 사용할 경우의 주의 등을 포함하여 규정하고 있다.

그 주의의무는 자율주행자동차의 발전단계에 따라 다르다. 자동차손배배상보장법 제3조 제1호가 중요한 역할을 할 수가 있다. SAE 3단계에서의 '주의의무'는 '운행지배', 혹은 '운행지배책임'이 자율주행자동차로부터 인간에게로 이전되는 경우가 중점이 될 것이다. 그 이상의 단계에서는 운행자의 책임을 묻기가 어려워진다.

3. 민법

민법 제55조 감독자 책임을 자율주행자동차 사고에 적용할 경우에는 자율주행자동차의 운행자가 자율주행자동차의 운전에 대한 감독의무를 가진다는 것을 전제로 하고 있다. 소프트웨어를 통해 관리되는 자율운행장치는 동 법에서 다루는 책임능력을 소유할 수 있는 '자'인 권리의 주체인 '인'(人)의 지위를 갖는다고 볼 수 없으므로 해당 법률을 자율주행자동차와 그 사고에 적용하기가 어렵다. 별도의 입법이 없는 한 사고 시 민법규정의 적용은 어렵다.

4. 자동차손해배상보장법

자율주행과 관련해서 가장 밀접하게 관련이 있는 법률이 자동차손해배상보장법이다. 법 제3조의 운행자책임은 자동차의 운행자에게 사실상 무과실 책임을 지우

■ **자동차손해배상보장법 제3조(자동차손해배상책임)** 자기를 위하여 자동차를 운행하는 자는 그 운행으로 다른 사람을 사망하게 하거나 부상하게 한 경우에는 그 손해를 배상할 책임을 진다. 다만, 다음 각 호의 어느 하나에 해당하면 그러하지 아니하다. 1. 승객이 아닌 자가 사망하거나 부상한 경우에 자기와 운전자가 자동차의 운행에 주의를 게을리 하지 아니하였고, 피해자 또는 자기 및 운전자 외의 제3자에게 고의 또는 과실이 있으며, 자동차의 구조상의 결함이나 기능상의 장해가 없었다는 것을 증명한 경우 2. 승객이 고의나 자살행위로 사망하거나 부상한 경우

는 형식이다. 대법원도 "법 제3조의 취지에 대하여 위험책임과 보상책임 원리를 바탕으로 하여 자동차에 대한 운행지배와 운행이익을 가지는 자에게 그 운행으로 인한 손해를 부담하게 하고자 한다."라는 입장이다. 이는 자동차손해배상보장법상 피해자의 손해배상을 위해서는 책임주체인 운행자에 대한 '운행자성'이 자율주행자동차에게도 인정될 수 있는지 혹은 자율주행자동차로 인한 사고발생 시 누가 '운행자'에 해당하는지를 밝히는 작업이 필요함을 보여준다. 고도화된 자율주행단계에서 운행자의 결정이 쉽지가 않다. 단서 조항의 해석도 논란이 된다.

제5절

운행자성과 운전자성

I. '운전과 운행', '운전자와 운행자'

1. '운전과 운행'

현재의 법제에서는 자율주행자동차의 사고의 경우 주요 법제는 자동차손해배상보장법이다. 판례는 '운행자 및 당해 자동차의 운전자와 운전보조자를 제외한 자'를 '타인'으로 보고 있다. 자율주행자동차에 특화된 별도의 입법이 없는 한 자율주행자동차에 다른 사람을 위하여 자동차를 운전하거나 운전을 보조하는 일에 종사하는 것을 뜻하는 '운전자성'과 사람 또는 물건의 운송 여부와 관계없이 자동차를 그 용법에 따라 사용하거나 관리하는 것을 뜻하는 '운행자성'이 인정될 수 있는지에 대한 논의는 필수적이다. 또 '운전과 운행'의 구별도 필요하다.

'운전'에 대해 도로교통법 제2조 제26호에서는 "도로에서 차마를 그 본래의 사용방법에 따라 조종하고 사용하는 것"이라고 규정하고 있다. 대법원에서는 "운전의 개념은 고의의 운전행위만을 의미한다. 자동차 안에 있는 사람의 의지나 관여 없이 자동차가 움직인 경우에는 운전에 해당하지 않는다."라고 판시했다. 이는 자율주행이란 개념이 나오기 전의 판단으로 수정되어야만 한다.

'운전'은 도로교통법상 장소적 이동을 유발하는 행위를 의미하지만, 자동차손해배상보장법상 '운행'은 장소적 이동 외에 주행 중이 아니더라도 차량의 각종 장치를 그 용법에 따라 사용하거나 관리하는 것을 의미한다. '운행'의 개념이 '운전'의 개념보다 광의이다. 자율주행자동차는 '운행' 개념으로 접근을 해야 한다.

2. '운전자와 운행자'

자동차손해배상보장법 제2조 제4호에서는 '운전자'를 "다른 사람을 위하여 자동차를 운전하거나 운전을 보호하는 일에 종사하는 사람"이라고 정의하고 있다. 동법 제3조는 '운행자'를 "자기를 위해 자동차를 운행하는 자"라고 정의하고 있다. 법 제4조에서는 "자기를 위하여 자동차를 운행하는 자의 손해배상 책임에 대하여는 제3조에 따른 경우 외에는 민법에 따른다(운행자 규정)."라고 규정하면서 운전자의 손해배상 책임에 따른 독자적인 특칙이 없다. 민법 제750조 이하의 불법행위책임에 따른 관리책임으로는 피해구제가 사실상 힘들다. 이러한 상황에서는 피해의 실질적 구제를 위한다면 인간의 개입이 사실상 없는 고도의 자율주행의 경우 논란이 생긴다.

도로교통법상의 운전자를 자율주행시스템을 일정 상황하에 제어할 수 있는 자율주행자동차 소유자 등을 포함시킨 개념으로서 확대할 필요가 있다. 즉, 운전자라는 개념은 운전조작자, 소유자, 탑승자, 이용자 등 자율주행자동차를 이용하는 사람을 포함한 개념으로 확장할 필요가 있다.

II. 운행자의 운행지배와 운행이익

자동차손해배상보장법 제3조의 해석에 있어 대법원은 '자기를 위하여 자동차를 운행하는 자'를 '사회통념상 당해 자동차에 대한 운행을 지배하여 그 이익을 향유하는 책임주체로서 지위에 있다고 할 수 있는 자'라고 본다. 즉, 운행지배와 운행이익을 만족하여야 운행자성을 인정할 수 있다. 운행이익은 '이익을 얻는 과정에서 타인에게 손해를 준 경우에는 그 이익으로 배상해주는 것이 공평하다는 보상책임주의'를

> ■ 자동차손해배상보장법 제3조(자동차손해배상책임) 자기를 위하여 자동차를 운행하는 자는 그 운행으로 다른 사람을 사망하게 하거나 부상하게 한 경우에는 그 손해를 배상할 책임을 진다. 다만, 다음 각 호의 어느 하나에 해당하면 그러하지 아니하다. 1. 승객이 아닌 자가 사망하거나 부상한 경우에 자기와 운전자가 자동차의 운행에 주의를 게을리 하지 아니하였고, 피해자 또는 자기 및 운전자 외의 제3자에게 고의 또는 과실이 있으며, 자동차의 구조상의 결함이나 기능상의 장해가 없었다는 것을 증명한 경우 2. 승객이 고의나 자살행위로 사망하거나 부상한 경우

기초로 하며 '자동차의 사용으로 인한 이익이 자기에게 귀속되는 것을 의미한다. 직접적인 경제이익 이외에 간접적인 경제이익과 정신적인 만족감까지 포함하는 넓은 개념'이다. 운행지배란 '사회적인 위험을 만들어 내고 관리하는 자는 그 위험으로부터 발생하는 손해에 대해 절대적인 책임을 부담해야 한다는 위험책임주의'를 기초로 하며 자동차의 사용에 관한 지배가 자기에게 속한다는 것을 의미하고 여기서의 지배는 사실상의 지배나 현실적인 지배뿐만 아니라 관념상의 지배까지 포함한다.

자율운행자동차의 운행자성을 인정하기 위한 운행지배와 운행이익을 알아보기 위해서는 자율운행 단계에 따라 나눠 볼 필요가 있다.

'자동차 보유자'는 자동차 소유자나 자동차를 사용할 권리가 있는 자로 대법원은 '자동차 소유자는 제3자의 무단운전 중에 사고가 발생하였다고 하더라도 구체적으로 그 운행에 있어 소유자의 운행지배 및 운행이익을 완전히 상실하였다고 인정되는 특별한 사정이 없는 한 운행공용자로서의 책임을 면할 수 없다.'의 입장이다.

SAE 2단계까지의 부분 자율주행자동차는 전통적인 자동차의 개념에 운전의 편의를 위한 각종 보조장치가 부착되어 인간 운전자의 운전을 보조하고 있다. 운전자의 운전이 본질적이고 자율운행 시스템이 부차적인 편의를 제공하는 것뿐이므로 전통적인 자동차에서의 인간 운전자의 운전과 차이가 없다. 본래 운행자 책임은 무

과실 책임에 가까운 책임이다. 2단계까지의 자율주행 자동차의 위험원은 인간 운전자가 통제하므로 통제자에게 운행자 책임을 지우고 있다.

SAE 3단계 자율주행자동차의 경우 인간 운전자와 자율운행시스템의 운전지배가 각기 제한적으로 이루어진다. 완전 자율주행자동차와 달리 자율주행시스템의 운전지배 또한 제한적이다. SAE 3단계의 자율주행자동차는 '역동적 운전작업'을 자율주행시스템이 담당한다. '역동적 운전작업'은 '차량을 도로교통상 작동시키기 위해 요구되는 실시간(real-time)의 전술적(tactical) 기능'을 의미한다. 이는 시동을 거는 행위부터 경로계획, 조향, 가속, 제동장치의 이용 등을 포함한다. 하지만 '역동적 운전작업'을 제외한 비상상황의 경우에는 차량의 지배권이 인간 운전자에게 돌아가 비상상황에 대한 대처와 최소 위험상태의 확보를 인간 운전자가 해야 한다. 따라서 SAE 3단계의 자율주행자동차는 운행지배가 인간과 자율주행시스템으로 양분된다.

운전자가 자동차를 이용하여 목적지에 도달하는 등 운행이익을 얻는 것과 같이 자율주행시스템을 판매하여 직접적인 이익을 얻으며 각종 데이터를 수집할 수 있는 제조업체의 운행이익도 인정되어야 타당하다. 따라서 자율주행시스템이 작동하는 역동적 운전작업의 상황하에 발생한 사고는 제조업체와 보유자 양측 모두 운행자성을 인정하여 운행자로 볼 수 있다. 제조업자의 운행자성을 인정하는 것은 또한 자동차손해배상보장법이 지닌 피해자 구제의 성격을 확인할 수 있어 타당하다. 하지만 자율주행시스템이 작동하지 않는 상황의 경우 운행지배는 온전히 인간 운전자에게 맡겨져 있으므로 인간 운전자만의 운행자성을 인정해야 한다.

ADSE(Automated Driving System Entity)는 제조업체가 완성차 혹은 자율주행시스템의 생산 판매단계에서 요구되는 안전기준을 자기 스스로 인증하여 본인이 생산하는 자율주행자동차가 안전기준을 충족하는 것을 확약하고, 자율주행시스템의 후견인으로 자신을 등록하여 후견적 책임을 질 것을 선언하는 행위다. ADSE와 자동차 보유자에게 자율주행시스템 작동 중에 한해 공동운행자가 되어 피해자에 대해 각자 손해배상책임을 부담하게 할 필요가 있다.

제16장

사이버 보안과 포렌식

제1절
사이버 보안

I. 역사

'사이버 보안'(security)은 정보를 생성, 저장, 전송하는 시스템 하드웨어 및 소프트웨어까지 보호하는 것을 말한다. 네트워크상 범법행위로부터 수립, 보호를 위한 인원 훈련 및 실행, 교육 등의 업무를 수행한다. 사이버 보안은 컴퓨터 보안(computer security)의 역사부터 시작되었다. 컴퓨터 보안은 컴퓨터의 하드웨어, 소프트웨어 및 데이터를 외부의 위협으로부터 보호하는 것을 말한다. '보안'은 '보호'(security)와 같은 의미로 '위협에서 안전한 정도'를 의미한다.

1960년의 냉전 시대에는 군사정보의 원활한 소통과 적에 공격으로부터 잘 버틸 수 있는 최선의 보안 모습은 '그물형 네트워크'였다(ARPANET). 1970년부터 개인용 컴퓨터가 등장하면서 hacker의 개념 및 바이러스 Morris Worm 등이 등장했다. 1990년대부터 개인 컴퓨터 증가로 인하여 컴퓨터 간 네트워크가 점차 확대되면서 상업용 인터넷이 탄생하게 되었다. 1990년도에는 초기의 특정 전문가 외에도 누구든 네트워크를 사용하여 정보를 공유할 수 있도록 인터넷에 접속할 수 있도록 되었다. 2000년대부터는 컴퓨터 연계기술의 발달은 네트워크에 국한되지 않고 유비쿼터스 환경 혹은 클라우딩 컴퓨터 환경, 사물인터넷 시대, 핀테크 시대 등으로 점차 발달해 나가고 있다. 최초로 '분산서비스거부공격'(DDoS: Distributed Denial of Service Attack)이 발생을 했다.

사이버 보안에 대한 공격자들의 행위는 상당수 범죄행위이고 이 범죄자들은 투자수익률을 기반으로 해킹 사업을 하는 경향이 강하다. 은행이 가장 빠르게 사이버 공격의 표적이 된 이유는 거기 돈이 있기 때문이고, 대규모 소매업이 사이버 공격의 표적이 된 이유도 돈이 되는 신용카드 정보가 있기 때문이다.

사이버 보안에 있어 공격을 찌르는 '창'에, 이를 막고 방어하는 것을 '방패'라고 본다면 '창'에 해당하는 분야는 해킹 및 데이터 위변조 등이 위험요소에 관한 내용이다. '방패'에 해당하는 분야는 방어기술인 암호와 인증에 관한 내용이다. 사이버 보안 공격자들은 역동적이고 민첩하며 규칙도 없다. 사이버 보안에는 정보의 비대칭성이 존재하며 사이버 공격보다 방어가 더 어렵기에 개별 주체가 완벽하게 방어를 하는 것은 어렵다. 연대의 필요성이 크다.

공공 혹은 민간의 성리버 보안의식도 변해 보안에 들어가는 노력과 비용을 투자 개념으로 바라보면서 컴퓨터의 발달과 보안은 창과 방패처럼 상호 공존하면서 진전을 하고 있다. 실질적으로 사이버 공간을 감독할 수 있는 유일한 사람은 CEO이다. 해당 책임자는 사이버 보안 위험에 적극적으로 대응해야 한다. 디지털 전환은 미래의 핵심이기에 그는 사이버 보안 위협의 종류를 이해해야 한다. 가격도 보안을 보장하지 않으며, 생산성과 가능성을 중심으로 균형 잡힌 프로그램이 차선의 사이버 보안 준비 대책이라는 것도 유의할 필요가 있다.

II. 사이버 보안의 구성요소

1. 기밀성과 무결성

'정보의 기밀성'은 민감정보를 포함한 영업정보가 외부로 노출되지 않는 것을 의미한다. 그 정보가 외부로 노출되면 피해는 상당하다. 그 정보가 최첨단 기술이라면 회복은 사실상 불가능하다. 기밀성은 서버에서 생성되거나 처리 및 저장되는 데이터에 암호화 기술을 적용할 것을 요구하고 있다. 정보의 기밀성 침해는 "부정경쟁 방지 및 영업비밀 보호에 관한 법률" 등에서 적극적으로 보호하고 있다.

'정보의 무결성'은 이용자의 식별 외에도 정보가 네트워크를 통하여 송수신되는 내용을 불법적으로 위변조 등 변경하거나 훼손 및 삭제 등이 되지 않도록 보호해야 한다는 것을 말한다. 정보가 훼손되지 않도록 보호되고 안전하게 유지해야 무결성 보호라고 표현한다. 법정에서는 무결성이 훼손이 되었다는 판단을 하면 과거와 달리 그 정보에 대한 증거능력을 인정하지 않는다. 그래서 무결성을 수월하게 증명하기 위해 법정에서 인정되곤 하는 표준화된 프로그램을 사용하려는 관행이 있다.

2. 가용성과 인증성

'정보의 가용성'은 법 혹은 규정에 따라 인가된 사람이 시스템에 접근할 수 있고 자료를 손쉽게 입수할 수 있도록 허용하는 것을 의미한다. 접근통제를 통해 이용자 유형과 접근권한을 파악해 비인가된 접근을 통제하고 있다. 법에서는 그 인가된 숫자까지 통제하는 경우도 있다. 접근자의 최소화는 보안에 도움이 되기 때문이다. 인가된 자가 그 정보의 핵심이라면 "국가 첨단전략산업 경쟁력 강화 및 육성에 관한 특별조치법" 제14조를 통해 그에 대한 DB가 만들어지고 해외 출장까지도 국가에서 관리하고 있는 상황이다.

'정보의 인증성'은 이용자의 신원확인 또는 정보문서 자체의 올바른 것인가를 확인하는 행위를 말한다. 운전면허증, 주민등록증, 여권으로 신분을 확인할 수 있는 것처럼 '공동인증제와 사설인증제'가 있다. 사설 인증의 보안능력이 뛰어나기에 국가의 공인인증제도는 폐지가 됐다. IoT 기기에 대한 정보보호 인증은 KISA에서 무료로 받을 수 있다. 모든 국가기관과 중요 민간시설에 대한 암호화를 통한 인증은 국가정보원법에 따라 국가정보원이 책임지고 있다. 인증기술의 발달은 해킹기술의 발달과 속도를 같이 하는 특징이 있다. 정보의 인증성은 정보 송신자나 수신자가 정보유통 사실에 대해서 부인하지 못하게 막는 것을 의미하는 '정보의 부인방지' 역할도 겸하고 있다.

III. 홈네트워크(월패드 등) 보안

dark web상에서 아파트 월패드 카메라를 통해 불법촬영한 영상의 유포를 막기 위해서는 비용상승의 문제는 있겠지만 보안의 강화가 필요하다. 과학기술정보통신부의 "지능형 홈네트워크 설비 설치 및 기술 기준 고시"는 홈 네트워크 설비 설치자가 설비유지·관리 매뉴얼을 관리주체와 입주자대표회의에 제공할 의무, 단지 서버와 세대별 홈 게이트웨이 사이 망을 물리적 또는 논리적으로 분리해 구성할 의무, 홈 네트워크 설비는 데이터 기밀성·데이터 무결성·인증·접근통제·전송 데이터 보안 등 보안 요구사항 준수 의무, 정보보호 인증 획득 기기 설치 권고 등의 내용으로 구성되어 있다.

제2절

인터넷 공유기와 IP주소

I. 개념과 기능

공유기는 '인터넷 IP주소 공유기'를 말한다. 보안을 위해 무선 랜을 연결할 때마다 암호를 입력하게끔 혹은 쉽지 않은 암호를 입력할 필요가 있다.

그 기능은 인터넷 서비스 업체로부터 할당된 IP주소(공인 IP주소)를 공유기에 설정하고 그 공유기에 각 컴퓨터를 연결하면서 각각의 컴퓨터에 고유한 IP주소(가상 IP소 혹은 사설 IP주소)가 자동적으로 할당됨으로써 각 컴퓨터가 동시에 인터넷에 접속할 수 있다(NAT 기능). 또한 공유기는 네트워크 라인을 분배해주는 분배기(허브 또는 스위치) 역할도 담당하기에 각 공유기마다 독립된 네트워크 구역이 사용되므로 IP주소가 같아도 충돌하지 않는다.

II. IP주소(네트워크의 전화번호)

1. 공개형과 폐쇄형에 따른 구분

공인 IP주소는 공인기관에서 인증한 '공개형(public) IP주소'다. 우체국에서 배달하는 실제 주소처럼 이 주소는 외부로 공개되어 누구라도 그 주소로 우편물을 보낼 수 있는 것처럼, 공인 IP주소도 외부에 공개되어 있어 다른 컴퓨터 등에서 검색 및 접근이 가능하다. 따라서 공인 IP주소를 사용하려면 법령에 따라 보안장비(방화벽 등)가 필요하다. 가정에서는 가입한 인터넷 서비스 회사에서 해당 보안 서비스를 제공하고 있다.

가상 IP주소(private, 사설)는 폐쇄형이다. 가상 IP주소는 내부적으로는 가능하지만 외부에 공개되지 않아 외부에서 검색 및 접근이 근본적으로 불가능하다. 가상 IP주소는 주소 대역이 3개로 고정되어 있다. 인터넷 공유기 특정 프로그램이 그 주소를 생성한다. 가상 IP주소를 사용하는 주요 이유는 IP주소를 공유를 통해 IPv4 체계의 IP주소 부족 문제를 해결할 수 있기 때문이다. 또한 가상 IP주소가 할당된 컴퓨터 등은 내부는 별론으로 하고 외부에서 검색 및 접근이 기본적으로 불가능한 보안의 우수성 때문이다. 인터넷 공유기가 사실상 보안장비의 역할(네트워크 방화벽)도 수행하는 셈이다.

2. 할당방식에 따른 구분

IP주소의 컴퓨터에 배급 및 할당하는 역할은 공인 IP주소라면 해당 인터넷 서비스 업체의 주소 할당 서비스가, 가상 IP주소라면 인터넷 공유기가 이 역할을 수행한다. IP주소를 할당받는 컴퓨터 등은 이를 자동으로 설정할지 아니면 수동으로 설정할지를 선택할 수 있다.

고정 IP주소는 이용자 혹은 사업자가 직접 자동 혹은 수동으로 IP주소를 입력해 주소를 설정하는 방식이기에 특정성(식별가능성)이 높다. 따라서 개인정보성이 인정되고, IP주소가 변경되면 안 되는 컴퓨터(파일공유 서버 등) 등에 적합하다.

유동 IP주소는 IP주소를 할당하는 공유기를 매개체로 하여 'DHCP'(Dynamic Host Configuration Protocol) 서비스를 통해 특정 서버가 보내 주는 정보 그대로 컴퓨터에 자동적으로 설정되는 방식이다. 인터넷 공유기는 가상 IP주소를 생성(NAT 서비스)하여 각 컴퓨터 등에 자동할당(DHCP 서비스)하는 역할을 동시에 수행한다. 컴퓨터가 부팅하면 DHCP 서버에 IP주소 할당을 요청하고, 이를 수신한 DHCP 서버가 해당 컴퓨터에 IP주소 등의 네트워크 정보를 전달하면 컴퓨터에서는 이를 자동으로 등록 및 설정하게 된다. DHCP 서비스는 컴퓨터 수가 많은 환경에서 간편하고 유용하다. 이론적으로 컴퓨터가 매번 부팅할 때마다(즉 IP 할당요청이 발생할 때마다) IP주소는 변경되지만(하나의 공유기는 통상 약 200개의 주소 생성 가능), 이전에 할당 받았던 IP주소 그대로 재할당 받는 경우가 많다. 개인 노트북이나 공용PC방에서는 이용자의 특정이 어렵지만, 그 외의 경우는 쉽게 특정이 가능하다.

3. '서브넷 마스크'(subnet mask)

IP주소가 바늘이라면 '서브넷 마스크'(subnet mask)는 실이다. 네트워크에 연결되려면 이 두 정보는 짝을 이뤄 입력되어야 한다. 서브넷 마스크는 '하위(sub) 네트워크(net)를 구분하는 표기(mask)법'이다. 우편물로 보면 한 집에 두 가구가 사는 경우 주소는 같지만 최종 목적지가 다르다. 주소 마지막에 '1층' 또는 '2층'이라 표기해야 하는 것처럼 서브넷 마스크도 네트워크 구역을 정확하게 구분하는데 사용된다. 즉, 같은 IP주소 대역이라도 네트워크를 독자적 구역으로 나눠주는 역할을 한다.

서브넷 마스크는 이용자가 임의로 설정하는 게 아니다. IP주소를 할당하는 인터넷 서비스 사업자가 제공하는 값을 그대로 입력해야 한다. IP주소가 정확하더라도 서브넷 마스크가 틀리면 접속은 불가능하다. 가구 수가 아파트처럼 단순하다면 IP와 서브넷 마스크를 사업자가 자동설정을 해 무리없이 각 12자리 번호를 입력해준다.

III. Wi-Fi 비밀번호 공유와 한계

1. 개념과 종류, 장단점

케이블 연결(유선)이 된 '근거리 컴퓨터 네트워크 방식'인 랜(LAN: Local Area Network)

은 무선화가 되고 있다. 호환성 문제를 해결하기 위해 '전기전자기술자협회'(IEEE: Institute of Electrical and Electronics Engineers)에서 관련된 무선랜 표준을 제정하면서 1997년에 표준무선랜의 표준규격인 'Wi-Fi'라 불리는 'IEEE 802.11'가 나왔다.

와이파이는 기기의 종류 혹은 사용모드에 따라 무선신호를 전달하는 AP(access point, 무선공유기 등)가 주변의 일정한 반경 내에 있는 복수의 단말기(PC 등)들과 데이터를 주고받는 'infrastructure mode'와 AP 없이 단말기끼리 P2P형태로 데이터를 주고받는 'ad hoc mode'로 나뉜다. 진자는 무선공유기처럼 일반적인 와이파이 사용형태이다. 후자는 블루투스 및 휴대용 게임기 2대를 연결해 2인용 게임 혹은 스마트폰끼리 데이터를 주고받는 등의 용도로 쓴다.

하나의 AP에 동시에 접속하는 와이파이의 특성 때문에 개인정보 유출 혹은 해킹이 가능하다. 공용 와이파이를 이용할 때는 되도록 방화벽이나 바이러스 백신 같은 보안대책을 마련해 두는 것이 좋다. 개인용 공유기는 일반성을 갖고 있지 않은 접속 비밀번호를 설정할 필요가 있다. 유럽사법재판소는 2016년 '무료 와이파이라도 사업자는 해킹 등에 대비하여 이용자 보호조치를 취할 의무'를 인정하고 있다. 그 구체성은 얘기를 하지 않고 있다.

2. Wi-Fi Map과 비밀번호

무선인터넷은 무선공유기를 달아 와이파이 신호를 통해 공유가 이뤄진다. 카페 등에서 알려주는 와이파이 비밀번호를 공유하는 행위 혹은 친구에게 알음알음 알려주는 거 외에도 온라인 지도에 그 와이파이 위치를 찍고 비밀번호를 적어둔다면 이는 논란이 될 수 있다. 즉, 누구나 근처에 가면 무료로 무선인터넷을 쓸 수 있도록 무선인터넷 접속정보를 공유하는 앱 가칭 'WiFi Map'(무선인터넷 접속지점 공유서비스)을 만들어 배포한다면 공급자 입장에선 문제가 될 수가 있다. 와이파이 비밀번호를 알려주는 건 고객에게 편의를 제공하기 위해서이지만 일반적으로 고객이 아닌 제3자 누구나 와이파이를 써도 괜찮다는 것은 아니기 때문이다.

'와이파이 비밀번호'는 법이 보호하고자 하는 '비밀정보'로 보기는 힘들다. 대법원 비밀보호규칙은 비밀을 '그 내용이 누설되는 경우 국가안전보장에 유해로운 결과를 초래할 우려가 있는 국가기밀로 이 규칙에 따라 비밀로 분류된 것을 말한다.'고 규정하고 있기에 와이파이 비밀번호와 거리가 멀다. 행정안전부 고시에서는 '정보주체 또는 개인정보취급자 등이 개인정보처리시스템, 업무용 컴퓨터 또는 정보통신망에 접속할 때 식별자와 함께 입력하여 정당한 접속권한을 가진 자라는 것을 식별할 수 있도록 시스템에 전달해야 하는 고유의 문자열로서 타인에게 공개되지 않는 정보를 말한다.'는 개념이 무선인터넷의 비밀번호 개념과 유사하다. 카페 직원이 알려준 또는 게시해 둔 와이파이 비밀번호를 사용해 무선인터넷에 접속하는 일은 법적으로 문제가 되지 않는다. 비밀번호가 공유된 와이파이를 제한이 없이 사용하는 것은 별개의 문제다. 공공 와이파이가 아닌 개인이 설치한 무선인터넷은 개인소유물로 공공기관이 설치한 것처럼 동의가 없이 활용하면 문제가 된다.

3. 정책 방향

무선인터넷 복지정책의 일환으로 과학기술정보통신부에서 주요 공공기관 근처에 망을 위한 기지국을 대대적으로 설치 및 운영하고 있다. 이용자의 편리성만으로만 본다면 와이파이 확대정책의 실효성은 적지만, 그 확대정책을 일반 서비스 확대로 본다면 정책의 실패라고 보기는 힘들다.

무선 네트워크는 그 특성상 보안취약점이 크다. AP의 전파가 강하게 설정되면 이용구역 외부까지 출력의 경우 외부에서도 내부 네트워크로 접속이 가능하기 때문이다. 뚫리는 것은 수월하지만 해킹 시 변경되는 IP나 MAC 주소의 사용으로 추적하는 것은 어렵다. 단순하게 네트워크 암호를 설정하는 것을 벗어나 무선 네트워크에 접속해 이용하는 모든 '이용자'에 대해 인증하고 오가는 데이터를 암호화해 허용되지 않은 비인가 이용자나 단말기의 불법적인 네트워크 접속을 차단하는 '무선침입방지시스템'(WIPS)이 필요하다.

법률의 개정을 통해 1991년부터 효율적이고 안정적 통신서비스 제공을 위해 정부와 민간사업자의 역할을 구분하고, 국가 혹은 지방자치단체가 직접 기간통신 역무를 제공하는 것을 상당 부분 제한하고 있다. 전기통신사업법 제65조에 따라 공공와이파이 구축방식으로는 ① 정부와 지자체가 재원을 투입하고 통신사가 구축·운영 및 유지보수를 맡는 방안 ② 지방공기업 또는 특수목적법인(SPC)을 설립하거나 서울시 산하기관이 공공와이파이 서비스를 하는 방안 ③ 지방자치단체가 자가망을 통신사에 임대하고 통신사는 해당 지자체에 회선료를 할인해 통신사가 와이파이 서비스를 하는 방안 등이 있다. 서울시(서울시의 공공와이파이 사업, S-Net)는 직접 와이파이 통신시설을 구축·운영 및 유지보수하는 자가망 방식을 선호하고 있다.

▨ 제65조(목적 외 사용의 제한) ① 자가전기통신설비를 설치한 자는 그 설비를 이용하여 타인의 통신을 매개하거나 설치한 목적에 어긋나게 운용하여서는 아니 된다. 다만, 다른 법률에 특별한 규정이 있거나 그 설치목적에 어긋나지 아니하는 범위에서 다음 각 호의 어느 하나에 해당하는 용도에 사용하는 경우에는 그러하지 아니하다. 1. 경찰 또는 재해구조 업무에 종사하는 자로 하여금 치안유지 또는 긴급한 재해구조를 위하여 사용하게 하는 경우 2. 자가전기통신설비의 설치자와 업무상 특수한 관계에 있는 자 간에 사용하는 경우로서 과학기술정보통신부 장관이 고시하는 경우 ② 자가전기통신설비를 설치한 자는 대통령령으로 정하는 바에 따라 관로·선조 등의 전기통신설비를 기간통신사업자에게 제공할 수 있다.

제3절

디지털 포렌식(Digital Forensic)

I. 개념

　대법원에 의해 검사 공소권의 자의적 행사로 인정된 '서울시 공무원 간첩 조작 사건'처럼 디지털 증거의 조작은 쉽다. 디지털 포렌식은 전자기기 혹은 네트워크에 남아있는 정보를 분석해 범죄사실 규명을 하고 법정에서 증명하는 수사기법을 말한다. '접촉하는 두 물체 간에는 반드시 흔적이 남는다.'라는 '로카르드 교환법칙'(Locard's exchange principle)에 따라 사건 현장에서 디지털 증거를 찾아내 그것을 실마리로 사건을 해결하고 있다. 포렌식은 '법 문제에 대한 과학의 적용'으로 해석될 수 있기도 하다.

　포렌식은 법무부, 검찰, 경찰, 선거관리위원회와 공정거래위원회 등 각종 국가 및 민간기관에서 범죄수사 및 감사목적으로 활용되고 있다. 미국에서는 2006년 12월 연방 차원에서 형사사건 및 민사소송에서 상대방이 요구한 전자메일이나 전자문서 등 디지털 증거에 대한 제출을 규정한 '전자증거개시제도'(e-Discovery)가 실행 중이다. 이로 인해 디지털 포렌식 기술은 현재 컴퓨터 범죄, 해킹, 회사 기밀유출 등의 소송에서 필수적으로 사용되고 있다. 그러나 견고한 스마트폰의 암호를 풀더라도 수사에 필요한 정보가 기기 자체에 저장돼있지 않다면 포렌식으로 얻을 게 많지 않다.

　디지털 포렌식은 통상 수집(Acquisition), 보존(Preservation), 분석(Analysis), 제출

(Presentation)의 4가지 영역으로 구분이 된다.

'안티 포렌식(Anti-Forensics)'도 다양한 방법으로 발전하고 있다. 안티 포렌식에는 대표적으로 분석을 방해하기 위해 민감 데이터를 삭제하거나 훼손하는 '데이터 파괴', 데이터를 암호화해서 증거수집을 방해하는 '데이터 암호화', 특정 파일에 중요한 데이터를 숨기는 '데이터 은닉', 데이터 수정하거나 조작해 분석을 어렵게 만드는 '데이터 조작', 사용한 기록이나 도구를 바꿔 수사에 혼선을 초래하는 '흔적 최소화' 등이 있다. 그 기법으로는 'Degaussing'처럼 하드디스크를 파괴하는 방법이 있다. 또 '스테가노그래피'(Steganography)는 문서의 저작권을 보호하기 위해 사용했다가 지금은 특정 파일 안에 메시지를 은닉하는 방식을 취한다. 스테가노그래피의 경우는 일반 파일과 구별을 할 수 없기에 데이터 획득조차가 쉽지 않다.

II. 기본원칙

디지털 증거가 법정에서 법적 효력을 인정받기 위해 디지털 포렌식의 전 과정에서 원본에 대한 훼손이 없어야 하고, 그 증거의 신뢰도를 보장해야 하며, 법정에서 진정성을 제공할 수 있어야 한다. 이를 위해 먼저 ① 디지털 증거의 내용은 변경되어서는 안 된다. 즉, 디지털 증거의 원본은 절대적으로 보존되어야 한다. 따라서 수집과 분석 등 증거분석 절차에서 발생 가능한 변경을 방지하고 원본 사용을 통제하는 것 외에도 무결성(Integrity)을 증명하는 조치가 병행돼야 한다. 이를 위해 디지털 증거의 운반 시 인정된 방법으로 봉인해야 한다. 분석작업의 경우 이해 당사자의 참관과 함께 원본을 복제한 후 원본은 보존하고 복사본을 가지고 분석작업을 수행하는 것이 일반적이다. 예외적으로 원본 매체에서 자료를 추출할 필요가 있는 경우 법에서 인정하고 있는 전문가를 통해 작업을 수행하고, 그 과정과 절차를 반드시 기록으로 남겨야 한다. 또 ② 디지털 증거의 수집 및 분석과정에서는 일시적인 현상이 발생하는 경우가 다반사이기에 이에 대한 사후 검증을 위해 명확한 문서화 작업이 필요하다. 나아가 ③ 디지털 증거에 대하여 분석결과보고서 등 체계적인 보고서를 작성하여 분석과정과 결과를 사후에 입증할 수 있게 해야 한다.

디지털 증거의 법적 효력을 지니기 위한 요건을 충족하기 위하여 디지털 포렌식 실무에서 요구되는 기본원칙을 상술하면 아래과 같다. 기본원칙에 어긋나면 증거능력으로서 가치가 떨어진다.

① 정당성의 원칙: 입수한 증거자료는 적법절차를 거쳐 얻어져야 한다는 원칙이다. 이는 위법절차를 통해 수집된 증거의 증거능력을 부정하는 위법 수집증거 배제 법칙에 따르는 것이다. 예를 들어 불법 해킹을 통하여 수집한 파일은 큰 공익성이 인정되지 않는 한 법정에서 증거능력이 없다. '독수독과'의 이론이다. 불법 해킹을 통하여 얻은 암호를 통해 파일 해독 시에도 동일하다.

② 무결성의 원칙: 수집 및 처리한 증거가 변경되지 않았음을 담보해야 한다. 통상 수학적 해시함수를 이용하여 원본과 분석된 복사본의 결과값이 서로 동일함을 증명한다. 법원은 수집 당시 하드디스크의 해시값(hash value)과 법정 제출 당시 하드디스크의 해시값이 같다면 해시함수의 특성에 따라 무결성을 인정한다.

③ 재현의 원칙: 시스템에서 삭제된 파일이나 손상된 파일을 복구하는 과정 등을 법정에 증거를 제출하려면 똑같은 환경에서 같은 결과가 나오도록 재현할 수 있어야 한다. 수행할 때마다 다른 결과가 나온다면 법정에서 증거로 인정이 되지를 않는다.

④ 절차의 연속성 원칙: '증거물 획득-이송-보관-분석-법정 제출' 등으로 이어지는 각 단계에서 담당자 혹은 책임자는 '분석결과보고서' 등 체계적인 보고서를 작성하여 분석과정과 결과를 사후에 입증할 수 있게 해야 한다. 수집된 하드디스크가 이송 단계에서 물리적 손상이 있었다면 이송 담당자는 이를 확인하고 해당 내용을 인수인계하여 이후 과정에서 복구 및 보고서 작성 등 적절한 조치를 취해야 한다. 그 과정에 전문적인 입회자를 확보하여 신뢰성 확보를 해야 한다.

⑤ 신속성의 원칙: 디지털 포렌식에 의한 수사의 전 과정이 불필요한 지제 없이 신속하게 진행되어야 함을 뜻한다. 수사 진행상 신속한 대응 여부에 따라 디지털 증거의 획득 여부가 결정되는 경우가 있다. 예를 들어 압수, 수색 현장의 컴퓨터에 전원이 켜져 있는 경우 컴퓨터 내 휘발성 정보 등을 우선 수집하도록 수사가 진행되어야 한다.

III. 증거수집

증거수집을 위한 디지털 증거물 압수 및 수색의 범위는 영장 내용에 의해 정해진다. 이 과정에서 압수, 수색에 필요한 제반 절차는 지켜져야 한다. 영장 외의 물건 혹은 내용에 대한 집행은 적법절차 위반으로 증거능력이 인정되지를 않는다. Steganography 등과 같은 기술적 문제들이 있지만, 디지털 기기 등에 내장되어 있는 자료를 획득하는 방법은 전자기기 화면을 촬영하거나, 응용프로그램 이용, 포렌식 도구, 저장장치 탈착 등의 접근방법을 사용하고 있다.

디지털기기에는 운영체제가 탑재되어 있다. 그 운영체제는 휘발성 저장매체와 비휘발성 저장매체를 사용한다. 휘발성 저장매체란 RAM과 같이 컴퓨터를 끄면 더 이상 데이터를 복구할 수 없는 저장매체를 말한다. 비휘발성 저장매체는 플래시 메모리, 하드디스크와 같이 운영체제가 종료된 이후에도 데이터를 복구할 수 있는 저장매체를 말한다.

디지털 포렌식에서 증거수집은 대상매체의 '운영체제 종류 여부'에 따라 데드 시스템상에서의 증거수집과 라이브 시스템상에서의 증거수집으로 구분이 된다.

① 데드 시스템상에서의 증거수집: 데드 시스템상에서의 증거수집 기술은 포렌식의 대상이 되는 기기에 따라 달라진다. 휴대전화와 같이 비휘발성 저장매체를 분리하여 접근하기가 쉽지 않은 기기는 상대적으로 컴퓨터와 같이 쉽게 저장매체를

분리하여 접근할 수 있는 기기보다 데이터 획득이 어렵다. 원본 저장매체에 있는 데이터의 무결성을 보장할 수 있는 이미징(imaging) 기술이 필요하다.

② 라이브 시스템상에서의 증거수집: 운영체제가 종료되지 않은 시스템에서의 데이터 획득 순서는 휘발성 저장매체에 있는 데이터들을 먼저 획득한 후에, 비휘발성 저장매체에 있는 데이터들을 획득하는 순서로 이루어진다. 포렌식 대상이 되는 라이브 시스템의 휘발성 저장매체나 비휘발성 저장매체에서 데이터를 획득하기 위해서는 라이브 시스템 운영체제에 있는 명령어 사용보다는 독자적인 포렌식 도구를 사용해서 데이터를 획득해야 한다. 그 이유는 첫째, 대상 시스템의 운영체제 명령어가 공격자에 의해서 이미 바뀌어 있어서 그 명령어를 사용할 경우 사건 증거들을 삭제할 가능성이 있기 때문이다. 둘째, 운영체제 명령어가 바뀌지 않았다 하더라도 정상적인 운영체제 명령어의 실행이 시스템 정보를 변경할 가능성이 있다. 예를 들어 보면, windows 운영체제에서 단순히 탐색기 창을 여는 것만으로 파일들의 마지막 접속 시간(accessed time)이 변경되게 된다. 파일과 관련해서 여러 시간정보가 존재하는데 마지막 접속 시간 이외에 마지막 수정시간(modified time), 생성시간(created time)이 존재한다. 이런 'MAC(Modified, Accessed, Created) 시간'은 사건조사 시 중요한 요소이다. 셋째, 운영체제는 시스템 보호를 위해서 일부 데이터나 파일들에 대해 사용자들의 접근을 막고 있다. 즉, 운영체제에서 제공하는 명령어들에 의해서는 접근할 수 없는 데이터나 파일들이 존재한다. 따라서 운영체제의 보호 메커니즘을 우회할 수 있는 포렌식 도구의 사용이 필요하다.

데드 시스템상 증거수집	운영체제가 종료된 컴퓨터나 전화 같은 기기에 대한 거 수집을 말하며, 주로 하드디스크나 플래시메모리로부터 데이터를 얻는다.
라이브 시스템상 증거수집	운영체제 미종료의 컴퓨터나 전화 같은 기기에 대한 증거수집을 말한다. 라이브 스템 상에서의 디지털 포렌식을 수행하기 위해 운영체제, 사용 중인 휘발성 메모리와 하드디스크에 접근할 필요가 있다. Windows 운영체제에서는 중요한 메모리영역이나 하드디스크상의 파일에 대한 사용자 프로그램의 접근을 막고 있다. 그 운영체제의 보호기능을 우회할 수 있는 기술이 필요하다.

IV. 포렌식 도구

1. 종류와 기능

디지털 증거 처리를 위한 디지털 포렌식 도구는 ① 하드디스크 쓰기 방지 도구, ② 디스크 이미징 도구, ③ 검색도구 등으로 분류할 수 있다. 법원에서 인정한 디지털 포렌식 도구는 디지털 증거를 다룸에 있어 필수적이며 그 분석 결과는 법정에서 유무죄를 판단하는 중요한 근거가 되고 있다.

포렌식 분석도구의 신뢰성 확보를 위해 법원이 인정하고 있는 신뢰성이 검증된 분석장비와 소프트웨어를 사용해야 한다. 신뢰성의 미검증 시 그 결과물을 보증할 수 없다. 또 공개된 알고리즘을 사용하여 증거가치를 확보해야 한다. 알고리즘은 학문적으로 입증되고 공개된 알고리즘을 사용하는 것이 일반적이다.

디지털 포렌식 도구는 해쉬값 생성, 암복호화(encryption/decryption), 디스크 이미지 복제, 삭제 및 손상된 파일복구, 웹 히스토리 검색, 파일서명 분석, 열린 파일 및 실행 중인 프로세스를 포함한 휘발성 데이터 분석기능을 가지고 있다.

디지털 포렌식과 관련하여 해당 기술 및 도구에 대한 표준화가 진행되고 있는 단계다. 표준화 활동은 한국정보통신기술협회(TTA, Telecommunication Technology Association)를 중심으로 이뤄지고 있다. 최근까지 제정한 디지털 수집도구 검증규격 및 디지털 증거분석 도구의 요구사항에 대한 단체표준은 컴퓨터 포렌식을 위한 디지털 데이터 수집도구 요구사항(TTAS.KO-12.0057), 컴퓨터 포렌식 guideline(TTAS.KO-12.0058), 휴대전화 포렌식 가이드라인(TTAS.KO-12.0059), 포렌식을 위한 디지털 데이터 수집도구 검증규격(TTAS.KO-12.0075), 포렌식을 위한 디지털 증거분석 도구 요구사항(TTAS.KO-12.0081), 포렌식을 위한 디지털 증거분석 도구검증 (TTAK.KO-12.0112) 등이 있다. 법원은 개별적으로 해당 기구에 대한 판단을 한다.

2. 국내 포렌식 도구

국내에서 많이 활용되는 도구는 'EnCase', 'FTK', 'DEAS2' 등이 있다. EnCase의 경우 미국의 NIST에서 CFTT(Computer Forensics Tool Testing) 인증을 받은 제품으로서 이 분석도구를 사용한 증거는 미국 및 국내 법정에서 그 신뢰성을 인정받는다. FTK는 대용량의 데이터를 적시에 색인(Indexing)을 할 수 있고 DB와 연동하여 분석정보를 실시간 저장하는 특징이 있다. DEAS2는 대검찰청에서 사용하는 디지털 포렌식 분석도구다. EnCase, FTK와 같은 외국산 프로그램으로 분석하기 어려운 국내 파일(알집, 한글오피스 문서)등을 분석할 때 사용된다.

제4절
포렌식과 증거배제의 법칙

I. 적법절차 준수의무

> ■ 헌법 제12조 ① 누구든지 법률에 의하지 아니하고는 체포·구속·압수·수색 또는 심문을 받지 아니하며, 법률과 적법한 절차에 의하지 아니하고는 처벌·보안처분 또는 강제노역을 받지 아니한다.
> 형사소송법 제308조의2(위법수집증거의 배제) 적법한 절차에 따르지 아니하고 수집한 증거는 증거로 할 수 없다.

'형사법상 위법수집 증거배제 원칙'은 위법한 절차에 의해 획득한 증거(1차 증거)와 그 증거를 원인으로 하여 얻은 부수적 증거(2차 증거, 독수과실)에 대해 증거능력을 부인하는 원칙을 말한다. 디지털 정보(전자정보)에 대한 압수 및 수색 시 위법적인 수집 및 처리를 방지할 수 있는 방법이기도 하다. 다수 의견과 판례는 상황에 따라 다르겠지만 '실체적 진실발견 의무'보다 상대적으로 이 원칙을 중요시하고 있다.

형사소송법에 따라 강제 등을 통한 피고인의 자백의 증거능력은 없다. 불이익한 자백이 유일한 증거인 경우도 유죄의 증거로 되지 않는다.

디지털 포렌식 없이는 수사도 힘든 시대다. 포렌식을 통해 나타난 증거는 법정에서 증거 그 자체로도 의미가 있다. 자백을 이끌어 낼 수 있는 결정적 능력을 가지고

> 제309조(강제 등 자백의 증거능력) 피고인의 자백이 고문, 폭행, 협박, 신체구속의 부당한 장기화 또는 기망 기타의 방법으로 임의로 진술한 것이 아니라고 의심할 만한 이유가 있는 때에는 이를 유죄의 증거로 하지 못한다. 제310조(불이익한 자백의 증거능력) 피고인의 자백이 그 피고인에게 불이익한 유일의 증거인 때에는 이를 유죄의 증거로 하지 못한다.

있기도 하다('과학수사를 통한 자백'). 재판에 있어 공판중심주의를 위해 과거와 달리 '수사기관이 작성(검찰)'한 피의자와 피고인 조서에 대한 증거능력은 법원에서 부인의 경우 원칙적으로 불인정이기에 포렌식의 중요성은 더 커지고 있다.

대법원에 따르면 전자정보는 전문법칙이 적용되는 '전문증거'이기에 그 증거능력을 원칙적으로 부정이 된다(제310조의2). 법 제313조 제2항의 신설을 통해 전문법칙의 적용을 완화하고 있다. 즉, 진술서의 작성자가 공판준비나 공판기일에서 그 성립의 진정을 부인하는 경우에는 '과학적 분석결과에 기초한 디지털 포렌식 자료, 감정 등 객관적 방법으로 성립의 진정함이 증명되는 때'에는 증거로 할 수 있다. 다만, '피고인 아닌 자가 작성한 진술서는 피고인 또는 변호인이 공판준비 또는 공판기일에 그 기재 내용에 관하여 작성자를 신문할 수 있었을 것'(반대신문권 보장)을 요한다.

> 형사소송법 제310조의2(전문증거와 증거능력의 제한) 제311조 내지 제316조에 규정한 것 이외에는 공판준비 또는 공판기일에서의 진술에 대신하여 진술을 기재한 서류나 공판준비 또는 공판기일 외에서의 타인의 진술을 내용으로 하는 진술은 이를 증거로 할 수 없다.
> 제313조(진술서 등) ① 전2조의 규정 이외에 피고인 또는 피고인이 아닌 자가 작성한 진술서나 그 진술을 기재한 서류로서 그 작성자 또는 진술자의 자필이거나 그 서명 또는 날인이 있는 것('피고인 또는 피고인 아닌 자가 작성하였거나 진술한 내용이 포함된 문자·사진·영상 등의 정보로서 컴퓨터용 디스크, 그 밖에 이와 비슷한 정보저장매체

> 에 저장된 것 포함')은 공판준비나 공판기일에서의 그 작성자 또는 진술자의 진술에 의하여 그 성립의 진정함이 증명된 때에는 증거로 할 수 있다. 단, 피고인의 진술을 기재한 서류는 공판준비 또는 공판기일에서의 그 작성자의 진술에 의하여 그 성립의 진정함이 증명되고 그 진술이 특히 신빙할 수 있는 상태하에서 행하여 진 때에 한하여 피고인의 공판준비 또는 공판기일에서의 진술에 불구하고 증거로 할 수 있다. ② 제1항 본문에도 불구하고 진술서의 작성자가 공판준비나 공판기일에서 그 성립의 진정을 부인하는 경우에는 '과학적 분석결과에 기초한 디지털 포렌식 자료, 감정 등 객관적 방법으로 성립의 진정함이 증명되는 때'에는 증거로 할 수 있다. 다만, '피고인 아닌 자가 작성한 진술서는 피고인 또는 변호인이 공판준비 또는 공판기일에 그 기재 내용에 관하여 작성자를 신문할 수 있었을 것'을 요한다.

경찰이 송치한 내용에 있어 미비된 사항이 있으면 검찰은 부족하다고 되는 부분에 대해서 보완수사 요청을 한다. 이 보완수사의 요청범위가 과도한 경우 종종 별건 수사의 압수 및 수색으로 확대가 되는 것은 막아야 하기에 이의 적극적 제한의 필요성이 크다.

디지털 포렌식은 법정에서 증거능력을 확보하기 위한 방법 중의 하나로 헌법에 따라 적법절차에 의해 증거수집 등 절차가 진행되어야 한다. 대법원은 그 위반의 정도에 따라 증거능력 유무를 결정하고 있다.

디지털 정보에 대한 압수수색영장의 집행은 영장발부의 사유로 된 '혐의사실과 관련된 부분만'을 문서 출력물로 수집하거나 수사기관의 저장매체에 해당 파일을 복사하는 방식으로 이뤄져야 한다. 수사기관 사무실 등으로 옮긴 저장매체에서 범죄혐의와의 관련성에 대한 구분 없이 저장된 전자정보 중 임의로 문서출력 혹은 파일복사를 하는 행위는 특별한 사정이 없는 한 영장주의 등 원칙에 반하는 위법한 집행이다. '피압수 및 수색 당사자나 그 변호인의 참여권 보장, 피압수자와 수색당사자가 배제된 상태에서의 저장매체에 대한 열람 및 복사금지, 복사대상 전자정보목록의 작성 및 교부 등 압수수색의 대상인 저장매체 내 디지털 정보의 왜곡이나 훼손과 오남용 및 임의적인 복제나 복사 등을 막기 위한 적절한 조치'가 이뤄져야만 그 집행절차가 적법한 것으로 된다.

II. 범죄혐의와의 객관적 관련성

대법원에 따르면 압수 및 수색영장에 따라 압수된 증거물을 영장발부의 사유가 된 범죄 혐의사실 이외의 다른 범죄사실을 뒷받침하는 증거로 쓰기 위한 요건인 '객관적 관련성'은 그 영장 혐의사실과 압수된 증거물 사이에 구체적이고 개별적인 연관관계가 있다면 인정이 된다.

혐의사실과 객관적 관련성이 있는지는 압수·수색영장에 기재된 혐의사실 자체 또는 그와 기본적 사실관계가 동일한 범행과 직접 관련돼 있는 경우는 인정이 된다. 화상 또는 동영상처럼 범행동기와 경위, 범행수단과 방법, 범행시간과 장소 등을 증명하기 위한 간접증거나 정황증거 등으로 사용될 수 있는 경우에도 인정될 수 있다.

대법원은 "성폭력범죄의 처벌 등에 관한 특례법"상 카메라 등 이용촬영 수사의 경우 스마트폰에서 영장 발부 관련 영상을 발견을 못해도 숨겨둔 다른 범행과 관련한 동영상 발견을 별도의 압수 및 수색영장 없이 한 경우에 있어 범행의 일시·간격, 간접증거 내지 정황증거로 사용될 가능성, 수사의 대상과 경위 등에 비춰 구체적이고 개별적 연관관계가 있어 영장 혐의사실과 동영상 사이에 객관적 관련성은 인정된다고 판단했다.

> ■■■ 다형사소송법 제215조 ① 검사는 범죄수사에 필요한 때에는 피의자가 죄를 범했다고 의심할만한 정황이 있고 '해당 사건과 관계가 있다고 인정할 수 있는 것'에 한정해 지방법원 판사에게 청구해 발부 받은 영장에 의해 압수·수색 또는 검증을 할 수 있다.

III. 판례

① 대법원은 '불법촬영 범죄의 증거로 압수한 컴퓨터를 탐색하면서 변호인에게 참여할 기회를 제공하지 않는 등 적법절차를 위반했더라도 피고인이 앞서 불참여 의사를 밝혔고 관련 범죄사실을 진술했다면 증거로 사용할 수 있다.'는 입장이다. 또 대법원은 수사기관이 전화 압수 시 피의자에게 영장 겉표지만 보여주고 내용은 확인시켜주지 않은 채 물건을 압수했다면 위법하다는 입장이다. 피고인에게는 영장 사본 제시 의무가 새롭게 부과되었다.

② 대법원은 검사가 하드디스크를 디지털포렌식센터로 인계하면서 피의자가 참여 도중에 퇴실을 했지만 검사가 파일의 전부를 복제하는 행위는 적법하다고 보았다. 반면에 하드디스크를 반환하면서 해당 복제본을 검사의 외장 하드디스크에 피의자 참여 없이 재복재하는 행위, 파일검색 중 피의자 참여 없이 영장에 기재된 혐의와 다른 혐의 관련 정보도 함께 출력한 행위 혹은 배임혐의 자료검색 중 별건으로 찾아낸 정보는 증거능력이 없는 행위로 판단을 했다.

③ 대법원에 따르면 대화내용 녹음파일 등의 전자매체는 원본이거나 혹은 사본일 경우에는 복사과정에서 편집되는 등 인위적 개작 없이 원본내용 그대로 복사된 사본임이 입증되어야만 한다. 그러한 입증이 없는 경우에는 쉽게 그 증거능력을 인정할 수 없다. '녹음파일의 생성과 전달 및 보관 등의 절차에 관여한 사람의 증언이나 진술, 원본이나 사본파일 생성 직후의 Hash 값과의 비교, 녹음파일에 대한 검증 및 감정결과 등 제반 사정을 종합하여 판단'을 할 수가 있다.

저자 약력

임규철

동국대학교 법과대학 법학과와 대학원 법학과 법학석사
독일 트리어(Trier) 대학교 공법 법학석사(MA)와 법학박사(Dr. jur.)
현) 동국대학교 법과대학 법학과 재직(과학기술법, 개인정보법 전공)

대표 저서와 대표논문

- 21세기 개인정보 정책과 법(2015년)
- 독일/EU/OECD/일본 개인정보법 번역(2012년)
- 시간과 공간의 연결 인터넷 이야기(정책과 법, 증보판 2022)

- 호적법과 개인정보자기결정권
- 공공기관의 개인정보보호에 관한 법률에 대한 비판적 고찰
- 교원정보 실명공개의 위법성 유무
- 정보통신망법상의 인터넷 실명제에 관한 비판적 고찰
- 개인정보보호법상의 근로자 개인정보의 처리에 관한 일반적 고찰
- 변호사의 인맥·승소율·전문성 지수정보에 대한 처리의 한계
- 통신사실확인자료에 대한 정보주체의 열람권 및 등사권의 인정 유무
- 개인정보의 상업적 판매 및 조건에 관한 비판적 고찰
- 독일과 한국에 있어서의 링크설정자의 링크행위의 법적 책임에 대한 비교법적 고찰
- 코로나 바이러스 극복대책 실행 시 개인정보 활용에 대한 비판적 논의
- 무연고 사망자 시신처리에 대한 비판적 소고
- 통신비밀보호법상 공개되지 아니한 타인과의 대화내용 비밀녹음에 대한 비판적 소고

동국대학교 저서출판 지원사업 선정도서
이 저서는 2021년도 동국대학교 연구비 지원을 받아 수행된 연구결과물임.(S-2021-G0001-00127)

디지털 세계 이야기 정책과 법

2022년 10월 11일 초판 1쇄 인쇄
2022년 10월 20일 초판 1쇄 발행

지은이 임규철
발행인 박기련
발행처 동국대학교출판부

출판등록 제1973-00000 호
주소 04626 서울시 중구 퇴계로36길2 신관1층 105호
전화 02-2264-4714
팩스 02-2268-7851
홈페이 http://dgpress.dongguk.edu
이메일 abook@jeongjincorp.com
인쇄 네오프린텍(주)

ISBN 978-89-7801-025-2 03360

값 25,000원

이 책의 무단 전재나 복제 행위는 저작권법 제98조에 따라 처벌받게 됩니다.